LORENZO MONTÚFAR

RESEÑA HISTÓRICA DE LA AMERICA CENTRAL (TOMO IV)

DESPUÉS DEL ASESINATO DE MORAZÁN

ERANDIQUE

COLECCIÓN

RESEÑA HISTORICA DE LA AMERICA CENTRAL (TOMO IV). DESPUÉS DEL ASESINATO DE MORAZÁN
LORENZO MONTUFAR

©Colección Erandique
Supervisión Editorial: Óscar Flores López
Diseño de portada: Andrea Rodríguez
Administración: Tesla Rodas
Director Ejecutivo: José Azcona Bocock
Primera Edición
Tegucigalpa, Honduras—Enero 2025

ADVERTENCIA

El libro 6.°, volumen 3.° de la Reseña, termina con la muerte del general Morazán, acaecida el 15 de septiembre de 1842 al ponerse el sol, y los capítulos 1.°, 2.° y 3.° de este libro son una consecuencia de tan infausto como memorable acontecimiento.

Pero en el capítulo 5.° y en otros, se habla de sucesos anteriores a la muerte de Morazán, lo cual parece una falta cometida contra el orden cronológico, que debe dominar en toda narración histórica.

Esto, pues, requiere explicaciones.

Centroamérica no es un todo: son cinco fracciones, y aun en tiempo del Gobierno federal, tenía cada una su Congreso, su Poder Ejecutivo, su Corte de Justicia, su régimen y sus tendencias especiales.

Para hablar de este todo, no hay más que dos sistemas: o en cada capítulo se trata de lo que acontece en las cinco secciones centroamericanas, aunque los sucesos no tengan enlace y sean incoherentes, o se destina un capítulo separado para cada sección.

El primer método produce confusiones, oscuridad y embrollo.

El segundo está menos sujeto a estas gravísimas faltas, que hacen insoportable una obra histórica; y por lo mismo fue el adoptado en la Reseña.

Pero, hablándose de una sección sola en cada capítulo, al escribirse cada uno de ellos, se avanza en la escala del tiempo, y las otras secciones quedan momentáneamente olvidadas, siendo preciso volver a ellas en su oportunidad para continuar la narración desde el punto en que se la había dejado.

Hay sucesos que necesitan unidad en la narración y que, por su grande interés, como el drama que terminó el 15 de septiembre de 1842, no se pueden cortar.

Se refirieron en el libro sexto las disposiciones de don Braulio Carrillo que obligaron a los costarricenses a llamar a Morazán, el regreso a Centroamérica de este jefe y su entrada a Costa Rica, la revolución de septiembre, sus móviles y su desenlace.

Narrándose todo esto, se dejó sin mencionar el régimen interior de aquellos Estados, que no eran el gran teatro de los acontecimientos, y fue preciso en el libro 7.° volver a ellos, tomándolos desde el punto en que antes se les había dejado.

En el capítulo 4.° se habla del Plan de Iguala y de los Tratados de Córdoba.

No solo se habla de ellos, sino que ambos documentos se insertan íntegros al fin del mismo capítulo. Esto también exige explicación.

Correspondía, por el orden de fechas, tratar de la ocupación de Soconusco, y se trató de ella.

Esta ocupación no fue un hecho aislado.

Está unida íntimamente a muchos sucesos de que fue consecuencia hasta llegarse al Plan de Iguala.

De ese plan todos los centroamericanos han hablado; pero no todos lo han leído.

Es conveniente que se tenga a la vista; y así las personas que no lo han leído, lo leerán; los individuos que lo conocen, recordarán su contenido, y todos tendrán presente el punto de partida de acontecimientos que aún se hallan en perspectiva.

El 7.° libro termina con los tratados de Sensenti, celebrados entre El Salvador y Honduras, a 27 de noviembre de 1845.

Siendo así, no debería esperarse, en todo el libro, una línea referente a ningún acontecimiento posterior a esta fecha.

Sin embargo, en el capítulo 6.° se encuentran documentos posteriores.

Uno de ellos es el tratado Clayton—Bulwer, celebrado en Washington a los 19 días del mes de abril de 1850.

El capítulo 6.° tiene el siguiente rubro: "Mediación, protectorado, colonia."

Convenía referir todo lo que ha pasado acerca de esto.

Diciéndose solo lo ocurrido hasta noviembre de 1845, la materia, que ofrece un grande interés, queda incompleta.

Podía continuarse en el tomo 5.°; pero ¿quién asegura al autor de esta obra que, dadas las circunstancias de nuestras imprentas, llegará a publicarse el tomo 5.°, aunque hace mucho tiempo que está escrito?

El tratado Clayton—Bulwer puso fin a las cuestiones de que se habla en el capítulo 6.°

Es documento de alta importancia para la América Central.

Mucha gente vio grandes cuestiones territoriales con Nicaragua y Honduras, y vio a San Juan del Norte en manos de una potencia extranjera.

Después vieron los pueblos a San Juan de Nicaragua en poder de los nicaragüenses, y observaron que la agitación de la prensa...

Disminuía, que las cuestiones terminaban, o que por lo menos quedaban aplazadas; pero no todos los habitantes de todos los pueblos conocen la causa de esa transformación.

La causa es el tratado Clayton—Bulwer, que se halla desde el folio 87 hasta el 91 de este libro.

Ese tratado mantiene el statu quo territorial de Centroamérica, ante las grandes potencias del mundo.

El día que se declare, ya sea en Washington o ya en Londres, que el tratado Clayton—Bulwer ha caducado, veremos surgir nuevas cuestiones, cuyas consecuencias hoy no se pueden prever.

En el mismo capítulo se encuentra, como documento justificativo, una carta escrita en San José de Costa Rica por el general ecuatoriano, don Juan José Flores, el 15 de junio de 1850, al Cónsul Chatfield y a don Manuel Francisco Pavón.

Esa carta, aunque documento muy secundario, da luz acerca de la materia a que se refiere el capítulo 6.°

El general Flores era un personaje de la antigua Colombia, y figuró en la epopeya de emancipación.

Una carta de Bolívar, escrita a Flores, contiene estas palabras:

"Diez millones de gracias, mi querido Flores, por tan inmensos servicios a la patria y a la gloria de Colombia. Yo debo a Ud. mucho, infinito, más de lo que puedo expresar; los servicios de Ud. no tienen precio ni recompensa."

Es preciso que haya sido verdaderamente grande la persona a quien el Libertador así escribía.

Flores no solo era un militar; conocía profundamente la historia, el derecho público y el internacional; era un literato y un hábil orador distinguido.

El fraccionamiento de Colombia, sus causas y las revoluciones de lo que se ha llamado, con razón o sin ella, América Latina, extraviando las ideas de Flores, le hicieron creer que en el mundo de Colón podía aclimatarse la monarquía, bajo la sombra de la columna de Julio.

Los sucesos del año de 1830 en Francia y las doctrinas de Royer—Collard y de Benjamin Constant, convirtieron en monárquicos constitucionales a muchos republicanos del Nuevo Mundo.

Felizmente los acontecimientos de que fue testigo y actora la nación francesa en 1848, rectificaron completamente estas creencias.

El general Flores, desvanecido por las ideas de monarquía, pretendió levantar en su patria un trono, con el apoyo de doña María Cristina de Borbón.

Las maquinaciones de Flores se comprendieron.

Paz Soldán, ilustre Ministro de Estado de la República peruana, dirigió una circular enérgica y luminosa a los Gobiernos de América, denunciando el peligro en que se hallaba la democracia y la República, y todo el continente americano se puso en movimiento.

En la misma Europa ¡quién lo diría! hubo agitaciones.

Muchos políticos de allá temieron que se alterara el equilibrio europeo.

Doña María Luisa Fernanda, hija segunda de la reina Cristina, había contraído matrimonio con don Antonio María Felipe Luis de Orleans, Duque de Montpensier, hijo de Luis Felipe de Orleans, rey de los franceses; y había quienes temieran, en el Viejo Mundo, que preponderara la Francia, en virtud de una monarquía americana, bajo la protección de las casas de Orleans y de Borbón.

Lo cierto es que Inglaterra cortó el movimiento de Flores, deteniendo los buques y elementos de guerra con que se pretendía expedicionar.

El general Flores, arrojado, por entonces, de todas las repúblicas sudamericanas, encontró asilo en Costa Rica.

Su inteligencia y vasta instrucción lo hicieron estimar en esa bella sección centroamericana, y prestó no pocos servicios al país.

Sus tendencias monárquicas, su odio, por lo mismo, a los Estados Unidos de América, y su amor a las testas coronadas, lo ligaron al Cónsul Chatfield y a don Manuel Francisco Pavón, a quienes escribió la carta que se ve a los folios 85, 86 y 87 de este libro.

La carta no deshonra a Flores, que era un extranjero en Centroamérica; no deshonra a Chatfield, cuyos intereses halagaba.

Deshonra al partido servil guatemalteco.

En este libro se halla íntegro el pacto de Chinandega, documento voluminoso; pero sin tenerlo a la vista no se pueden comprender las citas que de él se hacen en los documentos relativos a las guerras entre El Salvador y Guatemala; entre Honduras, El Salvador y Nicaragua.

Sensible es, que no siempre se pueda en este libro hablar con elogio de estimables ciudadanos que aún viven, entre los cuales se halla el Lic. don Pablo Buitrago, exdirector de Nicaragua.

Del señor Buitrago se dice que combatió al general Morazán y a su partido, y que celebró la caída del ex—Presidente y su muerte.

Una serie de documentos lo acreditan, que no pueden borrarse, y que los nicaragüenses conservan en la memoria.

Es imposible hacerlos desaparecer, para presentar los hechos de una manera diferente de cómo han pasado.

No es menos sensible tener necesidad de hablar a la presente generación, de hombres que han desaparecido, dejando lúgubres recuerdos, y cuyas tumbas son venerandas, por razón de parentesco y de vínculos de familia, para muchos jóvenes, educados en la escuela moderna, que ocupan dignamente puestos elevados.

Pero nadie es responsable de lo que no ha hecho. A ninguno se puede imputar acciones ajenas.

Estas doctrinas no son nuevas. Existen desde que existió la razón humana, y están consignadas en nuestros antiguos códigos. Una ley de Recesvinto dice, que el hijo no debe ser castigado por la culpa del padre, ni el padre por la culpa del hijo, ni la mujer por la culpa del marido, ni el marido por la culpa de la mujer, ni el vecino por la culpa del vecino, sino que cada uno debe ser castigado por su propia culpa.

Más dignos de elogio son los jóvenes que, habiéndose educado en la escuela reaccionaria, marchan con firmeza por la senda progresista, sin temores ni trepidaciones, que algunos otros que comenzaron a nutrirse en política después del año de 71, y que necesitan estímulos para poderse mantener de pie en la senda que conduce a nuevos y grandiosos horizontes.

Guatemala, marzo 30 de 1881.

L.M.

6

LIBRO SÉPTIMO: EL GENERAL MORAZÁN

CONTIENE LA NARRACION DE MUCHOS SUCESOS ANTERIORES A LA MUERTE DEL GENERAL MORAZÁN, Y ACONTECIMIENTOS. NOTABLES OCURRIDOS DESPUES DE ELLA, HASTA EL TRATADO DE PAZ ENTRE EL SALVADOR Y HONDURAS QUE SE FIRMO EN SENSENTI.

CAPÍTULO PRIMERO: COSTA—RICA.

1—Prisioneros—2. Heridos—3. Muertos—4. Cálculos de los tiros que se hicieron durante el combate—5. Cálculo de heridos y muertos—6. Muerte de...—7. Gobierno provisional—8. Tratados con Saget—9. Observaciones—10. Empréstito—11. Personas entre quienes se distribuye—12. Se aumenta el empréstito.

Se hallaban prisioneros en Costa Rica: Cabañas, Barrios, Rascón, Orellana, González, Zepeda (Manuel), García del Río, dos señores Pintos de San Salvador, Francisco Morazán (hijo del ex—Presidente), Angulo, doctor Menéndez, Vigil, Cruz Lozano, Esteban Travieso y otros muchos.

Estaban no solo prisioneros sino heridos: José Antonio Ruiz (hijo del general Morazán), Ignacio Zepeda, Bulnes, Bram, Landa, Espinar y algunos otros.

Se calcula que Morazán hizo durante el combate 16,000 tiros, de los cuales cien fueron cañonazos, y que a la plaza que él defendía se dirigieron 200,000 tiros, de los cuales 300 fueron de cañón.

Se cree que los muertos excedieron de cien, y los heridos de doscientos.

Manuel Gómez, comandante de Bagaces, al saber el pronunciamiento del interior, marchó contra José María Prado, quien se hallaba en la ciudad que hoy se llama Liberia, sin fuerza, sin...

Hostilizar a nadie y esperando solo órdenes superiores de la autoridad que en San José se considerara legítima. Manuel Gómez, hombre inculto y sin ningún género de principios, asesinó a Prado por placer. El crimen quedó impune, merced a los trastornos políticos. Algunos años después don Manuel Zeledón, que era juez en San José, levantó un proceso contra el asesino de Prado, y este tuvo necesidad de acudir a las leyes relativas a la prescripción de delitos para salvarse.

"Las autoridades civiles y políticas de San José, dice don Felipe Molina, celebraron un acta desconociendo los poderes supremos que habían regido el Estado después de su ocupación por el general Morazán. En el mismo día fue proclamado jefe provisorio don José María Alfaro, y comandante general de las armas don Antonio Pinto, quienes se habían puesto a la cabeza de los pueblos en las jornadas del día 11 y siguientes."

El mismo Molina continúa así la narración:

"Las tropas que formaban la división de vanguardia del Ejército Expedicionario, que el General Morazán había organizado para invadir los otros Estados y que se hallaban en Puntarenas al mando del General Saget, en número de 300 a 500 hombres, con noticia de los últimos acontecimientos ocurridos en el interior, y de hallarse muchos de los partidarios de Morazán detenidos en San José, en calidad de prisioneros, entre otros el General Cabañas, se repliegan a los buques que estaban surtos en el puerto preparados para conducir las mismas tropas, y desde allí amenazan al nuevo Gobierno. Este envía comisionados, que lo fueron don Rafael Ramírez y don José María Castro, quienes celebran con Saget un convenio, conforme al cual los morazanistas se obligan a entregar el armamento perteneciente a Costa Rica, que tenían en su poder, compuesto de dos o tres mil fusiles, igualmente que el bergantín Coquimbo, que había sido comprado con caudales del Estado. El Gobierno, por su parte, debía poner en libertad a todos los prisioneros; costear la mantención y transporte al Salvador de toda la división, e interponer sus respetos con aquel Gobierno, para que concediera una amnistía a todos los individuos que la componían. Saget comenzó a poner en tierra los fusiles y a recibir los socorros del Gobierno, mas luego que este soltó a los prisioneros y que estos estuvieron a bordo, ejecutó aquel un desembarque y sorprendió a la pequeña fuerza que el Gobierno, descansando en la fe de los tratados, tenía en el puerto, mató algunos soldados y paisanos y saqueó las casas, practicado lo cual, levantó anclas, y se dirigió al Salvador, a cuyo Gobierno entregó las armas y el buque Coquimbo".

Don Felipe Molina no puede ocultar que estaba indignado contra los partidarios del General Morazán, por la muerte de su hermano Manuel Ángel. Se ha dicho en el libro anterior que el cadalso de Manuel Ángel Molina abrió una nueva y profunda escisión entre los liberales, y ya se comienza a palpar. Don Felipe Molina aparece más tarde en relaciones políticas con hombres que pertenecían a la escuela reaccionaria, y su elevada inteligencia fue perdida para el partido liberal. La conducta de Saget en Puntarenas, tal como la presenta Molina, es digna de amarga censura; pero había una serie de circunstancias atenuantes que Molina no toma en cuenta. Saget estaba indignado, no por la insurrección de los pueblos que frente a frente combatieron a Morazán, sino por la conducta incalificable de las personas que indujeron a Pinto a dictar una orden de muerte contra el texto literal de todas las leyes vigentes.

Saget estaba rodeado de hombres que no habían suscrito ningún convenio y a quienes devoraba la indignación contra los consejeros de Pinto, y apenas pudo contenerlos. Le fue preciso embarcar su tropa antes de que tuviera la noticia de la catástrofe del 15 de septiembre, para impedir un desorden.

Según el convenio de que habla Molina, Saget debía entregar el armamento y recibir víveres. Comenzó a desembarcar armas, y a recibir los víveres ofrecidos; pero la entrega de estos se suspendió. Entonces el General Saget dijo que si no continuaban remitiendo los víveres, no entregaría las armas; y no habiéndose accedido a esta intimación, se verificó un desembarque de cuarenta hombres, a las órdenes de los Generales Cabañas y Espinosa, quienes recogiendo los víveres que pudieron obtener volvieron a bordo.

Se ha censurado mucho al General Morazán por haber decretado un empréstito de $20,000 sin tener presente que lo mismo han hecho y hacen todos los Gobiernos de Centroamérica. Alfaro no tenía necesidad de equipar un ejército para salir a campaña y, sin embargo, dictó el decreto siguiente:

Art. 1.º Se levanta un empréstito en cantidad de diez mil pesos, que deberá enterarse en la administración principal, la mitad el día 7 de diciembre próximo, y la otra, el 15 del mismo.

Art. 2.° Los prestamistas los señalará la lista que pase el Ministerio a la Intendencia General, quien dará aviso a los comprendidos.

Art. 3.° Los Ministros tesoreros darán certificación a los interesados, de las cantidades que entreguen, con la toma de razón de la Contaduría Mayor.

Art. 4.° Estas certificaciones serán recibidas como dinero en las Aduanas, en la mitad de los derechos que hayan de satisfacerse en dinero.

Art. 5.° Se concede a los prestamistas un ocho por ciento de premio, que deberá pagarse en dinero en la Aduana en que se amorticen las certificaciones.

Art. 9.° Los que en los plazos señalados no satisfaciesen las cantidades que les correspondan, serán ejecutados por el Juez de Hacienda, previo aviso de la Administración que deberá darlo cumplido el término, y entre nueve días se evacuará el expediente hasta fenecerlo por el expresado Juez.

—Dado en San José, a treinta de noviembre de mil ochocientos cuarenta y dos.—José María Alfaro.

—Al Ministro General del Despacho señor Francisco María Oreamuno.

Para hacer efectivo este empréstito se tuvo a la vista el capital de los costarricenses y se hizo la distribución según la lista que sigue:

Lista de los individuos que han de contribuir al empréstito decretado en 30 de noviembre.

SEÑORES.	PESOS.
Don Mariano Montealegre	500
Don Manuel Mora.	400

SEÑORES.	PESOS.
Vienen	900
Don Vicente Aguilar	500
Rafael Gallegos	500
Manuel Cacheda	500
Jorje Stiepel.	500
Miguel Carranza.	400
Padre Peralta.	500
Juan José Bonilla	400
Pedro Mayorga	500
Buenaventura Espinach.	400
Ramon Jiménez.	500
Alejo Aguilar.	500
Nicolás Ulloa.	500
Rafael Moya.	400
Juan de Jesús Alfaro.	400
Eusebio Rodríguez.	200
Presbítero Cecilio Umaña.	400
Fernando Echavarría	200
José María Campos	200
Emigdio Umaña.	200
Joaquín Bonilla	100
José María Arias.	200
Don Ignacio Saborío.	200
Bernabé Monje, de Alajuela:	200.
Julián Rojas, de id.	200
Testamentaría del finado Cándido Flores que es a cargo del señor Pedro Pablo Boza.	500

Suma $10,000

OREAMUNO.

Bien pronto comprendió el Gobierno que no bastaba la suma de diez mil pesos, y la aumentó a veinte, por medio de un decreto cuya parte resolutiva dice:

11

"Art. 1.° Se exige a todos los propietarios del Estado un empréstito en cantidad de veinte mil pesos, que deberán enterarse por terceras partes en la Administración Principal: la primera el día último del corriente; la segunda el id. de enero; y la última el id. de febrero próximos.

Art. 2.° Corresponde a los Departamentos de Cartago, cinco mil pesos; a los de San José, ocho mil; a los de Heredia, cuatro mil; y a los de Alajuela, tres mil.

Art. 3.° Los Jefes Políticos de estos Departamentos reunirán a todos los propietarios de sus respectivas demarcaciones para que estos nombren entre ellos mismos una comisión de siete personas. Estas comisiones recibirán el empréstito correspondiente a su Departamento; y continuarán autorizadas por ocho días para reformar las asignaciones que hagan, cuando lo exija la justicia de los reclamantes, quienes deben presentarla en el término indicado; y pasado este, las mismas comisiones dirigirán las listas de la materia al Ministerio del Gobierno.

Art. 4.° Se exceptúan del empréstito los empleados civiles y militares, y todos los individuos cuya propiedad no llegue a tres mil pesos.

Art. 5.° Los prestamistas, a los plazos fijados en el art. 1, deberán hacer los enteros a la Administración Principal, la cual les dará las certificaciones del caso con la toma de razón de la Contaduría Mayor.

Art. 6.° Se reconoce a los prestamistas el premio de un ocho por ciento anual, cuya cantidad se les pagará también con las rentas destinadas para la amortización de las certificaciones del principal.

Art. 7.° Estas certificaciones se reciben como dinero en cuarta parte de la alcabala marítima; en el todo de la alcabala interior; en el íntegro valor de tierras baldías; y en la mitad de la deuda por diezmos.

Art. 8.° Los que en los plazos señalados no satisficiesen las cantidades que se les hubiese asignado, serán ejecutados por el Juez de Hacienda; a cuyo efecto avisará a este la Administración Principal, cumplido que sea cualquiera de los términos a que se falte; y entre nueve días, el expresado Juez evacuará el expediente hasta fenecerlo.

Art. 9.° Queda refundido en el presente Decreto el expedido en 30 de noviembre próximo pasado y la lista de igual fecha que le acompaña sin valor ni efecto.

—Dado en San José, a siete de diciembre de mil ochocientos cuarenta y dos.—José María Alfaro.

—Al Ministro General del Despacho, señor Doctor José María Castro."

CAPÍTULO SEGUNDO: SITUACION DE CARRILLO EN COSTA—RICA,

SUMARIO.

1.—Un decreto contra Carrillo. —2. Observaciones. —3. Un decreto dictado en tiempo de Castro. —4. Observaciones acerca de este decreto. —5. Libertad de imprenta. —6. Consecuencias de ella. —6. Conclusión.

Se iba a poner a prueba el amor de los costarricenses a Carrillo. Don Braulio Carrillo había salido de Costa Rica, en virtud de la entrada del General Morazán, y en cumplimiento de los tratados del Jocote. Muerto el General Morazán e insubsistentes los tratados del Jocote, si Carrillo era amado por el pueblo de Costa Rica, ese pueblo lo habría victoriado, y no lo victorió. No se oyó una sola voz que dijera ¡viva Carrillo! Alfaro no llamó al Ministerio a don Manuel Antonio Bonilla, ni a Guevara, partidarios de Carrillo; llamó al Ministerio a don Francisco María Oreamuno, uno de los hombres más distinguidos de Cartago, y de los que más censuraron las leyes tiránicas de don Braulio. Uno de los primeros actos del Gobierno provisional fue impedir la entrada a Carrillo por medio de un decreto, que dice así:

El Jefe Supremo Provisorio de Costa Rica

Considerando:
Que la crisis en que se vio el Estado no ha desaparecido del todo y que la exaltación que produjo fácilmente puede excitarse de nuevo, contra las personas que por ocasión de los partidos que se han sucedido, están fuera del Estado en virtud de tratados, sentencias pronunciadas o por causas pendientes, las que, si se internasen

13

actualmente, pondrán en riesgo su seguridad; para precaver cualquier desorden que con este motivo pudiera provocarse, decreta:

Art. único. Se prohíbe por ahora la internación de las personas que actualmente se hallan fuera del Estado, mandadas salir por tratados, sentencia o por causas pendientes en negocios políticos, hasta tanto se reúna la Representación del Estado, y determine los que deban volver sin peligro de la tranquilidad pública.

—Dado en San José, a cinco de octubre de mil ochocientos cuarenta y dos.

—José María Alfaro.

—Al Secretario General del Despacho, señor Francisco María Oreamuno.

Oreamuno no quiso permanecer en el Ministerio, y regresó a Cartago. Si Carrillo tenía popularidad, si los costarricenses querían verlo otra vez como jefe vitalicio e irresponsable, aquel momento se habría aprovechado llamándose a Bonilla o a Guevara; pero no fue así. Se llamó al Ministerio general al señor Doctor don José María Castro, joven que ninguna participación había tenido en el Gobierno de don Braulio, que aspiraba a un régimen muy diferente del régimen de Carrillo, y que ya tenía delante de sus ojos un lisonjero porvenir.

Alfaro suscribió un decreto que literalmente dice así:

El Jefe Supremo Provisorio del Estado de Costa Rica.

En vista de las tentativas que los enemigos de la humanidad han empleado para subvertir el orden público, y dar muerte a la dolorida patria; temeroso de que aún existan hombres desnaturalizados que, queriendo medrar en la ruina de la sociedad, pretendan sorprender a los incautos y, con grito sedicioso, derrocar a las autoridades legítimas del Estado para establecer en él un poder ilegal, arbitrario y tiránico que usurpe los derechos más sagrados del hombre y del ciudadano; que destruya las leyes y las garantías, y que sobre su trono de sangre y de cadáveres decrete la abolición de los principios de existencia política: siendo el primero de sus deberes la conservación del Estado en el goce de sus instituciones libres; suficientemente autorizado para dictar medidas a tan grandioso fin, ha venido en decretar y decreta:

Art. 1.° Todo el que, en cualquier punto del Estado, a presencia de tropa o de gente reunida con armas o sin ellas, levantase la voz desconociendo al Gobierno, o alguna otra autoridad legítima de las que rigen al país, o proclamase por autoridad a cualquier particular o empleado que no lo sea en aquel destino a que se le proclama; queda, ipso facto, fuera de la ley.

Art. 2.° En consecuencia, cualquiera puede quitarle la vida, y el que lo verifique será gratificado, previa justificación del hecho, con quinientos pesos, que se le pagarán inmediatamente del tesoro público, y un empleo, a juicio del Gobierno.

Art. 3.° El que de hecho y por un golpe de sedición, llegase a apoderarse del mando supremo; será traidor al Estado, y el que le dé muerte hace un bien a su patria, será declarado benemérito, y recibirá en premio cinco mil pesos.

Art. 4.° Este decreto se imprimirá y circulará en todos los pueblos del Estado; y en los mismos, se publicará por bando por tres días festivos, en los cuatro ángulos de la plaza principal de cada uno, y de los respectivos a una manzana de distancia de la expresada plaza.

—Dado en San José, a veinticuatro de diciembre de mil ochocientos cuarenta y dos.

—José María Alfaro.

—Al Ministro General del Despacho, señor Doctor José María Castro.

El decreto preinserto anuncia un temor. ¿A quién se temía entonces? Morazán estaba en la tumba. Sus jefes y oficiales habían salido, y ni intentaban, ni podían intentar, su regreso a Costa Rica. Carrillo era el único que podía inquietar al Gobierno. El decreto de Alfaro y Oreamuno había llegado a manos de don Braulio, y el exjefe costarricense había lanzado amargas quejas contra él. El artículo primero del decreto de Alfaro y Castro es una condenatoria clara del pronunciamiento que hizo Carrillo el 27 de mayo de 1838. La pena que el artículo segundo designa al que cometiera un hecho semejante es la muerte. No pretendo justificar esta disposición que prodiga la pena de muerte y sigue el funesto ejemplo de poner gente fuera de la ley. Pero ese decreto dictado contra Carrillo y sus partidarios prueba cuál era la opinión que de aquel exjefe tuvieron en Costa Rica los sucesores del General Morazán.

El Gobierno provisional había dado un decreto para fomentar la prensa, y esta es una nueva prueba de que aquel Gobierno no quería seguir las huellas de don Braulio Carrillo. El decreto es el siguiente:

El Jefe Supremo Provisorio del Estado Soberano de Costa Rica.

Considerando:

Que la opinión pública, que debe ser el oráculo de un Gobierno libre y popular, no puede conocerse bien sino expresándose bajo los auspicios de la AUGUSTA LIBERTAD DE IMPRENTA, y que tampoco puede ilustrarse sino es con la publicación de los pensamientos y el debate de los escritos, de que resulta triunfante la verdad: y meditando que, en todo tiempo, la marcha política de los pueblos ha tenido regularidad y acierto con la cooperación de los hombres ilustrados; y que la actual posición de Costa Rica demanda imperiosamente la de sus hijos, al desarrollo de proyectos útiles y a la indicación de medidas importantes a la conservación y prosperidad del Estado, decreta:

Art. 1.° Se establecerá un periódico con el título de Mentor Costarricense, y saldrá al público semanalmente el día sábado.

Art. 2.° Este periódico será sostenido por cuatro editores que el Gobierno nombre, sin exclusión de los más que quieran escribir en obsequio del bien general, sujetándose todos a las restricciones de leyes que garantizan la LIBERTAD DE IMPRENTA.

Art. 3.° Se admitirán suscripciones a este periódico, a razón de tres reales mensuales; se venderán sueltos, a real el número.

Art. 4.° Podrán insertarse comunicados o avisos de interés particular, pagando su valor conforme al reglamento de la imprenta, los que pretendan su inserción; más los que se suscriban podrán hacerlo sin esta obligación.

Art. 5.° Los editores serán recompensados por su trabajo con el producto del periódico, deducido únicamente el gasto del papel; porque el Gobierno, marchando al grandioso fin que ha indicado, ofrece la imprenta sin exigir nada por ella.

Art. 6.° El director de la imprenta lo será también del periódico, y gozará del sueldo de treinta pesos mensuales que serán satisfechos del tesoro público. A él se remitirán los artículos editoriales y los comunicados de particulares, para que los mande imprimir, dando preferencia a los que ofrezcan más utilidad pública: cobrará las suscripciones y el valor de los escritos que por este decreto deben pagarse; corregirá los impresos con arreglo al original, y, en fin, cumplirá exactamente con los deberes a que se comprometa, según la contrata particular que al efecto celebrará con él el Ministro General del Despacho.

—Dado en San José, a primero de noviembre de mil ochocientos cuarenta y dos.

—José María Alfaro.

—Al Ministro General del Despacho, señor Doctor José María Castro.

Si la prensa era libre, y si Carrillo era popular en Costa Rica, la prensa debió levantarse y tronar en favor del desterrado; pero no se levantó ni tronó en favor de él, y Carrillo permaneció en el destierro. Si la invasión del General Morazán fue un mal para Costa Rica, este mal se debe a Carrillo, porque exasperó a los costarricenses, cuyas frentes se encendían cuando en el exterior se les recordaba que su patria, como un anacronismo en la América y en el siglo XIX, estaba regida por un jefe inamovible e irresponsable.

El transcurso del tiempo ha ido disminuyendo las fatales impresiones que en Costa Rica produjeron las leyes tiránicas de Carrillo. Sin una historia escrita, las generaciones que han sucedido no han podido tener a la vista un completo cuadro de aquella administración fatal. El progreso de Costa Rica comenzó mucho antes de la primera administración de Carrillo. Véase el capítulo 26, libro 2 de la Reseña. Antes de la primera administración de don Braulio, Barrundia consignó en El Centro—Americano estas palabras:

"En Costa Rica se han satisfecho los libramientos dados por la Federación. Su prosperidad es asombrosa. Antes no había en Puntarenas más que dos barras habitadas por cuatro o cinco pobres hombres; hoy día su población pasa de ochocientos habitantes; hay fondas y cuanto se necesita para la vida. En este momento, seis buques están fondeados en el puerto. Los costarricenses han entablado especulaciones comerciales directamente con Europa y Norteamérica, de donde han hecho venir máquinas para moler sus ricos minerales y su caña de azúcar, para despepitar su café y prensar la zarza. Por todas partes se levantan nuevas casas; muchos extranjeros se han establecido en el país; la población de San José ha aumentado considerablemente; ella tiene hoy cuatro imprentas en actividad."

Los plantíos de café, vida de Costa Rica, no se deben a Carrillo. Antes de que aquel tirano apareciera bajo el dosel, los costarricenses sembraban, beneficiaban y exportaban café. La exportación era difícil porque no existía un camino carretero, que después de los días de Carrillo se hizo bajo la hábil cooperación de una junta itineraria, y sin que se cometiera ninguno de los atentados que perpetró Carrillo para realizar el soñado camino de Matina, que se quedó en sueño.

Los partidarios de Carrillo, que son tan pocos que acaso no pasan de dos o tres familias, entre las cuales existen ya muchos individuos desengañados, tienen a la vista el Bosquejo de Costa Rica escrito por Molina y pueden ver en la página 91, con referencia al año de 1819, estas palabras:

"Comenzó el Padre Velarde a cultivar el café, sembrando algunos granos que le proporcionó el Gobernador Acosta, de una pequeña porción que este había hecho llevar de La Habana para su consumo. De esta semilla proceden todos los cafetales de Costa Rica. El mencionado señor Acosta fue el penúltimo Gobernador español."

¿Entonces qué razón hay para decir que a Carrillo se debe la siembra y el cultivo del café? ¿Por qué se pretende engañar a la juventud haciéndole creer una falsedad?

En Costa Rica se cultiva el café desde el año de 19.

CAPITULO TERCERO: SENSACION QUE PRODUJO EN GUATEMALA LA MUERTE DEL GENERAL MORAZÁN

SUMARIO.

1.—Regocijo en Guatemala. —2. Proclama de Rivera Paz. —3. clama de Carrera. —4. Decreto de Rivera Paz. —5. Observaciones. —6. Un párrafo d.—7. Observaciones.

El Gobierno de Guatemala había dado un decreto cerrando sus relaciones con Costa Rica por hallarse en aquel país el General Morazán. La prensa oficial insultaba incesantemente al ex— Presidente. Lo llamaba tirano, bandido, monstruo. No había ultraje que no se le prodigara. Existía un grande empeño en hacer creer a Centroamérica que Morazán era el único obstáculo para la tranquilidad, para la reorganización, para la completa ventura. Los incautos lo creían, y a los ojos de ellos Morazán era el origen de todos los males.

Al Ministerio de Guatemala había ido otra vez don Juan José Aycinena, uno de los hombres que más odiaban a Morazán desde que venció a su hermano en San Antonio; que lo detestaban más desde que el vencedor de Gualcho rechazó con indignación la Dictadura que humildemente le ofrecieron los aristócratas. Don Juan José Aycinena estaba siempre en acecho de noticias desagradables a Morazán, para publicarlas exageradas. ¡Qué júbilo pues produciría a este sacerdote los sucesos de 11, 12, 13, 14 y 15 de septiembre!

Entonces no había vapores, ni telégrafos. Se recibían noticias de Costa Rica por buques de vela, o por correos de tierra. El lunes 17 de octubre a mediodía recibió el sacerdote Ministro un correo de San Miguel, en que se le daban noticias faustas para él, de los funestos acontecimientos de septiembre. El padre Ministro se estremecía de júbilo; pero no se atrevió de momento a mandar que se hicieran demostraciones de regocijo. La noticia fue confirmada, y entonces hizo cuantas manifestaciones estrepitosas eran compatibles con los medios que estaban a su alcance.

Él escribió la siguiente proclama, que se publicó firmada por Rivera Paz.

EL PRESIDENTE DEL ESTADO DE GUATEMALA, A SUS HABITANTES

COMPATRIOTAS:

La Divina Providencia se ha dignado continuar su bondadosa protección en favor de los pueblos de Centroamérica, y debemos rendirle humildes gracias porque, por los medios más extraordinarios, ha restituido la paz interior en todos los Estados y estrechado los lazos que los unen.

Morazán, el enemigo obcecado del orden, de la prosperidad y de la libertad de los pueblos, ya no existe: terminó su carrera de un modo desastroso en Costa Rica, en la ciudad de San José, el 15 de septiembre, aniversario glorioso de nuestra independencia. Esta circunstancia es muy notable: ella indica de una manera singular que Dios no quiere que los pueblos que se proclamaron libres para ser felices se convirtieran en patrimonio de un usurpador atrevido.

COMPATRIOTAS:

Ya no hay obstáculos para que se consolide la paz y reine solo la justicia, bajo cuya sombra únicamente podemos prosperar. Nuestro propio interés exige que nos aprovechemos de las lecciones de una experiencia costosa, y que en lo de adelante trabajemos unidos por el bien general.

Demos gracias al Ser Supremo por los bienes que nos dispensa, y celebremos con demostraciones de júbilo el restablecimiento de la paz en todo Centroamérica.

Guatemala, octubre 21 de 1842.

MARIANO RIVERA PAZ

Morazán dijo en su testamento: "Mi muerte es un asesinato, tanto más grave cuanto no se me ha juzgado ni oído". El padre Aycinena atribuye este crimen al cielo, y obliga a Rivera Paz a presentar a la Providencia Divina como cómplice de Herrera y de don Luz Blanco.

Carrera firmó también una proclama. En ella atribuye a la Divina Providencia la muerte del General Morazán, y llama a la ilustre víctima "caudillo de las depredaciones, tirano opresor", etc. Véase el núm. 70 de la Gaceta, que corresponde al 28 de octubre de 1842.

Rivera Paz firmó el decreto siguiente:

El Presidente del Estado de Guatemala.

Habiéndose dignado la Divina Providencia continuar su protección a los pueblos de la República, asegurando la paz por medio de los extraordinarios sucesos que tuvieron lugar en el mes de septiembre próximo pasado en el Estado de Costa Rica, penetrado de profunda gratitud,

DECRETA:

Art. 1.° El Gobierno, acompañado de todas las autoridades civiles y militares, pasará el domingo 23 del corriente a la Santa Iglesia Catedral, con el fin de dar gracias al Todopoderoso por la singular protección que se digna dispensar a los pueblos de la República.

Art. 2.° En todas las cabeceras de los Departamentos se celebrará igual acción de gracias, con asistencia de las autoridades civiles y militares, el domingo inmediato al recibo de este decreto.

Art. 3.° El Corregidor de Guatemala, poniéndose de acuerdo con el señor Gobernador Eclesiástico, dispondrá lo conveniente para que la función de que habla el artículo 1.° tenga la debida solemnidad, y los Corregidores de los demás Departamentos tomarán iguales disposicioncs en sus respectivas cabeceras.

Dado en Guatemala, en la Sala del Gobierno, a 21 de octubre de 1842.

—M. Rivera Paz.

Al señor Secretario del despacho de relaciones, Presbítero Doctor J.J. Aycinena.

El sacerdote Ministro daba gracias al Todopoderoso porque, sin forma de proceso, sin juicio y sin ser oídos, habían sido fusilados Morazán y Villaseñor, y porque había desaparecido del mundo el General Saravia. Esto no debe extrañar a los lectores. La historia está llena de hechos idénticos.

El Papa Gregorio XIII puso a vuelo las campanas de Roma y mandó que se hicieran salvas de artillería, cuando recibió la noticia de las matanzas de la espantosa noche de San Bartolomé. Al instante se cantó el Te Deum en la iglesia de San Marcos, y por la noche hubo iluminaciones. Al día siguiente el Papa, en unión de los embajadores de las potencias católicas, se dirigió al templo con el Sacro Colegio y dio segunda vez gracias a Dios. No contento con esto, publicó un jubileo y acuñó una medalla en honor de aquel gran suceso. El Cardenal de Lorena, que estaba en Roma, El Cardenal de Lorena, que estaba en Roma, celebró el asesinato de sus compatriotas con una gran procesión y, sobre las puertas de la iglesia de San Luis, hizo colocar en letras de oro estas palabras: "El Señor ha satisfecho los votos y plegarias que se le dirigían hace doce años." Todo esto se hacía a nombre de una religión cuyo fundador dijo: "Amad a vuestros enemigos, haced bien a los que os aborrecen, y rogad a Dios por los que os persiguen y calumnian."

En el número 70 de la Gaceta de Guatemala, correspondiente al 28 de octubre de 1842, se encuentran estas palabras:

"El 22, a las oraciones, un repique general de campanas anunció la festividad del día inmediato, en que conforme a lo prevenido en el decreto que hemos insertado, se celebró una solemne misa de gracias y Te Deum, con asistencia de todas las autoridades civiles y militares, jefes de rentas y oficiales del ejército. —Las tropas de la guarnición formaron frente al templo y desfilaron en columna hasta la casa del

Supremo Gobierno, donde se despidió la comitiva: las salvas de artillería duraron todo el día: por la tarde se situó una música militar en el paseo del Calvario, y en la noche, así como en la anterior, hubo iluminación general.

La moderación es el mejor signo de la justicia que asiste a la causa, cuyo triunfo se ha celebrado."

¿Qué llamaron los aristócratas moderación? Se daban decretos y proclamas injuriando a Morazán, que ya estaba en la tumba; se cantaban misas de gracias con solemne Te Deum; se hacían salvas en todas las poblaciones donde existía algún cañón; se tocaban estrepitosas dianas por las calles y las plazas de todos los pueblos donde había tambores; se repicaba en todo lugar donde existía algún campanario; se iluminaban todos los pueblos donde había velas de sebo, y donde no las había se hacían fogones de ocote; se predicaba contra las víctimas en todos los pueblos donde existía algún clérigo.

¡Y todavía se habla de la moderación con que los serviles celebraron los asesinatos de septiembre!

CAPÍTULO CUARTO: UN LEGADO DEL SEÑOR MARQUÉS DE AYCINENA.

SUMARIO.

1. —Límites de la Capitanía general de Guatemala. —2. Tendencias de los serviles. 3. Plan de Iguala. —4. Observaciones. — 5. Tratado de Córdoba. —6. Agustín 1.—7. Acta de 15 de setiembre. —8. Lo que se deduce del acta de setiembre. —9. Cabildos. —10. Biografía de Aycinena. —11. Presión que se ejercía sobre los cabildos. —12. Persecución y muerte de algunos patriotas. —13. Resultado de los cabildos. —14. Caída del imperio mexicano. —15. Soconusco. —16. Observaciones. —17. La cuestión de Soconusco se resuelve de hecho —18. Nota de don Juan José Aycinena. —19. Observaciones. —20. Santa decora á Aycinena de la ocupación de Soconusco. —21. Actas. —22. Nota. —23. Observaciones.

Hemos visto festejar el fusilamiento de Morazán y de Villaseñor, y la muerte de Saravia. Los serviles decían que todos los males de la patria los causaba Morazán. Vamos a ver en este capítulo acontecimientos funestos para Centroamérica, que se verificaban en aquellos mismos días, e imputables exclusivamente a los serviles y, muy particularmente, a la casa de Aycinena.

Para comprender bien la materia de este capítulo, es preciso dar una mirada retrospectiva y repetir algunos conceptos enunciados en el Bosquejo histórico y en esta Reseña.

El autor de las Memorias de Jalapa, hablando de la situación geográfica del antiguo reino de Guatemala, dice:

"El antiguo reino de Guatemala, hoy república federal de Centroamérica, se extiende desde el grado 8 hasta el 17 de latitud septentrional, y desde el 82 hasta el 95 de longitud occidental de Greenwich. El barón de Humboldt le da una extensión de 16,740 leguas cuadradas de 20 en grado marítimo, que equivalen a 22,649 leguas castellanas de 263 por grado marítimo; y otros le dan 26,152.

Los límites marcados y reconocidos sin contradicción bajo el gobierno español para separar esta parte de la América de los gobiernos políticos y militares de Nueva España y Santa Fe de Bogotá, son: al Oeste el Chilillo, límite de Nueva España en la provincia de Oaxaca, hoy Estado de la federación mexicana; al S. Este Chiriquí, término del virreinato de la Nueva Granada por el istmo de Panamá; por el N. Oeste linda con la península de Yucatán, también Estado de la federación mexicana; por el Sur y S. Este con el Océano Pacífico; y por el Norte con el Atlántico.

Así, el antiguo reino de Guatemala y la jurisdicción de su audiencia y real chancillería se extendían desde el Chilillo hasta Chiriquí, y desde la costa de Walis, o Belice, en la bahía de Honduras, hasta el Escudo de Veraguas por el mar del Norte; y por el Sur, desde la barra del Paredón en Tonalá, hasta la boca del río Boruca en Costa Rica; computándose más de 700 leguas de camino de tierra desde Chilillo hasta Chiriquí, y 9 grados desde las tierras más meridionales de Costa Rica hasta las más septentrionales de Chiapas; y la extensión de la tierra entre uno y otro Océano es calculada en su mayor anchura en 180 a 200 leguas, y en su menor en 60."

El Marqués de Aycinena, a la cabeza de la aristocracia de Guatemala, se empeñó en que Centroamérica formara con México un imperio. Sabiendo Iturbide que la casa de Aycinena tenía estas ideas, y hallándose la misma casa en correspondencia con él, dirigió un oficio al Capitán General de Guatemala, fechado el 19 de octubre de

1821. En él se dice que Guatemala no debía quedar independiente de México, sino formar con aquel antiguo virreinato un gran imperio, bajo el Plan de Iguala; que Guatemala era todavía impotente para gobernarse por sí misma, y que podría ser, por lo mismo, objeto de la ambición extranjera. Iturbide, para dar apoyo al Marqués de Aycinena, anunció en la misma nota que un ejército mexicano se dirigía a la frontera.

Sabido es que en 1821 Iturbide marchó a Iguala, que se halla a cuarenta leguas al sur de México, y que el 24 de febrero publicó ahí lo que se llama: Plan de Iguala. Según ese Plan, Nueva España debía ser una monarquía constitucional, con el nombre de Imperio. La corona imperial se ofrecía primero al rey Fernando VII y a sus hermanos, y en caso de que estos señores no aceptasen, a algún otro príncipe de las familias reinantes en Europa.

Véase la proclama de Iturbide y el Plan inserto en ella, que se encuentran al fin de este capítulo.

El Plan de Iguala es eminentemente monárquico. Se contaba para llevarlo a cabo con el amparo de la casa de Borbón. El primer rey llamado al nuevo trono era Fernando VII, eminentemente absolutista y monarca a la sazón de España y de las Indias. Los autores de ese Plan se imaginaban que Fernando no abandonaría el palacio real de Madrid, ni sus posesiones suntuosas del Escorial y de Aranjuez, para venir al palacio de sus virreyes; y se contaba con el segundo hijo de Carlos IV, don Carlos María Isidro, ultramontano exagerado que más tarde fue el primer jefe de la facción carlista.

He aquí lo que el señor Marqués de Aycinena deseaba para nosotros.

En una entrevista que se verificó en Córdoba entre Iturbide y O'Donojú, se firmó un tratado en virtud del cual este último aceptó, en nombre de su Gobierno, el Plan de Iguala. Según ese tratado, una junta de 36 personas debía formar el Poder Legislativo hasta la convocatoria de un Congreso, y nombrar provisionalmente una regencia como Poder Ejecutivo, mientras se recibía de España respuesta acerca de la corona ofrecida al rey o a los infantes.

Los tratados de Córdoba se hallan también al fin de este capítulo.

6.— El Gobierno español rechazó el tratado de Córdoba y, según el Plan de Iguala, debía ofrecerse la corona a otro príncipe europeo. Iturbide la quería para sí. El sargento Pío Marcha, con varios camaradas de diferentes regimientos, reunió a sus partidarios el 8 de mayo y proclamaron el imperio de Agustín I.

El acta de independencia dice:

1. Que siendo la independencia del Gobierno español la voluntad general del pueblo de Guatemala, y sin perjuicio de lo que determine sobre ella el Congreso que debe formarse, el señor jefe político la mande publicar para prevenir las consecuencias que serían temibles en el caso de que la proclamase de hecho el mismo pueblo.

2. Que desde luego se circulen oficios a las provincias, por correos extraordinarios, para que, sin demora alguna, se sirvan proceder a elegir Diputados o Representantes suyos, y estos concurran a esta Capital a formar el Congreso que debe decidir el punto de independencia general y absoluta, y fijar, en caso de acordarla, la forma de Gobierno y ley fundamental que deba regir.

3. Que para facilitar el nombramiento de Diputados, se sirvan hacerlo las mismas juntas electorales de provincia que hicieron o debieron hacer las elecciones de los últimos Diputados a Cortes.

4. Que el número de estos Diputados sea en proporción de uno por cada quince mil individuos, sin excluir de la ciudadanía a los originarios de África.

5. Que las mismas juntas electorales de provincia, teniendo presente los últimos censos, se sirvan determinar, según esta base, el número de Diputados o Representantes que deban elegir.

6. Que en atención a la gravedad y urgencia del asunto, se sirvan hacer las elecciones de modo que el día primero de marzo del año próximo de 1822 estén reunidos en esta Capital todos los Diputados.

7. Que entre tanto, no haciéndose novedad en las autoridades establecidas, sigan estas ejerciendo sus atribuciones respectivas con arreglo a la Constitución, decretos y leyes, hasta que el Congreso indicado determine lo que sea más justo y benéfico.

Estando convocado el Congreso, tratándose de un asunto tan grave y habiéndose dicho en el acta de independencia que esta se proclamaba sin perjuicio de lo que el Congreso determinara, era preciso esperar la reunión del mismo Congreso para contestar a Iturbide.

El Marqués de Aycinena sabía muy bien que el Congreso de Centroamérica sería republicano y no monárquico, y, contrariando las disposiciones del acta, sugirió la idea de que, no volviéndose a pensar en el Congreso, se explorara la voluntad pública por medio de cabildos abiertos.

No calumnio al señor Aycinena. Su biografía se publicó en el año de 1865 en un cuaderno de 29 páginas y en los números 66, 67 y 69 de La Gaceta Oficial, y en ella se encuentran estas palabras:

"Fue formándose un partido, favorable siempre a la conservación de la independencia de España; pero que veía en la monarquía constitucional y en la unión a México, donde esta acababa de proclamarse bajo las bases del Plan llamado de Iguala, la única garantía contra cualesquiera tentativas de reconquista por parte de España, y en favor de la paz y la seguridad de un país pequeño y débil, a quien entonces no se consideraba con elementos y recursos suficientes para defenderse de una agresión exterior y para fundar un gobierno propio con las condiciones necesarias de estabilidad. Tampoco debemos ocultar que a esas consideraciones se agregaba en muchas personas de las que habían tomado parte activa en favor de la independencia cierta predilección por el sistema monárquico constitucional; no considerando a estos pueblos en el grado de ilustración y en las demás condiciones indispensables para ser regidos por el republicano. De esta opinión participaba el señor Aycinena; y, por tanto, influyó en la agregación a México, que se hizo el 5 de enero de 1822, después de haber tomado los votos de los pueblos, en cabildos abiertos, idea que promovió el mismo señor Aycinena en la junta provisional consultiva.

Cuando se hizo la agregación de Guatemala a México, aún no se había proclamado Emperador a don Agustín Iturbide, hecho que se verificó en la noche del 18 de mayo de aquel año (1822) por medio de un motín militar que estalló en aquella capital. La historia ha hecho justicia a las grandes cualidades de aquel jefe, y se la harán siempre todas las personas imparciales que no juzgan del mérito de los hombres públicos, ya por los errores inherentes a la naturaleza humana, ya por el resultado adverso o feliz de algunos de sus actos.

Don Juan José Aycinena no conocía personalmente al General Iturbide; pero tenía correspondencia epistolar con él y apreciaba las prendas extraordinarias de aquel grande hombre, que después de haber llevado a término feliz la independencia de su país, fue a pagar con su vida un momento de error.

Fundada la Orden Imperial de Guadalupe en el mismo año de 1822 por el mencionado Emperador, este condecoró al señor Aycinena con la Gran Cruz, a cuyo honroso título estaba anexa la grandeza del Imperio. Es bien sabido cómo desapareció a poco el mal seguro trono de Iturbide y son conocidos también los acontecimientos que ocurrieron en Guatemala durante el breve espacio en que permaneció el Reino unido a México, del cual quedó definitivamente separado en julio de 1823.

Como no es ni puede ser nuestro objeto, al hacer estos apuntamientos biográficos, escribir la historia de aquella época, basta lo que dejamos expuesto para indicar los motivos de la conducta política del señor Aycinena en aquellas circunstancias. Pueden verse estos mejor y más extensamente explicados en el último de los tres opúsculos que publicó el mismo don Juan José en Nueva York, el año 1834, con el título de "Otras reflexiones sobre Reforma política en Centroamérica", escritos de los cuales hablaremos a su debido tiempo.

El Marqués de Aycinena estaba unido a Gainza, quien deseaba tanto como los Aycinenas la anexión a México. Gainza ejercía el mando político y militar, y empleaba la fuerza armada para que los cabildos produjeran el resultado que se apetecía.

Barrundia y Molina fueron perseguidos. Esta persecución era lógica. Aquellos dos ciudadanos habían trabajado en favor de la independencia, y entonces se trataba de aniquilarla. Don Mariano Bedoya y don Remigio Méida sostenían el acta de septiembre y fueron asesinados. He aquí la libertad que a su patria daba el señor Marqués de Aycinena, y las garantías que se otorgaban a los ciudadanos que en los cabildos abiertos debían votar.

A pesar de la opresión que se ejercía, los cabildos se dividieron y la anexión se hizo por la fuerza de las bayonetas, llevándose la muerte y el exterminio a las provincias que se mantenían firmes en su propósito de ser independientes.

Caído el Imperio, Centroamérica recobró su independencia, pero no la integridad de su territorio. La provincia de Chiapas, que siempre había pertenecido a la Capitanía General de Guatemala, quedó unida a México. Esta pérdida no solo ha producido disminución de territorio, sino incesantes cuestiones sobre límites, que no se sabe todavía cómo terminarán (año de 1880).

El partido de Soconusco no quería ser mexicano. Centroamérica propuso a México que la cuestión la resolviera la gran Dieta americana reunida en Panamá, y México no quiso. Centroamérica propuso otro arbitraje, y México no lo aceptó. Entonces se cometió la falta de convenir en que las tropas y autoridades militares de Centroamérica evacuasen el territorio de Soconusco, en el supuesto de que México no traspasaría la línea divisoria: se convino en que ninguno de los gobiernos podría sacar de Soconusco contribuciones de hombres, dinero ni de otra cualquiera especie, ni habría en él más autoridad que las municipales, entre tanto se daba una solución definitiva a la cuestión sobre límites. Este convenio fatal es lo que se llama preliminares del año de 1825.

México no admitía que la gran Dieta de Panamá resolviera el asunto, ni admitía árbitro de ningún género. ¿Quién debía dar, en tal concepto, resolución en 1842 a la cuestión sobre límites? La fuerza. Los serviles habían desgarrado el país. El Marqués de Aycinena decía en los años de 1821 y 1822 que Centroamérica no podía formar una nación soberana porque se hallaba despoblada y porque carecía de elementos para existir por sí sola.

Con la ocupación de Chiapas, México se ha extendido dentro de los límites del antiguo reino de Guatemala más de ciento veinte leguas, por la parte central del continente; y con la invasión que se acaba de efectuar ha avanzado otras tantas por la línea y costa de Soconusco, hasta quedar sus fuerzas en contacto, por un rumbo, con los pueblos inmediatos a Comitán, donde mantiene tropas; y por el otro, con los de Tapachula y Tuxtla Chico, distantes un día de camino de las poblaciones numerosas de Quezaltenango, en la cordillera; y Suchitepéquez, en la misma costa de Soconusco.

La provincia de Chiapas se compone de un conjunto de poblaciones, que hacen por todo un número de cien mil habitantes, separados de los primeros pueblos de México de alguna consideración, cuáles son los de Tehuantepec, por un desierto de sesenta o más leguas. Los pueblos de Soconusco no tienen más que catorce o quince mil almas, y también están separados de las fronteras de México por un despoblado de no menor extensión y distantes cien leguas de Ciudad Real, hoy San Cristóbal, que es la capital de Chiapas, a que se les quiere sujetar.

México tiene vastas y ricas provincias, y ni Chiapas ni Soconusco le son de alguna importancia por su comercio, ríos navegables, puertos u objetos que pudieran interesarle.

Y en cuanto a límites naturales, ningunos son más propios que los de las montañas del Chilillo, que han sido las divisorias de ambos reinos, y los cuales fijó el gobierno español, sabio en acomodar los de estos países a las circunstancias geográficas y cercanía de los pueblos que componían las secciones del antiguo régimen.

Sí, pues, manteniendo México a Chiapas, se prepara una fuerza armada y, haciendo su marcha por la costa, viene a situarse por aquel otro rumbo a las inmediaciones de otras poblaciones más importantes de Centroamérica, ¿qué juicio deberá formarse, y hasta dónde podrán extenderse las miras con que se ha verificado semejante invasión? Por Soconusco las fuerzas de México han penetrado ya hasta el corazón de Centroamérica, porque en una jornada se llega a los pueblos de Suchitepéquez hacia la costa del Pacífico, y se sube con igual inmediación a los Altos, en que se hallan los de Quezaltenango.

Según el convenio de neutralidad y de no traspasar las fuerzas de México la línea divisoria, debían quedar estas a más de ciento cincuenta leguas de esta ciudad, y ahora se encuentran a sesenta de un camino carretero, sin barrera alguna natural que las detenga hasta las inmediaciones de Guatemala. Las aduanas de esta nueva línea divisoria que México se ha trazado cortan las comunicaciones libres, que pueblos hermanos y contiguos han tenido por muchos siglos, y van a sufrir los impuestos de un comercio extranjero, y lamentan ya estos y otros males que no experimentaron del Gobierno colonial.

Las mismas tropas invasoras vociferan que vienen hasta Guatemala, y la inmediación a que ya se encuentran será causa de disensiones, servirán de apoyo a los descontentos, que no faltan en los pueblos en tiempo de agitaciones políticas, y la tranquilidad pública y seguridad de estos habitantes estará continuamente expuesta a ser perturbada. El Gobierno de este Estado no puede dejar de prevenir tan funestas consecuencias, y debe defender los derechos, y cuidar de la seguridad y tranquilidad de los pueblos que le están encomendados.

Por otra parte, las cuestiones de límites de las naciones se deciden de gobierno a gobierno, por títulos y la carta geográfica que los determina. Los del antiguo reino de Guatemala están marcados por la ley de Indias 6.ª, título 15, libro 2.º, que expresamente menciona entre los de esta sección las provincias de Chiapas y Soconusco, y mandaba que el capitán general de ellas usase y ejerciese por sí solo la gobernación de todo su distrito, así como lo tenía el virrey de Nueva España. Esta ley, que igualmente establece el derecho de México a su territorio, era obligatoria así para los mexicanos como para los guatemaltecos; constituyó el derecho público de ambos pueblos al pronunciarse independientes; ha debido ser guardada mutuamente como de un interés inmediato para ellos, y común a todas las repúblicas de América; y no ha debido ser quebrantada por el Gobierno mexicano.

Por esto, cuando el Ministro Plenipotenciario del Gobierno de México acreditado cerca del de Centroamérica propuso en 1832 la celebración de un tratado entre esa y esta República, el de Centroamérica exigió, como preliminar, que se fijase la línea divisoria de ambos reinos, y que si el de México no convenía, se remitiese la resolución al arbitramento de una potencia amiga. El Gobierno mexicano también se negó a aceptar esta medida, y este hecho es otra prueba de la conducta de Centroamérica, siempre deferente, amistosa y conciliatoria, hacia la nación mexicana.

No contento, sin embargo, el Gobierno de V. E. con mantener la ocupación de la provincia de Chiapas, rompe hoy los pactos existentes, y ocupa con mano armada otra provincia de Centroamérica: y toca al Gobierno de V. E. considerar la situación en que se ha colocado por este acto de hostilidad, en los momentos en que carece Centroamérica de un gobierno general, y se ocupa en arreglar su administración interior.

¿Cómo juzgará el pueblo sensato de México una agresión verificada repentinamente, y cuando menos debía temerse? ¿Qué concepto formarán las naciones de un poder que infringe el derecho de gentes, y particularmente las de América, al ver las miras de engrandecimiento no regulares ni legítimas de una República que con ellas ha comenzado a existir? ¿Será justo ultrajar los derechos de una nación vecina, y acumular nuevos motivos de discordia a los que, por desgracia, se experimentan en las nuevas repúblicas?

¿Será bien, y será conforme a los intereses de México, que cuando el Gobierno de V. E. trata de recobrar a Tejas y a Yucatán como parte del antiguo territorio mexicano, se invada a Centroamérica, y se dé el funesto ejemplo, no visto hasta ahora entre las otras nuevas repúblicas, de no respetar sus antiguos límites, de querer más la que más obtuvo al hacernos independientes, de quitar a sus hermanos la parte que les tocó de la común herencia, y de decidir con las armas y por vías de hecho cuestiones que pueden arreglarse por convenios entre los Gobiernos?

La agresión ha venido de parte de las tropas mexicanas, y Centroamérica podría desde luego repeler la fuerza con la fuerza, y hacer sentir que no siempre se ofende a un pueblo sin exponerse a que las consecuencias caigan también sobre el agresor; pero deseando todavía el Gobierno de este Estado que se mantenga la paz entre ambas Repúblicas, no pudiéndose persuadir de que la ocupación de Soconusco se haya hecho por orden del Gobierno de V. E.; y debiendo tomar, además de la parte que le corresponde en los intereses comunes de Centroamérica, la que le toca en particular por pertenecer los pueblos de Soconusco a este Estado de Guatemala, que es al mismo tiempo el más inmediato, se limita a exigir del Gobierno de V. E. que dé sus órdenes para que las tropas mexicanas evacuen el territorio que han ocupado.

Tengo el honor de ser, con toda consideración, su muy atento y obediente servidor.—J. J. de Aycinena.

Se comprende muy bien que quien escribió esta nota conocía a fondo todo lo ocurrido entre Guatemala y México. Don Juan José Aycinena dice:

"Al regreso de las tropas mexicanas, que evacuaban el territorio de Guatemala por orden del Gobierno de México, el comandante de ellas intimó a la Junta que debía cesar, diciéndole en orden de 4 de septiembre de 1823, que el Exmo. señor Secretario de Estado del Supremo Poder Ejecutivo le mandaba que, al pasar por Ciudad Real, hiciese cesar en sus funciones a la expresada Junta, por ser la provincia de Chiapas parte muy apreciable e integrante de la gran nación mexicana; y de hecho quedó disuelta por una intimación militar que violaba los derechos de Guatemala y los de los chiapanecos, y era expresamente contraria al principio establecido por el mismo P. E. en su convocatoria al futuro Congreso."

¿Y quién trajo a Guatemala esas tropas mexicanas mandadas por Filísola? Las trajo el Marqués de Aycinena para sojuzgar a los salvadoreños que no querían ser mexicanos, y para empapar con la sangre de los liberales el suelo de Centroamérica.

Las relaciones de Aycinena y de Santa Anna continuaron siendo tan cordiales, que en 1854 el general Santa Anna condecoró a Aycinena. Véase el siguiente párrafo de la biografía citada:

En 1854, don Juan José de Aycinena fue condecorado por el general Santa Anna, Presidente de la República mexicana, a la sazón, con la Gran Cruz de la Orden de Guadalupe, extinguida con la caída de Iturbide, y restablecida por el mismo Santa Anna; confirmando así la gracia que en 1822 le había hecho el fundador.

El Gobierno de México cubrió el expediente por medio de algunas actas celebradas con la misma irregularidad que las anteriores.

El comandante general del departamento de Chiapas dirigió al Ministro de la Guerra de la República mexicana la nota siguiente:

"Exmo. señor— Haciendo esfuerzos sobrehumanos, si así puede decirse, para superar la suma escasez de recursos pecuniarios, y los demás obstáculos que se oponían al cumplimiento de disposiciones supremas, conformes siempre con mis deberes y deseos, y con la justicia y conveniencia de su objeto, tengo hoy por fin el honor de manifestar a V. E., para que se sirva hacerlo al Exmo. señor Presidente provisional, que el feliz resultado de todo ha sido la reincorporación espontánea y pacífica de Soconusco a este departamento, y la perfecta uniformidad de ideas y sentimientos políticos con este, y con los pueblos de la República en general, que es lo que con más individualidad manifiestan los documentos que en 9 fojas útiles tengo el honor de acompañar a V. E. para el debido conocimiento y satisfacción del Supremo Gobierno.

Estos demuestran con evidencia y de una manera que hará siempre honor al mismo Gobierno, que cualesquiera que fuesen las alteraciones a que se haya sujetado nuestra República, (que casi han sido las naturales y consiguientes a su infancia política) Soconusco ha sufrido, no obstante, una pena efectiva, tanto más prolongada cuanto lo ha sido el tiempo que por las mismas circunstancias han permanecido aquellos pueblos abandonados a su suerte, y como ajenos de la consideración de las leyes y del gobierno que hoy los rige. Aprendan en esta pequeña lección los mexicanos renegados a conocer el valor de la dignidad que han perdido, y sea el tiempo solo el mejor garante de esta verdad, y de que su ingratitud lleva la pena en sí misma.

A la índole pacífica y honrada de aquellos pueblos, al conocimiento de sus verdaderos intereses, y a la eficacia y tino particular con que el señor coronel don Juan Aguayo cumplió con las órdenes de esta comandancia, a quien no ha dejado en ello que desear, se debe la reincorporación de Soconusco, sin haberse disparado un solo tiro por ninguna parte, y sin otro algún sacrificio de esta naturaleza".

No se debe esto menos a los demás jefes, oficialidad y tropa expedicionaria, pues aunque no mediaron actos de hostilidad ni una verdadera campaña, no ha dejado de serlo para ellos en la estación presente el tráfico de caminos desiertos y ríos caudalosos, y las demás penalidades que ponen a prueba la disciplina militar, que aquí ha brillado.

Réstame, por último, congratularme con el supremo gobierno por la parte que me ha cabido en la ejecución de sus órdenes, dirigidas al justo engrandecimiento de la República, y renovarle, como a V. E., las seguridades de mi debida consideración y aprecio.

Dios y libertad.

San Cristóbal, agosto 19 de 1842.

—Ignacio Barberena.

Exmo. señor Ministro de Guerra y Marina.

El Marqués de Aycinena fue el primer motor de la anexión a México; fue su sostenedor. Él hizo venir a Filísola, quien al retirarse nos arrebató a Chiapas. A consecuencia, se hicieron las estipulaciones del año de 1825 que no respetó Santa Anna, y Guatemala fue segunda vez desmembrada. Don Juan José de Aycinena era Ministro el año 1842: Rivera Paz y Carrera no hacían más que ejecutar lo que disponía la casa de Aycinena.

Si Guatemala fue mutilada a consecuencia de la venida de Filísola, de esta mutilación son responsables los que trajeron a Filísola en 1822; y si la mutilación se completó por hallarse Centroamérica desgarrada, de ella son responsables los que produjeron el fraccionamiento de la patria.

La nota preinserta de Barberena dice más de lo que Centroamérica puede desear para justificar sus quejas, y más de lo preciso para demostrar la ineptitud del gobierno servil de Guatemala. Barberena hace cargo a los habitantes de Soconusco por haber querido permanecer fieles a Centroamérica, y les reprocha con severidad esta cívica virtud.

Dice que la anexión se ha verificado espontáneamente, y al mismo tiempo habla de que el coronel Aguayo cumplió las órdenes de la comandancia y que a esas órdenes y a ese cumplimiento se debe la anexión. Probablemente el señor Barberena no solo era militar, sino también teólogo, y se refería en su nota a la célebre regla que dice: "Voluntas coacta semper voluntas est" (La voluntad forzada sigue siendo voluntad).

Soconusco estaba desmantelado, según los preliminares del año de 1825, por los cuales no debía haber ahí tropa mexicana ni centroamericana. El año de 1842 México envió fuerzas a Soconusco y lo anexó. He aquí la "espontaneidad" de la anexión. ¿Con qué derecho los hombres que así proceden pueden invocar la fraternidad hispanoamericana?

El Gobierno de Guatemala tenía un Ministro en México. ¿Qué hacía ese Ministro? ¿En qué se ocupaba? El deber de un Ministro en casos semejantes es procurar que todos los individuos del cuerpo diplomático comprendan la injusticia y le presten siquiera el apoyo moral de sus creencias. Nada de esto consta que se haya hecho en México, ni el año de 1842 ni después hasta el de 1871.

La Gaceta de Guatemala nos habla con asombro de don Felipe Neri del Barrio, no porque reivindicaba nuestro territorio, sino porque se había casado con una señora a quien los nobles llamaban Condesa de Alcaraz, y porque estaba unido al monárquico Gutiérrez Estrada y a su partido.

El Marqués de Aycinena nos unió a México, nos trajo a Filísola, ensangrentó el suelo de la patria para consumar la anexión. ¿Y qué se proponía? Se proponía establecer un imperio a cuyo frente estuviera el célebre ultramontano don Carlos María Isidro de Borbón, fundador del partido carlista en España.

La casa de Borbón no aceptó el Plan de Iguala y el Marqués de Aycinena tuvo necesidad de conformarse con que fuera Emperador Agustín I. Este rey de farsa cayó; el gran edificio del Marqués de Aycinena vino abajo, y Centroamérica volvió a ser independiente. Con mil dificultades los liberales sacaron a los mexicanos que deseaban permanecer aquí, y al irse segregaron a Chiapas, y después a Soconusco, asegurando que era parte integrante de Chiapas.

¿Quién es responsable de todo esto? Es responsable la familia que, por amor a la monarquía, hizo la anexión.

¿Por qué México ha cometido contra Centroamérica las infracciones del derecho internacional que puntualiza Aycinena en la nota preinserta? Porque Centroamérica es débil.

¿Y por qué es débil?

Porque está desgarrada.

¿Quién la desgarró?

El Marqués de Aycinena con sus folletos de que habla el párrafo preinserto de su biografía y con sus continuos e incesantes trabajos sobre fraccionamiento, apoyados por los señores Manuel Francisco Pavón y Luis Batres, a fin de que se cumpliera el gran deseo que, según dice Milla y Vidaurre en la biografía de Pavón, tenían los serviles desde el año de 1828.

He aquí la verdad.

DOCUMENTOS JUSTIFICATIVOS
NUMERO 1.
PROCLAMA EN LA CUAL VA INSERTO EL PLAN DE IGUALA.

Americanos, bajo cuyo nombre comprendo no solo a los nacidos en América, sino a los europeos, africanos y asiáticos que en ella residen: tened la bondad de oírme. Las naciones que se llaman grandes en la extensión del globo fueron dominadas por otras; y hasta que sus luces no les permitieron fijar su propia opinión, no se emanciparon. Las europeas, que llegaron a la mayor ilustración política, fueron esclavas de la romana; y este imperio, el mayor que reconoce la historia, asemejó al padre de familia, que en su ancianidad mira separarse de su casa a los hijos y los nietos, por estar ya en la edad de formar otras y fijarse por sí, conservándole todo el respeto, veneración y amor como a su primitivo origen.

Trescientos años hace que la América septentrional está bajo la tutela de la nación más católica y piadosa, heroica y magnánima: la España. La educó y engrandeció, formando esas ciudades opulentas, esos pueblos hermosos, esas provincias y reinos dilatados que en la historia del universo van a ocupar lugar muy distinguido.

Aumentadas las poblaciones y las luces, conocidos todos los ramos de la natural opulencia del suelo, su riqueza metálica, las ventajas de su situación topográfica, los daños que origina la distancia de su unidad, y viendo que ya la rama es igual al tronco; la opinión pública y la general de todos los pueblos es la de la independencia absoluta de España y de toda otra nación. Así piensa el europeo, así los americanos de todo origen.

Esta misma voz que resonó en el pueblo de los Dolores, el año de 1810, y que tantas desgracias originó al bello país de las delicias, por el desorden, el abandono y otra multitud de vicios, fijó también la opinión pública de que la unión general entre europeos y americanos, indios e indígenas, es la única base sólida en que puede descansar nuestra común felicidad.

¿Y quién pondrá en duda que, después de la experiencia horrorosa de tantos desastres, no haya uno siquiera que deje de prestarse a la unión para conseguir tanto bien? Españoles europeos: vuestra patria es América, porque en ella vivís; en ella tenéis a vuestras amadas mujeres, a vuestros tiernos hijos, vuestras haciendas, comercio y bienes.

Americanos: ¿quién de vosotros puede decir que no depende de un español? Ved la cadena dulcísima que nos une: añadid los otros lazos de la amistad, la dependencia de intereses, la educación e idioma y la conformidad de sentimientos; y veréis que son tan estrechos y tan poderosos, que la felicidad común del reino es necesario la hagan todos reunidos en una sola opinión y en una sola voz.

Es llegado el momento en que manifestéis la uniformidad de sentimientos, y que nuestra unión sea la mano poderosa que emancipe a América sin necesidad de auxilios extraños. Al frente de un ejército valiente y resuelto he proclamado la independencia de la América Septentrional. Es ya libre, es ya señora de sí misma, ya no reconoce ni depende de España, ni de otra nación alguna.

Saludadla todos como independiente, y sean nuestros corazones bizarros los que sostengan esta dulce voz, unidos con las tropas que han resuelto morir antes que separarse de tan heroica empresa. No anima otro deseo al ejército que el conservar pura la santa religión que profesamos y hacer la felicidad general.

Oíd y escuchad las bases sólidas en que funda su resolución:

1.° La religión católica, apostólica, romana, sin tolerancia de otra alguna.

2.° La absoluta independencia de este reino.

3.° Gobierno monárquico templado por una constitución análoga al país.

4.° Fernando VII, y en su caso los de su dinastía o de otra reinante, serán los emperadores, para hallarnos con un monarca ya hecho, y precaver los atentados funestos de la ambición.

5.° Habrá una junta ínterin se reúnan Cortes que haga efectivo este plan.

6.° Esta se nombrará gubernativa y se compondrá de los vocales ya propuestos al señor virrey.

7.° Gobernará en virtud del juramento que tiene prestado al Rey, ínterin este se presenta en México y lo presta, y entonces se suspenderán todas ulteriores órdenes.

8.° Si Fernando VII no se resolviera a venir a México, la junta o la regencia mandará a nombre de la nación, mientras se resuelve la testa que deba coronarse.

9.° Será sostenido este gobierno por el ejército de las Tres Garantías.

10.° Las Cortes resolverán si ha de continuar esta junta o sustituirse una regencia mientras llega el emperador.

11.° Trabajarán, luego que se unan, la constitución del imperio mexicano.

12.° Todos los habitantes de él, sin otra distinción que su mérito y virtudes, son ciudadanos idóneos para optar a cualquier empleo.

13.° Sus personas y propiedades serán respetadas y protegidas.

14.° El clero secular y regular será conservado en todos sus fueros y propiedades.

15.° Todos los ramos del Estado y empleados públicos subsistirán como en el día, y solo serán removidos los que se opongan a este plan, siendo sustituidos por los que más se distingan en su adhesión, virtud y mérito.

16.° Se formará un ejército protector que se denominará de las Tres Garantías, y que se sacrificará del primero al último de sus individuos antes que sufrir la más ligera infracción de ellas.

17.° Este ejército observará a la letra la Ordenanza; y sus jefes y oficialidad continuarán en el pie en que están, con la expectativa, no obstante, de los empleos vacantes, y de los que se estimen de necesidad o conveniencia.

18.° Las tropas de que se componga se considerarán como de línea, y lo mismo las que abracen luego este plan; las que lo difieran y los paisanos que quieran alistarse se mirarán como milicia nacional, y el arreglo y forma de todas lo dictarán las Cortes.

19.° Los empleos se darán en virtud de informes de los respectivos jefes, y a nombre de la nación provisionalmente.

20. Ínterin se reúnen las Cortes, se procederá en los delitos con total arreglo a la Constitución española.

21. En el de conspiración contra la independencia, se procederá a prisión, sin pasar a otra cosa hasta que las Cortes dicten la pena correspondiente al mayor de los delitos, después de la de Lesa Majestad divina.

22. Se vigilará sobre los que intenten sembrar la división, y se reputarán como conspiradores contra la independencia.

23. Como las Cortes que se han de formar son constituyentes, deben ser elegidos los diputados bajo este concepto. La junta determinará las reglas y el tiempo necesario para el efecto.

Americanos: He aquí el establecimiento y la creación de un nuevo imperio. He aquí lo que ha jurado el ejército de las Tres Garantías, cuya voz lleva el que tiene el honor de dirigirlo. He aquí el objeto para cuya cooperación os incita.

No os pide otra cosa que la que vosotros mismos debéis pedir y apetecer: unión, fraternidad, orden, quietud interior, vigilancia y horror a cualquier movimiento turbulento. Estos guerreros no quieren otra cosa que la felicidad común.

Uníos con su valor, para llevar adelante una empresa que, por todos los aspectos (si no es por la pequeña parte que en ella he tenido), debo llamar heroica. No teniendo enemigos que batir, confiemos en el Dios de los ejércitos, que lo es también de la paz, que cuantos componemos este cuerpo de fuerzas combinadas de europeos y americanos, de disidentes y realistas, seremos unos meros protectores, unos simples espectadores de la obra grande que hoy he trazado, y que retocarán y perfeccionarán los padres de la patria.

Asombrad a las naciones de la culta Europa; vean que la América Septentrional se emancipó sin derramar una sola gota de sangre. En el transporte de vuestro júbilo decid:

¡Viva la religión santa que profesamos!

¡Viva la América Septentrional, independiente de todas las naciones del globo!

¡Viva la unión que hizo nuestra felicidad!

Iguala, 24 de febrero de 1821.—Agustín Iturbide.

NÚMERO 2.

TRATADOS celebrados en la Villa de Córdoba el 24 del presente, entre los señores don Juan O'Donojú, teniente general de los ejércitos de España, y don Agustín Iturbide, primer jefe del ejército imperial mexicano de las Tres Garantías.

Pronunciada por Nueva España la independencia de la Antigua, teniendo un ejército que sostuviese este pronunciamiento, decididas por él las provincias del reino, situada la capital en donde se había depuesto a la autoridad legítima, y cuando solo quedaban por el gobierno europeo las plazas de Veracruz y Acapulco, desguarnecidas y sin medios de resistir a un sitio bien dirigido y que durase algún tiempo; llegó al primer puerto el teniente coronel don Juan O'Donojú con el carácter y representación de capitán general y jefe superior político de este reino, nombrado por S. M. C., quien, deseoso de evitar los males que afligen a los pueblos en alteraciones de esta clase, y tratando de conciliar los intereses de ambas Españas, invitó a una entrevista al primer jefe del ejército imperial, don Agustín Iturbide, en la que se discutiese el gran negocio de la independencia, desatando sin romper los vínculos que unieron a los dos continentes.

Verificóse la entrevista en la villa de Córdoba el 24 de agosto de 1821, y con la representación de su carácter el primero, y la del imperio mexicano el segundo; después de haber conferenciado detenidamente sobre lo que más convenía a una y otra nación, atendido el estado actual y las últimas ocurrencias, convinieron en los artículos siguientes, que firmaron por duplicado, para darles toda la consolidación de que son capaces en esta clase de documentos, conservando su original cada uno en su poder, para mayor seguridad y validación.

Art. 1.° Esta América se reconocerá por nación soberana é independiente, y se llamará en lo sucesivo imperio mexicano.

2.° El gobierno del imperio será monárquico, constitucional moderado.

3.° Será llamado a reinar en el imperio mexicano (previo el juramento que designa el art. 4.° del plan), en primer lugar el señor don Fernando VII, Rey católico de España, y por su renuncia o no admisión, su hermano el serenísimo señor infante don Carlos; por su renuncia o no admisión, el serenísimo señor infante don Francisco de Paula; por su renuncia o no admisión, al señor don Carlos Luis, infante de España, antes heredero de Etruria, hoy de Luca, y por la renuncia o no admisión de este, el que las Cortes del imperio designaren.

4.° El emperador fijará su corte en México, que será la capital del imperio.

5.° Se nombrarán dos comisionados por el Exmo. señor O'Donojú, los que pasarán a las Cortes de España a poner en las reales manos del señor don Fernando VII copia de este tratado, y exposición que le acompañará para que le sirva S. M. de antecedente, mientras las Cortes del imperio le ofrecen la corona con todas las formalidades y garantías que asunto de tanta importancia exige; y suplican a S. M. que en el caso del art. 3.° se digne noticiarlo a los serenísimos señores infantes llamados por el mismo artículo por el orden que en él se nombran; interponiendo su benigno influjo para que sea una persona de las señaladas de su augusta casa la que venga a este imperio, por lo que se interesa en ello la prosperidad de ambas naciones, y por la satisfacción que recibirán los mexicanos en añadir este vínculo a los de su amistad con que podrán y quieren unirse a los españoles.

6.° Se nombrará inmediatamente, conforme al espíritu del plan de Iguala, una junta compuesta de los primeros hombres del imperio, por sus virtudes, por sus destinos, por sus fortunas, representación y concepto, de aquellos que están designados por la opinión general, cuyo número sea bastante considerado para que la reunión de luces asegure el acierto en sus determinaciones, que serán emanaciones de la autoridad y facultad que les conceden los artículos siguientes:

7.º La junta de que trata el artículo anterior, se llamará Junta Provisional Gubernativa.

8.º Será individuo de la Junta Provisional de Gobierno, el teniente general don Juan O'Donojú, en consideración a la conveniencia de que una persona de su clase tenga una parte activa e inmediata en el gobierno, y de que es indispensable omitir algunas de las que estaban señaladas en el expresado plan en conformidad de su mismo espíritu.

9.º La Junta Provisional de Gobierno tendrá un presidente nombrado por ella misma, y cuya elección recaerá en uno de los individuos de su seno, o fuera de él, que reúna la pluralidad absoluta de sufragios; lo que si en la primera votación no se verificase, se procederá a segundo escrutinio, entrando a él los dos que hayan reunido más votos.

10. El primer paso de la Junta Provisional de Gobierno será hacer un manifiesto al público, de su instalación y motivos que la reunieron, con las demás explicaciones que considere convenientes para ilustrar al pueblo sobre sus intereses, y modo de proceder en la elección de diputados a Cortes, de que se hablará después.

11. La Junta Provisional de Gobierno nombrará en seguida de la elección de su presidente, una regencia compuesta de tres personas de su seno o fuera de él, en quien resida el Poder Ejecutivo y que gobierne en nombre del monarca hasta que este empuñe el cetro del imperio.

12. Instalada la Junta Provisional, gobernará inmediatamente conforme a las leyes vigentes en todo lo que no se oponga al plan de Iguala, y mientras las Cortes formen la constitución del Estado.

13. La regencia, inmediatamente después de nombrada, procederá a la convocatoria de Cortes, conforme al método que determinare la Junta Provisional de Gobierno; lo que es conforme al espíritu del art. 24 del citado plan.

14. El Poder Ejecutivo reside en la regencia, el Legislativo en las Cortes; pero como ha de mediar algún tiempo antes que estas se reúnan, para que ambos no recaigan en una misma autoridad, ejercerá la Junta el Poder Legislativo: primero, para los casos que puedan ocurrir y que no den lugar a esperar la reunión de las Cortes; y entonces procederá de acuerdo con la regencia: segundo, para servir a la regencia de cuerpo auxiliar y consultivo en sus determinaciones.

15. Toda persona que pertenece a una sociedad, alterado el sistema de gobierno, o pasando el país a poder de otro príncipe, queda en el estado de libertad natural para trasladarse con su fortuna a donde le convenga, sin que haya derecho para privarle de esta libertad, a menos que tenga contraída alguna deuda con la sociedad a que pertenecía por delito, o de otro de los modos que conocen los publicistas: en este caso están los europeos avecindados en Nueva España, y los americanos residentes en la Península; por consiguiente, serán árbitros a permanecer, adoptando esta o aquella patria, o a pedir su pasaporte, que no podrá negárseles, para salir del reino en el tiempo que se prefije, llevando o trayendo consigo sus familias y bienes; pero satisfaciendo a la salida por los últimos, los derechos de exportación establecidos o que se establecieren por quien pueda hacerlo.

16. No tendrá lugar la anterior alternativa respecto de los empleados públicos o militares, que notoriamente son desafectos a la independencia mexicana; sino que estos necesariamente saldrán de este imperio dentro del tiempo que la regencia prescriba, llevando sus intereses y pagando los derechos de que habla el artículo anterior.

17. Siendo un obstáculo a la realización de este tratado, la ocupación de la capital por las tropas de la península, se hace indispensable vencerlo; pero como el primer jefe del ejército imperial, uniendo sus sentimientos a los de la nación mexicana, desea no conseguirlo con la fuerza, para lo que le sobran recursos, sin embargo del valor y constancia de dichas tropas peninsulares, por la falta de medios y arbitrios para sostenerse contra el sistema adoptado por la nación entera, don Juan O'Donojú se ofrece a emplear su autoridad, para que dichas tropas verifiquen su salida sin efusión de sangre y por una capitulación honrosa.

Villa de Córdoba, 24 de agosto de 1821.

—Agustín de Iturbide. —Juan O'Donojú. —Es copia fiel de su original. —José Domínguez. —Es copia fiel de su original que queda en esta comandancia general. —José Joaquín de Herrera. —Como ayudante secretario, Tomás Ibáñez.

CAPÍTULO QUINTO: EL SALVADOR Y SUS RELACIONES CON GUATEMALA.

SUMARIO.

Hemos visto el golpe dado por Lindo en San Salvador el 6 de noviembre de 1841.

Fue preciso abandonar el hilo de esos acontecimientos para seguir en Costa Rica al General Morazán, hasta el 15 de septiembre de 1842. Pero debiéndose continuar la narración de lo acontecido en San Salvador, es preciso volver al seis de noviembre de 1841.

Lindo dirigió a los salvadoreños un manifiesto que puede verse al fin de este capítulo.

3. Los expulsos del Salvador eran los señores José Santiago Milla, J. M. Montoya, Lucas Resuleu, Sixto Pineda, G. Pinto, Higinio Pinto y Francisco Saldaña.

Don Santiago Milla era padre del joven Juan Milla, que fue asesinado por un individuo que quiso matar a Morazán en la última expedición contra Carrera antes de los tratados del Rinconsito.

Se dirigió al General Morazán un balazo al pasar frente de una arboleda donde se ocultaba el agresor, y desde donde sin ser visto pudo mirar al General Presidente y dirigirle la puntería. Pero en el momento de hacer fuego se resbaló por casualidad el caballo en que iba Morazán y el proyectil hirió mortalmente a Juan Milla.

Pavón creyó conveniente poner a los presos en libertad calculando convertir en partidarios suyos a determinados individuos. No se equivocó del todo. Milla fue en seguida un buen servidor de la aristocracia guatemalteca, y contribuyó a que su sobrino don José

Milla y Vidaurre, quien en los primeros albores de su vida era un Morazánista exaltado y escribía versos atroces contra los nobles, se convirtiera en ciego agente de la aristocracia de Guatemala.

En el Salvador había un profundo desagrado por el golpe inconstitucional de Lindo; algunas poblaciones se conmovían, y el 13 de enero tres senadores se reunieron en la ciudad de San Vicente, en junta preparatoria, para restablecer la legalidad. Ellos celebraron un acta que dice así:

En trece de enero de mil ochocientos cuarenta y dos, los infrascritos senadores José Victoriano Nuila, Lupario Vides y Antonio José Cañas, en cumplimiento del artículo 13 de la Constitución del Estado, y del Decreto del Ejecutivo que ha designado esta Ciudad de San Vicente para la reunión ordinaria de las Cámaras, nos hemos reunido en ella para organizarnos en junta preparatoria, y cumplir las atribuciones que a esta designa la misma Constitución. En consecuencia, se procedió a nombrar un Presidente que por mayoría de votos resultó electo el señor Lupario Vides, y asimismo un secretario que por la misma mayoría de votos resultó electo el señor Antonio José Cañas, quedando igualmente electo para Vice—secretario el señor José Victoriano Nuila, con lo que quedó organizada la junta; la cual en seguida se sirvió acordar:

1.º Que se transcriba esta acta a la Secretaría general para conocimiento del Ejecutivo.

2.º Que se oficie a la misma Secretaría general para que dicha acta se ponga en conocimiento de los demás individuos del Senado a fin de que verifiquen su concurrencia en el término más breve que les sea posible, respecto a que ya está para fenecer el término constitucional de la reunión de la Cámara; con lo cual se concluyó esta acta que firmaron todos los vocales concurrentes.

—Francisco Lupario Vides. —José Victoriano Nuila. —Antonio José Cañas. Es copia fiel.—San Vicente, enero 13 de 1842.—Cañas.

A consecuencia, se reunió el Poder Legislativo en San Vicente, y tuvo a bien dirigir a los pueblos del Estado la exposición que sigue:

SALVADOREÑOS:

Llamados por vosotros al ejercicio del Supremo Poder Legislativo, hemos dado principio a nuestros trabajos, resueltos a no omitir sacrificios, y a emplear todos nuestros esfuerzos para asegurar el acierto de nuestras deliberaciones.

Desde luego percibimos que no era fácil vencer los grandes obstáculos que se oponen a la empresa.—Las chispas de insurrección que el choque violento de las opiniones de partido hace brotar en algunos puntos del Estado: la nueva ley fundamental que exige trazar nueva senda a la marcha de la administración pública; y más que todo, el descrédito casi general en que ha caído la nueva Constitución por los muchos defectos que se le notan, y eran consiguientes a la precipitación con que fue dada; todo nos convence de que la felicidad del pueblo no se hallará en llevar adelante lo que existe, sino en volver sobre nuestros pasos, y rectificar o perfeccionar el principio de donde deben partir las reformas que tanto deseamos y por las que se han hecho tan costosos sacrificios.

Con tal convicción hemos creído de nuestro deber, como fieles representantes vuestros:

1.º Limitar nuestras tareas a lo que es puramente necesario en las actuales circunstancias para alejar desconfianzas, y hacer que el Gobierno marche con menos embarazos, y pueda atender a los importantes objetos que llaman su atención en el interior y en el exterior.

2.º Nombrar una comisión que examine la Constitución, note sus defectos y vacíos, y proponga las correcciones o adiciones que deban hacerse, y los proyectos de leyes que juzgue necesarios para su desarrollo.

3.º Y, últimamente, suspender sus sesiones ordinarias para continuarlas cuando se haya verificado la elección del Presidente constitucional del Estado, en cuyo tiempo deliberará sobre la convocatoria de una Asamblea Constituyente que revea la carta fundamental, tomando en consideración las observaciones de la comisión.

¡PUEBLOS DEL SALVADOR!

Al dirigirnos a vosotros como a nuestros comitentes, para daros cuenta del uso que hemos hecho de vuestros poderes, nos tomamos la libertad de recomendaros que os mantengáis en esa loable disposición que tenéis por la paz y por el buen orden; y que esperéis del tiempo y de la calma la mejora de vuestras instituciones. Estas son siempre el fruto de la meditación y de la razón cultivada; y ambas huyen de la precipitación y del bullicio de las pasiones exaltadas por la discordia civil.

¡CONCIUDADANOS!

Si amáis la patria común, y si estimáis en algo el título de salvadoreños que en ella os da como hijos suyos, no prestéis jamás vuestros oídos a la seducción de aquellos que, impelidos por resentimientos personales, os aconsejan como remedio de los errores o faltas gubernativas la subversión contra el orden establecido. Este remedio es un mal mayor que el que se intenta corregir, y la experiencia nos ha dado ya repetidos testimonios de esta verdad. Tened siempre presente que la perfección de nuestros gobiernos debe ser obra del progreso de nuestra civilización; y que sus faltas y aberraciones, consiguientes al estado de atraso en que nos hallamos, más bien se corrigen con la amovilidad legal y tranquila que con mudanzas violentas que destruyen todos los elementos de la prosperidad social.

San Vicente, febrero 11 de 1842. —José María Cornejo, Presidente. —José Antonio Claros. —Leoncio García. —Juan José Ayala. —Gregorio Guzmán. —Gabriel Urquiza. —José Gabriel Martíñez. —José María Téllez. —Joaquín de Castillo. —Francisco Echeverría. —Francisco Lupario Vides. —Ignacio Gavidia. —Nicolás Benítez. —Pascual Zabaleta. —J. Ignacio Alvarenga. —Juan Magdaleno Díaz. —Iginio Valdivieso. —Victoriano Nuila. —Lucas Jarquín. —José Manuel Cañas. —Mariano Fernández, Diputado Secretario. —Inocente Revelo, Diputado Secretario.

Lindo dijo entonces que contra sus sentimientos había tenido necesidad de proceder severamente; pero no dio ninguna razón que ante el derecho público constitucional y ante el derecho administrativo justificara la violenta medida del 6 de noviembre. Él se jacta de que una revolución promovida en Sonsonate por Francisco Rascón había sido sofocada. Habla de otra insurrección promovida en Cuscatlán con motivo del disgusto que produjo el golpe de estado y con el auxilio de la Providencia, siempre invocada por los reaccionarios para sus maquinaciones, dijo que pronto sería también sofocada.

El Poder Legislativo había dado un decreto facultando al Gobierno extraordinariamente. La parte resolutiva dice:

Art. 1.º Se autoriza al Poder Ejecutivo para que adopte todas las medidas que juzgue oportunas a la pacificación del Estado y sostén de su libertad, independencia e integridad de su territorio, dando cuenta de todo lo que obre al Poder Legislativo si estuviese reunido, o en su próxima reunión si suspendiere sus sesiones.

Art. 2.º Para que se traslade a la capital del Estado o al punto en donde sea necesaria su presencia para la más pronta y eficaz expedición de sus medidas gubernativas.

Art. 3.º Para que pueda ponerse al frente de la fuerza pública en caso necesario, y sin más obligación que comunicar sus operaciones al suplente que entre a subrogarlo, pudiendo llamar en falta o imposibilidad del designado en decreto de 1.º del corriente al Senador más inmediato según se previene en el artículo 43 de la Constitución.

Comuníquese al Senador Presidente en quien resida el Supremo Poder Ejecutivo del Estado para que lo haga imprimir, publicar y circular. —Dado en la ciudad de San Vicente, a 5 de febrero de 1842. —José María Cornejo, Diputado Presidente. —Mariano Fernández, Diputado Secretario. —Dionisio Villacorta, Senador Secretario.

Por tanto, ejecútese.

Lo tendrá entendido el Secretario general del despacho, y dispondrá se imprima, publique y circule.

—Dado en la ciudad de San Vicente, a 6 de febrero de 1842. —Escolástico Marín.

—Al señor Doctor Antonio José Cañas.

Y lo transcribo a U. de orden del Poder Ejecutivo para su inteligencia y demás efectos.

D. U. L.

—San Vicente, febrero 6 de 1842. —Cañas.

También se dio un decreto convocando a los pueblos a elecciones para Presidente del Estado.

En esos días había ascendido al Poder Ejecutivo provisionalmente don Escolástico Marín, y era Ministro don Juan José Cañas. Marín dirigió a los pueblos del Estado el manifiesto que con el número 2 se encuentra al fin de este capítulo. Se hallaba a bordo en el puerto de la Unión el General Morazán y envió a Marín la exposición siguiente:

EXPOSICION.

Señor Presidente del Estado del Salvador.

Ese sentimiento inextinguible, el amor a la patria, avivado por la prohibición de volver a ella, me hizo olvidar muy pronto mis sufrimientos pasados y prescindir de toda injerencia en su futura suerte.

Si alguna vez los papeles públicos me instruían de que mi voluntaria separación de la República en nada había cambiado su suerte, temí que las buenas intenciones, que para mejorarla a ella me condujesen, si bien pudieran servir para justificarme con las personas que conocían mis opiniones y designios, no bastarían a desmentir las inculpaciones que se me dirigiesen por otros que los ignorasen, si el éxito no correspondía a mis deseos; y me contentaba por esto con hacer votos por su prosperidad. Sacrificaba gustoso a este sentimiento el derecho que la naturaleza y las leyes nacionales me dan para intervenir en la reorganización de mi patria, porque me alimentaba la idea de que los nuevos directores de la cosa pública, más afortunados que sus predecesores, podrían establecer un Gobierno de leyes que hiciese la felicidad de los centroamericanos.

Ni los males que estos padecían, ni las persuasiones de mis amigos, ni las excitaciones continuas de los que eran perseguidos en el interior de la República habían podido variar la conducta neutral que he observado en los veintidós meses de mi espontáneo destierro. Esta conducta habría sido invariable para mí, si un suceso tan inesperado como sensible no me hubiese hecho mudar de resolución, en fuerza de los nuevos deberes que me lo prescribían, y de ese sentimiento nacional irresistible por aquellos que tienen un corazón para su patria.

Desde que llegó a mi noticia que la República estaba amenazada por un pueblo bárbaro que solo había excitado hasta entonces la compasión de los que saben apreciar los nobles sentimientos que lo hicieron preferir la ignorancia y miseria en que se halla a la esclavitud que le ofrecían los conquistadores españoles, en recompensa de su sumisión al Gobierno absoluto de los Borbones, yo no podía manifestarme indiferente sin participar de la humillación nacional.

Pero cuando estas noticias fueron confirmadas por la proclama que con fecha 22 del próximo agosto expidió el Supremo Director del Estado de Nicaragua y con el aviso de su Ministro de 4 de octubre

48

último que recibí en Lima en los momentos mismos de embarcarme con dirección a la República de Chile, me decidí a unir mi suerte con la de sus defensores.

Fue tan grande la impresión que en mí hizo la lectura de estos documentos en que se llama a una parte de los centroamericanos a tomar las armas para defender la integridad de su territorio, como el atentado que había obligado a dictarlos.

La energía y decisión con que se habla en ellos al pueblo nicaragüense, excitó de tal modo el amor patrio de los centroamericanos que se hallaban conmigo, que borró en ellos hasta la más pequeña idea que les recordase los motivos por los que nos encontrábamos a tanta distancia del suelo que nos proponíamos defender. Desde entonces ya solo vimos en él amigos decididos a unir su suerte con la nuestra para salvar el honor nacional. Ningún centroamericano dejó de participar de este deseo, y puedo asegurar en favor suyo que su actividad y decisión han contribuido a proporcionarme el honor que hoy tengo de ofrecer al Supremo Gobierno de este Estado un buque armado con las municiones de guerra que se encuentran a bordo, así como nuestros pequeños servicios en concepto de soldados voluntarios.

Señálesenos el lugar que debemos ocupar y el jefe a quien obedecer, y la manera con que cumplamos las órdenes de los gobiernos de los Estados será la mejor garantía de las sanas intenciones, si con el honor puede conciliarse el sacrificio que se nos exija.

La ocupación de una parte de la costa del Norte por un pueblo extraño como el de los moscos, no podrá verse nunca con indiferencia, porque equivale a perder para siempre un terreno que será con el tiempo a la República de grande utilidad y porque la tolerancia de un hecho de tanta magnitud prepararía otros de igual naturaleza y de mayor trascendencia para lo sucesivo, pero la ocupación de San Juan del Norte ejecutada por este mismo pueblo es un golpe de muerte para la República, porque a mi modo de ver está cifrada su existencia nacional, la consolidación de un Gobierno, y su bienestar y grandeza en la abertura del gran canal mecánico por el propio puerto de San Juan.

Con iguales motivos a los que han servido para usurpar este puerto, podrían más tarde ocuparse las capitales de los Estados, porque la codicia no conoce límites cuando encuentra un débil pretexto en que fundar sus pretensiones y un apoyo en la arbitrariedad de un gabinete poderoso.

Si consultamos la historia, veremos en ella que el derecho de las grandes naciones se ha fundado en algún tiempo en causas de tal naturaleza que solo habrían excitado la burla y el desprecio, si no hubiesen sido sostenidas con las armas, y este abuso funesto para los pueblos débiles que la ambición ha sancionado tantas veces y legitimado el derecho del más fuerte, se ha repetido por desgracia en nuestros días.

¿Si más de tres siglos de posesión nunca interrumpida no nos ha dado un derecho al puerto de San Juan, cuál es el en que fundan el suyo tantas naciones que por los mismos medios han adquirido los inmensos territorios que hoy poseen? La nación que nos niegue la legalidad de nuestros títulos a aquel puerto ha roto los suyos, títulos que le recuerdan su antigua pequeñez y miseria, y que son hoy la única base de su poder y el origen de su prosperidad y grandeza.

Lejos de mí la idea de que se obre militarmente antes de haber dado todos los pasos que las leyes exigen y prescribe la prudencia para pedir que se nos haga justicia. Las armas son medios usados por los que carecen de razón, y la que tienen los centroamericanos en la cuestión presente, no puede admitir duda ni por aquellos que se han posesionado impunemente de una parte de nuestro territorio.

Si me es lícito expresar mis opiniones, no para que las adopte ese Supremo Gobierno, sino para que vea en ellas los sentimientos que me animan, me permitiré el consignarlas solemnemente al terminar esta exposición. Sería de desear:

Que se nombrase un ministro que procurase arreglar la cuestión sobre territorio de una manera amistosa y digna de la nación que va a representar:

Que se ponga entretanto en estado de defensa la República:

Que se satisfagan los justos reclamos que por indemnización y empréstitos exigen los extranjeros, señalando a este fin los productos líquidos de la alcabala marítima.

Este acto de justicia revelará a las naciones extranjeras la existencia de un Gobierno que quiere y puede satisfacer sus compromisos, dando al mismo tiempo con esto una prueba de su estabilidad y poder y de los sanos principios en que está basada su política.

Semejante conducta serviría a mi concepto a los gobiernos de Centroamérica, para que se les atendiese en los fundados reclamos que deben hacer, puesto que ellos mismos habían dado ya el ejemplo administrando cumplida justicia a los acreedores extranjeros.

Pero si contra lo que debe esperarse como resultado de esta conducta y de estos hechos no se pudiese lograr una transacción honrosa para la República, quedará por lo menos a los centroamericanos la satisfacción de haberla procurado y de acreditar al mundo entero, que si se les coloca entre la humillación y la guerra elegirán siempre el último partido, aun cuando tengan la certeza de no poder salvar más que el honor.

Me suscribo señor Presidente con toda consideración, su atento seguro servidor.

—Francisco Morazán.

A bordo del bergantín "Cruzadas," Bahía de la Unión, febrero 16 de 1842.

El ministro Cañas contestó así:

Ministerio general del Supremo Gobierno del Estado del Salvador.

Casa de Gobierno, San Vicente, febrero 18 de 1842.

Señor General Francisco Morazán:

El señor Presidente se ha impuesto de la apreciable comunicación de U., que le dirige con fecha 16 del corriente a bordo del bergantín "Cruzadas" en la bahía de la Unión, y me ha prevenido contestarla en los términos que voy a verificarlo.

Ha sido altamente satisfactorio a este Supremo Gobierno ver estampados en su citada comunicación los motivos nobles y dignos de un verdadero centroamericano que le han determinado a volver a este Estado, a ofrecer sus servicios en favor de la independencia y libertad de la República; y tendría particular placer en admitirlos desde ahora, si esta resolución dependiera de la voluntad de este Gobierno; mas hallándose ligado con los demás por convenios solemnes que no le permiten deliberar por sí mismo en este punto, está en su honor y deber esperar las contestaciones de aquellos a las notas que ya se les dirigen.

El Senador Presidente no duda de la sinceridad de las intenciones que animan a U., ni puede desconocer las ventajas que reportaría la República de sus importantes servicios; pero teme que su juicio no sea uniforme con el de todos los que han sostenido y sostienen la causa de la reforma, y que su prematura aceptación recrudeciese la guerra ruinosa que U. terminó con su voluntaria emigración. Teme que si esta se renueva en las circunstancias presentes en que la República se ve todavía desorganizada y amenazada del exterior, los resultados serían frustrar las miras patrióticas que U. se propone, embarazar la reorganización de la República por la Convención nacional, que está para reunirse en Chinandega dentro de ocho días, causar nuevos males al país, e impedir la reconciliación general entre los partidos de que actualmente se ocupa el Gobierno.

La persona que ejerce el Ejecutivo confía en que U. conoce el país, y que por lo mismo sabrá apreciar la fuerza de sus observaciones para no atribuirlas a miras mezquinas y poco generosas de su parte; y quiere que para alejar de U. hasta la más remota idea de esos conceptos, se le indique que inmediatamente marchará una comisión que, llenando su confianza así como la de este Gobierno, informe a U. de todos los pormenores que no sería fácil abrazar en una comunicación escrita, y, con vista de todo, arregle con U. los medios de allanar sus deseos y los de este Gobierno, poniéndolos en armonía con el interés y seguridad de los demás Estados amigos y aliados del Salvador.

Aprecio esta ocasión, señor General, para renovar a U. las protestas de mi antigua estimación y de la buena voluntad con que me suscribo su muy atento obediente servidor.

—Antonio José Cañas.

Marín dio a los salvadoreños la proclama que se ve a continuación:

PROCLAMA DEL PRESIDENTE DEL ESTADO
El Senador Presidente en ejercicio del Poder Ejecutivo del Estado

SALVADOREÑOS:

En los momentos que el Gobierno, en consonancia con los deseos de muchos patriotas, se ocupaba de preparar los ánimos para una reconciliación que, combinando los intereses y opiniones de los partidos, los reuniese en un interés común, los partidarios de la administración del General Morazán han promovido la sublevación en varios puntos del Estado, y el mismo General Morazán se ha presentado en La Unión a secundar y apoyar las miras de aquellos.

Tengo para creerlo motivos muy poderosos que no debo ocultaros.—El General Morazán, al presentarse en el puerto de La Unión, ha dirigido una comunicación al Gobierno que muy pronto veréis por la prensa.—En ella manifiesta "que su venida no tiene otro objeto que ofrecerse al Gobierno juntamente con sus compañeros de armas para que se les emplee en defensa de la nación contra los intentos de los moscos de apropiarse parte del territorio de la República; pide que se le señale el punto en donde debe residir y al jefe a quien debe obedecer; y protesta que para acreditar su obediencia a los gobiernos de los Estados, no omitirá sacrificio que sea compatible con el honor." Esto no obstante, ha desembarcado en La Unión, ha puesto preso al señor A. Gallegos, empleado en aquella Aduana, y sin esperar la contestación de este Gobierno, ni menos anticiparle un aviso, se ha introducido con toda su comitiva hasta la ciudad de San Miguel el 17 del corriente, día siguiente al de su citada comunicación.

Semejante conducta destruyó la favorable impresión que habían causado en mi ánimo sus ofrecimientos y protestas, y me ha convencido que ellos no fueron más que un disfraz para ocultar sus verdaderas intenciones que son las de renovar la guerra contra los Estados terminada en abril de 1840, por su emigración de la República.

El Gobierno, pues, estrechado por la necesidad de su propia conservación, por el deber de sostener el orden legal establecido, y por sus solemnes compromisos con los demás Estados de la República, amigos y aliados del Salvador, no puede desentenderse de reprimir y escarmentar a los facciosos, empleando al efecto la fuerza pública que la Constitución pone en sus manos para aquellos fines.

Mas para crear esta fuerza es indispensable que las personas designadas por las leyes para el servicio de las armas obedezcan a esta obligación social; y que los propietarios, llenando la suya, concurran en la proporción de sus haberes a sostener los indispensables gastos que aquella demanda para su entretenimiento.

No es dado a los gobiernos hacer el prodigio de cumplir por su parte las obligaciones que le imponen la Constitución y las leyes, sin que los súbditos de los mismos gobiernos cumplan previamente las suyas.—De esta necesidad nace el derecho que el Gobierno tiene para exigir esta cooperación de los súbditos, empleando para ello los medios de la coacción a los remisos y desobedientes, y aunque este procedimiento choca con el sentimiento de conmiseración natural al corazón humano, la necesidad del orden social lo hace absolutamente necesario e indispensable.

CONCIUDADANOS:

Yo no espero que haya salvadoreños que, olvidándose de sus deberes y de sus mismos intereses, me pongan en el duro conflicto de obrar contra ellos, sofocando en mi corazón aquel sentimiento. —Tal suceso sería para mí más sensible que la muerte misma; pero el honor, El deber y los grandes intereses del Estado y de la República me demandan este sacrificio y yo estoy resuelto a hacerlo.

San Vicente, febrero 20 de 1842.—Escolástico Marín.

El General Morazán hizo una nueva exposición de su conducta por medio de otra nota y, sin embargo de ella, fue rechazado.

Don Antonio José Cañas dirigió una circular a los gobiernos de todos los Estados, poniéndolos en movimiento contra el General Morazán. Lo mismo hizo Malespín. Las contestaciones no se hicieron esperar. Fueron tan satisfactorias como Cañas y Malespín deseaban.

Marín decretó un empréstito forzoso; suprimió el departamento de La Paz y los partidos de Olocuilta con los pueblos que le corresponden; y el de Zacatecoluca, con los pueblos que le pertenecen, se reincorporaron el primero al departamento de San Salvador y al de San Vicente el segundo. El departamento de Opico fue segregado de Cuscatlán y unido a San Salvador.

Malespín publicó la proclama siguiente:

El Comandante General de Operaciones del Ejército del Estado, a las fuerzas auxiliares de Guatemala, Honduras y Nicaragua, y a todos los centroamericanos.

Llegó el día feliz, conciudadanos y dignos compañeros de armas, de que mi corazón sintiese las más vivas emociones de placer al ver la identidad de sentimientos que hoy nos unen, con el laudable fin de dar paz y seguridad a los pueblos infelices que tanto tiempo fueron víctimas de las facciones y de la codicia y mala fe de sus mandatarios.—Llegó la época afortunada en que todos los gobiernos y honrados ciudadanos, como por encanto, se comunicasen simultáneamente el sagrado fuego que hoy los inflama en defensa de la libertad y de la patria, contra los usurpadores que intentaban esclavizarla.—La presencia del faccioso Morazán en nuestras costas ha causado la conflagración general que ha deshecho tantas equivocaciones, ha afianzado los lazos de amistad y alianza entre nosotros, y ha hecho que el hondureño, el guatemalteco, el nicaragüense y el salvadoreño hoy se confundan en las filas del ejército que hará escarmentar a los tiranos y dará seguridad y paz a nuestra gran familia centroamericana.

El enemigo común ha vuelto a desaparecer del puerto de La Unión a que había arribado nuevamente, llevándose consigo a los esbirros de su iniquidad, los cuales, como lobos hambrientos, antes de darse a la vela, han sacado todos los víveres que existían en aquella costa, y que la industria del labrador había preparado para subvenir a las necesidades de su laboriosa vida.—Hasta ahora se ignora la ruta que han tomado los buques que conducen la gavilla de Morazán; pero sea cual fuere, ¿a qué lugar podrán arribar donde no sean perseguidos y escarmentados por el gran ejército aliado, que obra en favor de los gobiernos legítimos, de la justicia y de sus imprescriptibles derechos? ¿A dónde no llevarán consigo, Morazán y sus viles satélites, la execración general del huérfano, la viuda, y, en fin, de todas las clases industriosas de una sociedad que han sacrificado para saciar su ambición y sus vicios?

El Teniente General señor Rafael Carrera y las fuerzas de su mando me han dado en Ahuachapán las pruebas más positivas de su patriotismo, sinceridad y buena fe, y dicho General se ha puesto ya de acuerdo para la común defensa de los Estados aliados, caso que en cualquiera de ellos asome su horrenda cabeza la hidra de la revolución y a su sombra la del despotismo.

Yo, pues, a nombre del Supremo Gobierno del Estado, al del ejército salvadoreño que presido, y al mío en particular, tengo el singular placer de dar las más expresivas gracias a los supremos gobiernos aliados, al expresado Teniente General Carrera y su valiente ejército, por la prontitud y buena disposición con que han volado a la defensa común, por lo cual les dirijo este pequeño tributo de mi gratitud y deferencia, lo mismo que a los señores comandantes generales de las divisiones auxiliares de Honduras y Nicaragua, a quienes ni la escasez de recursos ni la gran distancia a que se hallaban les ha impedido emprender largas y penosas marchas para trasladarse al Salvador y tomar parte en la campaña: mi gratitud hacia ellos será eterna, y si alguna vez el genio del mal los persiguiese, sabremos imitarlos, y acudiremos a su defensa con la misma prontitud que ellos generosamente lo han hecho en esta vez.

Cuartel General en Santa Ana, marzo 25 de 1842.

El Brigadier,
Francisco Malespín.

Las conmociones interiores terminaron en favor de los enemigos de Morazán, según se ve en los documentos 3 y 4 que se hallan al fin de este capítulo.

Dice Malespín que el enemigo común desapareció del puerto de La Unión, llevando consigo a los esbirros de su iniquidad, los cuales, como lobos hambrientos, antes de darse a la vela, saquearon todos los víveres que existían en aquella costa.

El enemigo común es Morazán, a quien Malespín llama faccioso. Preciso es saber quiénes son esos esbirros de la iniquidad del faccioso. He aquí: Diego Vigil, ex—vicepresidente de la República; Presbítero Doctor Isidro Menéndez, canonista profundo, abogado distinguido, notable literato y escritor; Doctor Pedro Molina, prócer de la independencia, médico de primer orden, literato y escritor, uno de los individuos que ejercieron el Ejecutivo federal, exjefe del Estado de Guatemala; Manuel Irungaray, yerno del Doctor Molina y ciudadano que había ejercido cargos públicos de importancia, entre ellos el Ministerio del Gobierno federal; Felipe Molina, hijo del Doctor Molina y autor de El Bosquejo histórico de Costa Rica; José Molina, hijo del Doctor Molina y poeta distinguido; Joaquín Rivera, jefe de Honduras; Máximo Orellana, exministro de la guerra; Carlos Salazar, vencedor de Carrera en Villa Nueva; los generales Trinidad Cabañas, Enrique Rivas, Indalecio Cordero y José Miguel Saravia; los coroneles Antonio Rivera Cabezas, José María Cacho, Antonio Asturias, Antonio Lazo, Guillermo Merino y Pedro Molina, hijo del

Doctor Molina; tenientes coroneles José Antonio Milla, José María Cañas y Bernardo Rivera Cabezas; capitanes M. Merino, hermano del coronel, José Antonio Ruiz, hijo del General Morazán, y Juan Orosco, secretario de Vigil.

Todos estos hombres, a quienes Malespín llama facinerosos, se embarcaron en la goleta Izalco con el General Morazán, y zarparon del puerto de La Libertad en abril de 1840.

En otro buque que zarpó de La Unión iban don Doroteo Vasconcelos y los coroneles Gerardo Barrios, Manuel Ángel Molina y Nicolás Angulo. En Realejo se agregaron los señores José María Prado, Dámaso Sousa y otros muchos.

No habiendo suficiente agua potable en el Izalco, el coronel Pedro Molina desembarcó en Nicaragua y fue hecho prisionero por los leonenses.

En Punta Arenas no permitió Carrillo que desembarcaran Morazán, Vigil y Álvarez Castro. Con motivo de esa excepción, no quisieron desembarcar el General Saravia, los dos hermanos Merino y otros, quienes siguieron con el expresidente y regresaron con él en la época a que se refiere Malespín. En las costas del Salvador se unieron a Morazán muchos de sus antiguos soldados, y en la isla de Martín Pérez se organizaron 500 hombres.

He aquí los malvados de Centroamérica en concepto de Malespín y de Carrera.

Los santos eran Chupina, Chúa, Velásquez, Mangandí, el padre Lobo y otros semejantes.

En el Estado del Salvador se hacía sentir la falta de recursos. Algunos salvadoreños se atrevían a escribir señalando las causas de sus males. Se dijo que el Salvador no tenía puertos en el mar Atlántico, que era tributario de Honduras, mandado entonces por Ferrera, quien no hacía más que complacer a la aristocracia guatemalteca, y de Guatemala, que se hallaba bajo el régimen de la misma aristocracia. Estos dos Estados habían subido los derechos a las mercaderías que por sus puertos entraban para ir al Salvador, y esta alza destruía el comercio salvadoreño.

La situación geográfica del Salvador era una de las esperanzas de los serviles. Ellos procuraban hacer todos los días más difícil y penoso el comercio de aquel Estado, para encaminar al país a su ruina. El pensamiento era que el Salvador siguiera la suerte de Polonia, y varias veces llegó a enunciarse esta idea en los círculos aristocráticos, como un pensamiento benéfico para Centroamérica.

Un progreso, que puede llamarse universal, vino más tarde a librar a los salvadoreños de ese insoportable pupilaje: el ferrocarril de Panamá.

Esa línea férrea, conduciendo fácilmente las mercancías centroamericanas por el istmo a los Estados Unidos y a Europa, dio grande importancia a nuestros puertos del Pacífico.

El Salvador tiene los puertos de Acajutla, La Libertad, La Concordia y La Unión, y aún puede habilitar otros. Guatemala misma creyó mejor hacer su movimiento de importación y exportación por el Pacífico, porque aunque tiene puertos en el mar de las Antillas, entre los cuales descuella Santo Tomás, carecía de cómodos caminos hacia ellos, y le era preferible trasladar su movimiento mercantil a la rada de Iztapa y San José.

En aquellos días ejercieron el Gobierno provisionalmente en el Salvador los señores Pedro Arce, Escolástico Marín y Juan José Guzmán, y las dificultades del Estado fueron siempre las mismas.

Guzmán complacía a los serviles. Prueba de ello es su célebre decreto de 3 de junio de 1842, dictado cuando supo que el General Morazán se hallaba en Costa Rica. Este decreto dice así:

El Presidente del Estado del Salvador, considerando:

Que la ocupación de Costa Rica por Morazán es un acto de verdadera usurpación diametralmente opuesto a los principios de independencia y libertad; que por tal motivo, es un deber de los gobiernos legítimos desconocerlo como gobernante de aquel Estado; que cometida aquella agresión no cesará de procurarse medios para trastornar los Estados, y regularizar este germen destructor de la regularidad y del orden constitucional; y que para lograr este objeto deben salvarse él y sus partidarios de las relaciones epistolares y otros órganos de inteligencia, contra los cuales conviene adoptar medidas precautorias, se ha servido decretar y decreta:

Art. 1.º Se cortan todas las relaciones públicas y privadas con el Estado de Costa Rica hasta que, libre del poder que usurpa sus destinos, vuelva al orden constitucional.

Art. 2.º Todo individuo residente en el Estado del Salvador suspenderá sus relaciones con habitantes de Costa Rica, bajo la pena de ser calificado y juzgado militarmente como enemigo de la independencia y libertad del Salvador.

Art. 3.º Las administraciones de correos son obligadas a presentar a los gobernadores de los departamentos, y estos al Gobierno, cuantos pliegos procedan de Costa Rica, cualquiera que sea su naturaleza y objeto, y los particulares que por cualquier otro conducto reciban comunicaciones de la propia procedencia, son obligados, bajo la pena establecida en el anterior artículo, a presentarlas a la autoridad más inmediata para que sean remitidas al Gobierno.

Art. 4.º Todo habitante es obligado a denunciar la correspondencia que sepa haya llegado de aquel Estado o se dirija a él, bajo la pena que queda establecida en los artículos precedentes.

Lo tendrá entendido el ministro de Hacienda y Guerra, y hará se imprima, publique y circule.

—Dado en San Salvador, a 3 de junio de 1842.

—Juan J. Guzmán.

—Al señor Cayetano Molina.

Guzmán dejó el mando para volverlo a tomar poco después.

Al hacerse cargo otra vez del Poder Ejecutivo, dio el siguiente manifiesto:

Manifiesto que hace a los pueblos el Presidente interino del Estado del Salvador, Licenciado Juan J. Guzmán.

SALVADOREÑOS:

Llamado por la Asamblea como el designado por la suerte en febrero último para suplir en la Presidencia del Estado, a virtud de los sufragios que me dio el pueblo, hice mi renuncia por conducto del Gobierno, la cual si no fue oída es porque las Cámaras Legislativas habían suspendido sus sesiones; pero, excitado, conforme a la ley, para que viniese a ejercer el Poder Ejecutivo, he volado a llenar mis deberes a pesar del fatal estado de mi salud. Ingresé al Gobierno en el siguiente abril, y vosotros sois testigos de que, como un resultado preciso de las facciones que afligieron al Estado en toda aquella época, no se presentaba el aspecto de las cosas sino como un caos de desconfianzas, de alarmas y de espanto: el espíritu trastornador, por medio del chisme y de las imposturas, mantenía la inquietud de los ánimos, la inseguridad de las familias, y no cesaba de procurarse prosélitos con que enarbolar el estandarte de la anarquía y del general trastorno.

En tan difíciles circunstancias, los primeros objetos de mi plan administrativo fueron conservar la unión, procurar la paz en todos los ángulos del Salvador, cortar en su origen la chismografía, hacer que desapareciesen las desconfianzas y la inseguridad, refundir en el interés y conveniencia del orden las pretensiones aisladas de los partidos, y, por último, dar vida a los ramos de Hacienda pública que la revolución desorganizó, y proveerla de recursos por un préstamo general y proporcionado, haciendo al propio tiempo cesar los embargos y subastas de bienes de los enemigos del Estado.

Una conducta consecuente a estos propósitos, y manejada con prudencia, produjo los efectos que eran de esperarse, y cuando a fines de julio deposité el Poder Ejecutivo para dar alguna atención a mis intereses y trabajos agrícolas, abandonados desde mucho tiempo antes por servir a la causa pública, me cabe la satisfacción de que en todos los puntos del Estado no se respiraban más que una paz encantadora y una unión que brindaba a los salvadoreños el poderse dedicar tranquilamente a sus ocupaciones y trabajos, con el más profundo olvido de las desgracias que acababan de sufrirse.

Pero ya desde entonces empezaban a anunciarse síntomas, aunque pequeños, de mala inteligencia entre algunos patriotas y funcionarios influyentes del Estado: conocí desde luego que, aunque en su principio nada significaban, eran, sin embargo, resortes diestramente manejados por enemigos ocultos, que jamás transigen en el Salvador sino es con su esclavitud y abyección del pueblo, o con su anarquía y exterminio. Quise cortarlos en su origen promoviendo explicaciones francas y sinceras entre unos y otros individuos; y aun fui el órgano de aclaraciones que hiciesen renacer la confianza y el recíproco acuerdo. Al momento de mi separación, creí que todo había desaparecido y me complacía en la dulce satisfacción de dejar al patriotismo en el sentido uniforme que interesa a la salud del Salvador.

Mas allá, en el retiro de los negocios públicos, he oído con dolor que dentro y fuera del Estado se hacen valer estas disensiones, bajo un aspecto tan grandioso e importante, que ya se anuncian como el medio de la destrucción de esta paz consoladora, que tantos sacrificios ha costado al pueblo salvadoreño, y en los papeles mismos insidiosos que aborta la imprenta de Costa Rica, para trastornarnos y fomentar la revolución, se pintan aquellas pequeñas diferencias como el fruto de la ineptitud y del aspirantismo, para desacreditar a los que aman con desinterés a su patria y le procuran su libertad y sus bienes.

Hoy he vuelto al mando, llamado por el Gobierno, por mis deberes, y no por esa ambición turbulenta ni por esas miras parciales que tantas desgracias han causado a Centroamérica: vuelvo a la vez en que se difunden tan desagradables especies contra el buen merecido nombre de los primeros patriotas salvadoreños, y cuando de ellos procura el enemigo común sacar las ventajas que le niegan el valor y las virtudes republicanas de los defensores de la independencia y de las libertades públicas. Pero yo os protesto que los pocos días que me quepa estar a la cabeza del Gobierno, empeñaré mis esfuerzos y vigilias por hacer que renazca la concordia, y probar a la faz de toda la República que el patriotismo ilustrado de los hijos del Salvador jamás se divide al tratar de conservar los principios, mantener el orden y salvar los intereses generales del pueblo.

Lejos de mí el ánimo de perseguir: mi corazón es humano y mi carácter es esencialmente conciliador y amistoso. Mas los perversos que con sus criminales arterías promueven la división y fomentan los odios, para hacer triunfar la anarquía y el trastorno, no esperen en mí aquella indulgencia que pronta y liberalmente he sabido otorgar a los extravíos a que conducen el error y las equivocaciones: caerá para ellos el rigor de la ley, porque el mayor enemigo de la sociedad es aquel que la divide, engendrando así todos los males que la destruyen y contrarían sus fines.

SALVADOREÑOS:

La paz, la unión y la concordia son las virtudes únicas que hacen fuertes a los pueblos y a las naciones: bajo su influencia se propaga la civilización, se mantienen y aumentan la agricultura, las artes y el comercio; y las garantías sociales, que son el elemento de los pueblos libres, no pueden existir sin ellas. Rodead, pues, al Gobierno que os procurará estos bienes inapreciables: desoíd la voz seductora del desorden, no olvidando que por él aún humea la sangre de infinitos patriotas y la ruina de innumerables familias; y recordad siempre que la discordia y la guerra civil no han producido otros frutos que la miseria, el hambre, la peste y la devastación.

San Vicente, septiembre 7 de 1842. —J. J. Guzmán.

El 17 de septiembre de 1842 se instalaron en la ciudad de San Vicente las cámaras legislativas del Estado del Salvador, y el día 20 procedieron a la apertura de los pliegos que contenían el resultado de elecciones que anteriormente se habían mandado hacer, y no habiendo resultado elección popular para Presidente del Estado, la Asamblea nombró al Licenciado Juan José Guzmán, que se hallaba ejerciendo provisionalmente el Poder Ejecutivo.

El discurso de Guzmán en la instalación de las cámaras y lo que dijo al hacerse cargo del Poder Ejecutivo por elección de la Asamblea, es una repetición del manifiesto anterior, y contiene todo lo que los serviles podían desear.

La Gaceta de Guatemala correspondiente al 18 de octubre de 1842 felicita a aquel jefe por sus discursos. Dice que encierran ideas justas, sanas, salvadoras. Bien pronto veremos a Guzmán en choque con el Gobierno de Guatemala. La buena armonía entre los dos Estados podía considerarse solo como una tregua. Los principios que se sostenían en ambos países eran opuestos, y no podía existir buena inteligencia, cualquiera que fuera el gobernante. Los nobles querían a Cañas; gobernó Cañas y hubo cuestiones con él. Para sostener su dominación obligaron al mismo Cañas a que autorizara un tratado, por el cual no podían volver al ...suelo de la patria los salvadoreños que no opinaran como don Manuel Francisco Pavón.

No bastando esto, colocaron a Malespín al lado de Cañas, quien con la espada en la mano quitaba y ponía jefes.

Pero Malespín, aunque inculto, era salvadoreño y algunas veces intentó arrojar el yugo de la aristocracia. Los nobles necesitaban hombres que no tuviesen patria. El clero, en lo general, no tiene más patria que el Vaticano; los frailes son soldados del Papa, y los jesuitas, fieles instrumentos de su general, muchas veces dominan al mismo pontífice.

Esta gente era la que necesitaban los nobles para sojuzgar al Salvador. Un medio se les presentaba para ir a su fin. Los salvadoreños habían pedido la división de la Diócesis. En otro tiempo los nobles se opusieron a esa división para no perder la influencia que el Arzobispo Casaús ejercía en San Salvador, y para que el Doctor Delgado no fuese Obispo. Las circunstancias cambiaron; Casaús tenía más comodidades en La Habana que en Guatemala, gozaba allá de rentas confortantes y no quiso volver.

Entonces se creyó conveniente halagar el deseo de los salvadoreños de dividir la Diócesis, y colocar en San Salvador un Obispo que estuviera en todo de acuerdo con la aristocracia. Así, se envió a Roma al Presbítero Doctor don Jorge Viteri y Ungo, quien tuvo a bien nombrar secretario a su cuñado don Manuel Urioste de la Herrán, distinguido como poeta.

DOCUMENTOS JUSTIFICATIVOS
NUMERO 1.
El Presidente provisorio del Estado del Salvador, a los habitantes del mismo.

CONCIUDADANOS:

Aún no han podido los pueblos mitigar hasta ahora el sufrimiento de los incalculables males que les originó la última guerra, y ya se les preparaba otra mucho más desastrosa, por los enemigos de la administración actual y adictos a la pasada.

Destituidos estos de todo sentimiento de humanidad, del amor a la patria, y olvidados del deber sagrado que esta les impone de procurar por su bien y felicidad, se han osado a quererla nuevamente precipitar al trastorno y a la anarquía, a sacrificar otros millares de víctimas, y a reducir a los pueblos a su total exterminio.

El criminal Nicolás Angulo, que en días anteriores no pudo efectuar su plan revolucionario, refugiado ocultamente en esta capital y protegido por varios individuos de las Cámaras, quiso, segunda vez, llevar con estos al cabo sus depravados designios: apoderarse de las armas, destruir la presente administración, aniquilar a los pueblos con empréstitos y contribuciones, y privarles de la paz y seguridad de que felizmente disfrutan.

El deber del Gobierno, y la necesidad a que se ve reducido de salvar a todo trance al Estado de cualquiera conmoción que pueda conducirle a su ruina; de conservar a los pueblos en orden y tranquilidad; de ponerlos a cubierto de exacciones y violencias; de que continúen gozando de los útiles establecimientos que se han planteado de beneficencia y enseñanza pública; de que no sufran nuevos impuestos en su industria y comercio; y, por último, de que no se derrame ya más sangre de la que infructuosamente se ha derramado, le ha obligado a tomar la sensible, pero indispensable, providencia de expulsar en este día fuera del Estado a aquellos Diputados y Senadores que descaradamente coadyuvaban a las criminales miras de Angulo, como igualmente a otros individuos que se hallaban presos como cómplices en la misma conspiración.

CONCIUDADANOS:

El Gobierno ha obrado de esta manera por vuestra propia seguridad, y para evitar así el que los demás Estados se hallasen en la necesidad de levantar tropas sobre este para sofocar aquella facción, originando gastos inmensos que no podrían sufrir los pueblos en su miserable situación. Estad alerta con los perturbadores de vuestro sosiego; no os dejéis alucinar; penetrad sus miras malignas y desorganizadoras; dad inmediatamente parte al Gobierno del que procure alterar el orden público, y estad persuadidos de que este volará en vuestra protección y sabrá reprimir a los promotores de cualquier trastorno.

San Salvador, noviembre 6 de 1841. —J. Lindo.

NÚMERO 2.

El Senador Presidente en ejercicio del S. P. E. del Estado, a los pueblos del mismo.

CONCIUDADANOS:

Por renuncia del Presidente propietario electo constitucionalmente y por ausencia del Suplente que debe subrogarle en su falta, he sido llamado por el Cuerpo Legislativo a la silla del Ejecutivo en cumplimiento del artículo 43 de la Constitución.

Estoy muy lejos de creerme digno de tan alta confianza; y solo la obediencia que debo a la ley, y la esperanza de que mi permanencia en el mando será de muy corta duración, han podido obligarme a tomarlo en tan críticas como deplorables circunstancias.

Entro a ejercerlo penetrado del sentimiento unánime que nos anima por la conservación de la paz interior y exterior del Estado; y a este objeto predilecto se encaminarán todos mis conatos y celo. Cuento para esto con vuestra cooperación, porque sin ella, aquellos serían ineficaces, y nuestro hermoso Estado sería otra vez el teatro de la discordia y de los trastornos.

¡SALVADOREÑOS que habéis enarbolado el estandarte de la rebelión!

Permitidme que os pregunte: ¿Cuál es la mira de utilidad pública que os proponéis en este paso violento y arriesgado? Si es, como decís, restablecer las Cámaras Legislativas disueltas a fines del año pasado, ya este objeto se ha cumplido en la parte que es constitucional; esto es, en cuanto a la Cámara del Senado, que ha vuelto a reunirse y ha comenzado sus sesiones ordinarias.

Si la de Diputados que fungía el año pasado no ha vuelto a reunirse en el presente, es porque su misión ha fenecido constitucionalmente el 31 de diciembre, y ha sido sustituida por otra que sin necesidad de convocatoria debió elegirse y reunirse del 1.º al 15 de enero del presente año.

El año administrativo de las Cámaras comienza en enero y termina en diciembre, artículo 13 de la Constitución. El artículo 16 solo da a la de Diputados un año de duración, y habiendo funcionado la pasada en octubre de 1841 no era posible que pudiese funcionar legalmente en 1842, sin cometer una escandalosa usurpación y sin desnaturalizar el sistema popular representativo.

La constitucionalidad de las Cámaras en nada depende de la convocatoria a elecciones, que nada significa según el artículo 13 ya citado. Ella se deriva de que su elección se haya hecho por el pueblo de los distritos en la época constitucional y observando los requisitos de la ley; y bajo este aspecto nadie podrá poner en duda la legalidad de la nueva Cámara de Diputados que hoy funciona.

En fin, si la evidencia de estas razones no os convence, contradecidlas enhorabuena por la palabra o por la prensa; pero no empuñéis el puñal asesino para destruir a vuestros conciudadanos y para renovar en el recinto de la patria las cruentas escenas que nos han desolado y empobrecido tan repetidas veces.

Si os creéis agraviados u ofendidos, reclamad conforme a la ley contra los que os hubieren causado el mal: el Gobierno os oirá mientras que no excedáis los límites que la ley pone al derecho de petición y de censura; pero no empleéis la venganza contra los que reputáis enemigos, ni subvirtáis el orden establecido por la sociedad, porque así cometéis un crimen contra la patria, y dais una prueba de que habéis merecido las ofensas o agravios de que os quejáis.

Salvadoreños de todos los partidos y de todas las opiniones, yo os protesto a todos una igual protección en vuestras personas y propiedades, mientras que permanezcáis fieles a la ley y al orden. Este es un deber sagrado para mí que cumpliré religiosamente mientras que ocupe el mando; mas para ello espero no solo vuestra unánime cooperación, sino que me insinuéis todos los medios que en vuestro concepto conduzcan al indicado fin.

San Vicente, febrero 6 de 1842.

Escolástico Marín.

NÚMERO 3.

El comandante general del ejército de operaciones, a los habitantes del partido de Tejutla.

Persuadido de que vosotros jamás habréis sido ni podéis ser enemigos del Supremo Gobierno, y de que solo la maledicencia os pudo extraviar por un corto tiempo del sendero que la ley, el deber, la patria y la razón os impusieran, he dado orden al señor gobernador de ese departamento para que os propusiese las bases bajo las cuales yo ofrecía un olvido e indulto general a los que hubierais servido con los facciosos desde la clase de sargentos abajo y demás individuos de esa población que los auxiliaron, con tal de que entregaseis las armas y obedecieseis al Supremo Gobierno: vosotros habéis aceptado con gusto esta propuesta y la ha sancionado vuestra honrada posterior conducta, por cuya razón debéis contar ya con la seguridad y garantías que, en uso de las facultades extraordinarias con que el Supremo Gobierno ha investido a la comandancia general de operaciones, os ha ofrecido, y sobre cuyo particular se emitirá el decreto que corresponde tan luego como yo dé cuenta al Ministerio de Guerra con los documentos que acreditan vuestra sumisión y respeto.

¡Oh, si me hubiese sido dado hacer solo este uso de las expresadas facultades, cuánta mayor sería la satisfacción que ahora tengo!

En fin, pues, habitantes de Tejutla, regresad al seno de vuestras familias y, como lo habéis hecho siempre, cerrad los oídos a los enemigos de vuestra quietud y del Gobierno que tantas pruebas os ha dado de amor y deferencia. Concurrid a vuestras labores para adquirir así el sustento de vuestras familias; pues ha llegado el tiempo oportuno para preparar las cosechas; y cuando estéis descansando rodeados de vuestros hijos, de la abundancia y bajo la salvaguardia de la ley y la seguridad, comparad aquella suerte venturosa con la que os tenían preparada los revolucionarios que osaron engañaros. Entonces conoceréis que no se ha ocupado más que en beneficiaros, el Supremo Gobierno y vuestro verdadero amigo.

San Salvador, abril 20 de 1842.

El Brigadier,
Francisco Malespín.

NÚMERO 4.

El Comandante General del Ejército de Operaciones, a los pueblos del Estado.

La destructora guerra ha desaparecido completamente del suelo salvadoreño. El pueblo de Tejutla, que sirvió de cuna a la revolución, cuyos pacíficos moradores, por un temor mal entendido, se trasladaron a los bosques, y cuyos pocos que habían tomado las armas se hallaban aún con ellas al abrigo de sus montañas causando males a los pueblos vecinos y al Estado entero, ya se han restituido a sus hogares y vuelto a la obediencia del Gobierno.

Pudo la comandancia general haberse movido con todas sus fuerzas para tupir aquella montaña y tomarlos a todos en sus mismas guaridas; pero, deseosa de economizar la sangre salvadoreña y los demás males que ha sufrido el Estado por el imperio de la necesidad, y conociendo por otra parte los verdaderos sentimientos y cualidades recomendables de aquella población, que a beneficio de un engaño pudieron trastornar, quiso emplear primero medios de inteligencia que, facilitando obrar a la razón, esta diera el resultado que prometían las armas.

Se encomendó esta misión al presbítero señor Tomás Bermúdez, facultándolo para conceder un indulto general a todos los que prestaban sus servicios a los facciosos desde la clase de sargentos para abajo, siempre que se restituyeran a la obediencia del Gobierno y presentasen la arma que portaban; y aunque en esta vez no se logró el objeto por varios inconvenientes que se cruzaron, se dieron por el comisionado algunas disposiciones convenientes que prepararon sus ánimos para recibir la gracia del Gobierno, conocer su extravío y prometer su enmienda y sumisión.

Para asegurar mejor esto, la comandancia solicitó del vicario general que proveyese a aquellos habitantes de un párroco de una conducta apostólica, y no relajada como la del padre Calderón. Satisfecho el venerable prelado de la santidad de la medida, nombró al presbítero señor N. Aguilar, a quien la comandancia mandó salir inmediatamente, asociado del señor teniente coronel Felipe Bértis, para que ambos obrasen en la pacificación de aquel distrito.

Luego que estos comisionados se presentaron en el pueblo, pusieron en acción todos los resortes de la sagacidad y buena fe; y como quiera que el señor gobernador de aquel departamento ya había trabajado con esmero en el restablecimiento del orden y obtenido un resultado favorable, según lo expresa la comunicación que aquella municipalidad le dio en contestación el 13 del corriente, lograron estos que al momento se restableciese la población, y algunos de los disidentes presentaron las armas y han quedado en el seno de sus familias llenos de arrepentimiento y gratitud.

El señor teniente coronel Bertis regresó dejando aquellos pueblos en la mejor disposición y entera quietud, como lo manifiesta la nota de la municipalidad de Tejutla que se insertará al fin del presente manifiesto.

Pueblos todos del Estado: Tomad experiencia para lo sucesivo, y no dejéis seduciros nunca de hombres perversos y sin misión legítima. Manteneos siempre en derredor del Gobierno, y jamás veréis levantada sobre vuestras cabezas la cuchilla de la ley, y no causaréis males a vuestros hermanos.

Vecinos del Salvador: Aquellos que por solo temor habéis dejado vuestras casas, restituíos a ellas. El Gobierno estará también aquí en esta misma semana, y las facultades con que me invistió para salvar al Estado, las recogerá, supuesto que han cesado las causas que dictaron esta medida; y mientras el común enemigo no vuelva a atentar contra la dignidad e integridad del Estado, no debéis temer más males de los que os han afligido en la pasada crisis, y antes bien podéis esperar el restablecimiento más completo de la paz y del orden legal.

El Brigadier,
Francisco Malespín.

CAPÍTULO SEXTO: MEDIACIÓN, PROTECTORADO, COLONIA.

SUMARIO.

1.—Nota de Soliz. —2. Contestación de Chatfield. 3. El periódico titulado "El Tiempo."—4. Otra nota de Chatfield. —5. Observaciones. —6. Nota del Gobierno de Nicaragua. —7. Observaciones.8. Protectorado. —9. Alarmas en Nicaragua. —10. Tratado Clayton Bulwer. —11. Colonia.

Pavón sugirió al Gobierno de Nicaragua la idea de pedir al Cónsul de S. M. británica, Federico Chatfield, la mediación en las cuestiones con el Salvador, y no solo la mediación sino la intervención armada. En virtud de esto, el ministro general del Gobierno de Nicaragua dirigió a Chatfield la nota siguiente:

Casa de Gobierno. León, noviembre 8 de 1839.

Al señor Cónsul de S. M. B. Federico Chatfield.

Tengo el honor de acompañar por triplicado la nota que, con fecha 13 de septiembre próximo pasado, le dirigía en nombre de mi Gobierno, suplicándole tuviese la bondad de mediar con el Gobierno del Salvador para que este transigiese amistosamente las desavenencias con el Estado de Honduras, que habían dado mérito a las hostilidades entre ambos Estados. Dicha comunicación fue dirigida por el conducto del capitán del bergantín Melanie, que se hizo a la vela en el citado mes del puerto de Realejo con dirección al de Sonsonate; más, teniéndose noticia que dicho buque no había podido arribar al indicado puerto, a causa del temporal, no ha llegado a manos de U. la indicada comunicación. De aquí es que me ha prevenido el Supremo Director se la triplique, reiterando la misma súplica, que no duda de su generosidad que se servirá aceptarla, haciéndola extensiva con respecto al Estado de Guatemala, que, por noticias oficiales recibidas en estos días, ha declarado las hostilidades al del Salvador.

El de Nicaragua, que no puede ver con indiferencia los estragos que causa la guerra entre Estados hermanos, se ha propuesto promover las medidas que estén a su alcance para que se reconcilien amistosamente y se reorganice la República, que por nuestras desgracias desaparecerá de entre las naciones si no se pone término a las hostilidades que paralizan el comercio interior y exterior en que interesan las demás, y entorpecen la apertura del canal oceánico que está proyectado, el cual debe producir importantes ventajas al comercio del mundo.

Los intereses de los súbditos de S. M. B. y las personas de estos que existen en la República no gozarán de las garantías consignadas en nuestra Carta Fundamental, porque no puede haber seguridad en medio de unos pueblos anarquizados. La crecida deuda que ha contraído la República con individuos de la Nación Británica y que cada día se aumenta, no podría ser cubierta religiosamente como es justo porque, por momentos, se van agotando las fuentes de la riqueza nacional. De aquí es que el Gobierno a quien U. pertenece tiene un particular interés en nuestra reconciliación y en la reorganización de la República.

Para conseguir este loable objeto deben transigir los Estados sus desavenencias por medio de tratados amistosos; pero esta medida acaso será ineficaz si un garante imparcial y poderoso no ofrece sostener las condiciones de los tratados y procurar su puntual cumplimiento. Mi Gobierno, por su parte, convendrá gustoso en que la Reina de la Gran Bretaña diese esta garantía, solicitando de S. M. esta gracia por el honroso conducto de U., y aun se someterá a que decida nuestras desavenencias. Si los demás Estados de la Unión secundan en este punto el medio que propone el de Nicaragua, que no es y desconocido en las naciones cultas, espera que U. tenga la bondad de prestar sus oficios para su consecución.

Sírvase, señor Cónsul General, recibir las demostraciones de mi aprecio y respeto.

—D., U., L. —Pedro Solís.

Chatfield contestó que el Gobierno del Salvador había hecho un ultraje a la corona británica, firmando un tratado con el Estado de los Altos, cuyos artículos octavo y noveno hostilizan a la Gran Bretaña.

En el libro anterior se habló de esta nota y de este tratado, exponiendo los sucesos de los Altos; pero es preciso ahora volver a hablar de ellos, para presentar con claridad la materia a que se refiere el presente capítulo.

Voy a decir a quién pertenecía la isla de Roatán cuando se hizo la independencia, y quién la poseía después de nuestra emancipación.

El autor de las Memorias de Jalapa, cuya obra fue reimpresa en Guatemala por los serviles, con excepción de la parte geográfica por no convenirles, en el tratado suprimido dice:

ISLAS

Hay tres principales islas en el mar del Norte: Roatán, Guanaja y Utila.

La isla de Roatán es la más considerable: está a 18 leguas de la costa de Honduras, al nordeste del puerto de Trujillo, y tiene una extensión de 50 millas de largo y de 6 a 10 de ancho, con un puerto muy capaz y seguro. En el año de 1642, los ingleses se apoderaron de ella y la ocuparon hasta 1650, en que el Capitán General de Guatemala la reconquistó, trasladando a los indios que la habitaban al continente entre los ríos Polochic y Motagua, y dejándola enteramente desierta.

Un siglo después, la ocuparon de nuevo los ingleses y se fortificaron en ella; pero fueron desalojados también por el Gobierno de Guatemala hacia el año de 1780. En 1796, la conquistaron otra vez, poniendo en ella 2,000 negros de guarnición, y nuevamente fue reconquistada en el siguiente año de 1797, habiendo permanecido desde entonces, así como las otras dos islas, bajo la dependencia de Guatemala.

La isla de Guanaja, descubierta por Cristóbal Colón en 1502, se halla a 6 leguas al norte de la Punta de Castilla. Tiene 28 leguas de circunferencia, un buen puerto y terreno fértil. Hay otras islas menos considerables, y el golfo de Honduras está sembrado de cayos que parecen bosques flotantes: en ellos se hace una pesca considerable de tortuga, y en algunos hay casas de campo.

La isla de Roatán perteneció a Centroamérica después de la independencia. Marure, en el párrafo 161 de las Efemérides, refiriéndose al 3 de junio de 1830, se expresa así:

Junio 3. —Los ingleses se apoderan de la isla de Roatán, perteneciente a Centroamérica, y lanzan a la pequeña guarnición y colonos que allí había, cuyas plantaciones fueron también arruinadas por los invasores. Este atentado, muchas veces repetido desde el año de 1743, en que por primera vez intentaron algunos súbditos ingleses, aunque sin éxito, establecerse en aquella isla en tiempo de la dominación española, fue reclamado por el Gobierno nacional que tomó, desde luego, las providencias necesarias para recobrar, como en efecto recobró, aquella posesión.

Roatán, sin embargo, ha continuado expuesta a las irrupciones de los colonos del establecimiento británico de Belice, que últimamente las han renovado en 1839 con no menor escándalo que en las épocas anteriores.

A diez de agosto de 1839 se firmó en Quezaltenango un tratado de amistad y alianza entre los Estados de los Altos y el Salvador. Fueron signatarios los ciudadanos J. A. Aguilar y Doroteo Vasconcelos. Los artículos 8.° y 9.° de ese tratado dicen así:

Artículo 8.° Los Representantes de ambos Estados contratantes en la Convención irán autorizados suficientemente para tratar de preferencia sobre las medidas conducentes al recobro de la isla de Roatán.

Artículo 9.° Se convienen igualmente las partes contratantes:

Primero: en que ninguna producción de la industria agrícola o fabril de posesión inglesa se admita, aunque venga bajo bandera de cualquier otra nación.

Segundo: que ningún efecto procedente de otra nación, aunque sea amiga, se admita en nuestro territorio si viene en buque inglés.

Tercero: que estas prohibiciones duren mientras que la Inglaterra no vuelva a poner a Centroamérica en posesión de dicha isla de Roatán.

Estos artículos indignaron a Chatfield. Él los consideró como un agravio sin provocación a la corona británica y tuvo a bien exigir al moribundo Gobierno de los Altos, hostilizado por Aycinena, Pavón y Batres, y combatido cruelmente por Carrera, que le diera una satisfacción humillante.

Chatfield envió a don Marcelo Molina una nota que contenía en borrador la satisfacción que debía dársele.

He aquí la forma en que el Cónsul inglés pedía que se le satisfaciera:

"Habiendo el cónsul de S. M. B. representado al G. S. de los Altos que los artículos 8.° y 9.° del tratado de amistad y alianza, firmado en Quezaltenango el 10 de agosto del año último entre los Estados soberanos de los Altos y del Salvador, son una infracción de los principios de amistad y buena inteligencia que han hasta ahora felizmente regulado la mutua comunicación entre la Gran Bretaña y los Estados de Centroamérica:

El Supremo Gobierno de los Altos, deseoso de evitar que se interrumpan las relaciones amistosas con la Gran Bretaña, hace la declaración formal de que los artículos 8.° y 9.° del antedicho tratado de Quezaltenango, siendo ofensivos a la corona inglesa, quedan rescindidos.

Chatfield, de acuerdo con Pavón, Aycinena y Batres, procedía contra los Altos y hostilizaba al Salvador. Él se imaginó que los quezaltecos, viéndose amenazados por todas partes, suscribirían su humillación y tuvo una verdadera sorpresa al recibir la nota del 18 de enero de 1840 que se halla en el capítulo 3. °, libro sesto de esta Reseña. Esa nota es un grande esfuerzo de energía y de valor.

El Estado de los Altos iba a morir, y murió sin manchar su bandera.

Los Altos en este momento aparecen como esos grandes hombres a quienes se pretende intimidar con la vista del cadalso, no se les intimida y son como Pierzon y Morazán, de instante en instante más grandes hasta que el golpe fatal cierra sus labios.

Dados estos antecedentes, ya puede entenderse bien la contestación que Chatfield dio a Soliz, ministro nicaragüense sobre la mediación armada que este le pedía. La nota dice así:

San Miguel, noviembre 18 de 1839.

Al señor Ministro General del Supremo Gobierno del Estado de Nicaragua, Pedro Solís.

TRADUCCIÓN.

Tengo el honor de acusar el recibo de la nota oficial de U. del 8 del presente mes, transmitiéndome una copia triplicada de la que, por orden del Supremo Director de Nicaragua, U. se sirvió dirigirme con fecha 13 de septiembre último, solicitando mis buenos oficios con el Gobierno del Estado del Salvador, para que este transigiese amistosamente las desavenencias con el de Honduras, "que habían dado mérito a las hostilidades entre ambos Estados," y haciendo extensiva esta súplica con respecto al de Guatemala, que, por noticias oficiales recibidas últimamente en León, se creía sería dentro de poco tiempo comprometido en un conflicto con el Salvador.

Los motivos expresados por U. que han influido al Supremo Gobierno de Nicaragua a solicitar mi mediación con el Gobierno del Salvador para la tranquilización del país, con el objeto de que la Convención Nacional tan deseada pudiese reunirse y deliberar sin embarazo, para la reforma de la Carta fundamental de la República, a cuyos reputados defectos se atribuyen las pasadas y presentes dificultades de la Nación, y para la reorganización de sus instituciones políticas sobre una base permanente y sana, adecuada para afianzar a todos aquella seguridad de sus vidas y propiedades que es indispensable al bienestar de una sociedad civilizada, son plenamente compartidos por mí, quien, como el representante de los intereses británicos en Centroamérica, no puede permanecer indiferente a las consecuencias desastrosas que amenazan al país y a los interesados en su prosperidad si la actual confusión continuase sin freno (unchecked).

Animado con esta convicción, no puede dejar de ser una causa de sentimiento para mí que circunstancias peculiares me impidiesen seguir los impulsos de mi inclinación y corresponder a la confianza con que el Gobierno de U. me ha honrado, empeñándome para efectuar el objeto que tan seriamente mira. Por esto, como debo excusarme del oficio de mediador, es conveniente que yo manifieste a U. la causa que me ha compelido a interrumpir mis relaciones con el Gobierno del Estado del Salvador hasta que yo pueda recibir las órdenes del Gobierno de S. M. B., a quien pertenece determinar sobre el agravio, sin provocación, que se ha inferido a la Corona Británica, firmando un tratado de alianza y amistad con el Estado de los Altos, cuyos artículos octavo y noveno son expresamente introducidos para hostilizar a la Gran Bretaña, "mientras que ella" (como allí se expresa) "no vuelva a poner a Centroamérica en posesión de la isla de Roatán."

Sería fuera de propósito en la presente carta examinar la cuestión de dominio de la isla de Roatán, pero debo observar que, independiente de la irregularidad de introducir tales materias en un nuevo tratado de amistad y alianza, el Gobierno del Salvador se ha arrogado el derecho de emitir un juicio prematuro (prejudged) sobre una cuestión que, en una nota que yo dirigí el 11 de mayo último al denominado Gobierno Federal, y que él oficialmente transmitió a los Estados en 21 de junio próximo pasado, claramente significó: "que el ejercicio de un derecho de soberanía sobre los súbditos británicos en la isla de Roatán ocasionaría una colisión entre la Gran Bretaña y Centroamérica."

Además, en una segunda nota de fecha del 11 de junio sobre el mismo asunto, que fue también comunicada a los Estados, reiteré mi exhortación para "que explicase claramente al Gobierno de S. M. B. los fundamentos en que Centroamérica apoya su reclamo a la soberanía de la isla de Roatán." Dicha exhortación ha sido siempre eludida, lo que presenta una fuerte presunción de que las autoridades que entonces representaban Centroamérica ante las naciones extranjeras hallaron más conveniente limitar la defensa de sus presumidos derechos de soberanía sobre la isla de Roatán a vacías declamaciones, que sostenerlos con razonamientos fundados en las leyes internacionales y la razón.

La expresión "denominado," aplicada al Gobierno Federal, puede quizá necesitar la explicación de que, en consecuencia del desaparecimiento de la débil sombra del poder federal que existía Últimamente en San Salvador, por la apropiación, no solamente de los Estados disidentes, pero aun de sus más adictos, de las atribuciones que le asigna la Constitución de 1824, fue mi imperioso deber, con el objeto de saber cómo los negocios de la Gran Bretaña con Centroamérica deben en lo venidero ser arreglados, el dirigir, con fecha del 29 de agosto último, una nota solicitando del Vicepresidente de la República una contestación categórica a la pregunta: "¿Si existe o no el Gobierno federal de Centroamérica?"

A esta pregunta no he recibido contestación alguna antes del 18 de octubre que salí de San Salvador, y personas fidedignas me han asegurado que este único funcionario del Gobierno federal y su Secretario habían salido de aquella ciudad; pero ninguna noticia de esta circunstancia ha venido oficialmente a mi conocimiento, y ninguna comunicación ha sido hecha a los agentes extranjeros residentes en Centroamérica. Aquellos fundamentos dieron lugar a la duda sobre su existencia, su silencio a mi nota permitió el creer la negativa, y su desaparición sin nota oficial, aun estando yo allí, la confirmó.

Con respecto a la última parte de la nota de U. del 8 del presente, solicitando la garantía de S. M. B., la Reina de la Gran Bretaña, como una potencia imparcial y poderosa, para asegurar el debido cumplimiento de contratos políticos concluidos por los Estados de la

República entre sí, como el único medio que resta para dar paz y orden al país, debo observar: que como esta proposición no demanda que el Gobierno británico se aparte de sus principios fundamentales de no intervenir en los negocios domésticos de otro país, comunicaré sin dilación alguna el deseo del Estado de Nicaragua sobre este particular al gabinete inglés, para la consideración de S. M. B., la Reina, y entre tanto le dará la atención que merece hasta que la resolución de S. M. sobre la materia pueda obtenerse.

Aprovecho la ocasión de manifestar a U., señor Ministro General, la expresión de mi más distinguida consideración.

Federico Chatfield,
Cónsul de Su Majestad Británica en Centroamérica.

La mediación propuesta por Solís produjo una verdadera alarma en toda la América Central. Se iba a hacer árbitro a un hombre que estaba ligado con la aristocracia, que pretendía disminuir el territorio centroamericano y que hostilizaba a los gobiernos liberales.

La prensa libre tronaba contra esa mediación, tanto más grave cuanto que podía ser armada.

Pavón era el autor del pensamiento y hablaba como un ventrílocuo por órganos que no eran su lengua; pero la cuestión se empeñó tanto y se hizo tan difícil que el iniciador de la idea tuvo necesidad de quitarse la careta y defenderla francamente. Pavón publicó una serie de artículos en defensa de la mediación proyectada. Para dar idea de esos artículos se inserta a continuación el encabezamiento de ellos. Se hallan en el periódico titulado El Tiempo. He aquí:

MEDIACIÓN.

En algunos papeles impresos en San Salvador y Quezaltenango, se censura con la mayor acritud la conducta del Gobierno de Nicaragua por haber solicitado, por su parte, la mediación del Gobierno inglés en las actuales circunstancias, en que todo el país se ve conmovido, y cuando todos los que, desnudos de ambición, anhelan con la mayor ansia por ver restablecida la paz y meditan seriamente sobre los medios de perpetuarla.

Prescindiremos enteramente de ocuparnos de las personalidades, de las declamaciones y de los insultos que en aquellos papeles se emplean, en vez del razonamiento para convencer, y nos contraeremos a la cuestión principal. Ella es de suma importancia y merece esclarecerse discurriendo según las reglas del buen sentido, buscando la razón en los principios de derecho, y consultando también aquellos hechos prácticos que nos ponen delante el ejemplo de las naciones más cultas, y que hoy figuran en el mundo haciendo, digámoslo así, el primer papel.

A medida que los liberales combatían los artículos sobre mediación, Pavón se esforzaba más en sostener esa mediación, y empleaba un lenguaje más acre contra ellos. Él apoyaba a Solís y pedía a Chatfield que no solo mediara en las cuestiones de Nicaragua y el Salvador, sino también en las que se relacionaban con Guatemala.

El 27 de mayo de 1840 dirigió el cónsul inglés al Gobierno de Nicaragua la nota siguiente:

CIRCULAR.

Guatemala, mayo 27 de 1840.

Al señor Secretario General del Supremo Gobierno del Estado de Nicaragua.

Señor:

Habiendo transmitido al Gobierno de S. M. B. copias de la correspondencia que medió entre el Supremo Gobierno del Estado de Nicaragua y este Consulado en noviembre de 1835 sobre el punto de la mediación y garantía británica con la mira de restablecer la paz entre los Estados y de cimentar la tranquilidad en el país, tengo el honor de incluir adjunto, para el conocimiento del señor Director de Nicaragua, un extracto de un oficio de S. E. el Vizconde Palmerston, Principal Secretario en el departamento de los negocios extranjeros de S. M. B., significando los sentimientos del Gobierno Británico sobre este asunto.

Tengo el honor de ser de U., señor Secretario General, el muy obediente servidor. Federico Chatfield, Cónsul de S. M. B. en Centroamérica.

Extracto de un despacho del Vizconde Palmerston al Cónsul de S. M. B. en Centroamérica. Londres, marzo 2 de 1840.

He recibido la nota de U., núm. 31 del año pasado, en que dice que los Gobiernos de Nicaragua y Guatemala le habían manifestado que deseaban que el Gobierno de S. M. mediase entre los Estados de la Unión Centroamericana para restablecer la paz en Centroamérica.

El Gobierno Británico tiene un gran interés por el bienestar y prosperidad de Centroamérica, y sentiría el placer más sincero pudiendo de cualquier modo contribuir y consolidar entre los varios Estados de la Unión aquella paz interior y armonía que constituyen los fundamentos esenciales de la prosperidad nacional.

A este propósito, el Gobierno de S. M., de la manera más cordial, haría el oficio de mediador entre cualquiera de los Estados de la Unión, siempre que su mediación fuese solicitada por ambos o todos los Gobiernos interesados en el asunto, y, en cualquier evento, yo tengo orden de autorizar a U. para emplear sus buenos oficios en su capacidad de representante del Gobierno de S. M. B., con la mira de efectuar una reconciliación y acomodamiento sobre los puntos en disputa.

Con respecto a la cuestión de garantía, es necesario una explicación más extensa que fije el sentido que se da a esta palabra en el caso presente, para que el Gobierno de S. M. pueda contestar sobre este punto; pero, desde luego, U. puede significar que el Gobierno de S. M. no está dispuesto a entrar en ningún compromiso que pudiera obligar a la Gran Bretaña a emplear fuerzas en Centroamérica, obrando de una manera contraria a los principios generales que le sirven de guía en sus relaciones con las otras potencias.

El Vizconde Palmerston no quería emplear la fuerza armada en Centroamérica. Él dijo que el Gobierno de S. M. no estaba dispuesto a entrar en ningún compromiso que pudiera obligar a la Gran Bretaña a emplear fuerzas en Centroamérica.

El pensamiento de Palmerston contrariaba enteramente las ideas de Pavón. Este señor quería que Chatfield fuera árbitro en las cuestiones centroamericanas, y que las resolviera como debía esperarse en favor de los serviles.

6.—El Gobierno de Nicaragua contestó a Chatfield de la manera que se ve a continuación:

Ministerio del Gobierno Supremo del Estado de Nicaragua— Departamento de Relaciones.

Casa de Gobierno. León, julio 27 de 1840.

Al señor Federico Chatfield, Cónsul general de S. M. B. en Centroamérica.

El infrascrito, Secretario General del Supremo Gobierno del Estado de Nicaragua, ha tenido la honra de elevar al conocimiento del Supremo Director la respetable comunicación del señor Cónsul General, fechada en 26 de mayo último, y el extracto adjunto del despacho del señor Vizconde Palmerston, principal Ministro de Estado en el departamento de negocios extranjeros de S. M. B., en el que, expresándose los deseos más ardientes que animan a su Gobierno por el bienestar y prosperidad de Centroamérica, estaba dispuesto a mediar entre los Estados beligerantes para restablecer la paz en la República, y dado órdenes al señor Vizconde Palmerston para autorizar a U., a fin de que entablase sus buenos oficios en capacidad de Representante de S. M. B., para efectuar una reconciliación y acomodamiento sobre los puntos en disputa, manifestando al mismo tiempo que el Gobierno de S. M. B. no se comprometiera en grado tal que fuese necesario emplear sus fuerzas, porque no le es dado obrar de una manera contraria a los principios que le sirven de guía en las relaciones con las otras potencias.

El Supremo P. E., a vista de los sentimientos filantrópicos del Gobierno de S. M. B. y poseído por ellos de la más sincera gratitud, ha prevenido al infrascrito contestar al señor Cónsul General que tan honorosos documentos serán dados a luz pública y elevados, para lo que pueda convenir, a las Cámaras Legislativas en su próxima reunión.

El infrascrito tiene la satisfacción de suscribirse del señor Cónsul General su atento servidor.

Pablo Carvajal.

Carvajal no es tan exigente como Solís.

Él oye a Chatfield y dice que el asunto lo resolverá la Asamblea. ¿Qué ha motivado este cambio? Las fechas lo explican. La nota de Solís está datada el 8 de noviembre de 1839, y la de Carvajal el 27 de julio de 1840. En esas dos fechas se habían desenlazado grandes sucesos.

La primera nota fue escrita bajo las impresiones que en Honduras y Nicaragua dejaban los triunfos de Morazán en Espíritu Santo y Perulapán, y la marcha de Cabañas sobre el territorio hondureño, y cuando el Estado de Los Altos existía. La segunda nota fue escrita después de la destrucción de ese Estado, después de la derrota de

Cabañas en la hacienda de El Potrero, después del triunfo de los serviles el 19 de marzo de 1840, después de la retirada de Morazán de San Salvador y cuando el inocente Cañas mandaba en aquel Estado.

¿Qué se podía desear en El Salvador que no otorgara Cañas? El jefe que ratificó el tratado del 13 de mayo de 1840 no hay cosa que no sea capaz de ratificar. Para el Gobierno de Nicaragua, la intervención armada de la Gran Bretaña había perdido su importancia; para Pavón no la había perdido.

Pavón estaba libre, por el momento, de Morazán; pero aún lo temía. El General Morazán no había muerto, y su partido es inmortal.

Los partidos personales mueren con la persona. Los partidos que descansan en ideas y en principios se sostienen. Nada importa que un caudillo de estos partidos expire en el cadalso, porque la idea que aquel jefe sustentaba pasará de generación en generación y será más digna de respeto cuanto mayor sea el número de sus mártires.

Los serviles no se creían seguros en medio de triunfos que tanto festejaron, y querían que las armas de la Gran Bretaña vinieran en su auxilio. Siempre que los serviles piensan en monarquía son desgraciadísimos.

Fracasaron en el proyecto de que nos mandara don Carlos María Isidro de Borbón, quien debía venir al trono de México según los tratados de Córdoba sostenidos por el Marqués de Aycinena; fracasaron en el proyecto de que nos mandara Agustín I; fracasaron en el proyecto que produjo el viaje a La Habana de la goleta Ejecutivo, para que les enviara fuerzas el capitán general de la isla de Cuba, a fin de hacer triunfar la bandera española que ya habían izado en el castillo de Omoa; fracasaron en sus esperanzas de reconquista cuando la expedición del General Barradas sobre las playas de México, y fracasaron ante la política del Vizconde Palmerston en el proyecto de que las armas británicas resolvieran las cuestiones centroamericanas.

Pero ellos son infatigables; y el fracaso de hoy es el nuevo fundamento de los proyectos de mañana. Pavón hablaba entonces de otro medio que conducía a sus fines: el protectorado.

La Gran Bretaña, se decía entonces, estaba en ejercicio del protectorado sobre Mosquitia, y en las conversaciones de los serviles, Guatemala debía participar de este beneficio otorgado al rey Mosco. Ninguna pretensión de Chatfield sobre el territorio de Centroamérica alteraba sus buenas relaciones con don Manuel Francisco Pavón.

Chatfield y Pavón estaban siempre juntos, ostentando la más íntima amistad en los momentos en que el agente inglés protegía con más ahínco al pretendido rey Mosco y se esforzaba en extender sus dominios.

Una cuestión existía entonces entre Nicaragua y Costa Rica sobre límites territoriales. Esta cuestión cada día se presentaba con más violencia y hacía creer que llegarían a una declaratoria de guerra esas dos secciones centroamericanas. Chatfield y Pavón manifestaron marcadas simpatías al Gobierno costarricense. Pavón se proponía que sus ideas fueran gratas a los costarricenses para conducirlos lentamente al protectorado inglés.

Más tarde, Chatfield y Pavón hicieron un viaje a Costa Rica, donde se hallaba entonces el General ecuatoriano Juan José Flores, partidario acérrimo del sistema que se quería inaugurar.

Flores, a la salida de Chatfield de Costa Rica, escribió a este señor una carta en la cual se encuentran los párrafos siguientes:

"Nada sabemos aquí de lo que haya hecho el almirante después que ha desaparecido de estas costas; más le esperamos con algunos buques para que cumpla la promesa que ha hecho al Gobierno del Salvador y manifestarle el derecho que tenía para reclamar la ratificación de los convenios celebrados con U. Mas temo que se debilite el almirante por las razones que antes anuncié a U., y recelo que el Gobierno de S. M. decline un poco en la cuestión, ya por la transacción que se ha hecho en los Estados Unidos, ya por lo que ha dicho la prensa de Europa en el asunto de Grecia. "Pero sea de esto lo que fuere, mi humilde opinión es, que para dejar bien puesto el honor del Gobierno británico, para alcanzar justicia a sus reclamaciones, para vindicar los insultos recibidos, destruir la liga de los tres Estados, y arreglar con ellos definitivamente las relaciones diplomáticas, forzoso es obrar de firme bloqueando los puertos, lo cual cuesta poco y aprovecha mucho. De lo contrario viviremos en incertidumbre y el Gobierno de S. M. tendrá algo que sufrir moralmente en la parte política y en lo que concierne a los intereses comerciales de sus súbditos."

Ruego á U. se sirva decir al amigo Pavón, que tenga esta por suya, y que no se olvide de mi encargo. Sea U. feliz, vea en lo que puedo ser útil y créame su sincero amigo muy obediente servidor.

J.J. Flores.

Esta carta fue publicada en el número 22 de "El Progreso," periódico del Salvador, hallándose todavía el General Flores en Costa—Rica. Flores no negó su firma ni los conceptos de la carta. No podía negarlos, porque en todo el texto de ese documento se palpa su estilo, sus ideas y sus aspiraciones

Para que se conozca bien este documento, se halla integro al fin del presente capítulo.

El General Flores se indignó por la interceptación de su carta, y habló de la necesidad de que la correspondencia sea sagrada. Comparó a los salvadoreños con los argelinos; los llamó piratas por haber interceptado su carta, y aseguró que estaba perdido el país en que no era respetada la correspondencia particular.

Todo esto prueba hasta la evidencia que la carta es auténtica.

Flores teme que el Gobierno ingles decline en la cuestión. De manera que el foco de la intriga estaba en Centro—América.

Los temores de Flores se fundaban en las transacciones hechas con los Estados—Unidos, y en lo que había dicho la prensa de Europa en el asunto de Grecia.

Esto es grave, es gravísimo, y pone de manifiesto toda la malevolencia de los enemigos de la patria.

¿Cuáles eran esas transacciones con los Estados—Unidos?

Eran las que entonces se formaban para que ni la Inglaterra ni los Estados—Unidos pudieran ocupar el territorio centro—americano. Así es que el General Flores lamentaba que no pudiera ser absorbido el territorio de Centro—América. Flores teme que ejerza influencia en el Gobierno ingles lo que dijo la prensa de Europa en el asunto de Grecia.

Es preciso conocer la situación de la Grecia en aquellos días, para comprender bien la carta de Flores…

El reino constitucional de Grecia se hallaba bajo el protectorado de la Inglaterra, la Francia y la Rusia. Este triple protectorado produjo a los griegos grandes dificultades, porque cada potencia protectora pretendía ejercer el predominio.

La Grecia debía una cantidad a los ingleses que no le era posible pagar.

Una escuadra ingles tal mando del almirante Parker secuestró los buques griegos y bloqueó Piréo...

La mediación de la Francia y las protestas de la Rusia contuvieron por algún tiempo las hostilidades.

En los días en que escribe el General Flores á Chatfield, esas hostilidades se habían renovado.

En tal conflicto y siendo inútil la mediación de los embajadores, el Gobierno griego acudió a las Cámaras que votaron por unanimidad el crédito de 330,000 dracmas a que ascendía la indemnización que reclamaba el ministro inglés.

Una parte de la prensa europea combatía a los ingleses, y Flores teme que lo que se dice en favor de la Grecia, aproveche a Centro——América.

Podría decirse que la carta era dirigida a Chatfield, y que Pavon aunque estuvo en Costa—Rica con Chatfield y los dos visitaron á Flores, y los dos se entendieron con Flores, tal carta al fin está escrita por un ecuatoriano y dirigida a un inglés.

Pero ella contiene estas palabras: "Ruego a U. se sirva decir al amigo Pavón que tenga esta por suya, y que no se olvide de mi encargo."

La carta de Flores está escrita pues al mismo Pavón.

La necesidad de concluir las materias que sirven de encabezamiento a este capítulo, me han obligado y me continúan obligando a adelantarme mucho en los acontecimientos de que se trata, para completar el asunto y volver en seguida al punto de partida.

En Nicaragua se creyó que la idea del protectorado británico había sido acogida por el Gobierno de Costa—Rica, en virtud de las influencias de Pavón, Chatfield y Flores, y hubo una grande excitación en el país.

de Nicaragua, que señala:

"Legación de S. M. B. San José, 1.° de diciembre de 1849. Señor, tengo el honor de informar a U. para conocimiento del señor Director del Estado de Nicaragua, que ha sido firmado por mí un tratado de amistad, comercio y navegación, como plenipotenciario de S. M. B., con el Gobierno de la República de Costa Rica, cuya estipulación ha sido ratificada por el señor Presidente de la misma República; por lo cual estoy autorizado para declarar que será aceptado por M. S. la Reina.

Al hacer esta comunicación al Gobierno de US. considero conveniente indicarle que, a virtud del enunciado acto, las relaciones de esta República con la Gran Bretaña quedan de tal manera establecidas, que no permiten que, por parte de Nicaragua, se altere la actual posición de Costa Rica.

Por tanto, me parece recomendar a US. en el interés de ese Estado, como también en el de esta República, que cualquiera diferencia pendiente entre ambos Gobiernos no sea tratada sino amigablemente, en el concepto de que otros medios de hecho que se adopten no serán vistos con indiferencia por parte de Inglaterra."

En esta nota el señor Chatfield se excede mucho de sus atribuciones. Un simple tratado de amistad, comercio y navegación no autorizaba a la Gran Bretaña para intervenir en los asuntos de Costa Rica y Nicaragua.

Para que el cónsul inglés pudiera decir que la Gran Bretaña no permitiría que fuera alterada por parte de Nicaragua la posición de Costa Rica, era indispensable que el protectorado estuviera ya establecido.

Así lo entendió el Gobierno de Costa Rica entonces, porque el periódico titulado Costarricense consignó estas palabras:

"Creemos que la declaración hecha por el H. señor Chatfield, encargado de negocios de S. M. B., es la mayor garantía de paz, entre Costa Rica y Nicaragua, pues la frase significativa del Gobierno de S. M. B., de no ser indiferente a las hostilidades entre los dos países, es un anuncio formal de su intervención armada, si su intervención amigable fuese desatendida."

El órgano oficial de Costa Rica no solo anunciaba la intervención de la Gran Bretaña, sino la intervención armada.

Si el pueblo costarricense hubiera sido informado de que se ponía en peligro su independencia y su nacionalidad para salvar un pedazo de tierra —que le disputaba una nación amiga y hermana—, se habría conmovido contra sus altos funcionarios, como se conmueve siempre que ve un peligro la autonomía nacional.

El Gobierno de Nicaragua dirigió una nota a los gobiernos de Centroamérica acerca del peligro en que se hallaba la independencia y la integridad del territorio centroamericano. Esa nota fue contestada con desdén por el Gobierno de Guatemala.

Todas estas agitaciones terminaron con el tratado Clayton—Bulwer, que se halla íntegro al fin de este capítulo.

Por el artículo 1. ° ni la Gran Bretaña ni los Estados Unidos podían ocupar, fortificar, colonizar ni ejercer dominio alguno sobre Nicaragua, Costa Rica, la costa Mosquitia o parte alguna de Centroamérica, ni hacer uso de protectorado de ninguna clase.

Los temores de Flores manifestados en la carta a Chatfield y a Pavón se realizaron. Un convenio entre la Gran Bretaña y los Estados Unidos dejó chasqueados a los serviles; aunque después este tratado ha tenido interpretaciones muy poco favorables a la integridad de Centroamérica, llegándose hasta el extremo de que en el Capitolio de Washington se pida su caducidad.

Del protectorado a la colonia no hay más que un paso, paso que los nobles se hubieran esforzado en dar con toda celeridad.

La Cracovia estaba bajo la protección de tres potencias, y a pesar de tratados solemnes fue absorbida por una.

El protectorado es oneroso y no se ejerce sin retribuciones. Los países débiles retribuyen con su independencia.

La colonia hubiera llenado los deseos del Marqués de Aycinena, que aspiraba a la monarquía.

En aquellos días Aycinena solo hablaba de Inglaterra. Decía que si le hubiera sido dado escoger patria, habría escogido la Gran Bretaña. Tanto habló de Inglaterra que don José Milla y Vidaurre le dirigió estas palabras:

"Honorable Marqués, no más Bretaña."

No es censurable Aycinena por haber tenido una idea elevadísima de la Gran Bretaña. La nación que pudo preparar en el Nuevo Mundo el advenimiento de los Estados Unidos es preciso que tenga dotes asombrosas.

Es censurable Aycinena porque, habiéndole tocado en suerte nacer en Guatemala, donde no hay elementos de monarquía, buscó siempre la monarquía, las cruces y las insignias palaciegas.

Es censurable porque, a pesar de su ilustración, no comprendió el movimiento de la América, y creyó que podría uncir su patria al carro de los reyes.

Es censurable porque jamás vio la grandeza en el amor del pueblo ni en la igualdad de sus conciudadanos, sino en la aristocracia de los imperios, y en los títulos de hidalguía.

DOCUMENTOS JUSTIFICATIVOS
NÚMERO 1.
A LOS CENTROAMERICANOS.

H. Sr. D. Federico Chatfield, encargado de negocios de S. M. B. en Centro—América—de Costa—Rica—San José, 15 de junio de 1850.

Mi estimado amigo y señor:

En mi carta anterior manifesté a U. mi desconfianza acerca de la actitud en que se hallaban los dos cuarteles militares de esta ciudad, y el tiempo ha confirmado que no era infundada tal desconfianza. El general Quiroz, resentido por la formación del nuevo cuartel e instigado por don Santiago Fernández, amenazó al gobierno y pidió que saliésemos de la ciudad el general Castro y yo, suponiendo que deseábamos vengar la revolución hecha contra la administración pasada.

El presidente nombró un consejo de cinco ciudadanos para que le aconsejase lo que había de hacer en aquellas circunstancias. Este consejo, compuesto de los señores Carazo, Aguilar, Mariano Montealegre, Bruno Carranza y Tinoco, atemorizado por el comandante general, dictaminó de conformidad con lo que se pedía; más el presidente, instado por algunas personas, convocó una asamblea de notables en el mismo día, la cual se pronunció de una manera enérgica contra el atentado que se intentaba cometer y contra los militares rebelados.

Desde entonces se desarrolló la opinión pública con tal fuerza que, para satisfacerla, fue menester exonerar del servicio al general Quiroz y a todos sus allegados. Parecía que todo había terminado felizmente, cuando Quiroz y los militares licenciados aparecieron en armas en el barrio de San Juan; más pronto quedaron abandonados de las tropas, que no quisieron seguirlos, y fugaron en dirección a Guanacaste para seguir a Nicaragua.

El gobierno mandó perseguirlos, fueron aprehendidos en la boca del monte del Aguacate y conducidos a esta ciudad, de donde han sido desterrados a Panamá por cinco años el general Quiroz, su hermano Juan, su pariente Máximo Blanco y dos Quiroces más poco conocidos. Así ha terminado el drama que se representó en esta ciudad.

Los señores del consejo están avergonzados y disculpan su debilidad con razones que a nadie satisface. En tal estado de cosas, el general Castro, el doctor Toledo y el señor Aguilar se han decidido a viajar en Europa, y salen de aquí mañana temprano. Yo he promovido el viaje del general Castro, porque lo creo conveniente a su persona y al país en general: a su persona, porque ganará mucho conociendo el viejo mundo, donde se disipan las ilusiones que se forman en él.

nuevo; y al país en general, porque cesarán las desconfianzas de algunos y la indignación de otros.

Sin embargo de que estoy satisfecho y muy reconocido de los notables de esta ciudad, inclusive los Bonillas, porque todos, todos me han favorecido con sus simpatías, no puedo menos de sentir la injusticia que se trató de cometer conmigo, CUANDO MENOS LA MERECIA. Esto me ha convencido más y más de que en estos países no se respetan las garantías individuales y me han decidido a prescindir cuanto me sea dable de injerirme en los negocios públicos. Así, ni escribo ya en la gaceta ni redacto los documentos oficiales del Gobierno. En prueba de que esto es así, Ud. verá que la alocución última del Presidente, furibunda contra los Quiroces, es redactada por el señor Marie.

Nada sabemos aquí de lo que haya hecho el almirante después que ha desaparecido de estas costas; más le esperamos con algunos buques para que cumpla la promesa que ha hecho al Gobierno del Salvador y manifestarle el derecho que tenía para reclamar la ratificación de los convenios celebrados con Ud.; más temo que se debilite el almirante por las razones que antes anuncié a Ud., y recelo que el Gobierno de S. M. decline un poco en la cuestión, ya por la transacción que se ha hecho en los Estados—Unidos, ya por do que ha dicho la prensa de Europa en el asunto de Grecia. "Pero sea de esto lo que fuere, mi humilde opinión es, que para dejar bien puesto el honor del gobierno británico, para alcanzar justicia a sus reclamaciones, para vindicar los insultos recibidos, destruir la liga de los tres Estados, y arreglar con ellos definitivamente las relaciones diplomáticas, forzoso es obrar de firme bloqueando los puertos, lo cual cuesta poco y aprovecha mucho. De lo contrario viviremos en incertidumbre y el Gobierno de S. M. tendrá algo que sufrir moralmente en la parte política y en la que concierne a los intereses comerciales de sus súbditos.

Ruego a Ud. se sirva decir al amigo Pavón que tenga esta por suya, y que no se olvide de mi encargo. Sea Ud. feliz, vea en lo que le puedo ser útil y creame su sincero amigo muy obediente servidor

J.J. Flores.

NUMERO 2.
Convenio entre los Estados—Unidos de América y S.M.B., concluido en Washington el 19 de abril del corriente año.

Los Estados—Unidos de América y S. M. B., deseosos de consolidar las relaciones de amistad que tan felizmente existen entre ellos, manifestando y estableciendo en un convenio sus miras e intenciones relativas a cualesquiera medios de comunicación de canal marítimo que haya de abrirse entre los océanos Pacífico y Atlántico, por el río de San Juan de Nicaragua y ambos o cualesquiera de los lagos de Nicaragua y de Managua hasta cualquier punto o lugar del Pacífico, han conferido plenos poderes; el 1.°, al señor John M. Clayton, Secretario de Estado de los Estados—Unidos, y el 2.°, al muy Honorable señor Henry Litton Bulwer, miembro del más respetable orden del B. de S. M., enviado extraordinario y Ministro Plenipotenciario de S. M. B. para el fin indicado; y dichos plenipotenciarios, habiendo canjeado sus plenos poderes, después de haberse hallado extendidos en dicha forma, han convenido en los artículos siguientes:

ARTÍCULO 1.
Los gobiernos de los Estados—Unidos y de la Gran Bretaña por el presente declaran; que ni el uno ni el otro adquirirán jamás, o mantendrán para sí mismos poder exclusivo alguno sobre dicho canal marítimo; y estipulan, que ni uno ni otro erigirán jamás o tendrán fortificaciones algunas que lo dominen o que se hallen situadas en sus cercanías; que ni en tiempo alguno ocuparán, ni fortificarán, ni colonizarán, ni se arrogarán, o ejercerán dominio alguno sobre Nicaragua, Costa—Rica, la Costa Mosquitia o parte alguna de Centro—América; que tampoco harán uso de protección alguna, que cada uno de ellos preste o pueda dispensar, o de cualquiera alianza que cada uno de ellos tenga, o pueda tener con algún Estado o pueblo, con el objeto de mantener o erigir semejantes fortificaciones, o de

ocupar, o fortificar, o colonizar a Nicaragua, Costa—Rica, la Costa Mosquitia, o parte alguna de Centro—América, o de arrogarse o ejercer sobre dichos puntos dominio alguno; y que ni los Estados— Unidos ni la Gran Bretaña se aprovecharán de intimidad alguna, ni harán uso de alianza, conexión o influjo alguno que cada uno de ellos tenga con cualquier Estado o Gobierno, por cuyo territorio haya de Pasar dicho canal, con el fin de adquirir o poseer, directa o indirectamente, para los ciudadanos o súbditos del uno, cualesquiera derechos o ventajas, respecto al comercio y navegación del canal, que no se ofrecieran en los mismos términos a los CC. o súbditos del otro.

Art. 2.

En caso de guerra entre las partes contratantes, los buques de los Estados—Unidos y de la Gran Bretaña, atravesando dicho canal serán exentos del bloqueo, detención o captura por cualquiera de las partes beligerantes; y esta estipulación se extenderá hasta una distancia de las dos extremidades de dicho canal, que en lo futuro se halle conveniente establecer.

Art. 3.

A fin de asegurar la construcción de dicho canal, las partes contratantes, de una manera justa y equitativa, caso que este se emprenda por cualquiera de ellas que obtenga poder de algún Gobierno o gobiernos locales, por cuyo territorio haya de pasar, se obligan a que las personas empleadas en hacerlo y la propiedad que ocupen, o hubiesen de ocupar para este objeto, sean protegidas desde el principio de dicho canal hasta su conclusión, por los gobiernos de los Estados—Unidos y de la Gran Bretaña contra toda injusta detención, confiscación, captura u otro cualquiera acto de violencia.

Art. 4.

Las partes contratantes harán uso de todo el influjo que respectivamente ejerzan con cualesquiera Estado, Estados o gobiernos que tengan, o pretendan tener jurisdicción o derecho alguno al territorio que dicho canal haya de cruzar, el cual habrá de estar cerca de las aguas que lo formen, con el objeto de procurar que los mismos Estados o gobiernos faciliten su construcción, por todos los medios que estén a su alcance; y además, los Estados—Unidos y la Gran

Bretaña se comprometen a hacer uso de sus buenos oficios donde quiera y cuando sea conveniente, a fin de obtener el establecimiento de dos puertos libres, situados en cada extremidad de dicho canal.

Art. 5.

Así mismo las partes contratantes se obligan a proteger dicho canal, después de concluido, contra toda interrupción, captura o confiscación injusta, y a asegurar su neutralidad, de manera que dicho canal se abra y esté para siempre libre, y seguro el capital que en él se invierta. No obstante, los gobiernos de los Estados—Unidos y de la Gran Bretaña, al acordar su protección a la construcción de dicho canal y al garantizar su neutralidad y seguridad después de concluido, siempre entienden que dicha protección y garantía se conceden condicionalmente, y que podrá retirarse dicha protección y garantía por ambos gobiernos, o cualquiera de ellos, si ambos gobiernos o cualquiera de ellos juzgaren que las personas empresarias o administradoras de dicho canal adoptaban o establecían reglamentos, tocante al tráfico del mismo, que fuesen contrarios al espíritu e intención de este convenio, ya sea haciendo injustas distinciones a favor del comercio de una de las partes contratantes y en detrimento del comercio de la otra, o ya sea imponiendo precios (tólls) o exacciones irracionales a los pasajeros, buques, efectos, géneros, mercancías o a cualesquiera artículos. Sin embargo, ninguna de las partes contratantes deberá retirarse de la susodicha protección y garantía, sino es dando previo aviso de seis meses a la otra.

Art. 6.

Por este convenio las partes contratantes se comprometen a invitar a cualquier Estado, con el cual ambas o cada una tengan relaciones amigables, para que entre con ellos en estipulaciones iguales a las estipulaciones en que mutuamente han convenido, a fin de que todos los Estados participen del honor y ventaja de haber contribuido a una obra de tan general interés e importancia como la del canal de que aquí se trata; e igualmente, las partes contratantes convienen en que cada una de ellas habrá de entrar en tales estipulaciones del tratado con los Estados de Centro—América que les parezca conveniente, a fin de llevar más eficazmente al cabo el grande objeto de este contrato, como por ejemplo, la de construir y mantener dicho canal como una comunicación marítima entre los dos océanos para el beneficio del género humano, y en términos iguales para todos; y la de proteger el mismo. Convienen también en que los buenos oficios de cada una, al requerimiento de la otra habrán de Emplearse para ayudar y apoyar la negociación de dichas estipulaciones del tratado. Y caso que se suscitaren algunas diferencias entre los Estados o gobiernos de Centro—América respecto a propiedad o derecho sobre el territorio, por el cual dicho canal haya de pasar, y que estas impidiesen u obstruyesen de algún modo su ejecución, los gobiernos de los Estados—Unidos y de la Gran Bretaña harán uso de sus buenos oficios, para arreglar dichas diferencias, de la manera más propia para promover los intereses del canal y robustecer los vínculos de amistad y alianza, que existen entre las partes contratantes.

Art. 7.

Siendo de desearse que no se pierda tiempo innecesariamente en comenzar y construir dicho canal, los gobiernos de los Estados—Unidos y de la Gran Bretaña determinan dar su apoyo y animación a la Compañía o a las personas que primero se presenten a comenzarlo con el capital necesario, con el consentimiento de las autoridades locales y bajo principios que sean conformes con el espíritu e intención de este convenio; y si alguna compañía o personas antes de ahora hubiesen obtenido de algún Estado, por el cual haya de pasar dicho canal, una contrata para su construcción, como la que se especifica en este convenio, a las estipulaciones de cuyo contrato ninguna de las partes de este convenio tiene motivo justo alguno que objetar, y si dichas personas o compañía hubiesen hecho preparaciones y gastado tiempo, dinero y trabajo en fe de dicho contrato, queda convenido por el presente que dichas personas tendrán una preferencia de derecho a la protección de los Estados—Unidos y de la Gran Bretaña sobre cualquiera otra persona o compañía, y que se les concederá un año contado de la fecha del canje de las ratificaciones de este convenio, para concluir sus arreglos y presentar pruebas de que esté suscrito un capital suficiente para cumplir la empresa; quedando entendido, de que, si a la expiración de dicho período, dichas personas o compañía no estuviesen en estado de comenzar y llevar a efecto la proyectada empresa, entonces los gobiernos de los Estados—Unidos y de la Gran Bretaña estarán libres de dispensar su protección a cualesquiera personas o compañía que estuviesen en disposición de comenzar y seguir la construcción del canal en cuestión.

Art. 8.

Los gobiernos de los Estados—Unidos y de la Gran Bretaña, al entrar en este tratado, no habiendo tenido solamente el deseo de llenar algún particular objeto, sino también el de establecer un principio general, convienen por el presente en extender su protección por estipulación de tratado a cualesquiera otras comunicaciones practicables, ya sean por canal o ferrocarril a través del istmo que une la América del Norte a la del Sur, y especialmente a las comunicaciones interoceánicas (por canal o ferrocarril) que actualmente se proponen establecer por la ruta de Tehuantepec o la de Panamá, si estas resultasen factibles. Al conceder, sin embargo, su protección a cualesquiera canales o ferrocarriles de los que se trata en este artículo, queda siempre entendido por los Estados—Unidos y la Gran Bretaña, que los partes que los construyan o posean no deberán imponer más cargas o condiciones sobre su tráfico que las que los mencionados gobiernos aprobasen como justas y equitativas; y que dichos canales o ferrocarriles, siendo abiertos en iguales términos a los ciudadanos y súbditos de los Estados—Unidos y de la Gran Bretaña, habrán de serlo también de la misma manera para los ciudadanos y súbditos de cualquier otro Estado, que quiera concederles la misma protección que los Estados—Unidos y la Gran Bretaña se han obligado a dispensarles.

Art. 9.

La ratificación de este convenio habrá de canjearse en Washington dentro de seis meses contados desde esta fecha. En fe de lo cual, nosotros los respectivos plenipotenciarios hemos firmado este convenio, y aplicándole nuestro sello.

Hecho en Washington, el décimo noveno día de abril del año de Nuestro Señor mil ochocientos cincuenta.

JOHN. M. CLAYTON (L.S.)
HENRY LYTTON BULWER (L.S.)

CAPÍTULO SÉPTIMO: OCUPACIÓN DEL PUERTO DE SAN JUAN POR LOS INGLESES

SUMARIO.

1.—Introducción. —2. Las Efemérides. —3. Una nota del ministerio de Nicaragua. —4. El Coronel Quijano—5. Lo que dijo Chatfield. —6 Contestación del Gobierno de Nicaragua. —7 Insistencia.—8. Otra nota del Gobierno de Nicaragua. —9. Observaciones. —10. Una traición más.

Visto el capítulo anterior, nadie extrañará la conducta del partido servil de Guatemala, en todo lo relativo a las pretensiones de Chatfield sobre el territorio centroamericano.

Marure en el párrafo 297 de las Efemérides dice:

"AGOSTO 12. — El superintendente del establecimiento inglés de Belice, Mr. Alejandro Macdonald, desembarca, acompañado del Rey de los Moscos, en San Juan del Norte de Nicaragua: arranca de su propio despacho al comandante de aquel puerto, teniente coronel Quijano, y lo conduce prisionero a bordo de la fragata Tiveed para abandonarlo, en seguida, en una costa desierta. Este agravio se infirió a la República de Centroamérica sin más pretexto que el de dar a reconocer, como dueño y señor del puerto de San Juan, al jefe de una tribu de salvajes."

Don Simón Orosco, Ministro de Relaciones de Nicaragua, en una nota al Vicecónsul inglés señor Foster se expresa así:

"La relación cierta del procedimiento es: que el S. A. Macdonald en la fragata Tiveed, venía con el denominado Rey de los Mosquitos, mientras el capitán Peter Shepherd se presentaba en una balandra también armada en guerra, con pabellón mosco: que el administrador Quijano en la falúa de la renta de su cargo con la bandera nacional se dirigió a visitarlos por sí y por medio del guarda Vicente Castillo a sus respectivos buques: que esto no pudo efectuarse porque ya los encontró en otra falúa de la referida fragata, donde se acercaban al desembarcadero: que al encontrarse no hicieron acatamiento alguno al funcionario ni al pabellón nacional: que de hecho desembarcaron y se alojaron en casa del expresado Shepherd: que a pesar de esa falta absoluta de reconocimiento de la autoridad del Estado, el administrador dicho ha ido él solo a visitarlos a la posada: que allí le contestaron el comandante de la fragata nominada y el ayudante del superintendente, que no se le recibía, por estar indispuestos su Excelencia y S. M. el Rey Mosquito.

A pesar de esta negativa en que se veía que los que debían por urbanidad venir a saludar a los empleados que allí tenía el Estado se rehusaban a comunicar con ellos, el señor administrador le pasó una felicitación por escrito, excitándolo a que le manifestase el objeto de su llegada para ponerlo en conocimiento de su superior en estos términos:

"Sin embargo, a su Excelencia doy la enhorabuena de su feliz arribo, y desearía se digne decirme el objeto de su venida, para dar cuenta a mi Gobierno."

Esta comunicación no fue contestada por el superintendente; e inmediatamente el ayudante de este señor, el comandante de la fragata y el secretario del nombrado Rey Mosquito fueron al administrador teniente coronel Quijano, y le dijeron que al día siguiente a las once sería contestada su comunicación, recabando al mismo tiempo de él que reconociese al titulado Rey Mosco por tenerlo reconocido como soberano y aliado de S. M. B.

El empleado reprodujo que no podía absolutamente reconocer a ese Gobierno, y que el único pabellón que reconocía era el inglés. Los señores indicados se retiraron; y el señor administrador dirigió al superintendente una comunicación en que le manifestaba que no quedaba cubierto con la solicitud verbal del ayudante y demás; que había sido insultado el pabellón centroamericano con que, a la sombra de la bandera británica, la balandra arriba dicha con bandera mosquita y armada en guerra se hubiese introducido al puerto de su mando: que esta nación no ha reconocido tal monarquía: que S. M. B. no ha participado a Centroamérica haber reconocido a aquella; y que aun cuando así fuera, no ejerce imperio sobre este territorio para que pudiese forzar a los súbditos del país a igual reconocimiento.

Que las noticias que tenía de que el pretendido Rey Mosco, protegido evidentemente por su Excelencia, se dirigía armado a reclamar derecho a los puertos de Centroamérica por aquella parte, enardecían el celo patrio de los habitantes del de San Juan del Norte; y le añadió estas notables expresiones:

"Así es S. superintendente, que yo, a nombre de mi nación y de mi Gobierno, le protesto a U., que no será responsable Centro—América de los resultados que de semejantes cuestiones originen en el patriotismo de sus habitantes, bien sea ocupando sus costas como debía haberlo hecho años há (habla con relación al terreno ocupado por los Mosquitos) como que por esta causa haya trastorno total de la buena armonía de mi nación con la suya." El señor superintendente por nota de 13, contestó: que el objeto de su visita a esta costa era impartir un mensaje de S. M. B. a su aliado el Rey de la Nación Mosca, y asegurarse por sí propio de los verdaderos límites de los dominios Moscos, sobre cuyo asunto esperaba tener la opinión del señor administrador.—Los mismos individuos arriba expresados fueron los conductores de este otro documento que conserva el Gobierno, e insistieron en que el funcionario del Estado reconociese al nombrado Rey Mosco, y al puerto como uno de sus dominios, porque de lo contrario dentro de poco tiempo vendría una fuerza a hacerlo responsable en unión de este Gobierno Supremo: contestó que estaba pronto a perecer en sostén de la dignidad de Centro—América: que él no podía hacer tal reconocimiento; y el titulado ministro le repuso que más de dos siglos atrás S. M. B. había reconocido por nación y su aliada a la Mosquita: el empleado respondió, que aun cuando hubiera más tiempo de reconocimiento por el Gobierno inglés, este no podía estrechar a Centro—América a lo mismo: que el Estado es soberano; y que, en fin, no era una cuestión que podía ventilarse entre súbditos, sino entre gobiernos.

—Los señores solicitantes del reconocimiento del Mosquito, se despidieron con la amenaza de que si el funcionario tocaba con algún británico o Mosco, breve se le exigiría la responsabilidad en compañía del Supremo Gobierno de este Estado.—Todos estos sucesos hicieron que fuese reunida la guarnición que existe por ley en el puerto: el administrador dirigió al superintendente una comunicación: este señor no la admitió: el empleado la tomó en sus propias manos, y personalmente la presentó al que la acababa de rehusar: fue despreciado de la misma suerte; y sucedió una grande altercación entre él y el superintendente repetido: el administrador del puerto se retiró más irritado; el contador le pidió la comunicación y la llevó al superintendente: este se impuso de ella, y la devolvió al que nuevamente se la había entregado; manifestándole que quería tener una entrevista con el administrador Quijano con el objeto de que le firmara un documento que expresase que no molestaría a ningún Mosco, ni extranjero, ni hijo de aquel pueblo.—El contador hizo presente esta solicitud al administrador, y este iba a dar su contestación; pero a este tiempo mismo desembarcaron dos lanchas de tropa armada a tierra.—El otro empleado, el contador, queriendo mediar volvió al superintendente; y este persistió en exigir el documento indicado.—El administrador entonces con la bandera Nacional en sus propias manos se acercó al expresado señor, reconviniéndolo por los insultos que había recibido, y por la fuerza con que se le sorprendía: el superintendente repitió la exigencia del documento dicho; y el administrador Quijano le opuso que solamente con pulso y apremiado lo firmaría. El señor superintendente, en vista de esa justa negativa, lo mandó reducir a prisión para llevárselo a Belice: el mismo lo ha comunicado en nota original que ha dirigido a este ministerio con fecha 15, y que en lo conducente dice:

"Siéndome imposible llegar a una conclusión satisfactoria con Quijano, fue transportado o conducido a bordo de dicha fragata, en que pronto ofreció firmar cualquier documento. Si yo pudiera confiar en la promesa del señor Quijano, con el mayor gusto le diera su libertad; pero las vivas instancias que me han sido hechas por muchos de los habitantes y los individuos que firman los memoriales para remover a Quijano de este punto me obligan en obsequio de la humanidad a guiarme según el sentido del inminente peligro que corren, y detenerlo hasta que reciba de V. E. una contestación a este despacho.—Como yo entiendo que Quijano es un emigrado de Costa—Rica, y se ha ofrecido precio por su cabeza, no quiero sujetarlo a algún peligro dejándolo en alguno de los puertos de aquel Estado; pero sí conducirlo a Belice.—Salgo de este puerto en la tarde de este día y continúo a Salt Creek y Boca Toro, y en cada uno de estos puntos solo permaneceré pocas horas regresando para Belice inmediatamente después.—Finalmente confío que la justicia que caracteriza a V. E. satisfará la rectitud de mis procedimientos, y que el Gobierno de quien U. es jefe verá que es conveniente la remoción de un hombre cuyo carácter es notoriamente malo, y contra quien los habitantes a donde ha sido mandado le conservan tanto horror."—Se espanta la imaginación a la vista de un crimen como este. Prescindiendo de cualesquiera pormenores que alteren más o menos la historia del suceso, el hecho es: que el señor superintendente de Belice ha profanado, no solamente la integridad del territorio del Estado de Nicaragua con haber ejecutado el desembarque que él mismo confiesa de una parte de sus fuerzas, sino también el sagrado Principio de la no intervención en los negocios interiores de otro país.—Aunque las altercaciones que tuvo con el administrador Quijano hubieran llegado al punto de que este infiriese a aquel un ultraje a su persona, su delicadeza misma y su deber le exigían no atentar contra el funcionario del Estado, sino dirigir a su Gobierno supremo el reclamo conveniente.

De otra suerte, señor Vice—Cónsul: no se reconocen principios, no se atacan reglas, y resultará un desorden estragoso que haga desaparecer hasta las esperanzas del restablecimiento de la armonía que siempre ha guardado este Gobierno con los súbditos británicos a quienes jamás se ha inferido daño alguno. Un desembarque de fuerza armada en territorio ajeno nunca se puede ejecutar, sino es después de haber pasado por todos los trámites en derecho reconocidos aun entre las naciones más incultas del mundo; y lo que es más, sin precedente de reclamación alguna que diera a este supremo Gobierno la menor idea de que se tratase de violar de un modo tan descarado cuanto hay de santo y de sagrado entre los pueblos de la tierra.—Un empleado en cualquier punto del globo solamente responde de sus operaciones al que se las ha encomendado, al que lo ha constituido en ellas, y a quien ha prestado su juramento de fidelidad. Las supuestas quejas de súbditos del país no hacen más que reagravar el crimen del agresor. Usted sabe que los escritores del derecho de gentes censuran severamente la conducta del general español que atentó contra el Inca Atahualpa porque este oprimía a sus súbditos.

—Para colmo de su responsabilidad, el superintendente A. Macdonald ha usurpado el nombre de S. M. B., suponiéndolo aliado del Mosquito, después que él mismo como Gobernador de Belice con fecha 28 de diciembre del año pasado declaró: que el Gobierno británico no se hacía responsable por ningún acto que se ejecutase en virtud de la comisión legislativa que nombró el expresado Mosquito para reglamentar sus pertenencias, y que S. M., movida de poderosas razones, se ha servido anular la referida comisión; por lo que él preindicaba. El superintendente ha debido abstenerse totalmente de mezclarse en negocios del llamado Rey Mosquito.—Sea esto para dar a usted la verdadera idea de toda la gravedad de esta ocurrencia.— Sus buenos sentimientos inspiran al supremo Gobierno del Estado la confianza necesaria para esperar que, sabedor usted de este procedimiento tanto por el mismo superintendente como por el infrascrito, y muy lejos de asentir al desorden cometido, pondrá en mis manos por triplicado las comunicaciones correspondientes que se servirá insertarme al mismo tiempo, para que el señor superintendente restituya a este Gobierno a su empleado, el señor teniente coronel Manuel Quijano.—Usted puede excitar al señor superintendente para este fin: usted, como representante de S. M. B. en el ramo que le es encomendado y con el que toca directamente el hecho de que se trata, como que ha sido atacada una aduana, establecimiento de suma importancia para el comercio y el Estado, puede manifestarle francamente su modo de pensar a este respecto, y reclamarle que ponga a disposición del supremo Gobierno del Estado de Nicaragua al indicado funcionario; pues cada instante más que lo retenga crecerá infinitamente su responsabilidad y los resultados.—Todo esto no solamente será digno y honroso para usted, sino también grabado en la gratitud general del país en que habita.—Dígnese entre tanto aceptar el aprecio con que lo distingue su atento servidor.

Simón Orosco.

Las cualidades de Quijano no eran recomendables.

Estaba expulsado de Costa Rica como revolucionario, y puesto fuera de la ley por Carrillo.

Quijano era el hombre menos aparente para desempeñar empleos públicos en puertos tan importantes como San Juan de Nicaragua.

Los puertos de mar son la carátula de las naciones.

Los extranjeros juzgan de la civilización de un país por el estado en que se hallan los puertos de mar que visitan.

La falta de aseo, la falta de policía, la falta de higiene pública y la ineptitud de los empleados producen una impresión fatal, que no desvanece la vista de los edificios del interior, aunque estos fueran la catedral de San Pablo o el capitolio de Washington.

Mas sea de esto lo que fuere, es sorprendente la conducta de Macdonald.

¿Cómo se puede explicar el acto de una nación cuyas fuerzas, llegando al territorio de otra, aprenden a uno de sus empleados y lo llevan preso dejando en suelo ajeno izado su pabellón?

Chatfield lo explica satisfactoriamente en su concepto; dice que el lugar donde Quijano fue removido era territorio Mosquito y no nicaragüense: que el mismo Chatfield había representado al Gobierno general de Centroamérica la existencia de la nación Mosquita, y la Gran Bretaña no vería con indiferencia que se usurpara el territorio de "Un monarca con quien estaba en estrechas relaciones: que España reconoció a la nación Mosquita cuando el Príncipe Esteban visitó San Salvador y Guatemala. He aquí las palabras de Chatfield dirigidas al Gobierno de Nicaragua en nota datada en León a 24 de octubre de 1842.

"El principal motivo de la queja hecha por Nicaragua es la infracción del territorio que alega pertenecer a este Estado, pero el Gobierno de S. M. cree que el lugar de donde el señor Quijano fuere movido era territorio Mosquito y no nicaragüense, y hay un hecho que merece notarse en confirmación de esta opinión, que desde el año de 1831, las autoridades de Centro—América se trasladaron con sus despachos del Norte hacia el Mediodía, lugar del puerto de San Juan, donde ocupan casas de propiedad del señor Zapata, súbdito británico.—Con respecto a la ignorancia que el Gobierno de Nicaragua profesa de la existencia del Estado Mosquito, el Gobierno probablemente se olvida que algunos años hace, yo representé al Gobierno general de Centro—América, que la Gran Bretaña reconoce al Estado Mosquito, y que ella no vería con indiferencia una usurpación del territorio de un Estado con quien ha estado en estrecha alianza por una larga serie de años. Además, España misma, cuando estuvo en posesión de estos países, públicamente reconoció la Nación Mosquita, especialmente en una ocasión fresca en la memoria de muchas personas que aún viven, cuando el Príncipe indiano Mosquito Esteban visitó San Salvador y Guatemala en 1797, y fue recibido en todas partes con los honores y ceremonias de Rey, por orden de las autoridades españolas que costearon las expensas".

Don Simón Orosco, ministro de relaciones de Nicaragua, contradijo estos asertos en la forma siguiente:

"Es con muchos fundamentos que el Gobierno de Nicaragua desconoce la existencia del Estado Mosquito: usted sabe que para serlo necesitaría de ser soberano; y de este derecho carecen los Mosquitos como consta de la declaración hecha por el Monarca Español en 5 de enero de 1785, en estas terminantes palabras.—"Los indios Mosquitos situados en una de las Provincias de Guatemala son vasallos de la corona de España desde la conquista y reducción de aquellos dominios; y aunque de algún tiempo a esta parte se rebelaron al auxilio e instigaciones de varios aventureros ingleses que fueron estableciéndose furtivamente en ellos... han solicitado repetidas veces volver a la dominación española, y se les concedió por fin, que serían admitidos benignamente a la reconciliación que pretendían... Contribuyó también a la rebelión de los Mosquitos el alzamiento de muchos negros esclavos del Rey, y de particulares hacendados del reino de Guatemala, porque refugiados a la aspereza de los montes, se unieron con aquellos indios, haciendo causa común con ellos, y los ingleses intrusos en su territorio para mantener toda la libertad a que han aspirado.

—De estos hechos indubitables se infiere con evidencia que los indios Mosquitos y los zambos agregados a ellos, son unos súbditos de la España, y que esta monarquía tiene sobre ellos el derecho eminente de soberanía, y más cuando desde su rebelión nunca los ha reconocido independientes tácita ni expresamente, antes bien al contrario los ha obligado a implorar el perdón de su delito de alzamiento, y demás que han cometido contra su legítimo Gobierno, ofreciendo en desagravio arrojar de su territorio a los ingleses, y cualesquiera otros extranjeros intrusos en su país. Hay actos formales extendidos por escrito de estas ofertas, etc.—En consecuencia de este alto dominio, las autoridades españolas disponían y mantenían establecimientos en la costa de Mosquitos en Bluefields, Río Tinto y Cabo de Gracias a Dios; en el segundo de estos puntos había población, fuerte y guarnición con su comandante puesto por el Gobierno Español: aun el nombre de un oficial que ejercía estas funciones se tiene presente: era don Antonio de Echeverría; y en el tercero existía una administración de hacienda para la cual fue nombrado don José Ariza y Torres, primero con ochocientos pesos de sueldo anual, y después con seiscientos cincuenta.—Hay otros innumerables actos de la relación y dependencia en que se hallaban los Mosquitos con las autoridades españolas, especialmente en este Estado, y entre ellos el de que el caudillo de ellos, Carlos Castilla, a fines del siglo pasado casó con la señorita María Rodríguez del partido de Chontales, de que el hijo primogénito de este obtuvo grado y sueldo de capitán por el Gobierno Español, fue su tutor el gobernador intendente de esta Provincia, estuvo de colegial en esta ciudad en el Seminario Tridentino, y el año de 1827 servía en las tropas del jefe supremo de este Estado, señor Manuel Antonio Cerda, ya en el sistema republicano.

—Con estos firmes fundamentos dijo la Constitución nacional de 1824 en su artículo 5. "El territorio de la República es el mismo que antes comprendía el antiguo reino de Guatemala, a "Excepción por ahora de la Provincia de Chiapas; y la de este Estado en 12 de noviembre de 1838, en su artículo 2.° El territorio del Estado es el mismo que antes comprendía la Provincia de Nicaragua. Sus límites son por el Este y Nordeste el mar de las Antillas: por el Norte, y Noroeste el Estado de Honduras: por el Oeste y Sur el mar Pacífico, y por el Sudeste, el Estado de Costa—Rica.—Las líneas divisorias de los Estados limítrofes serán demarcadas por una ley que hará parte de la Constitución. Está pues evidenciado que ni la España, ni Centro—América, ni Nicaragua, han reconocido nunca Estado, ni territorio Mosquito, con cuyos habitantes y caudillos cultivaban también armonía para irlos civilizando, y por lo que no son una prueba de reconocimiento las consideraciones que las autoridades españolas hayan prodigado al Mosquito que usted llama Príncipe.—Por consiguiente todos los documentos que se hayan creado en los Archivos Coloniales británicos sin noticia e informes de las autoridades nicaragüenses y demás centroamericanas, son nulos, y por consiguiente equivocadas las opiniones que inspiran al Gobierno británico, que no ha podido dignamente reconocer Estado en una horda salvaje que carece de todos los principios constitutivos de una sociedad soberana, y principalmente de Constitución que le hubiese dado legítimamente forma y territorio.

—Lo expuesto al ilustrado juicio de usted bastará para que penetre cuán ligeros e ilegales son esos informes con que se ha pretendido hacer creer al digno Gobierno de S. M. B. la imaginaria existencia de un Estado Mosquito con Rey y territorio.—Pero si algunos ingleses interesados en legitimar sus pretensiones a varios puntos de la Costa en que habitan los Mosquitos han preparado una disputa sobre esa parte del territorio centroamericano y nicaragüense, no puede haber absolutamente duda con respecto al puerto de San Juan del Norte de este Estado de donde fue removido el señor coronel administrador Quijano.—La idea de que los Mosquitos pretendan tener derecho a un punto comprendido en el mismo puerto no es una declaratoria que lo hubiese excluido del dominio y antigua posesión de Nicaragua en toda su extensión.—La población: la conservación de autoridades: el tráfico: el uso de las tierras, aguas y demás del puerto son los medios con que su propiedad ha sido administrada y disfrutada por este Estado: y así cualquiera disposición de trasladar oficinas de un lado a otro dentro del mismo puerto en vez de poner en duda el derecho administrativo de este supremo Gobierno lo confirma.—Repito: que alegar opinión en parte del puerto de San Juan en favor de los Mosquitos, no es una declaratoria legal que hubiera precedido con efecto al atentado del señor superintendente de Belice, para que él pudiera haber obrado hasta con fuerza armada sobre un territorio poseído por Nicaragua a vista de todo el mundo".

Chatfield no era hombre que cedía fácilmente. No podía ceder. Su conducta no la trazaba solo el interés de la Gran Bretaña, sino las influencias que sobre él se ejercían en Guatemala. No podían los nobles dominar a los Estados por medio del salvaje Carrera, cuyas fuerzas no alcanzaban a oprimir a toda la América Central, y buscaban poderosas alianzas e imaginaban protectorados, y fomentaban ambiciones extranjeras para llegar a su fin deseado.

Chatfield contestó así:

"El primer comercio permanente entre los ingleses y los indios Mosquitos aparece haber tenido lugar antes del año de 1670, cuando un establecimiento británico existía en la costa Mosquito como una dependencia de Jamaica y se estableció un comercio e íntima alianza entre este y los indios vecinos.—En este año los derechos de la Gran Bretaña en aquella costa le fueron asegurados por un tratado con España firmado en Madrid el 18 de julio de 1670. Cerca del año de 1687, siendo gobernador de Jamaica el Duque de Albemarle, los indios Mosquitos hicieron formal cesión de su territorio al Rey de Inglaterra, y el Rey indio de los Mosquitos recibió su comisión por su Gracia, bajo el sello de aquella isla.—Después de aquel período se acostumbró por los gobernadores Kings sobre su accesión presentarse en Jamaica para rendir homenaje a manos del Gobernador de aquella Colonia.—1733 los jefes Mosquitos y los soldados bajo su comandancia concurrieron a Jamaica a asistir a las fuerzas británicas contra los marrones.—Una autoridad británica fue señalada de tiempo en tiempo por el gobernador y consejo de Jamaica, para la superintendencia del establecimiento en el territorio Mosquito, y el señalamiento de tales funcionarios se recuerda regularmente durante los últimos 33 años de la ocupación británica.—El último superintendente que fue puesto en 1776 juntamente con las tropas y establecedores británicos sobre la Costa, fueron retirados en consecuencia del tratado entre la Gran Bretaña y España firmado en Londres el 14 de julio de 1786.—No obstante este abandono de la Costa Mosquito por la Gran Bretaña, el Gobierno de la antigua España nunca tuvo más que una autoridad nominal sobre el territorio "Y ha permanecido siempre después en la posesión de los indios.

—Desde que el poder de España en este hemisferio y las obligaciones del tratado han quedado desusadas, las relaciones formales de amistad y alianza comercial entre los ingleses y los mosquitos han sido renovadas y a los últimos se les ha permitido restablecer su antigua costumbre de coronar a sus Kings dentro de los dominios territoriales de la Gran Bretaña.—¿Qué objeto tiene el Gobierno de Nicaragua en esforzarse por demostrar que la nación Mosquito no solo estuvo formalmente, sino que está en la actualidad sujeta a España? No es materia de la presente inquisición; pero la obvia inferencia que nace del modo de razonar que él usa para establecer este punto no redundará, yo lo noto, en mucho favor a Centro—América.—Si una mera declaración por España no acompañada de algún acto de ocupación o dominio sobre el territorio Mosquito puede conferir a aquel país el derecho eminente de soberanía que el Gobierno de Nicaragua asume, y si la circunstancia de que España nunca haya reconocido directa o indirectamente la independencia de este pueblo afianza semejante derecho, se sigue necesariamente que Centro—América, de cuya formal sumisión a la corona de España no puede hacerse una cuestión, y cuyo reconocimiento por España hasta ahora no ha tenido lugar, debe a este momento estar también sujeta a la monarquía española.

—Los dos casos que usted cita en prueba de la independencia de los indios Mosquitos a España no puedo considerarlos de mucho valor: si un indio soldado fronterizo por haberse casado en una familia de Nicaragua, la que probablemente le dio su hija con la esperanza de asegurar sus haciendas de sus ataques predatorios, en uno de los cuales fue llevada la señorita, debe juzgarse haber hecho en virtud de esta alianza una traslación de la independencia de su nación, será imposible decir en qué grado de relación o dependencia se halla cualquier país respecto de otro.—Desde que usted omitió establecer en qué fecha existió una autoridad española en el Río Tinto, o Río Negro, concluyo que el período al que usted se refiere fue el de la remoción del superintendente británico después del tratado de 1786 de aquel lugar donde los ingleses habían erigido un pequeño fuerte, el cual abandonado en su ser por los colonos ingleses, los españoles se atrevieron a tomarlo en su posesión; pero fueron inmediatamente arrojados por el general indio Robinson.

—Muchas instancias podrían mencionarse de la admisión por España de la existencia independiente de la Nación Mosquito; pero como está negada la inferencia que yo saco del hecho del Príncipe Indio Mosquito Esteban, de haber sido recibido en 1797 por las autoridades españolas de este reino anterior con honores reales, mencionaré para información de usted un ejemplo todavía más fuerte añadiendo la fecha, sin la que la historia no puede ser inteligible.— En 1807 los caribes de los límites de Trujillo se rebelaron y se retiraron al territorio Mosquito: las autoridades españolas los persiguieron y trajeron otra vez junto con muchos indios naturales que ellos habían hecho prisioneros. El último King menciona (Esteban) que en la muerte del indio King Jorge, fue hecho King regente, y mandó una carta al coronel Ballegos, comandante de Trujillo, amenazándole con una expedición a quemar aquel lugar y hacer guerra adelante de la frontera, si no eran restituidos los Mosquitos a su comarca. Ballegos remitió esta carta al Presidente de Guatemala, quien mandó inmediatamente órdenes para su libertad, y ordenó que ellos pasaran la línea (o límites) por Manto u Olancho el Viejo, donde comisionados por parte del jefe Mosquito los recibieron y dieron al oficial español, a su solicitud, un reconocimiento de su vuelta: este comercio y correspondencia, bien así como el que en otros tiempos pasó entre las autoridades españolas y Mosquitas, se mantuvo conforme a los usos de Estados independientes.

—Como instancia de que en otros países los indios Mosquitos son reputados por nación independiente, yo estoy habilitado para sentar que en el año de 1840 Mr. Gracier, caballero francés, escribió al King

Mosquito por permiso para ocupar terrenos que él había vendido muchos años antes a una compañía francesa en París, y en julio de 1841 el señor Antonio Escalano, comandante del establecimiento de la Nueva Granada en San Andrés, dirigió una carta a Federico Carlos Roberto, King de la Nación Mosquito, solicitándole que le entregase algunos negros fugitivos que habían llegado a su territorio.—Yo, segunda vez, repito, el hecho tan rudamente negado por el Gabinete de Nicaragua que el Gobierno federal de Centro—América fue informado por mí algunos años hace, de que el Gobierno de S. M. reconoce la Nación Mosquito.—Explicaré ahora, en segundo lugar, qué fundamentos tiene el Gobierno de S. M. para creer que el lado Sur o Meridional del puerto de San Juan del Norte es territorio Mosquito y no nicaragüense.

—La extensión de la Costa propiamente Mosquito se considera hallarse situada en los 10° y 30" y 16° 10" de latitud Norte, y entre los 83° 37" y 86° de longitud Oeste, y los indios Mosquitos desde que el país fue conocido por los europeos han poseído siempre "Y usado este espacio sin que ningún otro pueblo se opusiese a sus derechos nativos de hacerlo así. Podrían referirse varias noticias sobre los límites de la Costa Mosquito, la condición del pueblo, y el número de los naturales, y de los establecimientos británicos a lo largo de la Costa, dadas por los diferentes superintendentes británicos; pero bastará a mi propósito dar el siguiente extracto de una noticia del consejo de Jamaica respecto a la Costa Mosquito fechada el 16 de julio de 1774. —A su honor el teniente gobernador Dalling: Los límites y extensión de la Costa Mosquito nosotros los descubrimos dificultosos para definirse precisamente: el Cabo de Gracias a Dios, a los 15° grados de latitud Norte, está reconocido como centro de esta Costa de mar, la cual alcanza desde el Cabo de Honduras hasta el riachuelo o rama septentrional del desagüadero del Río San Juan de Nicaragua, cerca de 180 leguas, y las montañas distantes que limitan los territorios españoles atrás pueden ser consideradas como la línea anterior.

Numerosas obras clásicas dicen los límites ciertos, pero yo necesito únicamente referirme a una, cuyo testimonio al menos sobre este objeto no será sospechado de parcialidad cerca de los mosquitos, hablo del historiador del reino de Guatemala don Domingo Juarros, que en la página 52, volumen 1.°, describe dos provincias situadas entre las Intendencias de Nicaragua y Comayagua, pobladas por indios civilizados, que dice son llamados indistintamente jicaques, mosquitos y zambos, "las cuales provincias" añade, "se extienden a lo largo de la Costa Atlántica desde el Río Aguan al de San Juan del Norte." Habiendo ahora demostrado que una perfecta alianza ha existido por cerca de doscientos años entre el Gobierno de S. M. y el pueblo Mosquito, y además que el Gobierno de S. M. tiene buenas razones para creer, que el litoral izquierdo de la boca de San Juan es territorio Mosquito y no nicaragüense, solo resta de mi parte recomendar, que el supremo Gobierno de Nicaragua sea cauto en lo sucesivo, para no presumir imputar a la conducta del Gobierno británico motivos para los cuales no hay el más mínimo fundamento; en verdad la expresión de que el Gobierno de S. M. ha descendido a un subterfugio para excusarse de responsabilidad al Gobierno de Nicaragua, es verdaderamente tan absurda, que desarma la ira que de otra manera habría excitado semejante imputación.

—Para preservar en todo caso la intención del Gobierno de S. M. con respecto a la Nación Mosquito, de ser equivocada o falsificada por la mala disposición que se esfuerza, aunque creo inútilmente, en fomentar malévolos sentimientos en este país contra la Gran Bretaña y sus súbditos, yo declaro aquí el convencimiento en que estoy, de que el Gobierno de S. M. únicamente desea que el jefe de la Nación Mosquito ejercite su poder como quien en su territorio manda independientemente, recibiendo la protección del Gobierno de S. M. contra agresiones extranjeras, y como consecuencia necesaria de esta protección, defenderle generalmente a su aviso en los asuntos en que sea preciso prestarla.—Tengo el honor de ser, señor, de usted muy obediente y humilde servidor.—Federico Chatfield, Cónsul general en Centro—América."

En la respuesta, Orosco dijo a Chatfield lo siguiente:

"Usted insiste en la aseveración de que S. M. B. es aliada del Mosquito y la funda ahora en decir: que el primer comercio permanente entre los ingleses y los indios Mosquitos aparece haber tenido lugar antes del año de 1670, cuando un establecimiento británico existía en la Costa Mosquito como una dependencia de Jamaica y se estableció un comercio e íntima alianza entre este y los indios vecinos.—El Gobierno supremo del Estado de Nicaragua permitirá por un momento esta hipótesis: la analizará en estas circunstancias, naturaleza y resultados; y se verá cuán absurdo es considerarla como origen positivo de una estrecha alianza entre S. M. B. y el Mosquito llamado King.—Si aquellos ingleses procedentes de la Isla de Jamaica en vez de presentarse en las grandes poblaciones del reino, se introdujeron a la indicada Costa, tal introducción fue clandestina, por no aparecer que hayan obtenido el permiso del Gobierno Español en aquella época, y si quebrantaron las leyes prohibitivas con que aquel tenía reglamentado el comercio en sus dominios; y por consiguiente cometieron un crimen merecedor de las penas establecidas.

—Si usted hubiera acreditado que con licencia de aquel mismo Gobierno habían puesto el establecimiento comercial, este no podía absolutamente producirles más utilidades, que las de los mezquinos negocios que pudieran haber hecho con una horda salvaje apenas consumidora de algunos productos rústicos; y de ninguna suerte los eminentes derechos de una íntima alianza.—Esta, con arreglo a los principios reconocidos en el derecho de gentes y en la diplomacia, no se contrae sino por medio de agentes formales acreditados cerca de los soberanos; y ni aquellos intrusos comerciantes eran diplomáticos del Gobierno Inglés, ni el mosquito Soberano.—Tan no lo era, que usted mismo dice que en aquel año los derechos de la Gran Bretaña en la expresada costa le fueron asegurados por un tratado con España firmado el 18 de julio de 1670 en Madrid.—La soberanía reconocida así por la Inglaterra desde aquella época en el Gobierno Español sobre la propia Costa, resistía y anulaba la cesión que usted dice haber hecho los mosquitos al particular de Jamaica en 1687, y las consiguientes disposiciones del británico.

—Es asombroso: que los mismos que en sentir de usted eran considerados como aliados de la Gran Bretaña el año de 1670 apareciesen a los diecisiete años en el de 1687, como súbditos del Gobernador de Jamaica.—Fueron pues actos de verdadera usurpación con los que se obligaba a los mosquitos a prestar servicios y se mantenía el establecimiento inglés y superintendentes hasta el año de 1776.—Por eso se estableció en el artículo 6.° del tratado definitivo de paz entre los monarcas de España y de Inglaterra en el mes de septiembre del año de 1783 lo siguiente:

"Siendo la intención de las dos altas partes contratantes precaver, en cuanto es posible, todos los motivos de queja y discordia a que anteriormente ha dado ocasión la corta de palo de Tinte o de Campeche, habiéndose formado y esparcido con este pretexto muchos establecimientos ingleses en el continente español: se ha convenido expresamente, que los súbditos de S. M. B. tendrán facultad de cortar, cargar y transportar el palo Tinte en el distrito que se comprende entre los ríos Baliz o Bellese, y río Hondo, quedando el curso de los dichos dos ríos por límites indelebles, de manera que su navegación sea común a las dos naciones, a saber: el río Baliz o Bellese desde el mar subiendo hasta frente de un lago, o brazo muerto, que se introduce en el país, y forma un istmo o garganta con otro brazo semejante que viene de hacia río Nuevo, o New River, de manera que la línea divisoria atravesará en derechura el citado istmo y llegará a otro lago que forman las aguas de río Nuevo, o New River, hasta su corriente: y continuará después la línea por el curso de río Nuevo descendiendo hasta frente de un riachuelo, cuyo origen señala el mapa entre río Nuevo y río Hondo, y va a descargar en río Hondo: el cual riachuelo servirá también de límite común hasta su unión con río Hondo: y desde allí lo será el río Hondo descendiendo hasta el mar en la forma que todo se ha demarcado en el mapa de que los plenipotenciarios de las dos coronas han tenido por conveniente hacer uso para fijar los puntos concertados, a fin de que reine buena correspondencia entre las dos naciones, y los obreros cortadores y trabajadores ingleses no puedan propasarse por la incertidumbre de límites.

Los comisarios respectivos determinarán los parajes convenientes en el territorio arriba designado para que los súbditos de S. M. B. empleados en beneficiar el palo, puedan sin embarazo fabricar allí las casas y almacenes que sean necesarios para ellos, para sus familias y para sus efectos: y S. M. C. les asegura el goce de todo lo que se expresa en el presente artículo; bien entendido, que estas estipulaciones no se considerarán como derogatorias en cosa alguna de los derechos de su soberanía. Por consecuencia de esto, todos los ingleses que puedan hallarse dispersos en cualquier otras partes, sea del continente español, o sea de cualesquiera islas dependientes del sobre dicho continente español, y por cualquiera razón que fuere, sin excepción, se reunirán en el territorio arriba circunscrito en el término de dieciocho meses contados desde el cambio de las ratificaciones, para cuyo efecto se les expedirán órdenes por parte de S. M. B. y por la de S. M. C. se ordenará a sus gobernadores que den a los dichos ingleses dispersos todas las facilidades posibles, para que se puedan transferir al establecimiento convenido por el presente artículo o retirarse a donde mejor les parezca. Se estipula también, que si actualmente hubiese en la parte designada fortificaciones erigidas anteriormente, S. M. B. las hará demoler todas y ordenará a sus súbditos que no formen otras nuevas. Será permitido a los habitantes que se establecieren para la corta del palo, ejercer libremente la pesca para su subsistencia en las costas del distrito convenido arriba, o de las islas que se hallen frente al mismo territorio, sin que sean inquietados de ningún modo por eso con tal de que ellos no se establezcan de manera alguna en dichas islas".

"Para evitar las mismas usurpaciones en la Costa Mosquito, además de que ya estaba comprendida en la generalidad del tratado de Versalles, se decidió especialmente en el acordado entre las dos coronas en julio de 1786 en Londres: que la desocupasen los ingleses, y en su virtud fueron retirados los establecedores, tropas y superintendente como confiesa usted.—Era pues efectiva la soberanía ejercida por el Gobierno Español sobre los mosquitos en la Costa de este nombre, imaginaria la de aquellos indios, y nulos los derechos que de ellos pretendían deducir los ingleses en amistad, comercio e íntima alianza.—No habiendo existido esta, tampoco puede haberse renovado como usted dice desde la cesación del poder español en este hemisferio; porque no pudiendo ella contraerse sino por tratados entre soberanos, estando U. confeso en el que el celebrado entre los de Inglaterra y España impedía a los ingleses tal relación con los mosquitos, es claro que ellos carecían de soberanía no solamente en concepto del Gobierno Español, sino también a juicio del de la Gran Bretaña, que por lo mismo este no pudo contraer alianza con el nombrado Kin, y que no existiendo esta, no pudo absolutamente renovarse.

—Cuanto ha expuesto este supremo Gobierno y U. confesado con respecto al poder español sobre la Costa llamada de Mosquitos, se dirige a evidenciar que ellos no han sido soberanos, y sí una pequeña parte del reino de Guatemala en cuyos límites se comprende como se ve en la demarcación hecha en la ley 6, título 15, libro 2.º de la Recopilación de Indias que está vigente en todo lo que no se oponga a las actuales instituciones, y que dispuso que su gobernación y audiencia tuviese por distrito la dicha provincia de Guatemala y las de Nicaragua, Chiapas, Higueras, Cabo de Honduras, la Verapaz y Soconusco en las islas de la Costa, partiendo términos por el levante con la audiencia de tierra firme: por el poniente con la de Nueva Galicia, y con ella la mar del Norte por el Septentrión, y por el Mediodía con la del Sur.—Esta demarcación comprende evidentemente la Costa expresada, y por consiguiente los mosquitos existentes en ella son habitantes del mismo reino de Guatemala.— Todos los actos citados en la contestación dada el 10 del corriente por este ministerio y los que U. ha confesado en la suya del 16, comprueban la administración del propio reino sobre esos habitantes de su territorio; y no hay embarazo para expresar a U., que el establecimiento en el río Tinto existió el año de 1800. La facción que U. recuerda no podía producir a los mosquitos derechos algunos; y después de ella se siguieron tomando formales providencias de efectiva gobernación sobre aquella Costa.

—La devolución supuesta por orden del Presidente del mismo reino, de algunos mosquitos que habían sido llevados presos junto con unos caribes a Trujillo por su comandante Ballegos, y la expresión de que pasasen la línea divisoria por Manto, son circunstancias que aunque hubieran pasado como se refieren, nada probarían en favor de aquellos; puesto que ni un acto de humanidad se puede interpretar en rigurosa justicia con otros efectos, ni se trataba de demarcaciones territoriales, ni el Presidente tenía facultades de señalar ningunas que alterasen las establecidas por la ley a todo el reino.—Las equivocaciones que hayan padecido uno u otro súbdito de Francia o Nueva Granada para dirigirse en solicitud de terrenos o devolución de negros sirvientes al llamado Kin, no arguye que los Gobiernos de esas naciones y mucho menos el de Inglaterra que por actos solemnes tiene desconocida la supuesta soberanía de los mosquitos, la reconozcan en su caudillo con territorio separado.—Es pues con firmes fundamentos, que ha negado este Gobierno que haya habido legal comunicación de U. al de Centro—América sobre que el de S. M. B. reconozca nación Mosquito. No existiendo esta como no existe, es imaginario el territorio que se le considera entre los 10 grados treinta minutos, y 16° 10" de latitud Norte, y los 83° 37" y 88° de longitud Oeste.—También carece de demarcación como lo acredita el informe dado por el Consejo de Jamaica en 16 de julio de 1774 en estos términos: "Los límites y extensión de la Costa Mosquito nosotros los consideramos dificultosos para definir precisamente: el Cabo de Gracias a Dios a los 15 de latitud Norte, está reconocido centro de esta Costa de mar, la cual alcanza desde el Cabo de Honduras hasta el riachuelo o rama septentrional del desaguadero del río de San Juan de Nicaragua cerca de 180 leguas, y las montañas distantes que limitan los territorios españoles, atrás pueden ser consideradas como la línea interior".

Este documento justifica además la propiedad del Estado de Nicaragua en el puerto de San Juan del Norte; y los siguientes de su habilitación y confirmación. Con el objeto de fomentar la población y comercio de la isla del Carmen, se ha servido S. M. teniendo en consideración el dictamen del Virrey de Nueva España, Marqués de Branciforte habilitar el puerto de su presidio en clase de menor con todas las gracias y franquicias concedidas por decreto de 18 de octubre de 1789 y órdenes posteriores a los de esta clase. Asimismo para que la Provincia de Nicaragua y otras del reino de Guatemala distantes más de trescientas leguas de la capital y puertos de Omoa y Santo Tomás de Castilla, puedan hacer un comercio directo con la Metrópoli sin los inconvenientes de tan gran distancia, se ha dignado S. M. habilitar el de San Juan de Nicaragua a orillas del río de este nombre en clase de menor, ampliando por ahora dicha habilitación a la ciudad de Granada en el lago de Nicaragua hasta donde es navegable aquel río, de modo que todas las libertades y exenciones que correspondan al puerto de San Juan las ha de gozar con calidad de por ahora la ciudad de Granada.—De su real orden lo participo a Us. para su cumplimiento. —Dios guarde a Us. muchos años.— Aranjuez, 29 de febrero de 1796.

—Gardoqui.—Señor gobernador intendente de Nicaragua.—El Rey se ha enterado de lo que U. expone en su carta de 3 de enero de 806 número 609 y con la de 18 de junio del mismo año número 652 con la que acompaña el expediente instruido sobre la navegación, y comercio de San Juan de Nicaragua, proponiendo que subsista su habilitación, y que para promover el desmonte y cultivo de los terrenos inmediatos, se concedan a sus habitantes las mismas gracias que en real orden de 20 de noviembre de 803 se dispensan a los nuevos pobladores de las Costas de Mosquitos eximiendo también de derechos y diezmos por diez años de los frutos que se cosechan en distancia de diez leguas del río por cualquiera de sus márgenes:

enterado el Rey muy bien por menor de lo que resulta de este expediente se ha servido conformarse con los medios que U. propone, y ha resuelto además que se procure establecer una población que no exceda de 300 vecinos en las inmediaciones de dicho río de Nicaragua.—Lo cual participo a U. de real orden.—Madrid, 31 de marzo de 1803.—Asanza.—En subsiguiente posesión de este puerto el Estado en su Constitución, artículo 2.º declaró: El territorio del Estado es el mismo, que antes comprendía la Provincia de Nicaragua: sus límites son por el Este y Nordeste, el mar de las Antillas; por el Norte y Noroeste, el Estado de Honduras; por el Oeste y Sur, el mar Pacífico, y por el Sudeste, el Estado de Costa Rica. De todo se deduce evidentemente que no existe ninguna alianza entre el Mosquito y el Gobierno británico; y que la creencia en que se halla, según U. expresa, de que el litoral izquierdo de la boca de San Juan es territorio Mosquito y no nicaragüense, es una absoluta equivocación, que no lo puede excusar de la inmensa responsabilidad que ha contraído por la intervención de su subalterno el señor superintendente de Belice en el administrador del dominado puerto, señor coronel Manuel Quijano. Repito: que alegar opinión en parte del puerto de San Juan del Norte, a favor de los Mosquitos, no es una declaratoria legal que hubiera precedido con efecto al atentado del señor superintendente de Belice para que él pudiera haber obrado hasta con fuerza armada sobre un territorio poseído por Nicaragua a vista de todo el mundo y removido a su administrador.

—Este era un funcionario del Estado de Nicaragua sujeto únicamente en su conducta al examen y disposición del supremo Gobierno, o de los tribunales que de su causa debieran conocer en el orden establecido por las leyes que constituyen la soberanía peculiar de este país en lo gubernativo y judicial sobre sus súbditos con absoluta exclusión de jefes extranjeros de cualesquiera otros.—Si los empleados de cualquier nación tuvieran derecho de proceder contra los de otra, porque aquellos opinasen que estos estaban situados en territorio ajeno, la seguridad e independencia de todos los pueblos de la tierra se harían depender de los varios juicios de sus respectivos funcionarios, y la anarquía universal sería el preciso resultado del Gobierno británico y de U. evadirse de la responsabilidad con semejante subterfugio.—Es verdad, el señor superintendente Macdonald fuera de los límites de su establecimiento de Belice oyendo representaciones contra el administrador coronel señor Manuel Quijano, calificándolo a su arbitrio, usando de la fuerza armada, con ella reduciéndolo a prisión a la corbeta de guerra Tiwed, y llevándoselo en su expedición a las costas del Norte, hasta botarlo en el Cabo de Gracias a Dios, es un usurpador inexorable de la soberanía del Estado de Nicaragua y un criminal que debe ser castigado severamente.—Este es el verdadero objeto de la reclamación dirigida por este supremo Gobierno desde 16 de octubre del año pasado al de S. M. B.: las satisfacciones e indemnizaciones consiguientes que presentará este ministerio en cuenta general inmediatamente que se reconozca la justicia que le asiste; y medidas capaces de regularizar a subalternos que quieren imitar al señor superintendente de Belice.—El Gobierno británico desde aquella época hasta la presente, no ha hecho justicia al Estado de Nicaragua; y U., que ha asegurado oficialmente que ha venido a este asunto, ya se retira dejándolo inconcluso.—Por tanto este supremo Gobierno, protesta a U. solemnemente: que mientras el de S. M. B. no haga justicia a este Estado, Nicaragua no responde al resultado de reclamaciones de aquel o sus agentes; y que seguirá la suya hasta lograr se le atienda completamente.—Soy de U. señor con el aprecio que merece su atento servidor."

Simón Orosco.

Todo el continente americano veía con disgusto lo acaecido en Nicaragua. La prensa de los Estados Unidos decía que se hollaba la doctrina de Monroe; los periódicos del Sur auguraban sucesos fatales para la Independencia del Nuevo Mundo. Los liberales de Centroamérica, caídos y abatidos, escribían y declamaban contra la ocupación de San Juan de Nicaragua. Solo los serviles de Guatemala estaban tranquilos, y cada vez estrechaban más sus íntimas relaciones de amistad con Chatfield, que no salía de las casas de Pavón y de Aycinena.

La prensa servil de Guatemala disculpa a Chatfield. El Eco de la Ley, periódico oficial de Nicaragua, se queja de esta conducta, y otros papeles públicos de aquel Estado la censuran con la acrimonia a que es acreedora.

Un impreso de los aristócratas echa en cara a los nicaragüenses que el Gobierno de Guatemala salió garante a Chatfield por una suma que Nicaragua debía a Inglaterra, y que en virtud de esa garantía se levantó un bloqueo.

El Eco de la Ley y otros papeles dan las gracias por esa garantía, y agregan que ya no se trata de una simple deuda, que fácilmente puede pagarse, sino de saber si pertenece o no a Centroamérica una parte considerable del territorio que se halla dentro de sus límites, y presentan una serie de hechos para demostrar lo grave de esa situación que los Aycinena y Pavón contemplaban satisfechos al lado de Chatfield.

Pero hay un hecho espantoso para la causa servil. Mientras Nicaragua combatía la existencia de Mosquitia, mientras apoyaba su principal argumentación en que jamás ha existido esa supuesta soberanía, Ferrera, inspirado por los serviles y dirigido por el señor Jáuregui, reconocía la nación Mosquitia por medio de un tratado que dice así:

Convenio celebrado entre el supremo Gobierno del Estado de Honduras y el general Tomás Lowry Robinson de los Mosquitos.

El supremo Gobierno del Estado de Honduras, invitado por el general Lowry Robinson, residente en esta capital, con el expreso fin de celebrar un convenio de amistad, alianza y mutua protección entre el Estado de Honduras y los pueblos que han reconocido, como sucesor del último Rey Mosquito, al mismo general Tomás Lowry Robinson: teniendo el supremo Gobierno del Estado por ingenuas las protestas presentadas por el referido general Lowry a nombre de su hermano el general Meztizo, cuyo principal objeto es sincerar la conducta hostil que repetidas ocasiones han observado los Mosquitos contra los centroamericanos por sugestiones extrañas; y cediendo a los generosos sentimientos que inspira en el corazón del hombre civilizado una franca y espontánea satisfacción de los agravios pasados, atribuyendo su origen no a una antipatía de corazón, sino a las perversas fascinaciones de un enemigo común.

Queriendo además el supremo Gobierno de Honduras dar por su parte a las tribus Mosquitos y a sus caudillos las pruebas más ostensibles de que el Estado no tiene ni ha tenido jamás la más pequeña aversión contra los mencionados Mosquitos, y que al contrario ha abrigado en todos tiempos los más vivos deseos de comunicarlos y protegerlos como verdaderos amigos y hermanos; y deseando el supremo Gobierno procurar y promover por cuantos medios estén a su alcance, la felicidad y prosperidad de los Mosquitos; después de haber consultado con el consejo de ministros, ha convenido con el general Tomás Lowry Robinson en fijar como base de la amistad y alianza entre aquel y este los artículos siguientes:

Art. 1.° Los habitantes de las costas de Honduras, que están bajo el Gobierno del general Tomás Lowry Robinson, conocidos con el nombre de Mosquitos, traficarán libremente en el territorio de Honduras, gozando de los mismos derechos que las leyes conceden a los ciudadanos del Estado para la seguridad de sus personas y propiedades, y sometiéndose a las mismas penas y autoridades en caso de infracción.

Art. 2.° Recíprocamente gozarán del mismo derecho de traficar, navegar y pescar libremente, y bajo la protección de las autoridades del territorio Mosquito, todos los habitantes del Estado de Honduras.

Art. 3.° Cuando son autoridades las que transitan en una u otra jurisdicción, serán además respetadas, y se les harán los honores que correspondan a su dignidad, conforme lo dispuesto por las leyes.

Art. 4.° Para mantener las relaciones por medio de comunicaciones oficiales, se establecerán correos mensuales que dejarán y tomarán la correspondencia en la estafeta de Juticalpa, o en la del puerto de Trujillo.

Art. 5.° Los Mosquitos podrán introducir libremente a Honduras toda clase de frutos naturales e industriales, ya sea por el río o ríos, ya por los caminos de tierra, para cambiarlos por otros o venderlos a los centroamericanos.

Art. 6.° El general Lowry y todas las demás autoridades subalternas a él de la costa de Mosquitos, no permitirán que se introduzcan por ninguna vía ni pretexto, efectos extranjeros de ninguna clase en los pueblos del Estado.

Art. 7.° Mas si sucediese, ya por haber burlado la vigilancia de aquellas autoridades, o ya por quererle dar demasiada extensión a este convenio, que algunos Mosquitos u hondureños introdujesen efectos extranjeros, unos y otros serán juzgados y castigados con arreglo a las leyes vigentes, perdiendo además los efectos a favor del Gobierno en cuya jurisdicción hayan sido aprehendidos.

Art. 8.° En caso de habilitar el río Tinto o el Guayape, o ambos, para el comercio de efectos extranjeros, podrá el Gobierno de Honduras poner en el lugar que le convenga cerca de la boca de dichos ríos, colonias de hondureños, belgas, franceses u otros, con el objeto de poner aduanas para exigir los derechos de importación, y hacer fortificaciones para asegurar e impedir los ataques extranjeros y el contrabando, sin cuyo requisito podrían seguirse perjuicios al Estado.

Art. 9.º Sin hacer variaciones en el Gobierno del país, los Mosquitos deben prestar al Estado de Honduras todos los auxilios que exija la utilidad del mismo Estado.

Art. 10.º El Gobierno de Honduras autorizado por el general Lowry, podrá contratar con los belgas u otra nación, colonias, cuyas ventajas partirán entre los hondureños y Mosquitos, esto es entre sus respectivos Gobiernos si se plantasen en el territorio de estos.

Art. 11.º El Gobierno de Honduras se encargará de colocar en casa de algunos artesanos, los niños que el general Lowry Robinson tenga a bien mandar para que aprendan algunas artes mecánicas.

Art. 12.º Este Gobierno, de acuerdo con el general Lowry, irá procurando los medios que juzgue más oportunos para introducir y difundir la civilización entre los Mosquitos, siendo únicamente deber del Gobierno de Honduras proponerlos, aprobarlos o facilitarlos, y del general Lowry el de ponerlos en práctica y ensayarlos.

Art. 13.º Como el principal objeto del general Tomás Lowry Robinson ha sido venir a ponerse bajo la protección del mismo Gobierno del Estado de Honduras, este, en uso de sus facultades, y en obsequio de la futura felicidad de los Mosquitos, lo toma bajo su protección; así como a las tribus que gobierna.

Art. 14.º El cumplimiento de los precedentes artículos será exacto por parte del Gobierno y del general Lowry, sin perjuicio de adicionarlos posteriormente según lo exijan las circunstancias, y de unánime consentimiento.

Art. 15.º El presente convenio será pasado a la Cámara Legislativa para su ratificación.

Firmado por duplicado en la Ciudad de Comayagua en la casa del Gobierno, a los 16 días del mes de diciembre del año del Señor de mil ochocientos cuarenta y tres.

—Francisco Ferrera. —Tomás Lowry, general of the Mosquito Nation. —El ministro de relaciones. —Coronado Chávez.

¡Hasta qué extremo fue arrastrado Honduras por el carro fatal del servilismo!

CAPÍTULO OCTAVO: ARRIBADA DEL GENERAL SAGET A LOS PUERTOS DEL SALVADOR

SUMARIO

1.—El 9 de diciembre de 1842.—2. Resolución del Gobierno del Salvador. — 3. Circular A los gobiernos de Centro—América. —4. —Contestación de los Gobiernos de Guatemala y Honduras. —5.— Observaciones. —6.Conclusión.

La venida del General Morazán de la República peruana a las playas de Centroamérica, está íntimamente ligada con las pretensiones de Chatfield sobre Mosquitia, con la ocupación de San Juan del Norte, con las reclamaciones británicas, con la alarma que en los Estados Unidos producían los incesantes ataques que en la práctica se daban a la doctrina de Monroe y con las protestas que la prensa sudamericana dirigía contra las ideas del protectorado de potencias europeas.

Por lo mismo, se ha querido presentar la materia de que hablan los dos capítulos anteriores en toda su latitud, para volver con vista de la situación al 9 de diciembre de 1842, día en que se presentó el General Saget, a bordo de la barca Coquimbo, en el puerto de la Libertad.

En ese buque venían con Saget, Cabañas, Barrios, Álvarez, Espinosa, Angulo, Cordero, Asturias, Bulnes, Pardo, Bonilla, Zepeda Ignacio y Manuel, Ruiz, Lozano, Rivera (Joaquín), Milla (José Antonio), Cacho, Souza, Orellana y otros muchos a quienes se dio la denominación de coquimbos por el nombre del buque que los trajo. Su arribo ponía en un verdadero conflicto al Presidente Juan José Guzmán.

Era una inhumanidad lanzar a hombres que después de una travesía difícil llegaban sin víveres y sin recursos pidiendo un palmo de tierra para alojarse.

Era su admisión un quebrantamiento del artículo 3.º del tratado celebrado entre los plenipotenciarios Durán, Carrera, Barberena y Lacayo, en la casa de Gobierno del Salvador a 13 de mayo de 1840.

Véanse las páginas 489, 90 y 91, tomo 3.º de la Reseña.

No solo ese tratado existía. Aycinena y Pavón habían maquinado siempre tratados que ellos llamaban de unión, y que eran verdaderamente separatistas, porque consideraban a cada Estado como una nación soberana, y sin ningún vínculo federativo.

Aycinena había pedido a los Estados que acreditaran comisionados en Guatemala, de este país y empleados de aquí, bajo el pretexto de que no se hallaban aquellos Estados con recursos para sostener gastos de legaciones, y con el preciso fin de manejar a su antojo a los comisionados.

Nicaragua y el Salvador cayeron en la red, y nombraron a don Joaquín Durán, quien suscribió los célebres tratados de 7 y 19 de octubre de 1842, que van al fin del presente capítulo como documentos justificativos.

El Gobierno de Honduras procedía a sabiendas; Jáuregui era su director y su alma, y Ferrera un simple satélite de la aristocracia reinante.

El Gobierno envió poderes a don Pedro Nolasco Arriaga, lo cual equivalía a enviar poderes a don Manuel Francisco Pavón, porque Arriaga era un súbdito sumiso de Aycinena y de Pavón.

Los tratados de 7 y 19 de octubre tienen estas firmas: Pavón, Arriaga, Durán; o lo que es lo mismo, Pavón, Pavón y Pavón.

Esos tratados son la dificultad que en diciembre de 1842 se presentaba a don Juan José Guzmán para abrir las puertas de la patria a salvadoreños distinguidos que en el infortunio llamaban al hogar paterno.

2. Malespín, que se encontraba en el puerto cuando llegó la barca Coquimbo, no se lanzó como una fiera sobre los desgraciados que venían a bordo, lo cual sin duda habría hecho Ferrera y el teniente general de los serviles. Malespín dirigió una nota al Gobierno del Salvador manifestando el arribo, y se le contestó en los términos siguientes:

Ministerio general del Supremo Gobierno del Estado del Salvador.

—Chinameca, diciembre 9 de 1842. —Señor General Francisco Malespín.

Puse en conocimiento del Supremo Gobierno la estimable comunicación de U. en que participa el arribo del general Isidoro Saget en la barca Libertadora (a) Coquimbo, trayendo a su bordo doscientos seis individuos entre jefes, oficiales y tropa y mil fusiles; a cuya consecuencia esa comandancia general destinó la correspondiente fuerza de seguridad y dos comisionados. Al propio tiempo recibí los pliegos que el mismo Saget dirige al Gobierno en que solicita asilo para los desgraciados que le acompañan, ofreciendo al Estado ceder la barca y entregarle por vía de depósito el armamento en concepto de reputarlo una propiedad del finado general Morazán.

Con vista, el señor Presidente, que en el tránsito a esa capital fue impuesto de todo lo relacionado, tuvo a bien disponer: que en el acto saliesen expresos hoy, consultando el voto de los Gobiernos de los otros Estados, con quienes le ligan tratados solemnes sobre estos particulares, para resolver en cuanto al asilo de jefes y oficiales; promoviendo al propio tiempo que a la clase de sargentos, cabos y soldados que no pertenezcan al Salvador se les dé la acogida que se solicita, por ser una porción poco influyente así al orden público y porque, repartidos entre los Estados de donde proceden, ofrecen mejores seguridades en obsequio de la paz general y tranquilidad interior.

Esta disposición está apoyada en que, para aliviar la desgracia y la miseria de estas clases, el Gobierno del Salvador solicitó del de Costa Rica que se les otorgase pasaporte para regresar a sus hogares, con tal que fuesen naturales de este y no perteneciesen a la categoría de subteniente arriba.

La barca de que se trata no es ni puede reputarse de los jefes y oficiales, en razón de habérsela cedido el Gobierno de Costa Rica a consecuencia de un tratado, porque este no tuvo efecto, según ellos mismos informan, en todas sus partes, y al aceptar este ofrecimiento no podía ser de otra manera que en clase de depósito hasta establecer la materia con el Gobierno expresado de Costa Rica, y hacerle la justicia que merezca.

El armamento tampoco puede convenir el Gobierno en que se repute una propiedad del finado general Morazán, porque realmente procede en su mayor parte de los almacenes de este Estado, extraído desde abril de ochocientos cuarenta y posteriormente; y de los de Costa Rica según los informes que ha comunicado aquel Gobierno.

Partiendo, pues, de estos conceptos, el señor Presidente ha tenido a bien autorizar a U. para que nombre dos comisionados, caso que el señor Licenciado Norberto Ramírez, a quien se elige por el Gobierno en unión del señor teniente coronel Juan José López, tengan inconvenientes para aceptar, los cuales arreglen este negociado circunscritos precisamente a los puntos siguientes:

1.º Que se acepta la barca Coquimbo (a) Libertadora con calidad de que si el Gobierno de Costa Rica probase que justamente le corresponde, en razón de la ineficacia del tratado, o por otra causal que no esté al alcance del Salvador, le será devuelta.

2.º Que el armamento tenga por objeto reintegrar al Estado del que se llevó en las épocas referidas el ya dicho general Morazán, y el sobrante, si el propio Gobierno de Costa Rica probase pertenecerle, reintegrárselo; más si no se reclamase o no se comprobase la propiedad de Costa Rica, será un depósito destinado a reparar en una mínima parte los enormes gastos que el tesoro público del Salvador ha sufrido por la agresión efectuada en febrero próximo pasado.

3.º Que aceptando estas condiciones y entregado el armamento, tanto de infantería como de artillería, caballería y útiles de guerra, se permite el desembarco de la tropa de las clases de sargentos inclusive abajo con las circunstancias de que los procedentes de Nicaragua, Honduras, Costa Rica y Guatemala, en el momento que sean garantidos en sus vidas y propiedades por sus Gobiernos respectivos, deberán trasladarse a ellos. Entre tanto y en el caso delegativo, el del Salvador los garantizará solemnemente. En consecuencia de este artículo, los comisionados tendrán especial cuidado de averiguar esta circunstancia con expresión de individuos con que darán cuenta.

4.º Que con respecto a los jefes y oficiales pueden desembarcar y residir bajo su palabra de honor en el puerto de Acajutla y ciudad de Sonsonate hasta el resultado del acuerdo de los demás Gobiernos ligados por tratados solemnes con el del Salvador, dándoles este la más positiva garantía de sus vidas y propiedades entre tanto se obtiene el resultado, y en caso que sea por la negativa, podrán elegir libremente el trasladarse fuera de Centroamérica al punto que les convenga, en cuyo supuesto se les dará todos los auxilios que necesiten para su traslación.

5.º Si se acogiesen estas condiciones, se expedirán órdenes de momento a las autoridades de Sonsonate para que acojan y protejan a todos los individuos que pasen a aquella ciudad.

Mientras se ajusta el convenio a que se refieren los puntos precedentes, el gobierno Supremo quiere que los desgraciados que se hallan a bordo de la "Coquimbo" sean auxiliados de los pueblos y valles inmediatos con todos los comestibles y recursos que necesiten para su subsistencia y comodidad.

Y de orden Suprema lo comunico a U. para su cumplimiento y efectos consiguientes, asegurándole que el Gobierno va en marcha y estará en esa capital a la mayor brevedad posible.

Soy de U. atento servidor. —D. U. L.

T. Muñoz.

Los hombres que habían obligado a Cañas a que ratificara el ignominioso tratado de 13 de mayo de 1840, se hallaban en diciembre de 42 con más poder, más audacia y arrogancia. Había muerto el jefe que tantas veces los había vencido; y no tenían por entonces a quien temer. En el seno mismo del Salvador no faltaban personas que simpatizaran con los opresores de su país; el Presidente Juan José Guzmán se creyó en peligro con motivo de la resolución que acababa de dictar y mandó se dirigiera a los Gobiernos de Centroamérica la circular siguiente:

Ministerio general del Supremo Gobierno del Estado del Salvador. —Moncagua, diciembre 9 de 1842. —Señor ministro general del Supremo Gobierno del Estado de El Salvador.

Al regresar mi Gobierno de la ciudad de San Miguel para la capital del Estado, se han recibido en el tránsito comunicaciones del general Isidoro Saget, en que manifiesta haber arribado al puerto de la Libertad en la barca "Coquimbo" acompañado de jefes, oficiales y tropa, en número de doscientos seis individuos de los que componían la fuerza del general Morazán en el Estado de Costa Rica: expresa el jefe de ellos que su objeto es solicitar un asilo en este Estado para los desgraciados que lo acompañan, cediendo la referida barca y el armamento que conduce a bordo reputándolo como propiedad del general Morazán, ofrece entregarlo por vía de depósito.

La carta oficial en que se hace aquella solicitud y proposiciones dichas, contiene pormenores, y está asistida de documentos que la estrechez del tiempo no permite sean copiados por ser muchos y extensos; más ellos se contraen a vindicarse del juicio que pudiera formarse por el no cumplimiento del tratado que se celebró en Puntarena con agentes del enunciado Gobierno de Costa Rica, y a sincerar su conducta sobre esta defección. Serán oportunamente trasladados a su ministerio para conocimiento de ese Supremo Gobierno.

Entre tanto, el mío, informado de que estos individuos se hallan agobiados de una espantosa miseria, y que carecen aun de recursos para alimentarse, se limita a dar sus órdenes para que sean auxiliados y socorridos de todo lo necesario; pero en lo sustancial de su demanda desea oír el respetable voto suyo, tanto por los tratados que los ligan mutuamente, como por el interés recíproco de la conservación del orden y paz pública. A este propósito creo conducente participarle que ya anteriormente, desde los primeros anuncios de la derrota de Morazán, mi Gobierno promovió ante el de Costa Rica en obsequio de la humanidad que se otorgase pasaporte a todos los hijos de este Estado para que regresasen al seno de sus hogares y familias, con tal que fuesen de sargentos inclusive abajo, y tuve el honor de anunciarlo así al ministerio de su cargo desde aquellos momentos.

Consiguiente a este paso, y que en nada puede comprometer el general sosiego en que está comprometido ya el crédito del Gobierno del Salvador, es un deber suyo asilar a las clases referidas, y desearía que con relación a los que sean hijos de ese, se defiriera del mismo modo, en cuyo caso el repartimiento ofrecería de hecho mejores seguridades respecto a su conducta futura. Si ese Supremo Gobierno se sirviese acceder, sería del especial cuidado de este conceder pasaportes e informarlo a su ministerio.

Con relación a la oficialidad y jefes en aquella solicitud: fueron excluidos; mas al presente espera el ejecutivo del Salvador que se le aconseje por el suyo cuál sea la conducta que deba observar, si la de acoger estos individuos repartiéndolos como a las anteriores clases o negándoles el asilo que piden, no obstante su situación desgraciada, y el miserable estado a que se hallan reducidos.

El Presidente del Salvador sabe que la barca "Coquimbo" y parte del armamento corresponde a Costa Rica, siendo otra procedente de estos almacenes: y aunque por el tratado con aquel Gobierno se le cedía en propiedad este buque, no habiendo tenido exacto cumplimiento en todos sus conceptos, la cesión es ineficaz: que el depósito de armas tampoco merece se repute como propiedad del general Morazán por pertenecer a Costa Rica y el Salvador; y porque aún en la hipótesis de que él la hubiese comprado, sería responsable a los enormes gastos y perjuicios que causó con su agresión a este y demás Estados de la unión.

Partiendo de estos conceptos procurará establecer el arreglo de semejante negociado; mas el peligro de perder estos elementos de guerra y el deseo de conservarlos en la República podrán conducir a mi Gobierno a la estrechez de adoptar otras bases; y en este caso apetece igualmente el Presidente del Salvador que la ilustración y prudencia del Gobierno de U. se sirva asistirlo con sus votos.

La premura del tiempo no me permite extenderme a otros particulares, considerando que lo relacionado en sustancia es bastante para satisfacer a las ansiedades y conatos de mi Gobierno, suplicándole que a la mayor brevedad posible se sirva darme contestación con el extraordinario que conduce esta, suscribiéndome con todo respeto su muy atento obsecuente servidor.

—D. U. L.

T. Muñoz

El ministerio de Honduras respondió a la circular de Guzmán en los términos siguientes:

Señor ministro de relaciones del Supremo Gobierno del Estado del Salvador.

Impuesto el Gobierno de Honduras de la apreciable nota de U. de 20 del próximo pasado, en que manifiesta haber entregado el general Saget la barca Libertadora y todo el armamento de infantería y artillería con que arribó al puerto de la Unión, y que el Gobierno de ese Estado le ha dado asilo en unión de los doscientos seis individuos que lo acompañaban destinados al efecto a la ciudad de Sonsonate; me ha prevenido diga a U. en contestación: que siendo el asilo dado por el Supremo Gobierno del Salvador a los enemigos de Centroamérica, atentatorio respecto de los solemnes pactos celebrados entre los Estados, el de Honduras protesta contra aquel acto mientras no merezca el ascenso general de los aliados.

Al decirlo a U. para conocimiento de ese Supremo Gobierno, tengo la satisfacción de reiterarle mi estimación y aprecio.

Francisco Alvarado.

Don Juan José Aycinena contestó así:

Secretaría del Supremo Gobierno del Estado de Guatemala.

—Señor Secretario general del Supremo Gobierno del Estado del Salvador.

—Guatemala, diciembre 21 de 1842.

Con el correo propio que llegó anoche, se han recibido en este ministerio diferentes notas con diversas fechas y datadas una en Moncagua el 9 y las otras el 14 en San Vicente. Es a la primera a la que debo contraerme en esta comunicación. Impuesto de ella este Gobierno, me ha prevenido acompañar un duplicado de la que por el departamento de guerra y hacienda se dirigió a ese ministerio con fecha 16 del que rige. Ella explica completamente el sentir de mi Gobierno relativamente a las solicitudes que ante ese Gobierno ha hecho el señor Isidoro Saget, y los que lo han acompañado en la barca Coquimbo procedente del puerto de Punta Arenas, de donde se hizo a la vela después de haber infringido el convenio que había celebrado con el Gobierno de Costa Rica a la entrega de todo el armamento que tenía a bordo, y que había sido embarcado por orden de Morazán con el preciso y criminal designio de hacer la guerra a los Estados. Que se dé asilo a los soldados, cabos y sargentos que militaron en la facción de Morazán, no lo estima peligroso este Gobierno, porque los considera más bien seducidos que corrompidos; pero el que se dé asilo a otros, bien sean jefes u oficiales o paisanos que acompañan a Saget, lo cree este Gobierno absolutamente incompatible, no solo con la tranquilidad interior de ese Estado, sino con la de todos los demás Estados de Centroamérica; y además también contrario al tenor de los tratados vigentes y de los importantes fines que los mismos Estados tuvieron en mira al celebrarlos.

No puede ocultarse a la penetración de ese Gobierno, que si por un golpe de la Divina Providencia, que no estaba al alcance de nuestros cálculos, no hubiesen quedado completamente desbaratados los planes inicuos de Morazán, Saget y los que lo acompañan, estarían a la hora de esta hostilizando de todos modos a los Estados, y fomentando en ellos la sedición. Si sus designios han sido frustrados por el momento, ¿quién es el que puede asegurar a ese Estado y a los demás de que estos hombres hayan cambiado de intenciones? Ese Saget, que ahora solicita asilo bajo de condiciones, ¿no es el mismo que lo solicitó en Costa Rica recientemente, y en tiempos pasados en Guatemala, y que jamás ha tenido honor para cumplir su palabra? ¿No es este el mismo que ha intervenido en la violación escandalosa de tantos convenios? Señor ministro, cerrar los ojos a lo pasado sería en cierto modo despreciar los consejos de la prudencia para adoptar una confianza ciega, y tanto más ciega cuanto que la experiencia en unas mismas personas debe abrir los ojos para no esperar de ellas lo que nunca han sabido cumplir. Es ahora llegado el momento de cumplir con las condiciones estipuladas en los tratados; y si sobre este punto hubiese relajación, estos tratados que hoy forman vínculo de Unión, perderían mucho de su fuerza moral, pues esta exclusivamente depende de su religiosa observancia. Por parte del Gobierno de Costa Rica, hay una formal queja sobre la conducta que ha observado Saget, quebrantando el convenio que había celebrado: esto se sabe por comunicaciones oficiales, transmitidas por el Gobierno de Nicaragua a ese y a este Gobierno; y sería muy impropio el dar oídos a Saget y acordarle el objeto de sus pretensiones con injuria del Estado de Costa Rica; y esto podría ser un justo motivo de reclamaciones fundadas, no solo de parte de aquel Estado, sino también de todos los otros a quienes se ha dado conocimiento de la conducta de Saget.

El Gobierno de Guatemala no desconoce que en muchos casos conviene usar la clemencia y generosidad; pero también advierte, que cuando no se hace una aplicación oportuna de ellas, los resultados no corresponden a las miras que se han tenido, y que son perjudiciales. Por esta razón no estima que las circunstancias actuales sean a propósito para relajar la fuerza de los tratados. Cuando los Gobiernos de los Estados estén más consolidados, y exista una autoridad que los represente a todos, podrá con más tino y discernimiento hacerse una aplicación razonable de indulgencia en favor de aquellos que se juzguen, por su posterior conducta, acreedores a ella. He expuesto, señor ministro, con la franqueza que caracteriza a mi Gobierno, las razones que le asisten sobre el asunto, acerca del cual se le ha pedido su sentir. Si solo hubiera de dar oído a las sugestiones que inspira la compasión, se explicaría de diferente forma; pero siendo su primer deber el de conservar los pueblos que rige, en tranquilidad y sosiego, esta obligación lo coloca en la necesidad de conducirse con toda precaución.

Este Gobierno, en obsequio de la armonía con que se ha conducido siempre respecto de todos los Estados, se cree en el caso de darles conocimiento de esta comunicación, remitiéndoles copia íntegra de ella. Tengo el honor, señor ministro, de reiterar a U. las muestras de aprecio y consideración con que me suscribo su atento S. S".

J.J. de Aycinena.

Esto está muy de acuerdo con los sentimientos de Carrera, quien en una proclama dirigida a los costarricenses para levantarlos contra Morazán, dijo: "No temáis a esa gavilla de aventureros sin honor y sin patria, que no conocen otro derecho que la fuerza, y que no abrigan en su pecho otros sentimientos que los que es capaz de inspirarles su depravación."

La proclama fue redactada por el señor Marqués de Aycinena, y se halla en el número 56 de la Gaceta de Guatemala.

Los gobiernos más exaltados contra los coquimbos son el de Guatemala y el de Honduras.

Esto no debe extrañarse porque al frente del primero se hallaban los imperialistas del año de 22 y los de la calumnia del veneno de 1837, y al frente del segundo estaba Ferrera manejado por Jáuregui.

Pavón, en un pedimento dirigido a la Asamblea de Guatemala con fecha 20 de febrero de 1838, que se halla desde el folio 28 hasta el 30, tomo 3.° de esta Reseña, declama contra las medidas de expulsión y extrañamiento, y el mismo Pavón unido a don Juan José Aycinena sostiene en 1842 las doctrinas de la nota preinserta.

En el número 49 de El Redactor Oficial de Honduras, se encuentra un editorial, cuya pluma es muy conocida en Centroamérica, la de don Felipe Jáuregui, dice así:

EDITORIAL.

Cuando el Gobierno Supremo de este Estado emitió el acuerdo que produjo la contestación anterior dada al de el Salvador, tuvo en Consideración: razones de mucho peso, que no creyó del caso exponer; pero que nosotros juzgamos de nuestro deber insertar en este papel ministerial, para que los hondureños no carezcan de unos datos de que deben ser sabedores, bajo la influencia de una administración franca y liberal, que tiene por regla la opinión pública; la cual debe formarse del carácter justo o injusto, legal o ilegal que a juicio de los gobernados lleven las providencias gubernativas: tal es el objeto que nos proponemos en esta inserción, pues de otra manera podía clasificarse la negativa del gobierno de Honduras a la aprobación del acto verificado por el del Salvador, de inhumana según los preliminares que lo motivaron.

La primera razón que tuvo este gobierno para su acuerdo es: que habiendo todos los de Centroamérica aprobado la muerte de Morazán y calificado aquel suceso como restaurador de la libertad, de la moral y de la paz, el asilo recibido en el Salvador por los enemigos fue recabado por el extranjero Isidoro Saget inculpando al gobierno de Costa Rica de asesino del corifeo del vandalismo que expió en aquel Estado el cúmulo de crímenes que humillaron la patria, por cuyo hecho patriótico el mismo gobierno del Salvador ha tributado dignos elogios a los costarricenses, y premiado a su caudillo con los últimos honores militares que pueden conferirse.

La segunda razón es: que habiendo reincidido los asilados en los crímenes de lesa patria, hostilizando de nuevo al gobierno de Costa Rica, después de la muerte de Morazán, no son acreedores al perdón con que generosa y humanamente los acogió el mismo gobierno, y mucho menos a la protección de los demás porque tal proceder es una injuria tácita contra el gobierno ofendido, con quien estamos ligados por mil títulos.

La tercera es el imperioso lenguaje con que unos miserables proscritos, incapaces de existir sobre las aguas del océano Pacífico, a pesar de los recursos que conducían a bordo, hablan a la autoridad suprema de un Estado a quien han causado tantos males, por cuyo desconocimiento solo son punibles aunque no hubieran traído tras sí la cadena de crímenes los más inauditos perpetrados en toda la época de su vida política.

La cuarta es basar el ascenso del gobierno del Salvador en la oferta de la barca Coquimbo y sus útiles, que pertenecían a los proscritos por virtud de los tratados celebrados con el gobierno de Costa Rica, los cuales, quebrantados, faltan las concesiones en ellos estipuladas, y por consiguiente la propiedad de la barca cedida.

La quinta: el estar circundado el gobierno del Salvador de unos enemigos suyos, que tienen íntimas conexiones con los asilados, y por consiguiente presentan el mismo caso del jefe Carrillo en Costa Rica, aunque no la esperanza de un desenlace de cosas semejantes por ser diversas las circunstancias.

La sexta, la observancia de una máxima del señor Jeremías Bentham que dice: "¡Cuántos elogios no se han prodigado a la clemencia! Mil veces se ha repetido que es la primera virtud de un soberano; sin duda, si el delito consiste únicamente en una ofensa hecha a su amor propio: si se trata, por ejemplo, de una sátira contra sus favoritos, la moderación del príncipe es meritoria y el perdón que concede es un triunfo que gana sobre sí mismo; pero cuando se trata de un delito contra la sociedad, el perdón no es ya un acto de clemencia, sino una verdadera prevaricación".

La séptima, la observancia de otra máxima del mismo autor, que dice: "Es necesario que la razón, la justicia y la humanidad, falten en alguna parte, porque la razón no está en contradicción con ella misma: la justicia no puede destruir con una mano lo que hace con otra: la humanidad no puede ordenar que se establezcan penas que protejan la inocencia, y se concedan perdones que fomenten el delito".

La octava, el deseo de seguir otra máxima del señor Emmer de Vattel, cuyo contexto es: "El monarca en toda su conducta, en sus rigores y en su misericordia, no debe tener otro objeto que el mayor beneficio de la sociedad. Un príncipe sabio sabrá conciliar la justicia y la clemencia, el cuidado de la seguridad pública y la compasión que merecen los desgraciados".

Y la novena y última: los pactos existentes entre los gobiernos cuya violación es una injuria contra los contratantes, aun cuando resultase en beneficio de la humanidad, porque la buena fe en los convenios y tratados es la única garantía de las potencias contratantes, y faltando esta, falta la confianza internacional en que está fundada la seguridad.

Lo expuesto, a pesar de la preferencia que da a la seguridad de los Estados y a la buena fe de los convenios respecto de los actos de humanidad, no es tan absoluto en la posición en que estuvo el Supremo Gobierno del Salvador, pues no juzgamos hubiese faltado a sus consocios franqueando a los proscritos la subsistencia de que carecían a bordo de la nave, mientras que los aliados probablemente hubieran resuelto el desembarque de la tropa que no se halla (aunque enemiga) en el mismo caso de los cabecillas.

Estas fueron las principales razones en que el Gobierno de Honduras fundó su negativa a la aprobación del hecho referido: mas siempre deseoso de la buena inteligencia entre los demás sus aliados, no duda que el del Salvador, volviendo el negocio a su primitivo estado, le dará la dirección que apetecemos, en obsequio de la paz y buena armonía que hoy gozan y cultivan los Estados.

LL.EE.

Aseguran los editores del periódico oficial de Honduras, que todos los de Centroamérica han aprobado la muerte del general Morazán, como un suceso restaurador de la libertad.

Si los editores del periódico oficial de Honduras se refieren a todos los centroamericanos, la falsedad de su aserto es tangible y no necesita de prueba.

Si se refieren a los Gobiernos, puede decirse a los editores del periódico oficial de Honduras, para mengua de ellos, que en Costa Rica, inmediatamente que se restableció la calma, fue convocada una Asamblea Constituyente, la cual, juzgando acerca de lo pasado, aprobó la conducta de los funcionarios desde el 27 de septiembre. No quedó, pues, aprobado el fusilamiento del general Morazán, que se verificó el 15.

Los honores que en San Salvador se tributaron a Pinto son un decreto dictado por don Juan José Guzmán en San Vicente a 12 de octubre de 1842, en que se mandaba dar una espada, que nunca se dio porque entre el decreto y en su ejecución se operó un cambio completo de ideas.

Asombra que más justicia se haga a la ilustre víctima en el suelo donde fue inmolada que en el país que la vio nacer.

Se adula a Costa Rica para uncirla al carro del servilismo; pero muy pronto la veremos increpada por sus mismos aduladores, porque su Gobierno no se entregaba, como el de Honduras, a la voluntad de los serviles de Guatemala.

Si por una parte acribillaban a Guzmán los Gobiernos de Honduras y Guatemala para que rechazara a los coquimbos, por otra un gran número de salvadoreños, entre los cuales se distinguían muchos vecinos del barrio del Calvario, siempre digno de la causa que sostiene desde el año de 1811, le pedían su entrada.

Malespín ya no temía que lo eclipsara el vencedor de Gualcho, y había oído opiniones de personas respetables para él contra la conducta de Chatfield y Pavón, y muchas veces aspiraba a emanciparse de la tutela de la aristocracia de Guatemala, pensamiento elevado que Ferrera no abrigaba.

Guzmán, en medio de una situación tan extraordinaria, dictó el decreto que sigue:

Art. 1. ° Tienen entero asilo y protección con arreglo a las leyes en el Estado, todos los individuos que condujo a su bordo la barca Libertadora, y desembarcaron en el puerto de la Libertad, con tal que guarden una conducta pacífica y subordinada a las leyes y a las autoridades públicas. Y el Gobierno conserva la facultad de lanzarlos del territorio del Salvador en el momento que trastornen o alteren de cualquiera manera el orden y tranquilidad pública, o se mezclen en trastornos o inquietudes, ya sea con relación al Estado, o ya para perturbar a los demás.

Art. 2. ° También conserva el Gobierno la de fijar las residencias en el Estado a los individuos que, por su anterior conducta pública o por vía de seguridad, lo merezcan, bajo el concepto de que aquellos que no se conformen con esta designación, o la quebranten, serán despedidos del Estado.

Art. 3. ° Todos los comprendidos en el art. 1.°, a excepción de las clases de sargento inclusive abajo, deberán presentarse al Gobierno dentro del término de ocho días a manifestar el lugar donde quieran residir y tomar el pasaporte correspondiente para trasladarse. Los que sin este pasaporte lo verificasen se tendrán como inobedientes y serán remitidos por las autoridades a disposición del Gobierno.

Art. 4.° Los que hubiesen cometido muertes, asesinatos, robos, despojos de propiedades y otras violencias, aunque fuese con el carácter de jefes, comandantes u oficiales, siempre que no prueben haberlo hecho en virtud de orden o comisión expresa del superior respectivo, y siempre que además no hagan constar que salvaron las fórmulas establecidas por las leyes, serán juzgados con arreglo a las mismas, por los correspondientes tribunales, para satisfacer a la vindicta pública y al interés particular, y dar un testimonio de que, aun en medio de las vicisitudes y trastornos, es uno de los primeros deberes el respeto a la moral y a las garantías individuales.

Art. 5.° Las Cámaras Legislativas, en su próxima reunión, se servirán declarar si los individuos comprendidos en este decreto se hallan o no en el goce de los derechos de ciudadano, a cuyo efecto se pondrá en su conocimiento con la lista de los comprendidos en él.

Art. 6.º Si para lograr la organización de Centroamérica o mantener la paz y buena inteligencia con alguno o más Gobiernos fuere indispensable modificar el presente decreto en alguna de sus partes, podrá verificarse así, salvando siempre los principios de humanidad y las garantías otorgadas a los individuos que comprende.

Lo tendrá entendido el jefe de sección encargado del despacho de relaciones y gobernación, y dispondrá lo necesario a su cumplimiento, publicación y circulación. — Dado en San Salvador, a 4 de enero de 1843.

— JUAN J. GUZMÁN. — Al señor T. Muñoz.

No obstante la severidad de este decreto, él indignó a los Gobiernos de Guatemala y de Honduras.

La aristocracia comprendió que, a pesar de sus esfuerzos y de la serie de revoluciones que había promovido para que el Presidente del Salvador no fuera más que un agente subordinado de los nobles, este se les escapaba en los momentos más solemnes de la patria.

Desde entonces se pensó en producir una nueva revolución en San Salvador, para colocar al frente del Estado a un funcionario más dócil que don Juan José Guzmán.

DOCUMENTOS JUSTIFICATIVOS
NUMERO 1.
Pacto de unión entre los Estados de Guatemala, Honduras, Nicaragua y el Salvador.

Deseando los Gobiernos de los Estados de Guatemala, Honduras, Nicaragua y El Salvador, estrechar y afianzar las íntimas relaciones que felizmente los unen; y con la mira de dar fuerza y estabilidad a las instituciones que actualmente los rigen, de la cual depende la conservación de la paz y bienestar general de Centroamérica, han nombrado sus comisionados autorizados al efecto, a saber: Guatemala, al señor Lic. Manuel Francisco Pavón; Honduras, al señor Lic. Pedro Nolasco Arriaga; y Nicaragua y El Salvador, al señor Lic. Joaquín Durán; los que, habiendo examinado sus respectivas credenciales y hallándolas conformes, después de conferenciar con presencia de los diferentes tratados celebrados entre unos y otros Estados, desde el mes de enero de mil ochocientos treinta y nueve, y siendo de la mayor importancia reasumirlos en uno solo común y general, han estipulado y convenido en los artículos siguientes:

Art. 1. Los cuatro Estados contratantes reconocen la soberanía, independencia y libertad que compete a cada uno de ellos, con respecto a su régimen interior, según sus instituciones y leyes propias, y se comprometen solemne y formalmente todos entre sí, y cada uno respecto de los otros, a sostener inalterable este principio de su existencia política.

Art. 2. Los mismos Estados, estrechamente unidos como lo están en sentimientos e intereses, se declaran, además, por el presente pacto, aliados y amigos, comprometiéndose en toda forma a auxiliarse mutuamente, y a hacer causa común en el evento de que sea atacada la independencia de todos o de cualquiera de ellos, o bien se pretenda en alguna manera violar el principio establecido en el artículo precedente.

Art. 3. En tanto que, de un modo definitivo, se llegue a fijar y establecer el pacto permanente de Confederación, según parece ser la voluntad de los Estados contratantes, los Gobiernos de los mismos Estados, con el laudable objeto de proporcionar a todos sus habitantes las ventajas consiguientes a la unión que debe reinar entre ellos, declaran y establecen desde luego las reglas siguientes, como puntos de general observancia:

I. Ninguna fuerza armada podrá traspasar los límites del territorio de otro Estado, sino es con allanamiento del Gobierno en cuyo territorio tuviese que entrar. En el caso de que tropas de un Estado tengan que pasar o residir en otro de los de la Unión, ya sea por ir en defensa de la causa común, o bien con el objeto de auxiliar el mantenimiento del orden, o con la mira de desempeñar cualquiera comisión, aunque las mencionadas tropas siempre serán mandadas por sus jefes y oficiales propios, no dejarán por esto de reconocer y acatar las órdenes del Gobierno y autoridades del Estado en que residan.

II. Los desertores del ejército de un Estado que se asilen en otros, serán entregados siempre que fueren reclamados por su respectivo Gobierno.

III. Los reos prófugos de uno a otro Estado por delitos comunes, serán igualmente entregados en virtud de requerimiento hecho por exhorto del juez de la misma causa. En estos casos, el exhorto será pasado por la corte de justicia al Gobierno, el que dirigirá su reclamo al del Estado en donde se halle el reo, a fin de que sea capturado y remitido con custodia hasta los límites del Estado que hace la entrega.

IV. Las personas que, por motivos puramente políticos, se refugiaren de uno a otro de los Estados contratantes, podrán permanecer en él, presentándose al Gobierno, el cual, informado de las circunstancias, les designará lugar para su residencia, y en su caso les exigirá fianza de no ofender a las autoridades de donde dependen. Mas, en el caso de estar algunas de estas personas complicadas en causas de revolución a mano armada, se entenderá que no gozan del asilo aquí estipulado, sino que serán entregadas en los términos que se establecen en el párrafo anterior.

V. Los habitantes de los cuatro Estados, en su giro y relaciones mercantiles, se entenderán libremente considerándose como miembros de una misma familia; en consecuencia, gozarán en el tránsito de uno a otro Estado, de todas las seguridades y garantías que las leyes respectivas establecen para sus propios habitantes.

VI. Si conviniere hacer alguna reforma al arancel y sistema de aduanas marítimas que rige al presente, se declara que cuando esto se verifique, se establecerán reglas adecuadas, a fin de que, sin perjuicio de conciliarse las diversas circunstancias y localidad de cada Estado, el sistema comercial tanto del interior como del exterior sea uniforme, como conviene al mantenimiento regular de las relaciones de Centroamérica con las potencias extranjeras.

VII. Los actos judiciales y documentos públicos, de cualquiera importancia y naturaleza que sean, se considerarán legítimos en todos los Estados, siempre que sean entendidos según las leyes de aquel de donde proceden y estén comprobados por la secretaría del Gobierno del mismo.

Art. 4. Con el objeto de afirmar el orden y la paz tan necesaria al bienestar de los pueblos, se establece: que en el evento desgraciado de que alguna facción interior ataque las autoridades legítimamente establecidas en algún Estado de los contratantes, los Gobiernos de los otros no reconocerán a las que por medios de hecho se pretendan sustituir, y tomarán de común acuerdo medidas prudentes y eficaces a fin de establecer el orden constitucional en donde se hubiere alterado.

Art. 5. En el caso no esperado de ocurrir diferencias entre alguno de los Estados con otro u otros de los contratantes, se comprometen a no alterar por esto sus buenas relaciones, antes bien se harán los requerimientos y explicaciones oportunas, y emplearán medios armoniosos de transacción, a fin de evitar todo rompimiento. Si adoptados todos estos medios no llenasen el objeto, los Estados desavenidos deberán informar de todo a los Gobiernos de los otros, los cuales, desde luego, interpondrán su mediación amistosa, a fin de que el punto o motivo cuestionado se arregle satisfactoriamente. Lo contenido en este artículo tendrá lugar aun en el caso de ser uno solo el Estado que no haya tomado parte en la desavenencia.

Art. 6. Considerándose los Gobiernos contratantes en sus relaciones con el exterior como un solo cuerpo político, desde luego convienen en que siempre que el territorio de Centroamérica sea hostilizado, invadido o perjudicado en cualquiera manera por algún poder extraño, los Gobiernos de Guatemala, Honduras, Nicaragua y El Salvador obrarán sin demora en perfecto acuerdo, para reclamar la ofensa, repelerla en su caso y vindicar los derechos respectivos a todo Centroamérica.

Art. 7. Cuando sea atacado algún Estado en sus puertos o fronteras, u ofendidas sus autoridades, el Gobierno del Estado ofendido hará, a nombre de todos, en el acto los reclamos y protestas que sean del caso, informando a los otros de lo ocurrido, para los efectos que expresa el artículo anterior, sin perjuicio de dictar medidas para su propia seguridad y decoro.

Art. 8. Sin embargo de que los Estados contratantes de diferentes maneras han declarado y abolido el sistema de administración establecido en la Constitución, dada por la Asamblea Nacional Constituyente en 22 de noviembre de 1824, por el presente declaran solemne y terminantemente que el referido sistema ha dejado de existir por el unánime consentimiento de los mismos Estados. En consecuencia, los Estados contratantes convienen en que será tenido como acto de traición a la patria todo aquel que tienda, ya sea por medios directos o indirectos, a restablecer de un modo ilegal aquel sistema, o a trastornar el orden y forma de Gobierno que actualmente rige en cada uno de ellos, y se comprometen a castigar a los infractores de este artículo, juzgándolos y sentenciándolos por los tribunales y leyes respectivas del Estado en donde se cometa el delito.

Art. 9. El presente pacto, tan luego como sea ratificado por los Gobiernos de los Estados contratantes, se publicará en cada uno con la debida solemnidad, para que tenga observancia general.

Hecho y firmado en la ciudad de Guatemala, a 7 de octubre de 1842.

Por Guatemala. —(F.)—Manuel, F. Pavón
Por Honduras. —(F.)—Pedro N. Arriaga.
Por Nicaragua
Por el Salvador. —(F.)—Joaquín Dura

NUMERO 2.

1.°—Siendo notorio que algunas facciones de Centroamérica, emigrados en mil ochocientos cuarenta por consecuencia de los acontecimientos políticos, armados en puertos de la América del Sur, invadieron al Estado de Costa Rica en el mes de abril último, destituyendo a sus autoridades y usurpando su nombre, se ocupan en preparativos de guerra con el objeto de introducir el desorden en el territorio de los Estados contratantes, como se ve en los impresos publicados por ellos mismos, se declara: que tales procedimientos son una verdadera usurpación, y que en todo caso deberán considerarse como traición a la patria.

Art. 2.°—Como el verdadero objeto de esta facción, al proclamar la nacionalidad y el establecimiento de un gobierno central, se dirige a destruir la soberanía e independencia de los Estados, y anular las instituciones que se han dado de conformidad con lo dispuesto en el último Congreso Federal, se declara: que no teniendo la expresada facción título ni misión legal para pretender este trastorno, las consecuencias que de él resulten, y los males que se sigan de los actos violentos a que provoque con su agresión, no son de la responsabilidad, ni pesarán sobre los Gobiernos que actualmente rigen los Estados contratantes.

3.°—Debiendo los Estados confederados usar en sus buques de la bandera de Centroamérica; con el fin de evitar confusión y responsabilidades, se declara: que mientras se organiza la autoridad general que debe entender en los negocios de la marina, los Gobiernos de los cuatro Estados, a saber: Guatemala, Honduras, Nicaragua y El

Salvador, expedirán las patentes de navegación, pudiendo hacerlo, por ahora, por sí solo cualquiera de los referidos Gobiernos a nombre de todos. En consecuencia, los actos que por mar ejecuten los agentes de la facción que domina a Costa Rica, aun cuando sean bajo la sombra de la misma bandera, no comprometerán el crédito, ni la responsabilidad de los Estados confederados, sobre lo cual se hace ante todas las naciones la más solemne protesta.

4.°—Mientras que Costa Rica se halle sometida a la facción enemiga de los Estados, se comprometen los Gobiernos de los mismos a cortar toda comunicación, ya sea por mar o por tierra, y a prohibir toda relación entre los habitantes de aquel territorio y los de los Estados contratantes, entendiéndose que esta prohibición cesará luego que en dicho Estado se restablezca el orden legal, y se organicen por los costarricenses las autoridades que deban regirlo.

5.°—Si llegare el caso de que la facción que se halla en Costa Rica invada el territorio de los Estados contratantes, los Gobiernos de los mismos se comprometen a proceder de acuerdo en la defensa común, empleando todas sus fuerzas y recursos, y dándose desde luego los auxilios estipulados en convenio confidencial de esta fecha, suscrito por los infrascritos comisionados.

6.°—Con el objeto de que no pueda alegarse ignorancia, se establece: que siempre que sea aprehendida alguna persona o personas de la facción enemiga, o cualquiera otra que la auxilie en la invasión ...o en actos de que pueda seguirse el trastorno de la paz de que actualmente gozan los Estados, las mencionadas personas serán tenidas y tratadas en la manera que se expresa en el artículo octavo del pacto de unión, celebrado en esta ciudad el día siete del corriente mes, con declaratoria de que los actos que el enemigo ejecute por mar en los puertos y costas, serán reputados por piratería.

7.°—El presente convenio, ratificado que sea por los Gobiernos de los Estados, se publicará solemnemente para su observancia general.

En Guatemala, a 16 de octubre de 1842.
Por Guatemala. —(F.)—Manuel F. Pavón.
Por Honduras. —(F.)—Pedro N. Arriaga·
Por Nicaragua.
y el Salvador. —(F.)—Joaquín Duran.

ADVERTENCIA.

En este capítulo hay tres equivocaciones que no alteran la esencia de los hechos, ni la certeza de las doctrinas que acerca de ellos se han enunciado, pero que conviene rectificar para que se eviten objeciones posteriores.

En el número 1 del Sumario, se encuentran estas palabras: "El 9 de diciembre de 1842."

Son exactas con referencia a la nota del folio 117, datada en Chinameca a 9 de diciembre, y a la circular de los folios 119, 120 y 121, datada en Moncagua el mismo día; pero la barca Coquimbo llegó a la Libertad un día que no fue precisamente el 9 de diciembre, pues ese día se contestó a distancia del puerto de la Libertad acerca del arribo de la enunciada barca. Por lo mismo debe suponerse anterior al 9 de diciembre, lo que se dice en el párrafo segundo de este capítulo octavo.

En la página 121, se encuentran estas palabras: "El ministerio de Honduras respondió a la circular de Guzmán, en los términos siguientes."

La respuesta es relativa a la llegada de la Coquimbo; pero no es precisamente contestación a esa circular, sino a otra nota.

CAPÍTULO NOVENO: NICARAGUA.

SUMARIO.

1.—Razón del método. — 2. Diversas constituciones. —3. Nicaragua por Levy. —4. Se continúa hablando de Levy. —5. Buitrago. —6. Convención. —7. Morazán y Buitrago. 8. Pacto de Chinandega. —9. Noticias de Costa—Rica. —10. Conclusión del período de Buitrago. —11. El teniente coronel Manuel Pérez es electo Director. —12. Mediación. —13. Legación del Salvador. —14. Legación de Guatemala. —15. Costa—Rica. —16. Medidas de utilidad pública. —17. Chatfield. —18. Legación a Europa.

Nicaragua ha tenido grande influencia en la suerte de Centroamérica. Su segunda Asamblea Constituyente, instalada en 1838; su separación del pacto Federal y su Constitución decretada y sancionada en noviembre del mismo año, contribuyeron poderosamente a la situación que más tarde ha presentado todo lo que antes fue república de Centroamérica.

Hemos visto a Nicaragua celebrar con Honduras el pacto de 18 de enero de 1839, y ser fatalmente conducida por ese pacto a los campos del Espíritu Santo y Perulapán.

Hemos visto a su Gobierno aliarse con Ferrera para perseguir a Morazán, jefe entonces del Estado del Salvador, y continuar ligado con el mismo Ferrera durante infaustos acontecimientos.

Veremos pronto el hermoso Estado de Nicaragua ser víctima de ese mismo Ferrera, con quien de buena fe se había aliado, y sufrir de él vejaciones que apenas tendrán ejemplo en la historia del Nuevo Mundo.

En toda la Reseña se habla de Nicaragua en sus relaciones con los otros Estados, y en el movimiento general de Centroamérica; pero su régimen interior no se ha tocado desde el capítulo 28 del libro 5. °, y es preciso verlo ahora aunque sea ligeramente.

Debe llamar la atención de los lectores que, tratándose de Nicaragua, unas veces se hable del jefe de Estado, otras de Directores Supremos, y otras de Presidentes: y es preciso explicar la causa de esta diferencia.

Nicaragua ha tenido tres Constituciones políticas, emitidas la primera en 1826, la segunda en 1838, y la última en 1858.

La primera Constitución de Nicaragua llama jefe del Estado al primer funcionario del Poder Ejecutivo; la segunda lo denomina Director Supremo, y la última Presidente de la República.

La primera Constitución fija cuatro años al que ejerza el Poder Ejecutivo; la segunda limita el período a dos años, y la última lo vuelve a extender a cuatro.

Hemos pasado el período de los jefes de Estado, y nos hallamos ahora en el período de los Directores.

No faltará algún censor inteligente y severo que diga: "aquí hay un error, porque las constituciones que ha tenido Nicaragua, no son tres sino cuatro."

Son cuatro contando la que emitió una constituyente convocada en tiempo de don Fruto Chamorro.

Esa constituyente dictó una ley fundamental en 1854; cambió el nombre de Estado por el pomposo nombre de República; llamó

Presidente al funcionario que antes se llamaba Director, y prorrogó su período constitucional por cuatro años.

Pero esta Constitución no fue reconocida por todo el Estado: los demócratas la rechazaron e hicieron elecciones según la Constitución de 1838. Al hablar, pues, de tres Constituciones se enumeran las que han sido reconocidas por todo el Estado de Nicaragua.

El señor Pablo Levy dice que Buitrago fue el primer Director Supremo, encargado de hacer obedecer la Constitución de 1838, y que al mismo tiempo Carrera se apoderó definitivamente del mando de Guatemala.

Puede disculparse que no sepa Levy que todavía el 12 de abril de 1839 era jefe del Estado de Guatemala el general Salazar, porque la obra histórica se contrae a Nicaragua, y solo de paso habla del resto de Centroamérica; pero no puede disimularse el que, contrayéndose la obra a Nicaragua sola, se omitan los directores interiores Patricio Rivas, Hilario Ulloa, Joaquín Cosío y Tomás Balladares.

Levy, que no se fija en las personas que ejercen el Poder Ejecutivo, es muy prolijo hablando de los obispos.

Presenta un catálogo de 40 obispos, desde el franciscano Pedro Zúñiga en 1531, hasta don Manuel Ulloa en 1868.

El catálogo está tomado de la obra de Juarros hasta fray Nicolás García.

Juarros, sin embargo, numera 33 obispos hasta el Doctor García, y Levy 37.

La diferencia consiste en que Juarros no cuenta los obispos que no llegaron a ejercer sus funciones en León, y Levy los enumera todos.

Muchos de los obispos a que se refieren Juarros y Levy, se hallan retratados en grande, en una gran sala anexa a la catedral de León, templo notabilísimo que, si no puede competir con la catedral de Sevilla ni de Toledo, se considera por su extensión y solidez como el primero de Centroamérica.

¡Cuántas reflexiones sugiere al viajero, especialmente si es centroamericano, el salón donde se hallan retratados los obispos de Nicaragua!

Desde luego, se busca el retrato del dominico Valdivieso que tantos disgustos tuvo con sus feligreses y con el gobernador, porque quería que un alguacil suyo y otro que se llamaba de la Santa Inquisición llevaran varas como los alcaldes del reino.

¿Quién en aquel salón no recuerda que el mismo obispo Valdivieso explotó al pueblo de Nicaragua aumentando de una manera excesiva los estipendios del clero, hasta el extremo de que aquel pueblo, educado en las prácticas religiosas y sumiso como una manada de corderos a la voz de quien se llamaba su pastor, elevara sus quejas a la corte de Madrid y obtuviera cédula del consejo de Indias contra el obispo?

¿Quién no busca ahí a fray Benito Baldonado, abad de San Claudio, quien se empeñó en aumentar los diezmos y en imponer al pueblo nuevos gravámenes, porque los diezmos no alcanzaban para un nuevo tren que él quiso, por lujo eclesiástico, crear en la catedral de León?

¿Quién no recuerda ahí que el expresado abad de San Claudio fue el primero que intentó hacer a Nicaragua el inmenso mal de llevarle a los jesuitas?

Él pretendió levantar en Granada un colegio de jesuitas, y consiguió, para que se fundara, la suma de 3,000 escudos, que no salieron del bolsillo de Su Señoría Ilustrísima, sino del pueblo nicaragüense.

La intentona por fortuna fracasó. ¿Qué sería de Nicaragua si desde entonces hubiera tenido jesuitas?

¿Quién no busca en el salón de que hablamos el retrato de fray Fernando Núñez Sagredo, que tanto riñó con la autoridad civil porque creía que los empleados de los reyes de la casa de Austria no favorecían los derechos de la iglesia, esto es: los diezmos, las primicias y los estipendios del clero que consumían al pueblo?

¿Quién no se empeña en buscar el retrato de fray Alonso Briceño, del orden seráfico, teólogo tan consumado que llegó a llamársele Segundo Escoto, no porque sostuviera el culto de María, que nadie combatía entonces, ni por sus disertaciones sobre la naturaleza de Dios, que ninguno ponía en duda, sino porque defendió admirablemente los derechos de estola!

¿Quién al ver el retrato de fray Alonso Bravo y Laguna, religioso de San Francisco, natural de Tepeaca en el reino de México, no recuerda que murió en la ciudad de Cartago en el año de 1675, haciendo la visita episcopal, y lo que eran entonces tales visitas?

Se recogía dinero por todas partes en cambio de la vida eterna.

El obispo volvía a León cargado de dinero y los costarricenses quedaban repletos de gracias espirituales.

El obispo en la visita era un señor temporal. Mandaba a su antojo en todos los ramos de la administración, y hacía ejecutar sus providencias amenazando con excomuniones y con las penas del infierno.

Un obispo en la visita mandó reunir ranchos dispersos y reducir a determinados puntos a los moradores de ellos. Estos no aceptaron y se les amenazó con la excomunión; no hicieron caso a la amenaza y fueron excomulgados; no hicieron caso a la excomunión y el obispo pidió auxilio al brazo secular, como se decía entonces.

A la elocuencia armada de este brazo no hubo réplica y se ejecutó lo que el obispo quería.

¿Quién mirando el retrato de fray Benito Garret y Arlovi, Canónigo Premonstratense, no recuerda su sed de mando y su empeño de que todas las autoridades y todos los asuntos estuvieran sujetos a la jurisdicción episcopal?

La Audiencia y Real Chancillería de Guatemala se componía de muy buenos cristianos y de naturalistas asombrosos.

Pruébanlo las sabias disposiciones que aquel alto cuerpo dictó—aunque no se sabe si con buen éxito—para destruir el chapulín.

Siempre que había langosta la Real Chancillería suplicaba al arzobispo de Guatemala y a los obispos de Chiapas, de Comayagua y de León, que lanzasen y mandasen lanzar exorcismos contra el chapulín.

Se distinguió en cuanto a la conveniencia y necesidad de estos exorcismos nuestro ilustre togado don Jacobo de Villa—Urrutia, fundador de la Sociedad Económica de Guatemala, personaje a quien los socios veneran hoy en alto grado, y en cuyo retrato se extasían.

Si tanto respetaba la Real Chancillería a los obispos, y si el señor Villa—Urrutia de que tanto se habla creía que el Báculo Episcopal produce los portentos que el Éxodo atribuye a la vara de Moisés, es preciso que las exigencias de fray Benito Garret hayan sido atroces para obligar a la Real Audiencia a que dictara severas disposiciones contra el mitrado.

Fray Benito, que era dueño y señor de Nicaragua y que no sufría réplica, se empeñó en conocer en una causa que la Audiencia creyó no era eclesiástica, y no habiendo obedecido la tercera carta de fuerza, tuvo que salir del país.

La cólera que produce a esos hombres la contradicción a que no están acostumbrados enfermó a fray Benito y murió repentinamente en San Pedro Sula, de camino para el puerto, de donde fueron trasladados sus restos a la catedral de León.

¿Quién no busca también el retrato del Doctor don Isidro Marín Bullón y Figueroa, quien empezó la construcción de la catedral actual, pero hizo al efecto empobrecer a los pueblos con gravámenes para la fábrica, como el Papa León X cuando intentaba concluir la basílica de San Pedro?

¿Quién mirando el retrato de fray Luis García, del orden de Santo Domingo, no recuerda a uno de los más grandes enemigos de la independencia de Centroamérica, al autor del acta de los nublados, al eclesiástico que manejó al mismo tiempo la artillería y el incensario, al revolucionario que don Manuel José Arce, siendo él quien era, sacó de Nicaragua como medida de buen gobierno?

¿Quién al ver el retrato del señor Viteri, no recuerda la historia del marimbero, la apoteosis de Malespín, la excomunión solemne del mismo Malespín, la reconciliación con él, el ataque al Gobierno de Aguilar, la sangre que aquel día se derramó en San Salvador y los golpes que durante esa fatal jornada dio Viteri con sus pontificales pies a heridos de Aguilar, que entraron aquel día en el palacio episcopal?

¿Quién no se espanta recordando el cadalso del general Barrios, al ver el retrato de fray Bernardo Piñol y Aycinena, colocado con tanta veneración?

¿Será posible olvidar la liga de Martínez y Piñol, y la liga de Enrique Palacios Piñol y Martínez?

A Piñol se debe la entrega de Barrios y su muerte. ¡Qué horror debe, pues, producir su retrato!

Antes de salir de aquel salón no puede menos de contristarse el ánimo de todo el que, no estando educado en la escuela del servilismo, o habiendo podido romper, con la lectura y la vista del mundo, las preocupaciones de la casa paterna, contemple que el concepto público todavía considera como benefactores a los hombres cuyo régimen, cuya índole, cuyas tendencias, cuyas aspiraciones y cuyo tenebroso sistema han envuelto al país en las ruinas que lo rodean.

Dice Levy que abandonada Nicaragua a sus propias fuerzas, cayó pronto en la más completa anarquía, y que durante cinco años una guerra civil casi continua agitó al país.

Se equivocó, pues, el reverendo padre Solís, quien al segregar a Nicaragua de la unión centroamericana dijo: que iban a desaparecer todos los males y a abrirse la era de todos los bienes.

Se equivocó el diputado Salinas, quien aseguró que iba a cerrarse para siempre el templo de Jano y a pulverizarse la vara ensangrentada de Belona, para fijar la balanza de Temis y establecer el reinado de Astrea.

Un clérigo que con tanto acierto profetizaba, no podía quedar sin recompensa. Al padre Solís se le dio una canonjía en la catedral de León, por muerte del señor Portocarrero, y al publicarse esta noticia en Guatemala, don Manuel Francisco Pavón escribió un artículo en la Gaceta del Gobierno, en que se hace la apoteosis del nuevo canónigo.

Un diputado como Salinas, que con tanto acierto predecía y cuya mirada escudriñadora penetraba el porvenir, no podía quedar en Guatemala sin honores.

Pavón, Aycinena y Batres hablaron de Salinas como de un grande hombre, por sus sentimientos de orden, de moderación, de tino, aunque solían censurar sus figuras poéticas.

Dominan en Nicaragua durante el período de que hablamos algunos asuntos, a que se consagra la atención pública: la convención de Estados, las reclamaciones británicas, algunos reclamos pecuniarios que hacía la Francia, las cuestiones con Costa Rica por el partido de Nicoya y determinados proyectos del canal interoceánico.

Los hombres que dirigían la política de Nicaragua habían sido víctimas de un engaño de los serviles de Guatemala.

Ellos creían que Aycinena había hablado con lealtad en su célebre folleto llamado "Toro amarillo" y que se deseaba salir de la unión por los defectos de la ley fundamental de 1824, para volver a la unión bajo el régimen de una Constitución sabia, dictada por hombres prácticos y aleccionados por los sucesos de que el país había sido teatro.

Pero no era eso lo que se quería; se quería el fraccionamiento absoluto que al fin exhibió el célebre decreto dictado en Guatemala a 21 de marzo de 1847.

Los serviles de Guatemala no hablaban entonces con franqueza; no decían que rehusaban la Convención y la liga de los Estados. Ellos mismos nombraban representantes; pero de tal manera instruidos que no se llenaba el fin.

Con todas estas dificultades Nicaragua iba luchando. Se reunían las Cámaras, se daban leyes, se subrogaban los empleados según los términos constitucionales, y don Patricio Rivas presentó a las Cámaras el 26 de febrero de 1847 un cuadro de la situación.

Se queja el Director de Nicaragua del sistema penal establecido.

Debe aludir al código decretado por la Legislatura en 24 de abril de 1837 y mandado poner en práctica en 20 de junio de 1839.

Don Patricio Rivas pide un Consulado de comercio.

Aquel alto funcionario había leído el decreto de la Asamblea cristianísima de Guatemala, que establece el Consulado de comercio que abolieron los liberales, y quería para su patria una institución agangrenada.

Las ordenanzas de Bilbao en 1847 son un ridículo anacronismo.

Don Patricio debió haber pedido a las Cámaras un tribunal mercantil con leyes propias del período que atravesaba.

He aquí la influencia fatal de los serviles de Guatemala en la política de Centroamérica.

Dice don Patricio que la deuda pública había disminuido, y que se meditaban medidas salvadoras en el ramo de hacienda y principalmente con relación al estanco de aguardiente.

Se jacta de que Nicaragua está en paz; pero se prepara para la guerra. Establece academias y ejercicios militares. Compra fusiles y pólvora, y activa la recomposición de armas.

Teme a Carrera, en quien supone miras de dominar al Salvador para ir en seguida sobre Nicaragua.

Rivas pide explicaciones a Guatemala, se le dan extensas y no las cree.

Los hombres de Estado que rodean al Director de Nicaragua le inspiran desconfianzas.

Ellos recuerdan que notas más amistosas se enviaban al Gobierno de los Altos al mismo tiempo que se tramaba la ruina de aquel Gobierno, y que se cometieron en Quezaltenango todo género de atentados, asegurándose sin rubor y sin ningún miramiento al buen sentido, que se había ido a proteger a los quezaltecos.

Presenta Rivas los puertos de mar en un lastimoso estado, lo cual era un mal de todo Centroamérica, con excepción de Costa Rica, y se experimentaba especialmente en Guatemala.

Acostumbrados a que todo fuera en Guatemala para la capital, como estaban acostumbrados los peruanos a que todo fuera en el Perú para Lima y en otra parte para Buenos Aires, se descuidaba del resto del país.

Creíase entonces que en adornándose la capital, todo iba bien. Este absurdo es igual al de quien pretendiera cuidar la cabeza de un hombre descuidando por completo el estómago y el corazón.

El extravío de las ideas en esta materia ha llegado hasta el extremo de que, al hablarse a cierta gente del fatal estado de nuestros puertos y de la mala impresión que a los extranjeros hacía, hubiera quien respondiese en esta forma: "No le hace, ellos se admirarán después mirando la capital."

Por fortuna las ideas cambian, y hoy los gobiernos piensan de diferente modo.

Rivas presenta en aspecto lúgubre las relaciones internacionales, por la cuestión de Mosquitia, por los reclamos sobre el pago de la deuda inglesa, y por las exigencias del comandante de la goleta francesa La Indiana, quien tratando a Nicaragua como se trata a las regiones berberiscas, se dirigió él mismo al Gobierno, reclamó cantidades que se decía adeudaba Nicaragua a súbditos del rey Luis Felipe e hizo amenazas e intimaciones.

Por decreto dado en León a 4 de marzo de 1841 declararon las Cámaras de Nicaragua Director del Estado constitucionalmente electo al ciudadano Pablo Buitrago.

Lo primero que hizo Buitrago fue separar del ministerio a Castellón, quien sirvió ese puesto en tiempo de Núñez. Véase el número 5.° correspondiente a las páginas 286 y 287, tomo 3.° de la Reseña.

El 4 de enero de 1838 Núñez dio un acuerdo que dice así: "Para que el ministro propietario ciudadano Pablo Buitrago convalezca de los achaques de que adolece, se le otorgan 30 días de licencia para que se separe del ministerio; en consecuencia se nombra secretario accidental al ciudadano Francisco Castellón con el sueldo asignado por la ley."

Don Patricio Rivas nombró a Castellón contador mayor del Estado en decreto de 3 de septiembre de 1840, y pocos días después, el 11 del mismo septiembre, lo nombró ministro general interino.

Este elevado empleo tenía Castellón cuando Buitrago subió al poder.

El nuevo Director no podía coincidir en ideas con el señor Castellón, y tuvo a bien enviarlo a la contaduría mayor y subrogarlo con don Simón Orosco, de quien podía disponer con menos dificultad.

Castellón había contribuido a la elección de Buitrago; pero, según él mismo dijo, sus trabajos en favor de aquella candidatura fueron una condescendencia con el comandante general Casto Fonseca, quien se esforzaba en que don Pablo Buitrago fuera Director supremo y ofrecía que su candidato en el poder no cometería ningún extravío.

Muy pronto Castellón escribió contra Buitrago, quien contestaba con este encabezamiento: "El Director del Estado de Nicaragua al público".

El artículo 245 del Código Penal imponía a los funcionarios, contra quienes se escribiese, la obligación de vindicarse, y Buitrago lo hacía por sí mismo empleando al frente de sus papeles el título pomposo de Director supremo del Estado.

Buitrago no limita su defensa a los asuntos de actualidad a que Castellón se contrae, sino que penetra en toda la vida pública de su antagonista para herirlo de todos modos, y muchas veces el herido es el mismo Buitrago.

Asegura Buitrago que Castellón, siendo Ministro interino el año 40, dijo que las masas populares se habían manifestado tan supersticiosas como ignorantes.

Buitrago, a vista de estos asertos, exclama: "¡Acostumbra Castellón atacar con descaro la verdad, la honradez y hasta el respeto que se debe al público!".

De manera que en concepto de Buitrago no hay en nuestros pueblos, ni fanáticos, ni supersticiosos, ni ignorantes.

Si el supremo Director de Nicaragua hubiera visto, con sus propios ojos, a Carrera con una casaca magnífica del general Prem, no calculada para el cuerpo del nuevo caudillo, con un sombrero de señora, con escapularios del Carmen, con un pantalón de jerga, en un caballo ensillado con albarda, y en esta facha al entrar a Guatemala frente de millares de hordas de salvajes que, desorejando mujeres, victoreaban la religión, no se hubiera espantado de los conceptos enunciados por el Lic. Francisco Castellón.

Buitrago era arrastrado hacia la Convención de Estados por el torrente de las ideas que en Nicaragua dominaban, y puso sin dificultad el exequatur a un decreto emitido por la Asamblea el 17 de abril de 1841, en que se nombra representantes propietarios a la Convención Nacional a los señores Licenciados Francisco Castellón, Gregorio Juárez, Benito Rosales, José Núñez y Hermenegildo Zepeda.

Este decreto es un golpe para Buitrago, porque ambas Cámaras colegisladoras reunidas en Asamblea General colocan al frente de una lista de ciudadanos distinguidos al Lic. Francisco Castellón.

En esos días los representantes de Honduras, Felipe Jáuregui, J. Rosa, J. Francisco Zelaya, M. E. Vásquez y José María Cisneros, publicaron en Chinandega un papel contra José Antonio Milla, José María Cacho y José Antonio Ruiz, que se hallaban asilados en Nicaragua.

El papel provino de que se creía que los representantes de Honduras habían pedido la expulsión de las tres personas indicadas, y la representación hondureña dice: "Como particulares sabríamos despreciar la imputación; pero como representantes del Estado soberano de Honduras, debemos desmentirla para que no se crea que somos capaces de insultar a nuestro representado, interponiendo su dignidad para perseguir enemigos tan pequeños."

Estaba en moda presentar a los adversarios como pequeños, como microscópicos; pero esa moda no siempre daba buen resultado al que la usaba.

Buitrago presenta a Castellón como un ser despreciable, y las Cámaras de Nicaragua lo colocan al frente de la representación nacional.

Buitrago dice que Castellón nada significa; y el atacado toma la pluma y pulveriza a su antagonista, que se hallaba bajo el dosel, obligándolo a decir solemnemente que opinaba por la libertad de imprenta; pero no por la licencia.

Sabido es que en el vocabulario político centroamericano se llamaba libertad de imprenta lo que halaga, y se denominaba licencia lo que ofende.

Jáuregui y sus compañeros ven como seres microscópicos a Milla (José Antonio), a Cacho, a Ruiz y a todo su partido, y los insultan sin piedad.

Si hoy los detractores se levantaran de sus tumbas y vieran los honores que se tributan a la memoria del héroe de Gualcho, antes de volverse a dormir para siempre exclamarían: "¡Nos equivocamos miserablemente!"

La situación internacional se creía salvada por medio de la Convención de Estados, y mientras más la deseaban los nicaragüenses, más se oponían a ella, por medios maquiavélicos, los serviles de Guatemala.

Por último, los representantes de Nicaragua a la junta preparatoria de la Convención General se retiraron haciendo una solemne protesta. Eran los señores José Núñez, Francisco Castellón, Sebastián Salinas, Gregorio Juárez y Benito Rosales.

Ellos exponen, con fecha 30 de junio de 1841, todos los esfuerzos que ha hecho Nicaragua para reorganizar a Centroamérica, y todas las maquinaciones que se habían puesto en juego para hacer fracasar el proyecto.

Entonces palparon una vez más los admiradores del señor Marqués de Aycinena que se les había engañado en los folletos que se publicaron en los Estados Unidos.

La indignación de los nicaragüenses aumentó con la toma del puerto de San Juan el 12 de agosto de 1841.

Los militares, a cuya cabeza se hallaba Casto Fonseca, celebraron un acta que se encuentra al fin de este capítulo y manifiesta la agitación en que se encontraban todos los ánimos.

Digno es de notarse que los Estados que verdaderamente casi exigían a los Gobiernos de Guatemala y Costa Rica que entraran a la Convención, eran Nicaragua y El Salvador. El Gobierno de Ferrera representa un papel doble: envía representantes a Chinandega y está ligado con la aristocracia de Guatemala, que detesta todo pensamiento de reorganización.

Ocupado estaba Buitrago todavía en sus disputas con Castellón cuando el general Morazán dirigió a los Gobiernos de Centroamérica la exposición que se halla en el número 9, capítulo 5.° de este libro, y el antagonista de Castellón contestó rechazando a Morazán.

Un incidente hubo que dio lugar a que el general Morazán dirigiera al Gobierno de Nicaragua la nota fechada en San Miguel a 20 de febrero de 1842, que se halla al fin de este capítulo, y Buitrago contestó de una manera ofensiva y lastimante.

Cuando el supremo Director de Nicaragua supo que Morazán había entrado a Costa Rica, lanzó contra el ex—Presidente de Centroamérica una proclama en que se encuentran estas palabras:

"Funcionarios públicos: valientes militares: nicaragüenses todos, poned en ejercicio el sacro fuego que inflama vuestros pechos en favor de la independencia de esta patria que os pertenece."

De manera que, según el supremo Director, la independencia estaba amenazada, no por Chatfield, que pretendía extender el territorio imaginario del rey Mosco, ni por Pavón, que apoyaba a Chatfield, sino por el general Morazán.

El ex—Presidente, jefe a la sazón del Estado de Costa Rica, envió a Nicaragua dos comisionados, los señores Nicolás Angulo y Manuel Irungaray, quienes el 12 de junio de 1842 salieron de Punta Arenas a bordo del bergantín Cosmopolita, con dirección al Realejo, a donde arribaron el 17.

Angulo e Irungaray inmediatamente remitieron una nota al ministro de Estado y otra al secretario de las Cámaras, manifestando el peligro en que se hallaba Centroamérica y la conveniencia de reorganizarla, conforme a los principios del derecho público y a las leyes. A estas notas contestó Buitrago mandando se pusiera el buque en rigurosa incomunicación.

El día 22 los comisionados recibieron una nota que se encuentra también al fin de este capítulo.

Se les dijo que no se había entregado la nota al secretario de la Asamblea porque este alto cuerpo estaba en receso, y que los comisionados no podían entrar a Nicaragua por los pactos con los demás Estados.

Estos pactos eran los célebres convenios de que ya se ha hablado, firmados por don Joaquín Durán, don Pedro Nolasco Arriaga y don Manuel Francisco Pavón.

La nota, datada a bordo del bergantín Cosmopolita en Punta de Icaco, a 22 de junio de 1842, que igualmente se encuentra al fin de este capítulo, levantaron ancla y regresaron a Punta Arenas.

Buitrago era ya el hombre grande para los serviles de Guatemala. La Gaceta lo colmó de elogios. Pavón dijo por todas partes que Buitrago era un hombre de orden que solo aspiraba a la justicia y al decoro.

El supremo Director quiso hacer ostentación de sus dotes militares y aumentó a 1200 hombres la guarnición del Estado, disponiendo fueran jefes de frontera en el distrito de Chinandega, del departamento occidental, el teniente coronel Joaquín Cosío, y en el meridional, el teniente coronel Manuel Pérez.

Buitrago no solo aspiraba al decoro de que tanto hablaba Pavón, sino a la salvación de las almas.

El año de 30 los liberales abolieron los monasterios y el año de 42 el muy católico señor Buitrago se empeñaba en restablecerlos.

Su firma lleva un célebre decreto que restablece en Nicaragua un convento de recoletos. He aquí:

Art. 1. ° Se restablece la Recolección de Bautistas, bajo las mismas reglas que la regían antes del año de 1830.

Art. 2. ° El ordinario eclesiástico cuidará del exacto cumplimiento de este decreto, y hará todas las diligencias necesarias al logro de su objeto.

Art. 3. ° Tomará al efecto el edificio conventual de la religión extinguida de Mercenarios, mientras se reedifique el de la Recolección; y dispondrá lo conveniente a fin de que los padres recoletos visiten con frecuencia los lugares dignos de su misión apostólica.

8.—Buitrago estaba en medio de un torbellino; por una parte lo agitaba la idea de que el general Morazán mandaba en Costa Rica y que no carecía de partidarios en Nicaragua; por otra, la opinión pública del Estado estaba pronunciada en favor de la Convención de Estados; por otra, gustaba de estar bien con los nobles de Guatemala y con las monjas, posición que ya había conquistado.

En medio de tan opuestos vientos, se había instalado en la ciudad de Chinandega la Convención de los Estados centroamericanos con la concurrencia de los delegados de El Salvador, Honduras y Nicaragua, y bajo la presidencia del Lic. Manuel Barberena.

Esa junta centroamericana pactó lo siguiente:

La Convención Nacional, penetrada de que uno de sus principales objetos es procurar la organización del Poder que provisionalmente llene las atribuciones que correspondían a los poderes nacionales, forme un lazo de unión entre los Estados, y promueva otras medidas que exige la prosperidad y el interés peculiar y general de estos, mientras se emite y ratifica por ellos el pacto, cuya formación se ha encargado a la misma, ha tenido a bien convenir en los artículos siguientes:

Art. 1. ° Se establece un Gobierno nacional provisorio nombrado por la Convención con las facultades que aquí se expresan, y serán desarrolladas en un reglamento particular.

Art. 2. ° El Gobierno provisorio se ejercerá por un Supremo Delegado.

Art. 3. ° Habrá también un Consejo compuesto de un individuo nombrado por cada una de las respectivas Asambleas, y por ahora, y mientras concurren aquellos, la Convención designará un individuo de cada legación para que consulten al Supremo Delegado en los asuntos graves y de trascendencia.

Art. 4. ° El Supremo Delegado nombrará un ministro de relaciones interiores y exteriores.

Art. 5. ° Son atribuciones principales del Supremo Delegado:

1. Servir de órgano de comunicaciones entre la Convención y los Gobiernos de los Estados.

2. Entablar las relaciones exteriores.

3. Negociar tratados con las naciones extranjeras.

4. Liquidar la deuda pública.

5. Velar sobre la integridad, dignidad y seguridad del territorio.

6. Disponer de la milicia nacional que debe crearse de los cupos de los Estados, distribuyéndola como más convenga, y mandarla en los casos que el reglamento determine.

7. Preparar lo conveniente para celebrar un concordato con la Santa Sede.

8. Procurar del Gabinete de Madrid el reconocimiento de la independencia de Centroamérica, y entablar con el mismo Gabinete relaciones de amistad, alianza y comercio.

9. Procurar se lleve adelante el proyecto de reconocimiento, para la apertura del canal de Nicaragua, bajo la contrata con el señor Baily, haciendo se le indemnice de su trabajo, y caso que no quiera seguirlo,

pedirle los planos, bosquejos y delineaciones que haya hecho, previa satisfacción de lo que haya devengado.

10.° Procurar la reunión de la gran Dieta americana, excitando al efecto a todos los Gobiernos de la América.

11.° Reclamar del Gobierno de S. M. B. sobre la ocupación que hayan hecho sus súbditos del territorio e islas de la República.

12.° Convocar a la Convención en el caso que llegue a disolverse de hecho y designar el punto de su reunión.

Art. 6. ° El Gobierno provisional residirá en el punto donde reside la Convención; pero disuelta ella, podrá trasladarse con acuerdo de su Consejo, a donde lo demanden las circunstancias, sin perjuicio de hacerlo a donde lo exija la mayoría de las Asambleas de los Estados.

Art. 7. ° La Convención hará un presupuesto de gastos para el año económico, que será cubierto a prorrata por cupos de los Estados provisionalmente, mientras se arregle el pacto que debe fijarlos de un modo permanente.

Este convenio se comunicará a los Gobiernos de los Estados respectivos para los efectos consiguientes.

Fechado en la ciudad de Chinandega, a los 11 días del mes de abril de 1842.

Manuel Barberena, presidente. —Norberto Ramírez. —S. Salinas. —Gregorio Juárez. —José Núñez. —Manuel Emigdio Vásquez. — Juan Rosa.—Mónico Bueso, secretario.—Francisco Castellón, secretario.

El señor don Antonio José Cañas fue nombrado Supremo Delegado.

Este grande esfuerzo del patriotismo tenía muchos enemigos. Ferrera estaba de mala fe; la Asamblea cristianísima de Guatemala rechazó con indignación el pacto de Chinandega, y Costa Rica más tarde adhirió a él con determinadas limitaciones.

Hablándose de reorganización nacional se estaba, cuando recibió Buitrago noticia de los infaustos sucesos de los días 11, 12, 13, 14 y 15 de septiembre, y la hizo publicar con júbilo en el Boletín Nicaragüense.

Buitrago se opuso en seguida, aunque no con tanta tenacidad como Ferrera, a la entrada de los coquimbos.

El Director de Nicaragua tenía a su lado al hombre de siniestros recuerdos, Manuel Quijano, quien hacía publicaciones contra los coquimbos que reproducía con elogio la Gaceta de Guatemala, y quien intimidaba a Buitrago asegurándole que los coquimbos pretendían apoderarse del mando en las elecciones de Director Supremo que ya se estaban practicando, y le decía que era preciso verlos con indignación y con horror.

Por último, llegó el 1.° de abril de 1843 y se declaró terminado el período constitucional del Lic. don Pablo Buitrago.

Le sucedió el señor Juan de Dios Orosco, senador designado por la Cámara de representantes en el orden que establecía el artículo 128 de la Constitución entonces vigente.

El señor Bachiller Simón Orosco, ministro general, presentó su renuncia, alegando que tenía necesidad de dedicarse a la práctica forense para recibirse de abogado, y le sucedió en el ministerio el Lic. don Toribio Tijerino.

La elección de Director, según asegura la prensa oficial, se hizo con toda libertad.

Ningún candidato obtuvo el número de sufragios para que hubiera elección popular, y la Asamblea, procediendo a elegir conforme a la Constitución, nombró Director Supremo al teniente coronel don Manuel Pérez, quien tomó posesión de su elevado destino.

Uno de sus primeros actos administrativos fue nombrar ministro general al señor Lic. don Francisco Castellón.

Se comenzó a publicar un periódico oficial titulado Eco de la Ley.

En el editorial del primer número se dice que el Estado gozaba una paz octaviana.

Alaba la legalidad y el orden con que se procedió en las elecciones y augura un venturoso porvenir.

Si sobre Nicaragua no se hubieran ejercido fatales influencias, acaso desde entonces habría podido fomentar el respeto a la ley fundamental y la veneración a las instituciones republicanas; pero se hallaba en medio de Estados donde no se respetaba más principio que la fuerza material.

En Guatemala no había Gobierno. El Presidente Rivera Paz era un figurón de mampara, tras el cual Carrera ejercía su voluntad suprema.

Rivera Paz había sido puesto preso en su palacio por el mismo Carrera y todos los poderes estaban anarquizados. Véanse los capítulos 11, 12, 13, 14, 15, y 16 del libro anterior.

En Honduras no había más ley que la espada de Ferrera manejada por don Felipe Jáuregui.

Ese Gobierno, ligado con Chatfield, reconoció la Mosquitia y estaba dispuesto a ejecutar cuanto a los nobles de Guatemala pluguiera.

El Gobierno hondureño se empeñaba en trazar la senda de conducta que debía seguir el Director de Nicaragua y maquiavélicamente le sugería sin cesar ideas reaccionarias.

El Gobierno de Nicaragua se habría burlado de Ferrera, de su círculo y de todo su poder; pero Ferrera no estaba solo, estaba protegido por los nobles de Guatemala y por Carrera, y muchas veces lo apoyaba Malespín, quien representaba en El Salvador el mismo papel que Carrera en Guatemala; aunque más digno e inteligente que Ferrera, no siempre se podía contar con él tratándose de intervenciones europeas, de protectorados y colonias.

Costa Rica acababa de ser teatro de la catástrofe del 15 de septiembre de 1842. Véase el capítulo final del libro anterior.

Sin embargo, marchaba con regularidad, gracias a la índole de sus habitantes, a su proverbial laboriosidad, y muy especialmente a la gran distancia que de Guatemala la separa.

Costa Rica, sin dar oídos a las incesantes lecciones de Aycinena y de Pavón, y sin querer seguir el bello ejemplo de Carrera y de Rivera Paz, había convocado una Asamblea Constituyente, no para que se eternizara dando leyes que repletasen de poder y de autoridad a los nobles, hasta que ignominiosamente se le arrojara a sablazos, sino para emitir una ley fundamental, que emitió.

Una de las ocupaciones del nuevo Director de Nicaragua fue mediar entre los gobiernos de Guatemala y El Salvador que estaban en pugna, porque don Juan José Guzmán no cerraba las imprentas e imponía a todos el silencio sepulcral que reinaba en Guatemala.

En el número octavo del Eco de la Ley, se encuentran estas palabras:

"De Guatemala solo se sabe que se ha prohibido la circulación de impresos con el fin de cortar el contagio revolucionario; pues según parece, no han dejado de conexionarse algunos hijos del mismo Estado, con los que escriben en San Salvador contra la administración actual y contra el general Carrera".

Para sostener el régimen bárbaro de los nobles, era preciso que no solo se impusiera un profundo silencio a los guatemaltecos, sino también que no se les permitiera leer lo que en otras partes se escribía.

Si hubiera habido libertad de imprenta en Guatemala, se habrían pulverizado todas las maniobras de crédito público con que Pavón ocupaba incesantemente a la Asamblea, y todas esas leyes calculadas para llenar de bienes a tres casas aristócratas fallidas.

El Gobierno de El Salvador acreditó en León, en calidad de enviado, a don Joaquín Eufracio Guzmán.

El señor Guzmán, costarricense de origen, se consideraba ya como salvadoreño, porque hacía mucho tiempo que estaba radicado en San Miguel, porque había contraído ahí matrimonio, tenía una numerosa familia y considerables bienes de fortuna.

Se decía que la misión de Guzmán tenía por fin estrechar los vínculos de amistad entre El Salvador y Nicaragua. Se agregaba que los Estados se hallan muy distantes para hacerse el mal, pero muy cerca para hacerse el bien, palabras que ojalá se hubieran tenido siempre presentes.

Guzmán manifestaba temores a Guatemala. Decía que en Jutiapa se reclutaba gente y se esperaba a Carrera; que desde Guatemala se fomentaba la insurrección de los volcaneños de Santa Ana, y que habían muerto los señores Agustín Medrano y Balbino Violante, vecinos pacíficos y propietarios de Ahuachapán.

El Gobierno de Guatemala también acreditó una legación en León, enviando poderes al señor Jerónimo Carcache.

Carcache se empeñó en disculpar al Gobierno de Guatemala por su oposición al pacto de Chinandega, y por su firme propósito de mantener el tratado que los nobles llamaban de Unión, firmado en Guatemala por Pavón, Arriaga y Durán.

Carcache presentó a Castellón una nota de don Juan José Aycinena, datada en Guatemala a 17 de junio de 1843. En esa nota se encuentran las palabras siguientes:

"Mi Gobierno se ve en la necesidad de reiterar la protesta que tantas veces ha hecho de no estimar por conveniente ni practicable en Centroamérica el establecimiento de una forma de Gobierno unitario, porque esto no haría más que sumir al país en mayores desgracias de las que hasta ahora se han sufrido".

Castellón comprendió perfectamente el significado de esta nota y quedó asombrado de la inconsecuencia de los serviles de Guatemala y de la contradicción enorme en que el párrafo preinserto coloca al Marques de Aycinena con su vida pasada.

Los serviles han increpado siempre a los liberales porque, en vez de un Gobierno unitario, crearon en 1823 y 24 un Gobierno federativo. A la cabeza de los censores estuvo siempre el señor Marqués de Aycinena. ¿Cómo, pues, ahora dice a Castellón que su Gobierno se ve en la necesidad de reiterar la protesta que tantas veces ha hecho de no estimar por conveniente ni por practicable en Centroamérica la forma unitaria?

Aycinena atacó el Gobierno federal del año de 24, y ataca ahora el unitario; como ataca también el que establece el acta de Chinandega, que no es unitario. ¿Qué quiere, pues? Quiere la separación absoluta de Estados, para disponer con su familia a su antojo del Estado de Guatemala, y para influir desde Guatemala en la suerte de todo Centroamérica.

Aycinena ve como un crimen todas las opiniones que se emiten contra la suya.

A todo esto Castellón contestó de la manera siguiente:

"Ministerio general del supremo Gobierno del Estado de Nicaragua

Señor ministro de relaciones del supremo Gobierno del Estado de Guatemala.

D. U. L. León, agosto 5 de 1843. Vista con la atención que merece la estimada carta de U. de 17 de junio último, en la que, después de manifestar las suposiciones que se hacen en El Salvador por algunos enemigos de ese Estado, atribuyéndole que aspira a la dominación de los otros, protesta no estimar conveniente ni practicable en Centroamérica el establecimiento de un Gobierno unitario; la elevé al conocimiento de mi Gobierno, quien en consecuencia me ha ordenado decir a U.: que no se ha persuadido de las imputaciones que sobre los particulares a que se refiere se han difundido; pues hasta ahora no se presentan datos para juzgar debidamente y según corresponde en materias de importancia; y que tampoco piensa que sean un crimen imperdonable las opiniones políticas que se esparcieran acerca de una forma unitaria; puesto que la libertad del pensamiento, aun en el individuo, es garantida por las leyes, y que las mejoras y el progreso no se logran encadenando las ideas.

Dígnese U., señor ministro, elevar lo expuesto a la consideración de ese señor Presidente y admitir entretanto los votos sinceros de su obsecuente servidor".

Francisco Castellón.

Las relaciones entre Guatemala y Nicaragua no podían ser íntimas, porque a cada momento había motivos de disgusto.

En Guatemala no había libertad de imprenta. Reinaba el silencio en torno de todos los edificios públicos, como reina alrededor de las losas funerales; pero había la más completa libertad para atacar a los que no estaban de acuerdo con Chatfield, Aycinena y Pavón.

Se publicó un impreso en favor de Chatfield y contra los intereses de Nicaragua, en 22 de junio de 1843, bajo el seudónimo de "Un hijo de Guatemala."

Castellón hizo cargos a Carcache por esta publicación.

El representante de Guatemala en León de Nicaragua respondió que ese papel no era ministerial, ni podía hacerse cargo al Gobierno que representaba con motivo de opiniones emitidas libremente por ciudadanos particulares.

Esta contestación, poco calculada, colocó a Castellón en posición de pulverizar en aquella conferencia al Gobierno guatemalteco.

Castellón dijo a Carcache que tal respuesta la admitiría como satisfactoria, viniendo del representante de los Estados Unidos, de Inglaterra o de otra nación donde se goce de libertad de imprenta; pero que en boca del representante de Guatemala era una nueva ofensa, porque en Guatemala no solo no había libertad de imprenta, sino que se prohibía la entrada de periódicos de otros Estados: que "El Amigo del Pueblo," periódico salvadoreño, el cual hablaba en favor de Nicaragua y contra Chatfield, era perseguido en Guatemala de una manera atroz.

El señor Carcache no era tan práctico en la diplomacia para salir de esta dificultad, de la cual, sea dicho en honor de la justicia, tampoco hubiera salido airoso el célebre Talleyrand.

Guzmán, representante de El Salvador, continuaba manifestando temores por la actitud de Carrera en la frontera salvadoreña, y refirió en la secretaría de Estado de León que habían sido asesinados los señores Marcos Valencia, Juan Lucas Gómez y Bonifacio Argumeda, todos ciudadanos laboriosos y honrados padres de familia. Dijo que don Eugenio Aguilar se hallaba en Guatemala como representante del Salvador; pero que no creía que Aguilar pudiera evitar planes preconcebidos, que se llevaban adelante con tanta perseverancia.

Estos temores los aumentó una nueva nota de Aycinena dirigida a Castellón, en la cual se queja amargamente de la libertad, que él llama abuso de la prensa salvadoreña.

Véase la diferencia entre Ferrera y Malespín. Ferrera tiene encadenada la prensa de Honduras, y nadie osa ahí escribir contra la oligarquía reinante en Guatemala.

Malespín no es Presidente todavía de El Salvador, pero con solo querer hace cuanto quiere por medio de la espada; y no impide la publicación de ese periódico salvadoreño que mina los cimientos de la aristocracia y que coloca al borde de un abismo al Gobierno de 13 de abril de 1839.

La cuestión con el Estado de Costa Rica, con motivo de haberse anexado a dicho Estado el partido de Nicoya, continuaba. Pero Castellón la trató de muy diferente modo que sus antecesores.

Castellón, sin dejar de decir todo lo que a Nicaragua convenía, no hiere al pueblo costarricense ni a su Gobierno.

El Doctor Castro, ministro general de Alfaro, lo reconoce y se complace al manifestarlo en los términos siguientes:

"Estado de Costa Rica.—Ministerio general del supremo Gobierno.—Casa de Gobierno, San José, agosto 5 de 1843.—Señor secretario general del supremo Gobierno del Estado de Nicaragua.— La impropiedad de los términos con que poco tiempo ha se dirigieron a este supremo Gobierno notas oficiales sobre reclamaciones del Partido de Nicoya, hace más ostensible la moderación y comedimiento con que U., señor secretario, remueve ahora la cuestión; y aquellos escritos no dignos de una ojeada, y sin lugar en el orden de las relaciones diplomáticas forman un verdadero contraste con la atenta carta ministerial de U. fecha 14 de julio último, que tuve la honra de elevar al conocimiento del señor jefe provisorio, y por disposición de este, al de la Asamblea Constituyente del Estado.—El jefe de Costa Rica no se da por menos satisfecho de la distinta manera con que el Ejecutivo de Nicaragua vuelve a tocar el asunto de límites que tanto ocupa la consideración de ambos Gobiernos, y con este placer me ha ordenado dé a U. la contestación a que procedo."

En este período se tuvo especial cuidado de la instrucción pública.

Don Fruto Chamorro, presidente de la junta de instrucción del departamento oriental, trabajaba con empeño y extraordinaria actividad no solo por dar lleno a sus estrictos deberes, sino para hacer mucho más de lo que ellos le prescribían en favor de la enseñanza y la difusión de las luces.

En el departamento septentrional se establecían nuevas escuelas.

En el departamento meridional, a excitación del Gobierno, se presentaban jóvenes pobres para que fueran educados a costa del Estado.

Se dictaron medidas para la mejora de la profesión de abogado y se procuraba acoger todo lo que de Europa venía capaz de contribuir a la enseñanza de los pueblos. Pruébalo la buena acogida que se dio al señor Lassalle, quien llegó de Francia con una comisión científica de su Gobierno, y ofrecía poner un establecimiento literario.

Castellón presentó iniciativas de leyes sobre hacienda, agricultura, beneficencia y otros ramos de la administración pública.

Se empeñó en destruir la vagancia y en reglamentar la policía.

Chatfield atacó a Castellón con tenacidad y dureza. Un editorial del periódico del Gobierno pregunta por qué las exigencias del señor Chatfield aumentan y por qué los reclamos se hacen en un tono duro, ofensivo y anti—diplomático.

Entonces tal vez no se había estudiado bien a Chatfield, y se ignoraba el fin que él se proponía.

Creíase que todos sus actos estaban sometidos a las instrucciones de su Gobierno, y que no podía rechazarse con energía al agente del Gobierno inglés sin tener una guerra con la Gran Bretaña.

Los sucesos posteriores dieron a conocer a Chatfield.

Él se proponía hacer triunfar en todas las secciones de Centroamérica el partido de Pavón y de Aycinena, y atacaba con dureza a todos los funcionarios que creía liberales.

Pavón alababa a Chatfield sin cesar: decía que el agente inglés era un funcionario de extraordinaria actividad que vivía dirigiendo notas a los Gobiernos de Centroamérica, para obligarlos a entrar en sus deberes.

Dos ingleses, Gleton y Maning, reclamaban cantidades al Gobierno, y estando el asunto pendiente judicialmente, Chatfield exigió el pago sin demora, amenazando con las armas británicas.

Centroamérica estaba en crisis; los serviles de Guatemala fraguaban una revolución en El Salvador contra don Juan José Guzmán; Ferrera, Presidente de Honduras, dirigido por Jáuregui, estaba unido con ellos. Costa Rica, por la distancia y por los sucesos de que acababa de ser teatro, no podía auxiliar a Guzmán.

Había peligro de que el Gobierno de Nicaragua le prestara apoyo, y era preciso hostilizarlo de todos modos para que no se pudiera mover.

La deuda británica era un grande elemento. Ella provenía de diferentes títulos, y Chatfield se avanzaba hasta el extremo de presentar al Gobierno de Nicaragua la forma en que debía hacer el reconocimiento y el pago. Amenazados los nicaragüenses con el bloqueo, y bloqueados después, ningún movimiento podía hacer que se opusiera a las miras de Pavón, de Aycinena y Batres.

En efecto, no se pensó más que en convocar a las Cámaras para presentarles la situación.

Ya que debían reunirse extraordinariamente con ese fin, se extendió la convocatoria para tratar de un asunto de colonización belga, que el señor Viteri, obispo de El Salvador, proponía a todos los Estados de Centroamérica.

La situación exigía una misión a Europa; pero el Gobierno procedente del pacto de Chinandega no estaba reconocido en Europa.

Tampoco lo estaba Nicaragua como nación independiente.

De manera que su Gobierno era autoridad legítima para sufrir notas amenazadoras, para experimentar bloqueos y pagar cantidades que se le exigían; y no era autoridad legítima para nombrar un representante que en las Cortes de Europa se quejara de los avances de los agentes europeos.

Las Cámaras se reunieron, ante ellas presentó Castellón el informe que se halla al fin de este capítulo, y autorizaron debidamente al Gobierno para resolver.

En consecuencia, Castellón dirigió a Chatfield la nota que sigue.

Departamento de relaciones. —Casa de Gobierno, León enero 22 de 1844. —Señor Cónsul de S. M. B.

Puse en conocimiento de mi Gobierno la muy estimable carta de U. de 29 de diciembre próximo anterior, relativa al reclamo que se ha servido hacerle a nombre de los señores Glenton y Maning; y como me parece que en ella tal vez por equivocación, se contienen especies distintas de los hechos verdaderos que han mediado en estos dos asuntos, creo indispensable manifestar á U. lo que en realidad se cruza a este respecto.—El lítis del señor Glenton con el señor Solórzano comenzó por un arbitramento de común acuerdo de las partes, el que no tuvo efecto por la muerte de uno de los árbitros, y con este motivo pasó al juez común: conocieron presto las dilaciones que causan los trámites legales adoptados en el país; y pasaron en seguidas a otro arbitramento, nombrando con este objeto al señor Lic. Miguel Larreynaga, vecino de Guatemala, quien dio su fallo en 18 de enero y 1° de julio de 1841 procediéndose desde luego como era indispensable a la liquidación de las cuentas, para lo cual nombraron los interesados a los señores Gerónimo Carcache y José Simón de Castro—Viejo, quienes a pesar del ímprobo trabajo de ellas, pudieron concluirlas, aunque discordes desde noviembre de 842.—Si desde esta fecha ha habido demora, respecto al tercero, ha estado de parte del señor Glenton como se convencerá U. por el documento número 1.° que me hago el honor de acompañar y ha sido preciso que el señor Solórzano instase de nuevo para el nombramiento de tercero contador que se hizo de oficio por la rebeldía del señor Glenton conforme lo demuestra el documento núm. 2.

Desde entonces trabaja en las cuentas dicho contador, quien asegura, a los requerimientos del Gobierno, que entre muy breves días habrá concluido su tarea. Por consiguiente, el lítis de que hablamos no ha sufrido el retraso de los ocho años que el señor Cónsul refiere en su estimada comunicación, y que siendo un asunto de arbitraje, se halla fuera del resorte de los jueces comunes, y menos todavía ha podido tener lugar la estudiada omisión que indica de parte de las cortes locales.—Respecto al negocio del señor Maning hay las mismas observaciones con corta diferencia, que manifestar sobre el particular; pues hace más de dos años que este señor se ha negado a seguir los trámites judiciales, como se demuestra con el documento número 3. Penetrado, pues, el Gobierno de la verdad de estos asertos, es que ha ostentado al señor Cónsul, que de su parte no ha habido denegación de justicia; porque si la hubiese, lejos estaría de reclamarla al señor Cónsul, y se limitaría a exigirá los jueces o tribunales correspondientes la responsabilidad debida.—Como mi Gobierno en casos como el presente, no debe resolver por sí la medida que ha de adoptarse, sino tan solo proponer medios de concluir pacíficamente la cuestión, dio cuenta a la Asamblea Legislativa que extraordinariamente convocó a este objeto; y está en decreto de 19 del presente lo faculta para que arregle definitivamente este punto por medio de un arbitraje, u otro imparcial reconocido en el derecho de gentes.—En tal concepto, señor Cónsul, vengo en proponer a U. dicho arbitraje, pudiendo señalar el motivo de llevarse a efecto, y de concluir en armonía esta cuestión; lo cual me prometo atendiendo a que el mismo señor Contra—Almirante Thomas en su manifiesto sobre la de las islas de Sandwich, declara, que S. M. B. gusta siempre de usar todos los medios de lenidad posibles antes de emplear contra los pueblos débiles sus recursos y su poder. Sila medida propuesta fuese de la aceptación del señor Cónsul, deberá entenderse sin perjuicio de lo que haya practicado el Ilmo. señor obispo Viteri, comisionado por este supremo Gobierno con tal mira, y aun en este caso; el expresado señor Obispo representará siempre los derechos de este Estado, como su agente ad hoc.

Todo lo expuesto lo digo a U., señor Cónsul de S. M. B., a nombre de mi Gobierno, quedándome a mí la honra de ofrecerme su muy atento y respetuoso servidor. —D. U. L."

F. Castellón.

Se publicó un cuaderno que contiene muchos folios, sobre las reclamaciones británicas. En él se hallan todas las notas de Castellón relativas al asunto, las cuales prueban que el Canciller nicaragüense verdaderamente podía llamarse hombre de Estado.

Por último, la Legación de Nicaragua tuvo efecto. Fue encomendada al Lic. don Francisco Castellón, a quien se invistió con el carácter de enviado extraordinario y ministro plenipotenciario.

Iba en calidad de secretario el Doctor don Máximo Jerez.

Castellón y Jerez salieron de León el 29 de febrero de 1844, y el 11 de marzo se embarcaron en el puerto de San Juan del Norte a bordo del buque "Prudente."

DOCUMENTOS JUSTIFICATIVOS
NUMERO 1.

En la ciudad de Granada, a cuatro de septiembre de mil ochocientos cuarenta y uno. Habiendo yo, el comandante general, dirigido me a esta plaza por orden del supremo Director del Estado, para que apoyado de una división que ha marchado a mi mando y auxiliándome especialmente de las autoridades civiles y militares de esa ciudad y de su patriótico y honrado vecindario, acordase medidas capaces de poner de pronto en seguridad el puerto de San Juan del Norte, ultrajado escandalosamente a mediados del mes próximo pasado por un buque de guerra inglés, cuyo bordo montaba el superintendente de Belice y el llamado Kin de los Moscos, tuve a bien en consonancia con el señor prefecto de este departamento convocar para este día una reunión de autoridades civiles y militares y algunos vecinos, individuos del comercio y otras profesiones, a quienes, estando reunidos, les manifesté el importante objeto de mi misión; la franqueza de intenciones del supremo Gobierno para adoptar providencias que nos pongan a cubierto de nuevos ultrajes; y que ellas sean dictadas con consulta de la opinión pública para lograr su eficacia.

A este fin, el señor prefecto presentó un croquis o pequeño mapa topográfico del referido puerto de San Juan, su bahía, boca de su río y costas inmediatas, que en años pasados formó para su defensa militar el señor Pedro Rouhaud, que también se halla presente.

Con vista de este documento se promovió una discusión sobre medidas para dicha defensa, hablándose con separación de las instantáneas y que deben tomarse al momento y de las otras dilatadas y respectivas a la seguridad perpetua del puerto. En consecuencia, todos los que tomaron la palabra y aun todos los concurrentes convinieron en que, por de pronto, interesa expedir una corta fuerza que vaya a engrosar el piquete que hace la actual guarnición de San Juan: librándose las órdenes convenientes para que con toda prontitud se monte en aquel punto la artillería que existe allí desmontada con objeto de constituirla en una o dos baterías que aseguren la entrada en la bahía de cualquier buque que sea.

Se acordó también nombrar una comisión que se encargue de formar una memoria sobre la defensa militar del puerto, la que debe presentarse lo más pronto posible a esta comandancia general para transmitirla al Gobierno; y al efecto se nombraron al referido señor Rouhaud en asociación del señor prefecto departamental, al teniente coronel Felipe Peña y a los señores Fruto Chamorro y Lic. Juan José Zavala, quienes aceptaron con gusto el encargo. Se indicaron también otras medidas referentes a la constitución permanente del puerto, como un presidio militar, establecimientos de siembras de artículos de víveres en la proximidad del puerto; y, sobre todo, los concurrentes manifestaron su opinión para que el supremo Gobierno excite de la manera más enérgica y eficaz a los otros Estados a fin de que se apresuren a constituir un cuerpo nacional que, representando toda la República de Centroamérica, promueva el cultivo de las relaciones exteriores expidiendo ministros diplomáticos que representen nuestros intereses cerca de los Gobiernos de las otras naciones, como la medida más propia para contrastar las intrigas de subalternos y hombres oscuros que vienen a ultrajar nuestro territorio manchando el nombre de Gobiernos ilustrados y respetables.

Con lo cual se dio fin a la reunión, manifestándoles a los concurrentes, yo el comandante general, toda mi gratitud a nombre del Estado por el patriótico ardimiento con que han expresado sus ideas en favor de la independencia y dignidad de nuestro territorio. En prueba de lo cual firmamos esta acta, yo el comandante, el jefe de sección auxiliar y todas las autoridades y vecinos concurrentes.

Casto Fonseca, comandante general. —Pablo Carvajal, jefe de sección. —Gabriel Álvarez, capitán mayor. —José María Sandoval, capitán. —Juan José Luna, teniente. —Dionisio Zapata, teniente. —Atanasio Dávila, teniente. —Policarpo Santa Ana, teniente. —Luis Rolleto, subteniente. —Manuel Parajón, subteniente. —Rafael Salinas, subteniente. —José Antonio Mejía, magistrado. —Pedro Rouhaud, V. C. de Francia. —José León Sandoval, prefecto del departamento. —Agustín Avilés, alcalde 1.º —Antonio Salas, gobernador militar del departamento. —Pedro Benito Barberena, comandante del Batallón número 2. —Ramón Castrillo, comandante de artillería. —Francisco García, teniente. —José Córdova, teniente. —Juan José Robleto, receptor de alcabalas. —Felipe Peña, teniente coronel. —Juan José Zavala, abogado. —Filadelfo Benabente, licenciado. —Fruto Chamorro, hacendado. —Procopio Pasos, comerciante. —Pánfilo Lacayo, comerciante. —Gabriel Lacayo, comerciante. —Fernando Lacayo, comerciante. —Ángel Solari, comerciante. —Rosalío Cortés, catedrático. —Joaquín Salguero, comerciante. —Benito Rosales, rector de la Universidad. —Silvestre Selva, senador.

NUMERO 2

San Miguel, febrero 20 de 1842.
Señor secretario general del Supremo Gobierno del Estado de Nicaragua.

Un suceso en sí mismo harto desagradable, pero que lo es doblemente por la siniestra inteligencia que pudiera dársele en perjuicio de los grandiosos objetos que me han conducido a la República, que tuve la honra de comunicar a ese supremo Gobierno en mi exposición fecha 15 del actual, es el que hoy me obliga a dirigirme a U. de nuevo, con el fin de que el supremo Director de Nicaragua, plenamente enterado de los hechos, pueda hacer justicia a la sinceridad de mi conducta.

Al desembarcar yo en la Unión la madrugada del 15 no se encontraba en aquel puerto su comandante teniente coronel José María Aguado, pero a pocos momentos llegó a él, e ignorando cuanto ocurría, hasta las primeras casas de la población, no le fue posible retroceder, ni creo que hubiese nunca tenido intención de hacerlo puesto que vino inmediatamente a presentarse. Después de haberle yo informado de los motivos y fines de mi regreso al país, le hice presente que en manera alguna tenía el propósito de trastornar ni en lo más pequeño el orden de cosas establecido en el Estado, y que por lo mismo podía continuar en el desempeño de sus funciones como lo hizo hasta mi salida de dicho puerto para esta ciudad. Antes de verificarla y deseando salvar al señor Aguado de todo compromiso, le hice presente: que si él creía contraer alguno con permanecer en el puerto, por mi parte no encontraría embarazo para obrar como se lo dictase su honor, agregándole: "que me sería más agradable verlo colocado en las filas de los que me hiciesen la guerra (en el inesperado caso de que se prefiriese tratarme como enemigo, a aceptar mis ofrecimientos) que el que me prestase sus servicios por importantes que ellos me fuesen, si juzgaba que al verificarlo traicionaba sus deberes".

Quedó, pues, en el puerto, y allí mismo la guarnición que antes existía, con todas sus armas, sin que de los individuos que me acompañan permaneciese en el puerto más que el general Cabañas con su jefe de estado mayor, pues expresamente les ordené que continuasen a bordo los demás militares que existen en el buque de guerra, dando con este acto de confianza una prueba inequívoca de la buena fe de mis operaciones; pero el comandante Aguado al siguiente día de mi marcha, sirviéndose de los propios soldados que yo dejé a sus órdenes, preparó un bongo para fugarse con ellos y otros a quienes había armado, con dirección a ese Estado. Retuvo hasta después de verificado un embarque en la casa de la comandancia al general Cabañas y el mencionado jefe de estado mayor que le acompañaba y, desentendiéndose de todas las reflexiones que el mismo general le hacía sobre una conducta tan extraña, emprendió su viaje después de haber hecho uso de la fuerza para impedir que se llevase al buque noticia de lo ocurrido.

Tan luego como el general Cabañas con la partida del comandante Aguado quedó en libertad de proceder según lo exigían las circunstancias, considerando que la fuga para ese Estado de dicho comandante con la tropa salvadoreña que estaba a su mando, sería interpretada como la consecuencia de algún acto hostil de nuestra parte, y un motivo de alarma que turbase la armonía y concierto, cuyo establecimiento es el objeto preferente de nuestros esfuerzos, se dirigió a bordo del Cruzador, y mandando echar al agua los botes y lanchas del buque con los soldados y marineros necesarios, se puso a darle alcance como lo verificó a las pocas millas, y al ordenar que se abordase el bongo, el señor Aguado dijo se rendía sin resistencia, por lo cual volvieron todos al puerto, colocando antes al mismo Aguado, como una precaución indispensable, a bordo del Cosmopolita, que también he tomado y armado para el servicio de la República, y allí se le trata con las consideraciones y atención debidas.

Recelando el general Cabañas que si este hecho se difundía sin que antes se hiciesen las explicaciones convenientes, acaso podría maliciosamente desfigurarse, mandó suspender la salida de las embarcaciones que se hallaban próximas a partir para los puertos de Nicaragua, ínterin dándome cuenta de lo ocurrido podía yo escribir, como ahora lo hago a ese supremo Gobierno presentándole una sucinta y verídica relación de lo ocurrido, aunque no con la prontitud apetecible a causa de que cuando el correo conductor de dichas noticias llegó a esta ciudad, me encontraba fuera de ella.

El comandante Aguado será puesto en tierra y remitido al Gobierno supremo del Salvador tan luego como en la Unión se reciban las órdenes que al efecto voy a dirigir, dando con este hecho al mismo Gobierno del Salvador, una muestra de mi reconocimiento a la manera amistosa y franca con que aquí se me ha acogido.

Prevengo también ahora al general Cabañas que satisfaga, como lo hará inmediatamente, todos los perjuicios que por la tardanza se hallan ocasionado a los comerciantes e hijos de Nicaragua demorados en la Unión, los cuales quedan en libertad de salir del puerto cuando gusten.

Debo decir a U. en conclusión y en obsequio de la justicia, que no creo que el comandante Aguado haya procedido en esta vez de acuerdo con sus propios sentimientos, sino que ha sido influido por extrañas instigaciones de personas mal intencionadas, pues el señor Aguado, que en concepto de prisionero ha estado otra vez en nuestro poder, creo no podrá tener motivo alguno para dudar del buen tratamiento que se le daría en circunstancias y conceptos tan diversos, cuando según se me ha dicho con reiteración se complacía antes de ahora en hacer justicia a mi manejo con respecto a él.

Dígnese U., señor secretario, aceptar las distinguidas consideraciones de aprecio con que soy de U. atento obediente servidor.

Francisco Morazán.

NÚMERO 3

Al señor secretario general del supremo Gobierno del Estado de Nicaragua.

A bordo del Cosmopolita. Cardón, junio 18 de 1842.

Tenemos el honor de dirigirnos a U. incluyéndole el pliego que el jefe provisorio del Estado de Costa Rica nos encargó remitirle. Por su contenido se impondrá U. de los elevados sentimientos de que está animado aquel funcionario: de las grandiosas miras que le guían; y también de la importante misión que nos ha confiado cerca del supremo Director de ese Estado, misión que tiene por objeto estipular una transacción que, después de las largas y tempestuosas disensiones que han afligido a los centroamericanos, concilie los intereses generales, ponga un término a las discordias que han ensangrentado la República y al mismo tiempo eche los fundamentos de un régimen adecuado, que nos facilite defender nuestra independencia y reivindicar nuestro honor nacional mancillado. Para que tales deseos tengan el éxito que es de apetecer, necesitamos no solo que el supremo Gobierno de Nicaragua se digne dar su allanamiento a fin de que penetremos hasta el punto del Estado que se tenga a bien designarnos; sino además que U. nos recabe un salvoconducto que nos garantice de que se nos darán todas las seguridades que para esta clase de negociaciones prescribe el derecho de gentes.

Tenga U. la bondad de hacer presente al supremo Director el contenido de la adjunta nota y lo que dejamos expuesto, como igualmente nuestro profundo respeto; aceptando U. entre tanto, las insinuaciones del aprecio y consideración con que somos de U. atentos y obedientes servidores.

—IV. Angulo. —M. Irungaray.

NÚMERO 4

A los señores secretarios de las Cámaras legislativas del Estado de Nicaragua.

A bordo del bergantín Cosmopolita. Cardón, junio 18 de 1842.

Los que suscribimos, comisionados del supremo Gobierno provisorio del Estado de Costa Rica, encargados de promover cerca del supremo Director del de Nicaragua, convenios amistosos que produzcan la reorganización de la República y nos pongan en actitud de defender nuestra independencia amenazada; tenemos la honra de dirigir a UU. el adjunto pliego que nuestro Constituyente ha tenido a bien remitirles en el deseo que esas respetables Cámaras interpongan su alta influencia para el logro de los fines enunciados.

Sírvanse UU. elevar lo contenido en aquel pliego a la alta consideración de las corporaciones legislativas, presentándoles desde luego el tributo de nuestros respetos; y admitir UU. las protestas de nuestra estimación y aprecio.

—N. Angulo. —M. Irungaray.

NÚMERO 5

Ministerio del supremo Gobierno del Estado de Nicaragua. Departamento de relaciones. Casa de Gobierno. León, junio 21 de 1842.

Señores Nicolás Angulo y Manuel Irungaray:

He recibido la nota dirigida por UU. con un pliego de su mandante al ministerio de mi cargo. Dicen que traen por objeto una transacción que concilie los intereses generales, ponga término a las discordias que han ensangrentado la República, y fundamentos a un régimen adecuado que facilite el sostén de la independencia y la restauración del honor nacional; solicitan allanamiento para penetrar en el Estado; y acompañan otro paquete directo a la Secretaría de las Cámaras Legislativas.

Al Gobierno supremo, por cuyo legal conducto debía haberse transmitido este, no se ha dado conocimiento de su contenido y la Asamblea se halla en receso.

UU. están en la actualidad comprendidos en el tratado de alianza que les impide el ingreso al territorio.

Los deseos del Ejecutivo de Nicaragua en favor de todo lo que pueda conducir al bien de Centroamérica son verdaderos y francos.

En tal concepto, desearía que UU. le informasen el contenido de dicho paquete, y consignasen las condiciones de la transacción, para determinar lo conveniente.

—D. U. L. — De UU. atento servidor.

P. Carvajal.

NÚMERO 6

Señores secretarios de la Asamblea Legislativa:

Lleno de satisfacción, el Gobierno supremo felicita la reunión de ese alto cuerpo tan inspirado por el patriotismo, y yo a su nombre me propongo representarle por menor los dos negocios que lo impulsaron a expedir la convocatoria extraordinaria de 5 de diciembre último.

El primero de ellos es el contrato de colonización que hizo el Ilustrísimo señor obispo de San Salvador cuando estuvo en Bruselas el año próximo anterior con una compañía belga, cuyo objeto es el de traer al Estado familias de aquella nación, que vienen a ejercer sus distintos ramos de agricultura, industria y comercio, y a proporcionar al país medios adecuados de verdaderos adelantos y prosperidad.

Es el otro, y el que acaso llama más la atención del P. L., el reclamo que hace el señor cónsul inglés al Gobierno, exigiendo de él ciertas cantidades de pesos por dos connacionales suyos, vecinos de esta ciudad, que parece han implorado su protección en la suposición de que se les ha denegado abiertamente la justicia por los tribunales competentes, pero que así no lo expresa el indicado señor cónsul.

En cuanto a lo primero, me cabe el gusto de acompañar a UU. el convenio de que hablo para que se sirvan elevarlo al conocimiento del P. L., a quien toca examinarlo con la atención debida, así como la comunicación que el Ilustrísimo señor obispo se dignó dirigir a este ministerio con fecha 7 de octubre último, la cual acompaño igualmente impresa. Una y otra pieza dan un conocimiento exacto del negocio, y es por esto que yo me relevo de hacer más indicaciones; todas las que se requieran van inclusas en ellas.

Los artículos que merecen alguna reforma son el de religión, en que los Gobiernos deben tener la principal intervención; el de la duración del contrato; el de cesión del territorio que se comprende en las márgenes del San Juan y lagunas de Granada y Managua; y el que habla sobre el privilegio de introducir por veinte años los objetos necesarios para el consumo de los miembros de las comunidades que se establecen por el mismo convenio; así como el que dispone (el 31) que el valor de los derechos que deban pagarse por los puertos de las colonias se fije de modo que deben ser inferiores a los que se cobren en los puertos más vecinos. Mas nada de esto debe ser, a juicio del Gobierno, no obstante para que el referido convenio se lleve a efecto como se verificó en Guatemala respecto al de colonización celebrado en 16 de abril de 1842, y cuyas modificaciones se han concluido hasta el 14 de octubre de 1843, puesto que el fin propuesto es de sumo interés, atendiendo principalmente a nuestro triste estado de penuria y falta de relaciones políticas en que nos hallamos con los pueblos cultos.

Solo de esta manera; es decir, convidando amigos industriosos, pacíficos, no omnipotentes; de una misma religión; y casi de un mismo carácter y costumbres para que liguen su suerte con la nuestra, y que unidos en fortuna.

Podamos adelantar por los caminos de la prosperidad, y hacer útiles terrenos inmensos, fértiles y de exquisitas producciones, que actualmente yacen incultos, yermos, y aun desconocidos, podremos conseguir los adelantos de todo género a que propendemos. Equiparando la poca población del Estado con la inmensidad de sus tierras, su poca agricultura con la que es posible emprender; el reducido comercio y limitada industria con tan bellos y abundantes elementos de estas artes para ponerlos en el mejor estado y provecho, convendremos indispensablemente en que es importante en general el contrato de colonización que recomiendo a la A. L., y por lo cual es de esperarse que sin perder tiempo se trate sobre él hasta emitir la resolución conveniente. Si vemos el asunto por el lado de la ilustración tan necesaria al ser racional, menos duda cabrá todavía en el particular; pues que si el hombre es acreedor al pan que come y al suelo que oprime, es únicamente porque en retribución se halla en el deber de buscar y perfeccionar los conocimientos humanos cuando le sea posible.

Volvamos los ojos a los Estados Unidos del Norte; poco era lo que estos valían ahora 50 años, y la inmigración continua debida a sus buenas leyes, y con la colonización de varias familias extranjeras, se ha hecho en tan corto período, una de las principales naciones que caminando progresivamente, reconoce y goza de bienes positivos al abrigo de los grandes principios y, como ha dicho un célebre escritor: "Dentro de sus fronteras reina una paz profunda, cual se ve en lo interior de un país sujeto al mismo imperio; por de fuera ocupa un puesto entre las más poderosas naciones de la tierra, brindando al comercio extranjero más de 800 leguas de ribera: y teniendo asidas las llaves de todo un mundo, hace respetar su bandera hasta las extremidades de los mares."

Por eso, pues, el Director supremo, convencido de la utilidad del convenio en lo general como lo he dicho, lo recomienda al P. L. del Estado por el honroso medio de UU., expresando, como es debido, los testimonios de gratitud a que se hace acreedor el digno obispo del Salvador, doctor Jorge de Viteri, cuyos sentimientos patrióticos, y servicios relevantes se hallan al alcance de todos los centroamericanos.

Sobre el segundo objeto de la reunión del P. L., debo manifestar: que son conocidamente injustas, injustísimas las exigencias del mencionado cónsul; pues reclama del Gobierno $16,186.2 rs. de cuenta del señor Glenton: y $9,219.2 rs. que cobra el señor Tomás Manning; ingleses que están casados en el país muchos años ha; que residen en él, que abjuraron su religión, y que tienen casas y comercio; pero que, sin embargo, de tiempo en tiempo ocurren a su cónsul pidiéndole protección contra las injusticias que dicen experimentan de los tribunales y funcionarios; y quien, acogiéndolos a su bandera, les dispensa, no ya una protección conveniente y considerada, cual acuerda el derecho de gentes a todas las naciones, sino una protección decidida, y muy fuera de las reglas establecidas por los pueblos cultos, e invoca siempre en su defensa a la Inglaterra.

Las faltas de observancia de dichas reglas consisten:

1.° En que, siendo el Estado independiente en su régimen interior, el señor cónsul se introduce en el ramo de justicia, sin justificación alguna de que se les hubiese denegado, ni la menor constancia de una injusticia evidente y palpable, o de una violación manifiesta de las formas, o de alguna distinción odiosa hecha en perjuicio de los extranjeros, que son los casos en que tal vez podría permitirse la intervención de aquel agente.

2.° Que, estando pendientes las cuestiones judiciales entre los señores Glenton y Manning, y el licenciado Ramón Solórzano, hijo de esta capital, sin haberse pronunciado sentencia, ni motivo alguno para inferir siquiera que adeuda semejantes sumas, el señor cónsul las da por concluidas por un solo golpe de mano, declarando que al señor Manning tocan $9,219.2 rs., y al señor Glenton $16,186.2 rs.

3.° En que, siendo privativo del poder judicial el conocimiento de los juicios, exige que el P. E. se arroguen esta facultad, avocándose las causas que se hallan pendientes ante los tribunales contra el texto del art. 150 de la carta fundamental.

4.° En que, estando sometidos todos los ciudadanos y habitantes del Estado sin distinción alguna al mismo orden de juicios y de procedimientos que determinan las leyes (art. 151), pretende excluir a sus dos connacionales de estas reglas, estableciendo así una excepción odiosa en favor de aquellos y sumamente perjudicial a los hijos del país, pues en este caso la causa de uno de ellos sería evidentemente la de la debilidad contra el poder, y la justicia debe ser igual para todos.

5.° Y último: en que, hallándose sometidos todos los extranjeros a las leyes del Estado desde el momento en que pisan su territorio, y habiéndoles señalado estas los jueces que deben conocer de sus litigios, procura el referido señor cónsul sustraer a los súbditos británicos de la autoridad de aquellos, anulando el artículo 154 de la misma constitución que contiene un principio reconocido y profesado por todas las naciones en sus respectivas cartas fundamentales, cuya violación en ningún caso les es permitida.

No recordemos, señores, que la carta fundamental de Nicaragua está escrita para todos sin distinción. Recordemos que por ella La reputación, la propiedad, la libertad, la igualdad y la seguridad de todos los habitantes están garantizadas a todo trance, porque es consiguiente que sin estos derechos no hay sociedad verdadera, no hay patria; pues los fueros del Estado son los mismos que están acordados a todos, o a cada uno de los individuos. Las preeminencias de la Francia son las que tocan a los franceses; y los derechos de la Gran Bretaña son los de los ingleses; por consiguiente, los fueros de Nicaragua deben ser los de cada uno de los nicaragüenses. Estos se hallan ofendidos respecto al Estado en el hecho de mandar al Gobierno que pague lo que no debe, despreciando nuestra carta y a los tribunales superiores; y respecto a sus súbditos, queriendo mancillar su honor y su fortuna en provecho de dos hijos de Inglaterra sujetos por la ley al Estado.

Acerca de este reclamo se han dado ya los pasos convenientes, comisionando para su arreglo al mencionado obispo de San Salvador, quien habiendo aceptado generosamente el encargo, ha recibido las instrucciones que corresponden, como todo consta de las copias autorizadas que me doy la honra de acompañar marcadas con los números... También se ha invitado a los demás Gobiernos de la antigua Unión, recabando de una manera explícita su resolución en cuanto a los auxilios con que debe contar el de Nicaragua para formar una defensa vigorosa en caso necesario. Ya el del Salvador ha dado la contestación que igualmente acompaño en copia autorizada bajo el número..., que no podía esperarse más satisfactoria, y las de los demás se aguardan por el próximo correo.

Posterior al reclamo que dejo insinuado, se han recibido otros dos; uno de ellos relativamente a la pérdida que dice el señor Walter Bridge que sufrió en el asalto que hicieron a su hacienda unos bandidos que no han podido ser capturados, aunque han sido perseguidos y emplazados por los trámites legales. El otro es con respecto a la deuda nacional contraída con la casa de Barclay en la cual asigna el señor cónsul a este Estado la sexta parte sin haber procedido a liquidación formal como lo requiere la ley de 27 de septiembre de 1839, que reconoce las seis cuadragésimas partes únicamente. Los términos en que el cónsul hace sus reclamos están concebidos en términos tan descorteses e inconsiderados que ellos por sí solos indican suficientemente las miras hostiles que le animan hacia Nicaragua, quizá con el fin de buscar pretextos para apoderarse de nuestro territorio y hacerse dueños de la grandiosa obra del canal interoceánico. Las comunicaciones del cónsul a este respecto, y contestaciones son las que van señaladas con los números.

Tales circunstancias son dignas de toda atención, y de un juicioso y noble examen; el honor y la reputación de Nicaragua están de por medio en este asunto. No faltará tal vez alguien que diga que el primero de los sobredichos reclamos es cosa aislada, y que la fortuna y la vida de un hombre, si fuere preciso, nada importan en sociedad con tal que se evite la paralización del comercio y acaso una guerra desastrosa; este modo de pensar no es hijo de violentas pasiones, sino de una ignorancia crasa en estas materias; el Gobierno piensa de otra manera y Dios lo libre de aparecer así ante el mundo civilizado.

Piensa que su deber es guardar y hacer guardar la constitución del Estado conforme al juramento augusto que hizo en las aras de la patria; piensa que su estrecha obligación es representar los derechos ofendidos al mismo ofensor, a su Monarca, hablándole con un lenguaje pacífico, y comedido pero justo y digno; piensa, en fin, que si la desgracia llevase al cabo las indebidas solicitudes del señor cónsul de S. M. B., al P. L. del Estado toca escoger el camino por donde ha de conducir el negocio, sin olvidar cuantos medios sugiera la política y respetos a las otras naciones, y el honor, la dignidad, y la justa causa del país. Las victorias no son legado del cónsul Chatfield; jamás le ha cabido una: el Gabinete de Saint James nos hará justicia, si no en fuerza de razón, al menos por su delicadeza, porque sería cosa muy marcable autorizar la opresión, con cuyo acto excitaría el poder de otras naciones tan poderosas como ella.

Sobre esto nada tengo que decir de parte del Gobierno, que seguirá sumiso la senda que le tracéis, recomendando siempre el que se salven los fueros del Estado, a cuyo fin protesta que renunciará gustoso, si la suerte lo quiere, su tranquilidad, su bien particular y su vida.

Esto es cuanto hay que exponer con relación a los asuntos para que ha sido convocada la Cámara; y al terminar mi tarea me cabe la honra de cumplir con las mayores muestras de consideración y respeto a la A. L. como uno de mis más gratos deberes; y de asegurar a UU. con toda sinceridad que tengo suma complacencia en ofrecerme a sus órdenes como atento servidor.

F. Castellón

CAPÍTULO DÉCIMO: CREACIÓN DE LA DIÓCESIS DEL SALVADOR Y MITRAS DE LOS SEÑORES VITERI Y GARCÍA PELÁEZ.

SUMARIO

1.— Llegada del señor Viteri al Quirinal. —2.— Observaciones. —3.— El señor García Peláez. —4.— Entusiasmo de Pavón. —5.— Observaciones.

El padre Viteri fue recibido en el Quirinal, hoy residencia de los reyes de la casa de Saboya, por el Secretario de Estado, cardenal Lambruschini, y el 26 de agosto de 1842 lo recibió Gregorio XVI en audiencia pública.

Viteri llevaba credenciales de los Gobiernos de Guatemala, El Salvador, Honduras y Costa Rica, y preces del Vicario y cabildo metropolitano, y del Arzobispo Casaus. El padre Viteri obtuvo la creación de la Diócesis del Salvador, a cuyo Gobierno envió la bula que se halla al fin de este capítulo.

Las razones que en ella se exponen son las mismas que expresa el Congreso Federal en su decreto de 18 de julio de 1825, que literalmente dice:

El Congreso Federal de la República de Centroamérica, teniendo en consideración:

1.° Que las necesidades espirituales de los pueblos del Estado del Salvador exigen su separación de esta diócesis, y la creación de una silla episcopal en el propio Estado.

2.° Que los decretos de su Congreso Constituyente de 27 de abril y 4 de mayo de 1824, relativos a la erección de la misma silla, nombramiento de obispo y posesión del electo con las demás incidencias de este negocio, se han declarado insubsistentes en acuerdo del día de hoy, por no haberse obrado en el particular con arreglo a las disposiciones legales de la materia.

3.° Que en el decreto de la Asamblea Nacional de 2 de julio de 1823 se acordó manifestar oportunamente a la Santa Sede Apostólica por medio de una misión especial o del modo que más conviniese: que nuestra separación de la antigua España en nada perjudica ni debilita nuestra unión a la silla Pontificia, en todo lo concerniente a la religión santa de Jesucristo.

4.° Que conforme a lo prevenido en este decreto, se dispuso en el de 8 del citado julio, acordar lo conveniente con la misma Santa Sede Apostólica sobre el ejercicio del derecho de patronato, y demás puntos que exigen un convenio expreso con Su Santidad.

Por último, deseando el Congreso acceder a los justos deseos del Salvador, decreta:

1.° Se erigirá en el Estado del Salvador una silla episcopal.

2.° El Gobierno supremo con vista del expediente de la materia, y dando el concurso que corresponde en el asunto a la autoridad del metropolitano, hará instruir el expediente relativo a la extensión y límites de la nueva diócesis.

3.° Fenecido, se dará cuenta con el expediente a Su Santidad en la forma debida, para obtener su aprobación.

Comuníquese al Senado para su sanción. Dado en Guatemala, a 18 de julio de 1825. —Francisco Benavet, diputado presidente. —José Francisco Córdova, diputado secretario. —Doroteo Vasconcelos, diputado secretario suplente. "Al Senado."

Las razones que expresa la bula son las mismas que el doctor Delgado presentó al Papa León XII. Sin embargo, esas razones, en vez de prevalecer entonces, produjeron la siguiente carta:

Al sacerdote Matías Delgado, párroco de San Salvador en la diócesis de Guatemala.

LEÓN PAPA XII.

"Por carta que el Arzobispo de Guatemala Nos dirigió en el año De 1824 ya había avisado, que los supremos moderadores de esa República, esto es, personas seglares, se habían avanzado hasta apropiarse el derecho privativo de solo esta Santa Sede, de erigir un nuevo obispado en la ciudad del Salvador, que es parte del arzobispado de Guatemala, y además nombrarte a ti por su primer obispo.

Habiéndonos causado este sacrílego arrojo tan grave dolor, que apenas puede decirse; se agregó al colmo de la pena, el que tú, hombre no solo católico, ni eclesiástico y principalmente párroco, para quien no debía haber cosa más apreciable, que tolerar cualquier trabajo y adversidad por defender la causa de Dios, y conservar la unidad de la iglesia, te hayas asociado al depravado consejo, y resistiendo a las amonestaciones de tu Prelado, prestases tu consentimiento a tu elección en términos que nada más faltase para introducir el cisma.

La caridad, que como enseña el Apóstol es paciente y benigna, y que todo lo sobrelleva y soporta mientras queda alguna esperanza de que se ocurra con la mansedumbre a los errores que hayan empezado a introducirse, Nos impelió a que sin demora alguna escribiésemos al Arzobispo mandándole que en nuestro nombre te hiciese saber sin rodeos que Nos reprobábamos enteramente todo ese modo de obrar: que juntamente te amonestase para que salieras del abismo; repararas el escándalo dado al pueblo, e imploraras la misericordia de esta Santa Sede, para no vernos precisados a decretar contra ti lo que exige la severidad de los sagrados cánones y la obligación de nuestro ministerio.

Esperábamos ciertamente, que tú, a quien la voz de tu Prelado no había hecho retroceder de lo comenzado, al fin desistirías amonestado y excitado por la voz de Pedro. Mas ¡cuánto nos ha engañado nuestra esperanza! Porque en carta posterior nos refirió ese tu Arzobispo, que nada había adelantado contigo y que despreciadas del todo nuestras amonestaciones habías colmado tu crimen con crímenes nuevos; pues que has pasado hasta el extremo de entrar en el mes de abril del año anterior en la iglesia parroquial de San Salvador a tomar posesión del obispado, ayudándote unos pocos presbíteros socios de tu atentado; y que a los párrocos y a otros presbíteros que te negaron la obediencia, como a un pseudo obispo, no solo los has quitado de sus puestos, sino también los has hecho desterrar del territorio; y has diputado, o nombrado otros para administrar sus parroquias y cargos, con sumo escándalo y tristeza de los pueblos, que se lamentan y duelen de verse despojados de sus legítimos pastores.

Y habiendo cometido tantas y tan horribles cosas, que con toda verdad te se puede aplicar aquello del Evangelio, (lo decimos llorando) que has entrado como ladrón y salteador en el redil de las ovejas, no por la puerta sino por otra parte para matar y perder; no obstante todo esto, te has atrevido a escribirnos una carta, en que pedías que no nos desdeñemos de aprobar y sancionar con nuestra autoridad apostólica lo que se ha hecho, ya sobre nueva erección de obispado, ya sobre tu nombramiento para obispo.

Sábete pues que Nos, no solamente no podemos aprobar y sancionar estos hechos sin hacer traición a nuestro ministerio apostólico; sino que además debemos declarar, en cuanto a la erección de sede episcopal en la ciudad de San Salvador, contraria a los derechos de esta Santa Sede: que es ilegítima y de ningún valor; y que debemos desechar y condenar tu nombramiento de obispo de tal Sede, como por el tenor de las presentes lo declaramos y reprobamos; y definimos que son nulas e írritas todas las cosas que hasta aquí has hecho, y en adelante hicieres, como hechas sin jurisdicción legítima.

En tanta gravedad de tu crimen, tan público y notorio, era consiguiente que procediésemos a imponerte las penas establecidas por las sanciones canónicas, particularmente contra los cismáticos contumaces; pero considerando la gran longanimidad de Dios, que sufre con paciencia a los pecadores, y no quiere que perezcan; y siguiendo la costumbre de esta Santa Iglesia romana, que así como la mujer no puede olvidar, ni dejar de compadecerse del hijo de sus entrañas; del mismo modo ella no puede olvidar sus hijos, aunque desobedientes y obstinados, sino que se mueve más por la compasión hacia ellos, que por su enojo; determinamos hacer esta nuestra monición nueva y perentoria, en la que te señalamos cincuenta días de término, que se han de contar desde el día en que recibieres estas nuestras letras, mandándote con nuestra autoridad, y exhortándote con caridad paternal y con afecto íntimo del corazón, que te separes del ministerio usurpado ilegítimamente y vuelvas atrás del camino de la perdición, en que te has precipitado, y repares con digna satisfacción el escándalo que has dado al pueblo fiel; porque si supiéremos, que en el término señalado para la enmienda del crimen cometido, tú no has satisfecho a la iglesia, como es debido; entonces, aunque nos causará dolor (para usar de las palabras del Crisóstomo, Homil. 9 in cap. 4 Ep. ad Eph.) y lloraremos, y nos lamentaremos; y nuestras entrañas se cortarán, como que nos privamos de miembros propios; pero nos doleremos de tal manera, que en una causa tan grave y según la malicia del crimen y el peligro del contagio, lleguemos al punto y extremo según lo exige de Nos la justicia, nuestra obligación apostólica, y providencia canónica, de pronunciar contra ti sentencia de excomunión, te publiquemos y hagamos saber a todos que estás arrojado de la comunión de la iglesia, y que debes ser tenido como cismático contumaz y vitando.

Confiamos mucho que no se habrá encogido sobre ti la mano del Señor, y que, meditando cuán terrible juicio le espera y cuán ardiente fuego ha de consumir a aquel que, pudiendo con la penitencia quitar el cisma, hace esfuerzos para que dure, dejarás el sacerdocio que has ocupado antes y reconocerás a tu Pastor legítimo.

Entre tanto pedimos a Dios encarecidamente, que te conceda por su clemencia las gracias de que necesitas.

Dado en Roma, en San Pedro, día 1.º de diciembre del año de 1826, año cuarto de nuestro pontificado. —León Papa duodécimo.

Había una diferencia muy grande entre la situación del Salvador el año de 26 y el año de 42.

El año de 26 los nobles de Guatemala querían sojuzgarlo por medio de la influencia eclesiástica del Arzobispo Casaus.

Si la diócesis se dividía y el padre Delgado era obispo del Salvador, a los serviles les faltaba el poder de la cátedra sagrada y del altar para dominar al pueblo salvadoreño.

Aquella tentativa les salió mal, porque Casaus llegó a carecer completamente de prestigio en el Salvador y a ser tenido como enemigo del Estado.

A vista de este resultado el mismo Casaus y los nobles dispusieron pedir la división de la diócesis que antes habían combatido, para colocar al frente del clero salvadoreño, no a un clérigo de las ideas liberales del doctor Delgado, sino a un clérigo de las ideas teocráticas del doctor Viteri.

Debe decirse en honor del Papa León XII que procedía en virtud de los informes de Casaus, que son violentísimos contra Delgado, contra los salvadoreños y contra el mismo Presidente de la República don Manuel José Arce, tanto que la Asamblea de Guatemala llegó a prohibir la circulación.

Las pastorales y los sermones de fray Ramón pueden presentarse como modelos de ira y de virulencia. Casaus, predicando contra Delgado, dijo un día en el púlpito de Santo Domingo de Guatemala: "Hay clérigos que quieren les lluevan mitras en lugar de albardas." Estas palabras poco evangélicas fueron aplaudidas por los retrógrados. Al salir del templo decían señoras de alto copete: "¡Qué bueno ha estado el sermón!".

León XII hace contraste a fray Ramón. La carta del Papa es suave y benigna, y a consecuencia de ella quedó el mismo Delgado en calidad de Vicario del Salvador.

Viteri fue preconizado obispo de la nueva diócesis; pero respecto de la mitra de Guatemala no obtuvo el resultado que la casa de Aycinena, don Manuel Francisco Pavón y don Luis Batres apetecían. Estos señores deseaban agregar una mitra a sus escudos de armas, y entonces no pudieron obtenerlo. El Papa creyó más conveniente que la mitra viniera al presbítero doctor don Francisco de Paula García Peláez, que al Marqués de Aycinena.

Viteri escribía a Guatemala, que ya el Arzobispo Coadjutor estaba electo in pectore, y los Aycinenas creían que don Juan José se hallaba in pectore de Gregorio XVI; pero llegó al fin la fatal noticia de que en el consistorio celebrado el 27 de enero de 1843 había sido preconizado Arzobispo de Bostra in partibus infidelium, y Coadjutor de Guatemala el presbítero doctor don Francisco de Paula García Peláez.

Esta conducta de la curia romana es de alta enseñanza. Muchos gobiernos de la América Latina no se atreven a declarar francamente la independencia entre la iglesia y el Estado, para conservar el patronato, y este muchas veces es ilusorio. El Papa se reserva siempre in pectore el derecho de aceptar o no las presentaciones que los gobiernos le hacen, según convenga a la curia romana.

Son voluminosos los expedientes que existen en Roma sobre el arzobispado de don Juan José Aycinena, y sin embargo, el grande del imperio mexicano jamás pudo obtener que su pecho adornara el palio metropolitano, y más tarde se le concedió solo la mitra in partibus de Trajanópolis.

El doctor García Peláez era un eclesiástico sencillo. Su carácter suave formaba contraste con el carácter del Marqués de Aycinena, y su moderación con el iracundo del canónigo Larrazábal, quien pretendía dominarlo, y muchas veces lo reñía. García Peláez era considerado como liberal, porque había escrito en favor de la unidad centroamericana, y porque el jefe del Estado doctor Mariano Gálvez le encomendó escribir una obra histórica del antiguo reino de Guatemala, que fue publicada en tres volúmenes.

Si García Peláez hubiera sido liberal jamás habría ascendido a la silla metropolitana. ¿Cómo había de recomendar fray Ramón Casaus a un liberal? García Peláez era querido por el pueblo, porque no se presentaba en público con la petulancia que ostenta la aristocracia; y porque no creía que se deshonraba saludando cortésmente a los hijos del pueblo; pero no profesaba los principios liberales.

EL DB Y MRO. DN FR. RAMON CASAUS Y TORRES.
Arzobispo de Guatemala.

Una prueba dio de esta verdad el 15 de septiembre de 1843. Aquel día se destinaba a celebrar la independencia, y García Peláez predicó en la catedral. Tomó por texto el versículo 9. °, capítulo 14 de los Números: "No seáis rebeldes contra Dios." García Peláez desarrolló el texto, diciendo que el pueblo hebreo había peregrinado cuarenta años por el desierto, por haberse rebelado contra el Señor adorando el becerro de oro, y que nosotros habíamos peregrinado veintidós años por el desierto de la inconstitucionalidad, por habernos rebelado contra Dios leyendo libros prohibidos; y recomendó contra este mal un eficaz remedio: el restablecimiento de la Santa Inquisición. No se necesita más para conocer a fondo el liberalismo del arzobispo de Bostra, Coadjutor de Guatemala doctor Francisco de Paula García Peláez.

Don Manuel Francisco Pavón se empeñaba en dar asombrosa importancia a los asuntos eclesiásticos. La Gaceta de Guatemala hablaba del obispo Viteri, del arzobispo Coadjutor, del canónigo Larrazábal y de la grande utilidad que se iba a reportar viendo su consagración, que debía hacerse pronto, porque era obispo de Comana. Pavón daba prolijas noticias de las funciones de iglesia. Se extasiaba haciendo ver que la función de Corpus es una de las más solemnes en toda la cristiandad: que el Papa Urbano IV la instituyó en 1264: que el Pontífice Juan XXII, para darle mayor pompa, ordenó en 1316 que se hiciese una procesión. Pavón se encargaba siempre de indicar dónde estaba el jubileo, y con qué motivo. Él no permitía que se ignorara quién decía misa en cada iglesia, y quién predicaba. Las funciones de Semana Santa daban extenso material a Pavón para desarrollar su excelso cristianismo. Cada monumento, cada huerto, era objeto de un artículo en la Gaceta del Gobierno, y no bastando la Gaceta se estableció más tarde un periódico intitulado: La Revista de la Sociedad Económica; y posteriormente otro llamado: "La Semana", que bien pueden denominarse "El porqué de todas las ceremonias de la iglesia". Más amplificados que el libro de don Antonio Lobera y Abio, pues este libro no desciende a los interesantes pormenores con que el señor Pavón obsequiaba al público. Él quiso dar a sus lectores un golpe maestro haciendo ver en la Gaceta que el Papa Gregorio XVI había escrito una carta a don Mariano Rivera Paz. Entonces no había un Gobierno reconocido en el extranjero y los soberanos de Europa no enviaban por lo mismo esas cartas que vemos ahora.

Pavón sentía mucho la falta de ellas, y se consolaba reproduciendo en la Gaceta las que iban al Presidente de la República mexicana. La carta de Gregorio XVI a don Mariano Rivera Paz era el primer documento de este género, que se veía en Guatemala después de la inauguración del Gobierno de 13 de abril. Pavón no sabía qué hacer con ella. La mandó traducir al castellano, la publicó en la Gaceta, la hizo circular en un cuaderno separado, y hablaba de ese interesante documento a los empleados, a los que no lo eran, a las mujeres y a los niños. Pavón inspiró su júbilo al bello sexo. Las señoras de la aristocracia decían con mucha formalidad y grande aplomo, en sus salas y en presencia de muchos concurrentes: "Su Santidad es muy amigo de don Mariano; le escribe cartas muy afectuosas. Don Mariano lo merece, ¡es tan bueno, se ha interesado tanto por la religión!". Si algún estudiante atrevido hubiera osado decir a una de esas señoras que tales cartas son formularios, que los reyes dirigen a todos los Gobiernos con quienes tienen relaciones, y que las firman sin ver a quién van dirigidas, circunstancia de que se encarga un oficinista, aquel pobre estudiante hubiera sido despedido de la casa como hereje y como impío.

Los Aycinenas y Pavón manifestaban un júbilo mezclado de amargura. Ya tenían Arzobispo, ya iba a San Salvador un clérigo que debía hacer la revolución a Guzmán, e inaugurar la teocracia; pero la casa de Aycinena se había quedado sin mitra, en presencia del doctor don Juan José, que era ministro de Rivera Paz, y manejaba los asuntos eclesiásticos. Los Aycinenas estaban indignados; pero solo manifestaban su indignación en frente de personas muy allegadas, las cuales se desahogaban dando a conocer al público la amargura que en aquellos días experimentaban los nobles. El padre don Antonio González iba de casa en casa, y de tertulia en tertulia diciendo: "Te conocí naranjo." Aludía a cierto fraile que no respetaba a un santo porque lo había conocido siendo palo de naranjo. El Padre González no respetaba al Arzobispo García Peláez, porque lo había conocido sin valimiento ni prestigio. De manera que si hubiera visto a Servio Tulio en la esclavitud, lo habría despreciado en el Capitolio de Roma; si hubiera visto a Abraham Lincoln partiendo leña, se habría burlado de él en la Casa Blanca, y si hubiera visto a su Dios en el pesebre de Belén, no lo habría adorado en el Tabor.

DOCUMENTO JUSTIFICATIVO
NÚMERO 1

Bula de elección de obispado en el Estado del Salvador.
En el nombre del Señor. Amen.

Sea a todos notorio y manifiesto por todas partes que en el año del nacimiento de nuestro Señor Jesucristo MDCCCXXXXII, el día XXX del mes de septiembre y en el duodécimo año del Pontificado de nuestro Santísimo Padre Gregorio PP. XVI. Yo, el oficial diputado, he leído unas letras apostólicas, expedidas con sello de plomo del tenor siguiente: A saber: Gregorio Obispo, Siervo de los Siervos de Dios, para perpetua memoria.

El cuidado de la iglesia universal que nos está confiado, aunque sin méritos nuestros, por los inescrutables juicios de la Divina Providencia, exige de Nos principalmente que no omitamos ningún género de trabajo ni de solicitud para que se provea de pastores idóneos a las iglesias ya establecidas por todo el mundo, y cuidemos de erigir otras nuevas, y señalarles obispos con nuestra autoridad apostólica, donde justamente la necesidad o la utilidad de los fieles parezca exigirlo.

Aumentándose, pues, en vastísimos países el número de habitantes, sucede frecuentemente que, mientras estos se hallan separados del propio pastor por largas distancias, y tal vez por muy ásperos caminos, ni él conoce todas las ovejas que le están confiadas, ni ellas le conocen a él. Cuando pensamos en esto no podemos menos de conmovernos sumamente, y ocurrir con tanta más cuidadosa caridad a los males verdaderamente gravísimos que dimanan de ello, cuanto más lamentamos la muy miserable suerte de los mismos fieles.

Estando nuestro ánimo ocupado en reflexionar estas cosas, los que ejercen el gobierno en el Estado de San Salvador, situado en las partes occidentales de la América Central, en nombre suyo y de los cristianos que viven en él, nos han suplicado muy humildemente, a fin de que con autoridad apostólica quisiésemos desmembrar de la Iglesia Arzobispal de Guatemala todo el territorio que forma el Estado de San Salvador, haciendo de él una nueva Diócesis, con silla episcopal, bajo el nombre de San Salvador en la América Central y señalar obispo para ella.

Cuya desmembración se decía no solo oportuna, sino necesaria y aun aprobada por el Arzobispo de Guatemala. Porque, como este no percibe ahora, según se nos asegura, ningún emolumento del Estado de San Salvador, por lo mismo no tendría perjuicio alguno, mientras por otro lado queda aliviado en gran parte de sus cuidados.

Ahora, pues, el actual antiquísimo territorio de la Diócesis de Guatemala se compone del Estado de Guatemala y del arriba expresado San Salvador, a excepción del distrito que llaman del Petén. Este gran territorio dicen que comprende cuatrocientos pueblos y lugares, y más de un millón de habitantes. Hay en él ciento sesenta y cuatro parroquias, las cuales están separadas entre sí por tan largo y áspero camino, que por lo mismo exigen precisamente los trabajos y cuidados de muchísimos sacerdotes.

Si, pues, se considera el referido Estado de San Salvador, su primera ciudad está distante del Arzobispado de Guatemala sesenta leguas, y sus límites se extienden por siete mil ciento veinticinco millas cuadradas, donde se hallan establecidas cincuenta y cuatro parroquias. Pero lo que hay de sumamente lamentable es que en todo el Estado de San Salvador se encuentran solo veinticuatro sacerdotes, de manera que se puede decir, no sin lágrimas, que la mies es grande, pero que son poquísimos los operarios.

De aquí puede conocer todo hombre, por conjetura, el gran daño que sufre la salud de las almas de tal escasez de ministros sagrados. Se añade, además, que por demasiada distancia de los lugares y las muy graves incomodidades de los caminos, como también por los grandes cuidados de su Arzobispado, el Prelado de Guatemala está impedido para visitar personalmente en el espacio establecido todas y cada una de las parroquias, y de consiguiente se encuentra obstáculo para que entre el pastor y las ovejas, especialmente las más lejanas, haya aquella comunicación necesaria para que se acaben los asuntos más fácil y prontamente.

Por eso hemos concebido la esperanza de que, una vez que se haya establecido en el citado territorio de San Salvador una nueva silla episcopal, el obispo que se le señale inspeccionará su grey más inmediatamente, ocurrirá con más facilidad a las necesidades de la misma, guardará entero e intacto a las ovejas fieles el depósito de la doctrina católica, y se ocupará con más eficacia en la conversión de los que deploramos aún envueltos en las tinieblas y sombras de la muerte.

Justamente estas y otras razones que nos ha expuesto el Gobierno de San Salvador, por medio de su encargado de negocios expresamente enviado a Nos, que nada hemos querido con más afán como proveer con paternal caridad y solicitud apostólica a la comodidad y bien espiritual de los cristianos existentes en los más apartados países del mundo católico, son para Nos de tanto peso, que habiendo examinado todo con detenida deliberación, accediendo a la súplica presentada, por cierta ciencia y plenitud de la apostólica potestad y aun por motu proprio, derogando en cuanto sea necesario o supliendo el consentimiento de los que en cualquier modo tengan en ello interés, separamos y desmembramos de la Diócesis del Arzobispado de Guatemala todo el territorio que tiene hoy día el Estado de dicho nombre de San Salvador, situado en la parte central de la América occidental; y eximimos también perpetuamente y libertamos de la jurisdicción ordinaria, de la potestad y superioridad del Arzobispo de Guatemala que en cualquier tiempo exista, o del ordinario de su Diócesis, todas y cada una de las parroquias, iglesias, conventos, monasterios y cualesquiera otros beneficios seculares y regulares de cualesquiera órdenes, que acaso existan allí, y también las personas de uno y otro sexo habitantes y vecinos tanto seculares como clérigos, presbíteros, beneficiados y religiosos de cualquier grado, orden y condición.

Después de formalizada esta desmembración, división y exención, erigimos e instituimos en ciudad episcopal con la curia y cancillería eclesiástica aquella ciudad de la América Central, llamada San Salvador, que en el Estado del mismo nombre no solo es capital, sino que está situada en el lugar más oportuno, y es conocida como más a propósito y considerable; y dicha ciudad, erigida e instituida en tal modo en silla episcopal, queremos goce de todos y cada uno de los honores, derechos, privilegios y prerrogativas de que usan y gozan las demás ciudades de la América Central, condecoradas con silla pontifical, y sus ciudadanos.

La iglesia parroquial que, bajo la invocación de la Transfiguración de Nuestro Señor Jesucristo, existe en la mencionada ciudad de San Salvador, erigida como arriba queda dicho en ciudad episcopal, la elevamos y alzamos al honor de Iglesia Catedral, pero conservando su antigua parroquia; y en ella también perpetuamente erigimos e instituimos la silla y cátedra episcopal, para un obispo de San Salvador que se nombrará en seguida, el cual presida a la misma iglesia, ciudad y Diócesis que se señalará abajo, y a su clero y pueblo; convoque sínodo, y tenga y ejerza todos y cada uno de los derechos, oficios y deberes episcopales, con su cabildo, arca, sello, mesa que se constituirá a continuación, y demás insignias, derechos, honores, preeminencias, gracias, favores, indultos, jurisdicciones y prerrogativas, de que están en posesión las otras iglesias catedrales de la América Central y sus prelados, cuando por particular indulto o privilegio no les están atribuidas.

Quedando erigida de este modo la Iglesia Catedral de San Salvador, para designar después a su Prelado su propia Diócesis, adjudicamos y asignamos para siempre por Diócesis del nuevo Obispado de San Salvador el territorio separado y desunido, como queda dicho, de la Diócesis de Guatemala, esto es: el que está lindando al oriente con el seno de Conchagua; al occidente con el río de Paz; al norte con el Estado de Guatemala; al sur con el mar llamado Pacífico; cuyo territorio así atribuido y designado, y las parroquias, iglesias, conventos, monasterios y cualesquiera otros beneficios seculares y regulares de cualesquiera órdenes, las personas de uno y otro sexo y los vecinos así seculares como clérigos de cualquier grado y condición, a excepción de los exentos, los sujetamos también para siempre en la ordinaria jurisdicción, régimen, potestad y superioridad del obispo que sucesivamente sea de la iglesia de San Salvador, e igualmente las asignamos y atribuimos para siempre al citado obispo por ciudad, territorio, diócesis, clero y pueblo.

Y a fin de que el obispo que sea de San Salvador pueda mantener su dignidad con el decoro que sea conveniente, y proveer suficientemente a su Vicario general y Curia episcopal, queremos que él mismo perciba para congrua, y goce perpetua y libremente la porción de diezmos que se señalará abajo, como también aquella cuota que se llama cuarta episcopal; y por tanto, adscribimos y atribuimos tales réditos para siempre a su mesa episcopal.

Por lo que toca a la fábrica de la nueva iglesia Catedral de San Salvador, igualmente les adscribimos y adjudicamos para siempre la dotación que también resultará abajo, de otra porción de dichos diezmos. Mandamos se asignen cuanto antes casas propias, de forma decente y puertas, en sitio cómodo y cercanas lo más que se pueda a la iglesia Catedral, para habitación y residencia del obispo venidero, y cuyo alquiler queremos se pague cuidadosamente, si no existiendo aquellas en el día fuese preciso tomarlas en arrendamiento.

En cuanto a la erección del cabildo de la Catedral, mandamos se verifique con las diligencias y formalidades que previenen los sagrados cánones; queremos, pues, que no se componga dicho cabildo de otro modo, sino que conste desde su principio a lo menos de una dignidad y tres canónigos. Y para la dotación así del cabildo como del Seminario diocesano ya existente en dicha ciudad de San Salvador, atribuimos perpetuamente, y asignamos respectivamente a uno y otro la porción de los diezmos expresados en el modo siguiente.

Por cuanto queda mandado ya que las dotaciones para la mesa episcopal de San Salvador, para el cabildo de la Catedral, para la fábrica y sagrario de la misma, como también para el mismo Seminario eclesiástico diocesano de clérigos, hayan de constituirse sobre los diezmos eclesiásticos que se prescriban libre, pacífica y perpetuamente según costumbre en los límites de la citada Diócesis de San Salvador, también acordamos que dichos diezmos se dividan perpetua y fielmente en diez porciones de un todo iguales, tres de las cuales se atribuyan y adjudiquen a dicha mesa episcopal, otras tres al cabildo de la Catedral, para repartirlas entre sus individuos según el prudente arbitrio del obispo; otras tres al Seminario diocesano, y finalmente la décima parte a la fábrica y al sagrario de la Catedral.

Pero si en cualquier tiempo que sea, los productos de dichos diezmos que se han de dividir como va expresado, llegan a considerarse insuficientes para la congrua y decente dotación del obispo, cabildo y seminario, atendidas respectivamente las circunstancias, entonces queremos que el Gobierno del Estado de San Salvador quede obligado, según el ofrecimiento que ha hecho, a completar las mismas dotaciones en el modo que sea oportuno y conveniente.

Por cuanto por la grande escasez de sacerdotes en aquellos países no puede erigirse ahora de ningún modo el cabildo de la Catedral, en el interín y hasta tanto que no quede formalizada la erección del mismo cabildo, concedemos y queremos se erogue la dotación para él arriba establecida, según el prudente arbitrio del obispo ordinario, parte en proporcionar suficientes utensilios sagrados para el uso de la misma Catedral y aumentar su decoro, a fin de que el culto divino tenga el mayor esplendor y dignidad, y parte en utilidad del Seminario diocesano, o verdaderamente para la más cómoda administración y conservación del mismo, e igualmente para mantener y educar en él mayor número de jóvenes eclesiásticos, a fin de procurar más pronto que se aumente el número de presbíteros, de cuyo auxilio tiene aquella iglesia la mayor necesidad.

Mientras la nueva iglesia de San Salvador carezca de cabildo, llegando a vacar la silla, atendida la larga distancia desde ella hasta la silla metropolitana de Guatemala, para que la administración de la Diócesis de San Salvador pueda seguir con mayor prontitud y comodidad sin ninguna intermisión, queremos que el administrador de la misma, con las facultades competentes por derecho o legítima costumbre, sea el sujeto que haya obtenido el cargo de Vicario general del último obispo difunto; y cuando en el momento del fallecimiento del obispo no hubiese Vicario general, entonces en lo tocante al gobierno de la iglesia vacante, queremos se guarde lo que previene el derecho canónico sobre este punto.

En la vacante, pues, de la silla y mientras dure, atribuimos y adjudicamos la mitad de las rentas de su mesa al Vicario, o verdaderamente al que sea administrador de la Diócesis, como arriba queda dicho, y la otra mitad mandamos se guarde para el obispo sucesor.

Además, sujetamos la iglesia de San Salvador, erigida como arriba va expresado, al Arzobispo metropolitano de Guatemala y queremos y acordamos que goce todas las facultades, exenciones, prerrogativas y derechos que pertenecen a las demás iglesias sufragáneas de la metropolitana de Guatemala.

Los frutos, pues, de la nueva iglesia de San Salvador mandamos se tasen en treinta y tres florines de oro de cámara y un tercio de florín, y se tome razón de esta tasación en los libros de la cámara apostólica.

Y para que todo lo arriba dispuesto por nosotros se lleve a debido efecto, atribuimos todas las facultades oportunas para lograr el citado efecto a nuestro amado hijo Jorge de Viteri, presbítero, doctor en ambos derechos y natural de dicho Estado de San Salvador, al cual elegimos y diputamos por ejecutor de estas nuestras letras, a fin de que por sí, o por medio de otra persona constituida en dignidad eclesiástica que él subdelegare, pueda establecer y acordar todo, hasta que lo mandado arriba se lleve a fin completa y formalmente, y aun con la facultad al mismo ejecutor o a su subdelegado para pronunciar definitivamente sobre cualquier oposición que naciese en cualquier modo contra lo predicho, quedándole impuesta la obligación de describir diligentemente en el decreto ejecutorial los límites de la nueva Diócesis de San Salvador, y de enviar a esta silla apostólica en el espacio de seis meses después de acabada la ejecución de las letras apostólicas, un traslado en forma auténtica de todo lo que haga en ejecución de las mismas letras, para guardarlo, según costumbre, en el archivo de la congregación de los negocios consistoriales. Y queremos y acordamos que las presentes letras y todo lo contenido en ellas, aunque aquellos a quienes interesen o que pretendan interesarles no hayan sido llamados ni escuchados, y no consientan en las cosas predichas, supliendo, por la plenitud de la apostólica potestad, a su consentimiento mientras necesario sea, jamás en ningún tiempo se puedan notar de vicio de subrepción, obrepción o nulidad, o de falta de nuestra intención o de algún otro defecto, aunque sustancial, ni ser impugnadas, ni puestas en controversia, sino que deban existir y permanecer siempre y perpetuamente, y lograr y obtener sus plenos y enteros efectos, y guardarse inviolablemente por todos aquellos a quienes toque hacerlo.

No obstante las reglas de jure quosito non tollendo, de suppsectionibus committendis ad partes vocales quibus interest ni otras muestras y de cancillería apostólica, y las especiales o generales constituciones y ordenanzas apostólicas publicadas en los concilios de sinodales, provinciales y universales, a cualesquiera otras disposiciones de pontífices romanos, nuestros predecesores, ni cualquier otra cosa en contrario. Queremos, además, que a los trasuntos de estas letras, aunque impresos, pero firmados de puño de algún notario público y sellados con el sello de sujeto constituido en dignidad eclesiástica, se dé en todo la misma fe que se daría a las mismas presentes letras si fuesen exhibidas o manifestadas.

No sea, pues, permitido a ningún hombre el quebrantar esta página de nuestra desmembración, separación, apartamiento, erección, institución, asignación, atribución, sujeción, concesión, indulto, comisión, diputación, mandamiento, decreto, derogación y voluntad, ni contrariarla con osadía temeraria. Y si alguno osare intentarlo, sepa que incurrirá en la indignación de Dios Todopoderoso y en la de los bienaventurados Pedro y Pablo, sus apóstoles.

Dado en Roma, en Santa María la Mayor el año de la Encarnación del Señor de mil ochocientos cuarenta y dos, el cuarto día de las Calendas de octubre, el año duodécimo de nuestro pontificado.

En lugar del sello. Sobre cuyas letras apostólicas yo, el notariado apostólico, he hecho el trasunto, imponiéndole mi sello, siendo testigos los señores Pedro Alessandri y Felipe Topi. — Concuerda con el original. Firmado: A. Guiansanti, oficial diputado. — A. Macioti, So Datario. En lugar + del sello. — Así es. — Firmado: Luis Angelini, Notario Apostólico. – Lugar del sello.

Es traducción de la copia auténtica que con esta fecha remite esta legación al supremo Gobierno del Estado del Salvador. — Roma, 1.º de octubre de 1842. — Manuel Urioste de la Herrán, secretario.

DÉCIMO PRIMERO: HONDURAS

SUMARIO

1.— Tendencias de los que manejan la política. 2. — Elección de Ferrera. 3. — Política de su Gobierno. 4. — Continúa la misma política reaccionaria. 5. — Reelección de Ferrera. 6. — Trabajos de la Cámara Legislativa. 7. — Relaciones con El Salvador y Guatemala. 8. — Cámara extraordinaria. 9. — Obispo Campoy. 10. — Celebración de la independencia. 11. — Don Manuel José Arce en la escena política. 12. — Consecuencias de una festividad de iglesia.

En 1839, después de haber gobernado a Honduras en calidad de consejero don Juan Francisco Molina, gobernó también en el mismo concepto don José María Guerrero, y en seguida don Francisco Zelaya. Durante este período se trabajaba día y noche contra el general Morazán, contra el general Cabañas y contra todo su círculo.

El Gobernador político e intendente departamental de Gracias, don Ignacio María Molina, decía el 16 de marzo de 1840 que se aproximaba el día en que el estrépito de las armas de Carrera hiciera ver a los salvadoreños el justo motivo con que se hacía uso de ellas. (Documento núm. 1 al fin de este capítulo.)

El jefe de sección, don Francisco Alvarado, escribía al Gobierno guatemalteco que Honduras, siempre consecuente a sus principios y a sus compromisos, se vanagloria de haber arrostrado todos los peligros antes que ceder a las miras depravadas del enemigo común de los Estados. (Núm. 2.)

Este enemigo común era el general Morazán.

El mismo Alvarado dijo al Gobierno de Guatemala que, desde que se había sabido la invasión que Morazán meditaba sobre Guatemala, se puso en las fronteras de Honduras un cuerpo de tropa para llamarle la atención e impedirle sus movimientos.

Alvarado continúa llamando tirano a Morazán e hiriéndole de todos modos. (Núm. 3.)

El mismo Alvarado dijo al Gobierno de Guatemala cuando se supo en Honduras el movimiento de Morazán, que este Gobierno se hallaba atacado por el enemigo común de los Estados, y que se apetecía un golpe destructor del tirano de la República. (Núm. 4.)

En Honduras fue celebrado con estrépito el triunfo de Carrera contra el general Morazán.

Don Ignacio María Molina, gobernador político e intendente departamental de Gracias, da cuenta de estas festividades al Gobierno de Guatemala como un dependiente a su jefe. (Núm. 5.)

El Presidente del Estado, Francisco Zelaya, marcó una vez más su administración dando la proclama siguiente:

Proclama del Presidente del Estado de Honduras a los habitantes de la Unión Centroamericana

"Está para concluir la guerra que se ha hecho a vuestra prosperidad y bienestar.

El que desnudó su espada para hacerla brillar sobre vosotros, y principalmente contra su misma patria, ha invadido felónicamente el territorio de Guatemala, para con los recursos de aquel Estado destruir a los demás de Centroamérica. El general Carrera, que tantas veces ha triunfado sobre el enemigo común, se opone con los libres a las hordas del tirano; y siendo este enemigo de todos vosotros, todos debéis concurrir a la defensa de nuestra patria. Tomad, pues, las armas; y con ellas, sobre los campos de batalla, haced conocer a vuestros antiguos opresores, que no se os puede ultrajar impunemente.

Y vosotros, hondureños, compatriotas: ayudad a vuestro Gobierno, en defensa de vuestro aliado, el Estado de Guatemala. ¿No sois vosotros los que habéis ganado tantas veces el laurel de la victoria? Pues ahora se os presenta una buena ocasión. Compradlo de nuevo con vuestros sacrificios, para que un día podáis descansar pues que mientras exista armada la falange de esclavos que sigue a Morazán, no podréis disfrutar de una vida tranquila.

Por mi parte, yo os ofrezco de nuevo mis sacrificios. Me habéis visto no abandonaros en medio de los riesgos, y trabajar contra vuestros opresores, hasta conseguir la libertad de estos pueblos.

Aquellos perversos, después de destruir a Honduras, han volado sobre Guatemala; pero la bandera leonesa se desplegó ya en su defensa, y si tenéis, como creo, el honor que siempre habéis mostrado, se desplegará también la hondureña con no menos orgullo. A las armas, pues, ciudadanos: todo anuncia el triunfo de los pueblos: si ellos no abandonan la empresa, conservarán su augusta religión, su libertad y las demás garantías que, contra la razón, ha atacado el despotismo."

Tegucigalpa, marzo 31 de 1840.

Francisco Zelaya.

Morazán salió del Salvador después del triunfo servil de 19 de marzo, para impedir que Carrera, ligado con Honduras, marchara sobre el Salvador y se ejecutaran ahí crímenes semejantes a los que se perpetraron en los Altos.

Inmediatamente que salió Morazán del Salvador y subió al poder un jefe a quien los serviles manejaban, el Gobierno de Honduras dijo que entraba en relaciones con el Salvador, y se abstenía de hacerle la guerra. (Núm. 6.)

Sobre el Salvador se había preparado una expedición hondureña, ligada con Carrera, para aniquilar al jefe que en la Trinidad salvó los intereses de Honduras, y esta expedición no se realizó porque el vencedor de Gualcho, para evitarla, se ausentó de Centroamérica. (Núm. 7.)

Don Mónico Bueso, ministro de relaciones de Honduras, considera como un gran bien la caída de Morazán, a quien atribuye, y no a los nobles de Guatemala, el que no se pudiera reorganizar la América Central. (Núm. 8.)

El Presidente del Estado de Honduras, en su mensaje de 19 de mayo de 1840, presenta la situación del país haciendo una pintura atroz de Morazán, de Cabañas y su partido. (Núm. 9.)

Los señores Bueso e Ignacio Vega celebraron con el presbítero Doroteo Alvarenga un tratado para que ni el general Morazán ni individuo alguno de los que emigraron con él pudiera ser admitido en el país. (Núm. 10.)

La prevención contra Morazán era tan viva que apenas tenían tiempo para pensar en otra cosa las Cámaras y el Poder Ejecutivo de Honduras.

Los momentos en que no se pensaba en herir a Morazán deben considerarse como intervalos. En ellos se dictaron algunas disposiciones de interés general. Una de estas es la ley reglamentaria de la administración de justicia, emitida el 6 de noviembre de 1840, y otra la que reglamenta el poder gubernativo.

Siendo esta la situación de Honduras, y tan grande la hostilidad que en aquel Estado se manifestaba a Morazán y a su partido, no debe extrañarse que en diciembre de 1840 haya sido electo el general Ferrera, Presidente del Estado de Honduras.

Es el mismo que dirigió a la municipalidad de Guatemala una nota excitándola para que se sublevara contra el general Salazar y abriera a Carrera las puertas de la capital. Véase el capítulo trigésimo, libro 5.º de esta Reseña.

Ferrera era un instrumento de la aristocracia de Guatemala.

Sin embargo de todo esto, en junio de 1878 se publicaron en Tegucigalpa unos datos biográficos de Ferrera, en que se le presenta como a un liberal, y como una de las glorias de Honduras.

Esa biografía se parece a los retratos de Filipo, rey de Macedonia.

Filipo perdió un ojo en el sitio de Metona, porque Aster, hábil tirador del arco, dirigió al rey una flecha en que se leían estas palabras: "Al ojo derecho de Filipo."

Los aduladores del rey de Macedonia lo retrataban siempre de perfil, presentando solo el lado izquierdo, para que no se viera el ojo tuerto.

Así está presentado el general Ferrera en esos datos biográficos.

Ferrera perdió en el Espíritu Santo y en Perulapán más que Filipo en Metona, y el biógrafo no habla de esas dos ignominiosas derrotas.

La batalla del Espíritu Santo es la más estratégica de Morazán, y donde más desplegó su genio militar el vencedor de Gualcho.

Ferrera corrió teniendo a sus órdenes doble número de combatientes. Véase el capítulo 29 del libro 5.º

La batalla de Perulapán, en que igualmente fue vencido Ferrera teniendo también doble número de combatientes, hizo ver a sus partidarios que era inepto para la guerra, y lo sustituyeron con Quijano.

Mucho cuida el biógrafo de omitir todo esto.

Ferrera tiene un origen distinguido, porque es oscuro.

Era hijo de padres apenas conocidos; pero sus capacidades fueron muy infelices. Tuvo la desgracia de ser educado por el cura reaccionario don José León Garín, y jamás pudo destruir las huellas que dejaba sobre su frente la mano de plomo de aquel clérigo fanático.

El padre Garín quiso que Ferrera fuera músico de la parroquia de Cantarranas, de donde lo envió a Tegucigalpa para que con el maestro Felipe Reyes aprendiera a tocar el violín.

Probablemente Ferrera no tenía la organización de Paganini, porque jamás se hizo notable en el coro de su parroquia.

No pudiendo brillar como músico, tuvo la necesidad de convertirse en sacristán, destino que desempeñó a las mil maravillas por mucho tiempo.

El movimiento revolucionario arrastró a Ferrera a la milicia, y llegó a figurar sosteniendo la causa de la libertad, como se ve en el capítulo trigésimo cuarto del libro 2.º de esta Reseña, y después figuró también como vicejefe del Estado, siendo jefe don Joaquín Rivera. Véase el capítulo décimo octavo del libro 4.º

El vicejefe detestaba al jefe, porque un demócrata como Rivera era imposible que fuera grato al discípulo del padre Garín.

Ferrera ambicionaba el poder, y en diciembre de 1840, Honduras vio al sacristán del pueblo de Cantarranas convertido en Presidente del Estado.

Entonces los sacristanes de Tegucigalpa y Comayagua exclamaron: ¡Si el sacristán de Cantarranas es Presidente, por qué no hemos de serlo nosotros!

Tenían razón; el país se hallaba en la era de los sacristanes.

Se habían mandado hacer elecciones.

El artículo 31 de la Constitución entonces vigente decía que es un crimen en los funcionarios públicos influir directa e indirectamente en ellas, y sin embargo, Ferrera influía y se vio perseguido José Bustillo, exministro de la guerra, José de Jesús Zapata y otros porque creían que Ferrera no debía ser el Presidente.

Los perseguidos dijeron que no temían tanto a Ferrera por sí mismo, sino por la influencia que en él ejercía don Felipe Jáuregui, a quien todo el país consideraba como un agente de la aristocracia de Guatemala.

Todavía la presión no había sido bastante para aniquilar el espíritu público de los hondureños, y Ferrera no fue electo por el pueblo; pero la Cámara de Representantes, dominada por él, lo eligió. He aquí el decreto:

El Presidente del Estado se ha servido dirigirme el siguiente:

"El Presidente en quien reside el Poder Ejecutivo del Estado de Honduras.

Por cuanto: La Cámara de Representantes ha decretado y constitucionalmente ha sancionado lo que sigue.

La Cámara de Representantes del Estado libre y soberano de Honduras, habiendo procedido a la apertura de pliegos que contienen la elección hecha de los pueblos del mismo Estado para Presidente, no apareciendo de hecho la elección, y no habiendo concurrido las condiciones que exigen los artículos 17 y 18 en su primera parte, de la ley de elecciones de 14 de enero de 1839, la Cámara en virtud de la segunda parte del referido artículo 18 procedió a la elección de Presidente entre los ciudadanos que obtuvieron sufragios, y resultó con totalidad de votos para Presidente del Estado el general ciudadano Francisco Ferrera; y al mismo tiempo en cumplimiento del art. 40 sección 8 de la Constitución, se procedió a la elección de los tres suplentes, en los que reunieron mayor número de votos, y resultaron electos los ciudadanos Licenciado Francisco Güell, Francisco Zelaya y Santiago Bueso.

Por tanto DECRETA:
ARTÍCULO ÚNICO.

Hágase por Presidente del Estado al general ciudadano Francisco Ferrera, y por suplentes a los ciudadanos Licenciado Francisco Güell, Francisco Zelaya y Santiago Bueso.

Pase al supremo Poder Ejecutivo.

Dado en Comayagua, a 30 de diciembre de 1840.

Mariano Castejón. —R.P.—Ignacio Vega. —R.S.—Juan Benito Cobachuela. —R.S.

Por tanto: ejecútese. Lo tendrá entendido el jefe de sección encargado del ministerio de relaciones y dispondrá lo necesario a su cumplimiento.

Dado en Comayagua, a 31 de diciembre de 1840. Francisco Zelaya. —Al ciudadano Francisco Alvarado.

Y lo transcribo a U. para que lo haga publicar y circular en los pueblos de su mando con la solemnidad posible: dándome aviso de haberlo así verificado, y admitiéndome por su atento servidor. —D.U.L."

Comayagüa, diciembre 31 de 1880.

El Jefe de Sección, Francisco Alvarado

El señor Francisco Zelaya dejó el mando el 31 de diciembre de 1840, y el 1.º de enero de 1841 tomó posesión Ferrera.

El Presidente electo por la Cámara pronunció ante ella el siguiente discurso:

Señores representantes:

"Llenando vuestros deseos, y cumpliendo vuestros soberanos preceptos, me he presentado el día de hoy en este augusto lugar y he tomado posesión de un destino que choca con mis principios y con mis conocimientos. Reconozco, SS. RR., que el depósito que habéis puesto a mi cuidado es una prueba eterna de la alta confianza que os debo; pero me estremezco al considerar que para corresponder a vuestros altos designios carezco de las cualidades necesarias y los medios de adquirirlas. He jurado ante la divinidad cumplir con unos deberes arduos y difíciles; pero lo he hecho en cuanto cabe en el círculo de mi pequeña capacidad, confiado en las luces de los buenos ciudadanos y principalmente en las que deben subministrarme los dignos delegados del pueblo, que me han colocado en el lugar destinado a la sabiduría, a la virtud y al mérito. Con tal apoyo, no dudo que podré dar dirección a la máquina social, que habiendo sufrido oscilaciones extraordinarias, ha debido quedar en un completo trastorno. Os doy las debidas gracias por el honor con que me habéis distinguido; y os prometo que mis intenciones, ya que no mis sentimientos, tendrán siempre por mira el saludable fin que os habéis propuesto, cual es la felicidad de vuestros comitentes."

Comayagua, enero 1.º de 1841.

F. Ferrera.

198

El presbítero don Mariano Castejón, presidente de aquella Cámara, dijo textualmente lo que se ve en seguida:

Señores representantes y demás auditores:

"Cuando una mano benéfica se extiende hacia sus semejantes, es recibida con manifestaciones de gratitud, y es correspondida. El señor Francisco Ferrera fue de los primeros que salieron al frente para recobrar y defender los derechos y soberanía del Estado: fue el que se puso a la cabeza de las fuerzas de él con tan loable objeto; y fue a quien los acontecimientos más adversos y desgraciados no le arredraron, ni le hicieron retroceder, hasta ver logrados sus deseos. Los pueblos, pues, agradecidos de tales servicios, y de los efectos que recibieron de ellos con su regeneración política en las nuevas instituciones, no han podido menos de poner en sus manos las riendas del S.P.E.

Tres mil cuatrocientos de sus individuos sufragaron por él; y aunque no salió electo de hecho, fue el único que resultó de candidato; y la Cámara, bajo las mismas consideraciones y en premio de sus méritos, tuvo a bien nombrarle, y le nombró Presidente del Estado. Hoy ha prestado el juramento que previene la ley.

Es el acto más solemne y augusto que le liga a sus obligaciones; y yo no dudo que con la misma energía y patriotismo con que se ha manejado, continuará sosteniendo y defendiendo nuestra Carta fundamental.

Uno de los primeros actos de la nueva administración fue dictar medidas sanitarias a fin de combatir la peste de viruelas que hacía estragos en el país.

La Cámara emitió el 16 de febrero de 1841 la ley orgánica de Hacienda, la cual reglamenta el sistema rentístico sin decir cuáles son los ramos de hacienda pública.

En el país había conmociones. Se temía la falta absoluta o transitoria del Presidente, y que los suplentes no estuvieran listos para subrogarlo y se decretó que en tal caso lo subrogaran los ministros.

La Cámara cerró sus sesiones el 6 de marzo y, en el acto de la clausura, el padre Castejón dijo lo siguiente:

Señores representantes:

"El día de hoy cerráis vuestras sesiones: habéis cumplido con la obligación que os impuso la Constitución, desarrollando las leyes que dimanan de ella; no habiéndolo hecho antes por las vicisitudes que han mediado, y que son bien notorias. No serán las mejores, las más propias y más adecuadas a las circunstancias y capacidad de los hondureños; pero habéis puesto los medios posibles para conseguirlo, y os habéis guiado por la experiencia que es la maestra de todas las ciencias. Representantes, congratulaos que os retiráis al seno de vuestras. familias, habiendo prestado este servicio a la patria. —He dicho".

En Yocón se había levantado una facción y el gobernador político e intendente de Olancho aseguró que una expedición sobre ella había establecido la paz (Véase el documento número 11 al fin del capítulo).

Se siguió una información acerca del origen de este movimiento y de ella se deduce que había muchos ciudadanos disgustados por la dureza de las leyes de policía, por las contribuciones y especialmente por la capitación decretada el año de 1838; y que los inspiraba el coronel José Bustillo.

En cartas tomadas a este se habla contra los diezmos, contra la persecución de muchos ciudadanos por creerlos morazanistas y contra la tiranía del general Ferrera.

Para contestar estos cargos el periódico oficial dijo lo siguiente:

Se ha hecho una necesidad manifestar:

1.º Que el decreto de capitación fue emitido por la Asamblea ordinaria del Estado, el 28 de junio de 1838, desde cuya fecha está en práctica.

2.º Que por el acuerdo del Gobierno, de 25 de febrero último, se mandó suspender su cobro en los pueblos acometidos por la peste de viruela.

3.º Que por el de 1.º de marzo y autorizado por la Cámara Legislativa asignó la mitad del producto de esta contribución a la instrucción primaria de los mismos pueblos.

4.º Que por la Constitución de este Estado no está facultado el Poder Ejecutivo ni para decretar contribuciones, ni para quitarlas, ni para manejar el tesoro público, ni para indultar los delitos; por cuya causa ni puede exigir a los pueblos, ni puede usurpar caudales, ni puede llamar los reos del Estado señores con calidad de responder cargos los que los tuviesen.

5.º Que por los estados generales formados por la administración general de rentas, se verá si el Cuerpo Legislativo se ha negado al reconocimiento de la deuda pasiva del Estado, y el producto anual de todas las rentas del mismo.

6.º Que habiendo renunciado algunos delegados a la Convención y otros complicándose en la revolución de Morazán, fue preciso que el primer Poder del Estado nombrase nueva legación como lo hacen todos los soberanos del orbe civilizado para tratar sus negocios de alta política, de cuya clase es el pacto que se trata de formar entre las naciones centroamericanas.

LL.EE.

La Cámara había dado a 23 de enero de 1841 un decreto que reglamenta las atribuciones de los jefes políticos, y Ferrera tuvo necesidad de dictar acuerdos que hacían más severas estas disposiciones a fin de sofocar los movimientos revolucionarios.

El coronel Bustillo dirigió una exposición contra Ferrera a los pueblos y a los gobiernos de Centroamérica; y aparece una réplica datada en Gracias, a 6 de abril de 1841, y suscrita por los oficiales y sargentos Vicente Aguilar, Demetrio Fernández, Venancio Pineda y Luis Alvarado.

Por esta réplica dio el Gobierno hondureño expresivas gracias a los signatarios.

Entre las personas perseguidas se hallaba el teniente coronel Toro, quien protestó enfermedad y se le dejó como enfermo en la garita, cuando Ferrera marchaba a San Pedro Perulapán.

Toro, aunque tenía ideas liberales, manifestaba poca energía; dirigió una carta llena de disculpas al ministro de la guerra y sirvió a la reacción.

El presbítero José Nicolás Irías, que excomulgó a don Dionisio Herrera y que día y noche trabajó contra el general Morazán y su partido, era para Ferrera el primer personaje del Estado.

Ferrera experimentaba todavía, al ver al padre Irías, las impresiones que sufre un sacristán al presentársele el Gobernador de la Diócesis.

El año de 1839 el nuncio apostólico residente en Bogotá pidió al cabildo de Honduras que presentara un clérigo para obispo.

El año de 1841 el señor Viteri iba a Roma y el padre Irías, de acuerdo con Ferrera, presentó al clérigo que deseaban fuera obispo.

Probablemente la vejez y enfermedades de Irías, que ya se acercaba al sepulcro, dieron la mitra al señor don Francisco de Paula Campoy.

En medio de todo esto Ferrera se preparaba para la guerra.

Él dispuso que para el alistamiento de la fuerza permanente en primer lugar se presentaran los forasteros; en segundo lugar los que Vivieran fuera de las poblaciones sin la propiedad indispensable para justificar su permanencia fuera de poblado.

El incesante movimiento militar cansaba.

La gente que debía tomar las armas estaba fastidiada de tanto oír llamar hombres de bien y protectores de los pueblos a Francisco Ferrera y a Rafael Carrera, y de tanto oír llamar malvados y perversos a Cabañas y a Morazán; y se iban a los desiertos.

Ferrera se propuso llevar la persecución a los campos y a los bosques, y dispuso que los primeros alistados después de los forasteros fueran los hondureños que residiesen en los campos. (Documento núm. 12.)

Con motivo de la exposición del coronel Bustillo, los oficiales del batallón núm. 3.º Pantaleón Durán, Francisco Becerra, Nicolás Irías, Francisco Verde, Jesús Zapata, Guadalupe Aguirre, Crescencio Santos, Juan González, Pantaleón Santos y Francisco Matus, firmaron en Juticalpa una exposición protestando su lealtad al Gobierno de Ferrera.

Otra exposición semejante hizo la municipalidad de Hamatepeque.

La Asamblea se reunió y uno de sus primeros actos fue declarar que en falta del Presidente gobernase el Consejo de Ministros, y que si faltare alguno de estos, sea nombrado un interino.

La Cámara, increpando una vez más al partido liberal, concedió indulto a los que siguieron a Morazán en las luchas anteriores.

El indulto solo comprende a los individuos que, exponiéndose al rigor de sus enemigos, permanecieron en Honduras o volvieron a su territorio luego que cesó la guerra.

Ese indulto contiene otras disposiciones que manifiestan el estado de los ánimos contra el partido liberal. (Núm. 13.)

La Cámara derogó la ley de 28 de junio de 1838 que establecía el derecho de diez reales, en calidad de capitación, impuesto a los habitantes de Honduras.

El coronel Bustillo habló contra esa capitación, y el Gobierno le contestó que no tenía derecho de hablar contra ella y que era un perverso.

La Cámara se reunió en seguida y suprimió la capitación, como onerosa, dando así un público testimonio de que quien tenía razón era Bustillo.

Aquella Cámara expidió un decreto digno de eterna memoria. He aquí:

Art. 1.º Se restablece el fuero eclesiástico en el orden que previenen los Cánones.

Art. 2.º Que se excite al Gobierno Eclesiástico por medio del Presidente del Estado, para que en cada departamento faculte al Vicario para que oiga demandas civiles, y castigue los delitos leves de los clérigos residentes en aquella comprensión.

Art. 3.º Queda derogada la ley que extinguió el fuero eclesiástico, y cualquiera otra que se oponga a la presente.

Pase al P. E. Dado en Comayagua, a 13 de julio de 1841. Mariano Castejón, R. P. Ramón Arriaga, R. S. J. Agustín Madrid, R. S.

Por tanto: Ejecútese. Lo tendrá entendido el ministro del despacho de relaciones, y dispondrá lo necesario a su cumplimiento.

Dado en la ciudad de Comayagua en la Casa del Gobierno, a 15 de julio de 1841. Francisco Ferrera. Al señor Juan Morales.

El Gobierno tenía más interés que el canónigo Irías, que ya estaba viejo y decrépito, en que se restableciera el fuero eclesiástico.

La Cámara excitaba al Vicario para que hiciera lo que en el orden regular de las reacciones él debía pedir.

Ferrera procuraba que en la Asamblea hubiera siempre clérigos: El Presidente de la Cámara Mariano Castejón, era un sacerdote de la escuela ultramontana.

La política reaccionaria de Honduras continuó en escala ascendente, y la sumisión de aquel Gobierno a la aristocracia de Guatemala cada día fue más perceptible.

Antes de que se comunicara al Gobierno de Honduras la vuelta al mando de don Mariano Rivera Paz, verificada a consecuencia de los sucesos que se refieren en el capítulo 15, libro 6.º de esta Reseña, el señor ministro Juan Morales se apresuró a saludar a Rivera Paz. He aquí la nota:

Ministerio de relaciones del Gobierno Supremo del Estado de Honduras.

D. U. L. Casa del Gobierno, Comayagua junio 1.º de 1842.

Señor ministro de relaciones del Supremo Gobierno del Estado de Guatemala.

Aunque por comunicación especial no se ha recibido aviso de haberse encargado del mando supremo de ese Estado el señor Mariano Rivera Paz, por otros documentos oficiales recibidos en esta fecha de ese Gobierno, se ha impuesto el de Honduras de que se halla encargado del Poder Ejecutivo, por cuyo feliz acontecimiento y en circunstancias como las actuales, este señor Presidente ha sentido las más vivas emociones de placer y satisfacción, y ha acordado se le den las más expresivas muestras de amistad, cariño y respeto al patriota que ha sabido desempeñar tal destino en la época más difícil para Guatemala, cuya conducta hace esperar en lo sucesivo del sacrificio que de nuevo se ha obligado a hacer, los más felices resultados en obsequio de la tranquilidad de los pueblos de ese Estado, con quienes se congratula.

Cumpliendo, señor ministro, con lo ordenado por mi Gobierno, solo me resta significarle a U: los sinceros votos de mi aprecio distinguido, con que me suscribo su más atento servidor.

Juan Morales

Al regreso del general Morazán en 1842, el Gobierno de Honduras manifestó contra él una hostilidad sin ejemplo. La prensa hondureña agotó el vocabulario de las injurias.

La exposición de Morazán a los Gobiernos de Centroamérica fue contestada en Honduras con una virulencia extraordinaria.

Cuando el general Morazán llegó a Costa Rica, el Gobierno de Honduras cerró sus relaciones con aquel Estado, y su prensa estuvo siempre excitando a los costarricenses a la insurrección contra el vencedor de Milla en la Trinidad.

En Honduras se dio un indulto en favor de los hondureños que por la revolución del año de 1839 se habían refugiado en el Salvador; y de ese indulto fueron exceptuadas las personas que simpatizaron con Morazán a su regreso de la América del Sur. El artículo 3.º de ese decreto dice: "No comprende este indulto a los que en la nueva invasión hecha por Morazán al Estado del Salvador se le unieron, le prestaron algunos servicios, o se manifestaron afectos a él.

Está firmado por Ferrera y por don Juan Morales.

La Gaceta de Guatemala, en su número 53 correspondiente al 28 de julio de 1842, dice que es satisfactorio que tantas manifestaciones se hagan en Honduras contra Morazán, porque debe suponerse que es el país donde mejor se le conoce.

El Redactor no dice que el señor Jáuregui, que no nació en Honduras, era el que principalmente excitaba a los hondureños contra el más distinguido de los hijos de aquel Estado.

El número 35 de El Redactor Oficial de Honduras contiene un editorial que puede llamarse libelo infamatorio contra Morazán y su partido.

Casi al mismo tiempo, aquel periódico oficial lloraba la muerte del padre Castejón, Presidente de la Asamblea hondureña, que tanto había acribillado a Morazán.

Cuando se supo en Honduras la noticia de la muerte del general Morazán, hubo grandes manifestaciones de regocijo, y El Redactor Oficial se atrevió a decir que todos aprobaban la muerte del tirano.

Cuando volvieron los morazanistas en la barca "Coquimbo" y pidieron asilo en las playas de Centroamérica, el ministro hondureño don Francisco Alvarado, en nota de 17 de enero de 1843, dijo:

"Siendo el asilo dado por el Supremo Gobierno del Salvador a los enemigos de Centroamérica atentatorio respecto de los solemnes pactos celebrados entre los Estados, el de Honduras protesta contra aquel acto, mientras no merezca el ascenso general de los aliados."

Esta nota se halla en el núm. 49 de El Redactor Oficial.

En seguida está un editorial en que se ultraja a la víctima de 15 de septiembre, y se hace ver que en ningún caso puede el Gobierno de Honduras acceder al asilo que los morazanistas pedían.

5. El 31 de diciembre de 1842 terminó su período constitucional el general Ferrera y, no estando abiertos los pliegos que contenían la elección de Presidente, recayó el mando en el Consejo de Ministros.

El Consejo se ocupó en dar disposiciones sobre el régimen interior. Es notable un extenso decreto que previene a los párrocos remitir cada tres meses, al jefe político departamental respectivo, un estado de los nacidos, casados y muertos para tener algunos datos estadísticos; y da reglas a fin de que las inhumaciones no se hicieran en campos desiertos, donde los cadáveres eran devorados por animales carnívoros, y prescribe reglas para la construcción de panteones.

Este decreto prueba el estado lamentable en que se hallaba el país al terminar la primera administración del general Ferrera.

El 21 de febrero se reunió la Cámara Legislativa, y el ciudadano Juan José Morales, Presidente del Consejo de Ministros, leyó ante ella el discurso siguiente:

Señores Representantes.

"Hoy que con vuestra presencia se reanima la patria adormecida Y estacionada, el Consejo de Ministros, en ejercicio del Poder Ejecutivo, tiene la honra de presentarse en este augusto lugar con el principal objeto de haceros la salutación debida por vuestra reaparición, tanto más grata para los hondureños cuanto eran los ardientes deseos que tenían de salir de una situación precaria como lo es la de una administración provisoria o preventiva; y yo, que inmerecidamente obtengo la presidencia de aquel poder, soy llamado en este día a expresar los sentimientos de un pueblo afectuoso y reconocido, y los del Cuerpo Ejecutivo, inalterablemente ansioso de la unidad y armonía con los demás para representar dignamente el Estado: tal es el deber, que cumpliendo en este momento, me cubre de honor y satisfacción. Otros asuntos y objetos de no menos importancia traen al Gobierno cerca del Poder Legislativo, y son aquellos dirigidos a patentizar el estado actual de la administración pública, sobre lo cual paso a exponeros lo conducente.

El tan portentoso como feliz suceso que obró el pueblo costarricense en el memorable 15 de septiembre antepróximo, contra los presuntos árbitros de la suerte de Centroamérica, puso término a los azares de una lucha fratricida y a los embates de una desmesurada ambición, tan oprobiosa a nuestra representación exterior como destructora de nuestra riqueza y de nuestra felicidad interiores. Desde entonces la paz y la confianza germinan maravillosamente en todos los ángulos del Estado, y los motivos de discordia y de desorden desaparecieron con sus autores; pues aunque a la fecha se hallan algunos de estos asilados en el Estado del Salvador, los de Guatemala y Honduras toman precauciones para no ser envueltos en nuevas desgracias. El Ministerio de Relaciones dará cuenta con los documentos que sobre el asunto existen en el despacho. Lo hará igualmente con los que ponen de manifiesto el estado actual de las relaciones que se cultivan con los Estados, los pactos y alianzas celebrados según las facultades del Gobierno.

Por supuesto, un estado de tranquilidad como el presente comienza a hacer una grande mejora en todos los ramos de hacienda pública, y notablemente se advierte esta en la renta de tabacos, que había llegado a su completa nulidad. La memoria del ministerio correspondiente os dará una idea de las modificaciones y aumentos de que es susceptible, y el Gobierno solo desea encarecer las ventajas que proporcionará a la hacienda y aun a la tranquilidad pública el estanco de pólvora, cuyo comercio ruinoso ha hecho más de una familia desgraciada en este Estado. La revolución última obligó al Gobierno a suspender el tráfico de este efecto, y hasta la fecha no ha llegado una queja por su falta. Autorizado el Gobierno para reglamentar este ramo podría aumentar considerablemente los ingresos a las arcas del Estado.

Únicamente la milicia no ha hecho progreso alguno: los cuerpos existen desorganizados, careciendo por esto de la instrucción necesaria; y aunque el Gobierno hace continuamente esfuerzo a fin de que se establezca una completa disciplina, no ha sido posible lograrlo hasta hoy por la ineptitud de los oficiales, sargentos y cabos veteranos a quienes está encargada. No obstante, se continúa venciendo obstáculos a fin de adquirir su mejoramiento.

Concluyo, pues, señores representantes, manifestando que el Gobierno ha hecho el uso que ha creído conveniente de la autorización con que el soberano Cuerpo Legislativo le invistió en febrero del año próximo pasado a virtud de la aparición de Morazán en el departamento de San Miguel, la que devuelve en este acto por haber cesado los motivos que obligaron a conferírsela. Todos los ministros os presentarán los decretos, acuerdos y documentos emitidos en virtud de aquellas facultades, para que obtengan vuestra soberana aprobación.

Al haceros, señores, el Gobierno esta ligera manifestación del estado actual de la administración pública, posee los más vivos deseos de que deis una ojeada por todos los ramos de ella, para que con vuestra acreditada ilustración y patriotismo podáis remover las trabas y obstáculos que impiden el engrandecimiento y bienestar de los hondureños.

Comayagua, febrero 22 de 1843.

Juan Morales,
Presidente.

Este discurso fue contestado por el Presidente de la Asamblea de la manera siguiente:

"La Cámara ha oído con agrado la felicitación que el Consejo de Ministros en ejercicio del S. P. E. le ha hecho por su instalación. Ella está animada de los mejores sentimientos para la prosperidad de los pueblos sus comitentes, y cuenta con la energía del Gobierno para que, a su vez, haga las manifestaciones que crea de beneficencia al engrandecimiento del Estado."

Probablemente pareció que este discurso era corto porque el vicepresidente señor R. Ordóñez pronunció otro que dice:

Digno Consejo de Ministros en ejercicio del Supremo Poder Ejecutivo.

"La felicitación que hacéis ha merecido la atención de esta Cámara Legislativa, que hoy abre sus sesiones, para dar principio a sus tareas. Yo tengo el honor de pertenecer a este Cuerpo Soberano: más me eligió aquel departamento, acreedor a mis pensamientos, suponiéndome digno, por estar penetrado del fuego único, que debe animar a un representante, cuáles son los deseos de obrar con rectitud en el asiento que ocupo. No se equivocó; pero no soy poseedor de las demás cualidades que exige el título de Legislador. Por tanto, excito a mis compatriotas para que me comuniquen sus luces, para satisfacer a los deseos de los que me dieron sus sufragios para este destino, que debiera ocupar el de un talento despejado, porque es vasto el campo que se presenta a su celo, y lisonjeras las esperanzas de su cultivo. De suceso tan plausible como es la reunión de esta Cámara, esperan los pueblos del Estado ventajosos resultados, y sus representantes, conociendo su deber como tales, podemos decir, somos representantes de un Estado digno de nuestras meditaciones y fatigas. No nos eligieron los pueblos para que nos extraviásemos de la senda que nos hace el código fundamental, que circunscribe la órbita de nuestras atribuciones. Nos eligieron entre la multitud para que procuremos con celo enérgico y eficaz la prosperidad del Estado en todos sus ramos de beneficencia pública. Nos eligieron para desarrollar las semillas de riqueza que contiene su vasto suelo, que por naturaleza es digno de mejor suerte. Nos eligieron para confundir la voz atrevida de los que digan que no hay en Honduras elementos para constituirse en Estado libre y soberano, haciéndole aparecer en la República tan rico y poderoso como el que está en posición más ventajosa. Nos eligieron, en fin, para que, esforzados en su engrandecimiento, acreditemos ser hondureños en su felicidad y gloria. Solo se oirá en este recinto lo público o de interés general al Estado o República entera; sin embargo, los pueblos del Estado no deben esperar el bien o su organización completa de su Cámara Legislativa únicamente; nada se adelantará si no hay cooperadores al bien; nada se adelantará si se toleran a los que tienden a desorganizarlo; nada se adelantará, aun cuando se den leyes justas, sabias y necesarias, si no se les da el debido cumplimiento. Más recibiremos todo el bien de que somos susceptibles cuando los gobernantes llenen sus deberes, y el pueblo respetuoso obedezca y cumpla con las leyes, que los ministros de justicia apliquen con esta, y la energía necesaria, guardándoles las consideraciones que merecen. Ejerzan libremente los pueblos el derecho importantísimo de nombrar sus apoderados; pero en el momento de verificarlo, no recuerden sino que son súbditos, sin lo cual ni sus mismos procuradores pudieran desempeñar su mandato, ni ejercer su imperio las leyes, ni subsistir ninguna forma de Gobierno. Nosotros daremos el ejemplo, dando lecciones de respeto a la ley, de amor a la justicia y consideraciones a los dignos funcionarios celosos en el lleno de sus deberes. Dije."

R. Ordóñez.

Veremos cómo este señor cumplió sus deberes; y de qué modo hizo ver que Honduras era el primer Estado de Centroamérica.

Durante un período constitucional, Ferrera pudo ejercer bastante influencia en las autoridades que le estaban subordinadas y obtuvo elección popular.

El 23 de febrero se dictó este decreto:

"El Consejo de Ministros en quien reside el Poder Ejecutivo del Estado de Honduras. Por cuanto: la Cámara de Representantes ha decretado y constitucionalmente se ha sancionado lo que sigue.

La Cámara Legislativa del Estado de Honduras, teniendo a la vista los pliegos que contienen las elecciones hechas en los siete departamentos del Estado; hecho el escrutinio que previene el decreto de 14 de enero de 1839, y resultando de él ser electo popularmente el señor general Francisco Ferrera Presidente del Estado, ha venido en decretar y:

DECRETA

Art. 1. ° Hace por Presidente del Estado de Honduras al señor general Francisco Ferrera.

Art. 2. ° Sean por suplentes los señores Felipe Jáuregui, Ignacio Vega y Coronado Chávez.

Pase al supremo Poder Ejecutivo. Dado en Comayagua, a 23 de febrero de 1843. —Pedro Boquín, R. P.—Vicente Antonio Bocanegra, R. S.—Macedonio Zúñiga, R. S.

Por tanto, ejecútese. Lo tendrá entendido el jefe de sección encargado del despacho de relaciones, y dispondrá lo necesario a su cumplimiento.

Dado en la ciudad de Comayagua, en la Casa del Gobierno, a 23 de febrero de 1842. — Juan Morales. — José Julián Tercero. — Casto Alvarado. — Al ciudadano Lupareo Romero.

La Cámara Legislativa de Honduras, desde su instalación hasta su clausura, expidió los decretos y los acuerdos que expresan las nóminas que se hallan al fin de este capítulo. (Documento número 13.)

Algunos de estos decretos son dignos de particular mención. El de 9 de marzo dice:

Art. 1. ° Se autoriza solemnemente al Gobierno de Guatemala para representar por Honduras en el exterior, mientras no se retire esta autorización.

Art. 2. ° En consecuencia, aquel Gobierno puede nombrar por este, cónsules y agentes diplomáticos, para establecer relaciones de comercio, hacer las reclamaciones que sean necesarias al reconocimiento y conservación de la independencia de la República, para celebrar cualquiera especie de tratados que sean de utilidad general, y para repeler cualquiera agresión que se intente hacer a Centroamérica.

Art. 3. ° El Gobierno de Honduras invitará al de los Estados, para que concedan al de Guatemala igual autorización, quedando las medidas que se dicten en virtud de ella, sujetas a la sanción de los Estados poderdantes, a no ser que sean de urgente necesidad o militares.

Art. 4. ° Queda este Gobierno autorizado omnímodamente, para dictar también de acuerdo con el de Guatemala, todas las medidas que conduzcan a la defensa de la independencia.

Art. 5. ° Se concede asilo y protección a todos los mexicanos, que como hombres pacíficos quisieren venir a este Estado.

Pase al Gobierno. Dado en Comayagua, a 9 de marzo de 1843. — Felipe Jáuregui, R. P.— Vicente A. Bocanegra, R. S.— Macedonio Zúniga, R. S."

He aquí uno de tantos medios de que se valió la Cámara para presentar a Honduras a la vanguardia de Centroamérica.

Este decreto fue inspirado por don Felipe Jáuregui, quien lo firma como Presidente de la Asamblea, y fue censurado por todos los liberales de la América Central.

El Gobierno de Guatemala estaba en manos de los nobles.

La Asamblea de Honduras ponía, pues, el país a discreción de la aristocracia.

Otro decreto digno de particular mención es el siguiente:

"La Cámara de representantes del Estado de Honduras, considerando: que para restablecer la autoridad episcopal, y cabildo eclesiástico; y para fomentar el culto divino es necesario aumentar la masa de los diezmos: que el único modo de conseguirlo será hacer que los pague la clase de ciudadanos que se llama indígena, la que por costumbre hasta ahora no los ha pagado: que siendo sus individuos iguales ante la ley a todos los demás que forman la sociedad, deben estar sujetos a las mismas cargas; y que habiendo dado muestras de verdadero cristianismo aquellos contribuirán gustosos a sostener la

Santa Religión del Crucificado. Pensando en fin, que es necesario asignar principalmente a los gastos de la iglesia el producto de los diezmos aplicado al presente a otros objetos por una ley del Estado, ha tenido a bien decretar y

DECRETA.

Art. 1. ° Todos los habitantes del Estado, inclusive los indígenas o naturales, pagarán anualmente diezmo de los granos que cosechen, de los azúcares, panelas, grana, añil, cazabe, terneros, muletos, potrillos, cabros, ovejas, cerdos, quesos y demás cosas de que se ha acostumbrado pagarlo.

Art. 2. ° Este pago lo harán, después de coger cada uno de sus cosechas y de errados los animales que se acostumbra marcar, y de los demás que habla el artículo anterior.

Art. 3. ° Los diezmos se rematarán en hasta pública cada día 20 de marzo, siguiendo las reglas que prescriben las leyes comunes para el remate de los bienes públicos, y el de los diezmos será por cada tres años.

Art. 4. ° Todo el producido de los diezmos queda principalmente afecto a cubrir el presupuesto eclesiástico, sin que se pueda disponer de parte alguna de ellos, mientras este no sea satisfecho.

Art. 5. ° Si el producto de los diezmos no fuese bastante para satisfacer completamente los gastos de la iglesia, la tesorería general dará la parte que falte.

Art. 6. ° Si, cubierto en su totalidad el referido presupuesto eclesiástico, sobrase de los diezmos alguna cantidad, ella ingresará en la misma tesorería y será exclusivamente dedicada al pago de la deuda pasiva del Estado, a cuyo fin la tesorería llevará el libro correspondiente.

Art. 7. ° En el momento que haya una vacante, la notaría eclesiástica dará aviso al Gobierno, y este, en virtud de él o de oficio, hará que la Junta Decimal entregue en tesorería la cantidad que le sobre en razón de la vacante.

Art. 8. ° Los remates se verificarán por campanas, según es costumbre; y si algunas no fuesen rematadas, por cualquier motivo que sea, serán puestas a disposición del Padre Provisor, quien, por medio de los curas más cercanos a dichas campanas, podrán verificar en ellas el cobro de diezmos.

Art. 9. ° La cantidad que se cobre por los eclesiásticos, según el artículo anterior, será cargada a cuenta del presupuesto eclesiástico.

Art. 10. Para administrar el producto de los diezmos, habrá una junta compuesta por el Padre Provisor, uno de los canónigos y el intendente general. Bajo la inspección de ella se harán los remates, por la mejor postura conforme a derecho.

Art. 11. Las propuestas podrán hacerse a plazos, y los pagos por terceras partes, verificando los remates en cada mes de noviembre; y el que no cumpliese será ejecutado, haciendo de fiscal en la causa el párroco del lugar donde fuese la ejecución.

Art. 12. El día último de cada año hará dicha junta corte de caja para los efectos que expresan los artículos 6.° y 7.°

Art. 13. Los caudales que ingresen en virtud de los remates a la tesorería de la junta serán administrados por ella y depositados, mientras su inversión, en un arca de tres llaves distintas. Cada individuo de la junta manejará una llave.

Art. 14. La misma junta llevará un libro con las separaciones correspondientes; y todas las partidas que en él se asienten, así como la razón que se ponga al fin de los remates, de los que se hayan celebrado, personas y cantidades en que se hubieren hecho, serán autorizadas por los tres individuos que componen aquella.

Art. 15. Al fin de dicha razón, se pondrá la de las campanas que no se hubiesen rematado; y del producto de ellas dará cuenta el señor Provisor el día de corte de caja, para los efectos que expresa el artículo 9. °

Art. 16. Tanto el citado libro, como las cartas fianzas que presentasen los rematantes acompañando las posturas, y el testimonio de las escrituras que otorguen en virtud de ellas, formarán los expedientes de remate, con las demás diligencias practicadas en cada uno de ellos, y se depositarán en el arca mencionada.

Art. 17. Pasado cada trienio y solventes de responsabilidad los rematantes, se pondrá la razón que corresponde al fin de cada expediente; se dará a los mismos rematantes el documento del caso, para que puedan cancelar las escrituras originales, y pasando aquellos al archivo de la junta, deberán ser autorizados por el notario eclesiástico.

Art. 20. Al fin de los remates se pasará al Gobierno una copia autorizada por la misma junta y su notario de la razón de que habla el artículo 14 y de los cortes de caja prevenidos por esta ley.

Art. 21. Todos los litigios que ocurran en razón de los diezmos serán del conocimiento de los tribunales comunes, debiendo conocer los del lugar donde la junta estuviese radicada, de aquellos que sean contra la misma junta, quien en este caso nombrará un fiscal específico que gestione por ella.

Art. 22. Quedan derogadas las leyes dictadas sobre diezmos; y a las presentes se arreglarán todas las autoridades del Estado en los casos ocurrentes.

Pase al Poder Ejecutivo. Dado en Comayagua, a 14 de marzo de 1843.

Felipe Jáuregi, R.P. Vicente A. Bocanegra, R.S. Macedonio Zúniga, R.S.

Por tanto: Ejecútese. Lo tendrá entendido el ministro del despacho de relaciones, y dispondrá se imprima, publique y circule.

Dado en la ciudad de Comayagua, en la Casa del Gobierno, a 16 de marzo de 1843.

Francisco Ferrera.

Al señor coronel Juan Morales.

"No hay cosa más fácil, dice un publicista eminente, que un error de legislación; pero ni la hay más difícil de reparar, ni más perniciosa a la sociedad. Una provincia perdida, una guerra mal calculada, son calamidades de pocos momentos. Un instante feliz, un día de ventura puede compensar las derrotas de muchos años; pero un error de legislación puede producir la infelicidad de un siglo y preparar la de los siglos venideros."

La riqueza de Honduras consiste en el ganado.

Quitando el ganado a Honduras, el país no podría subsistir.

El único ramo de vida de aquel pueblo debe estar protegido por las leyes.

Sin embargo, el artículo 1. ° del decreto preinserto comprende en la contribución del diezmo el ganado mayor y el menor, el vacuno y el caballar.

Más influencias poderosas en favor de las ideas teocráticas hubo al mismo tiempo en el Salvador, y las Cámaras, sin embargo de que los salvadoreños tienen ramos de exportación, de que Honduras carece. No restablecieron el diezmo con fuerza coactiva. Dejaron su pago a la conciencia de cada uno.

Los salvadoreños no habían tenido obispos que desde la conquista fanatizaran el país, y la teocracia encontraba ahí más resistencia que en Honduras.

Las leyes de enseñanza estaban al nivel del decreto sobre diezmos.

Los consejeros de Ferrera pensaron muy bien, porque con leyes diferentes la juventud hubiera comprendido pronto la malignidad o ignorancia de sus legisladores, y el sistema teocrático habría sucumbido.

Se dio un decreto estableciendo el ceremonial, de conformidad con las prácticas que en la antigua capital del reino dejaba la monarquía española.

Se restablecieron los tratamientos de Señoría, de Ilustrísimo, de Excelentísimo, etc., etc., y con ellos se pretendía elevar a los seres más ridículos.

Al cerrarse las sesiones de la Cámara, el Presidente de la Asamblea Licenciado don Felipe Jáuregui pronunció estas palabras:

"Morazán volvió con su presencia a insultar a la República: la conmovió de nuevo, y se entronizó en uno de sus Estados. Pero el destino había fijado ya el término de su carrera; y aquel que tanto había insultado la autoridad del pueblo, pereció en las manos del pueblo mismo. La losa que cubre su sepulcro nos separa de él para siempre. Entre él y nosotros la eternidad está de por medio; y con su muerte se allanaron los obstáculos que su vida presentaba a la pública prosperidad".

Dos objetos se proponía el señor Jáuregui: insultar la tumba de Morazán y ensalzar a Ferrera.

Contra el general Morazán dijo, entre otros conceptos ofensivos, lo que se ve en el párrafo preinserto.

A Ferrera dirigió Jáuregui el siguiente apóstrofe:

"Y tú, Presidente del Estado: tú que otra vez has venido como el animoso Macabeo, a reedificar con sus manos triunfantes sobre las ruinas del Santuario, seguid, Señor, sacrificándoos por esta patria que te es tan querida, y que en ti tiene fijadas sus gratas esperanzas. Tú otra vez sostuviste su libertad e independencia: ese pabellón que tenéis a la vista, haciendo firme en tu espada, ondeaba su ropaje victorioso por el aire. Seguid, pues, defendiéndolo, para que sobre ese escudo que tiene en su centro el jeroglífico augusto de la patria, nunca se estampe la inmunda planta del invasor.

Los representantes que componen la Cámara; los que, macilentos por la enfermedad, habéis visto no dejar de concurrir a las sesiones, están siempre dispuestos a sacrificarse por el bien del pueblo. Si la necesidad lo exige, a vuestra voz, ellos concurrirán para ayudaros a sostener la patria. Hacia ella, por el sendero del deber, con paso firme los habéis visto caminar, sin atender a la confusa vocería de los descontentos. Así, pues, concurrirán siempre que el Gobierno los llame por la salud del pueblo."

Comayagua, abril 22 de 1843.

Felipe Jáuregui.

Morazán, según Jáuregui, hollaba a Honduras con una planta inmunda, y él la hacía feliz imponiéndole el diezmo y arrojándola a los pies de Aycinena y de Pavón.

¿Se imaginaría Ferrera, cuando era sacristán de la parroquia de Cantarranas, que un día sería halagado con un apóstrofe semejante a los apóstrofes que algunos padres conscriptos dirigieron en el Senado de Roma a Tiberio César?

El decreto que dio don Juan José Guzmán, Presidente del Estado del Salvador, el 4 de enero de 1843 (páginas 127 y 128 de este volumen) indignó a los Gobiernos de Honduras y Guatemala.

Esos dos gobiernos no podían soportar que se hubiera dado asilo en el territorio de Centroamérica a los partidarios del general Morazán. Guzmán, que había sido el ídolo de Jáuregui, de Aycinena y de Pavón, fue desde el 4 de enero de 1843 una víbora a quien era preciso arrojar del dosel.

Malespín, a quien tanto se había elogiado antes, dejó de ser grande en Guatemala y en Comayagua, y se convirtió en chico.

La liga entre Ferrera y Carrera se estrechó más, llegándose hasta el extremo de que Honduras se arrojara completamente en brazos de los nobles.

Esta liga y las publicaciones que en Honduras y en Guatemala se hacían contra El Salvador y Nicaragua, porque en ambos Estados se hallaban asilados los coquimbos, y el haberse comenzado a reclutar gente en el departamento de Choluteca, produjeron una proclama de Malespín que se publicó el 18 de junio de 1843, y una exposición de los militares de Nicaragua, en que se presentaba como hostil la conducta de los gobiernos de Honduras y Guatemala.

El Gobierno del Salvador convocó las Cámaras por medio de una circular, cuyo texto es el siguiente:

Ministerio General del Supremo Gobierno del Estado del Salvador.

Señor

Casa de Gobierno: San Salvador, junio 15 de 1843.

"Los progresos que el Estado del Salvador hace hacia su engrandecimiento y bienestar, bajo los auspicios de una paz que en muchos años no se disfrutara, y bajo una administración que ha sabido conquistar la unión y la confianza de todos los partidos, no han podido ser indiferentes al celo y miradas de los perpetuos enemigos de la libertad de Centro—América, y en particular de la prosperidad de los salvadoreños.

El general Carrera y los que le dirigen quieren destruir estos bienes por medio de una agresión injusta a todas luces con el fin de extender su dominación arbitraria, y lograr por vías tan ímprobas y tan opuestas a los principios que profesamos, y que sostiene la cultura del siglo; no una organización cual conviene a pueblos libres y civilizados, sino un sistema de degradación oprobiosa contra la voluntad pública.

Para llegar a estos fines, cualquier pretexto es bastante, y la conducta más franca y deferente de parte del Gobierno del Salvador no ha sido suficiente a detener los esfuerzos que se hacen a la guerra.

El Gobierno de Honduras, por un pacto secreto, destruyendo de hecho el fundamental celebrado en Chinandega el 17 de julio del año próximo pasado, secunda los planes del de Guatemala y ya acumula fuerzas sobre la frontera del Guascorán para obrar simultáneamente con las que se intenta arrojar por el de Paz, después que las tentativas y maniobras secretas no han podido conmover a los pueblos para enarbolar el estandarte de la anarquía y de las facciones como lo alcanzaron en el año pasado de 842.

En tales circunstancias, el medio único de salvar la patria es ponerla en actitud de defenderse, y de probar a sus enemigos que, si desunida conserva siempre cubierto de laureles el honor de los salvadoreños, unida y llena de entusiasmo con su independencia y sus derechos los conservará ilesos y mantendrá su dignidad.

El Gobierno ha hecho cuanto estuviera de su parte para evitar toda diferencia y todo motivo de alteración, y siempre estará dispuesto a practicar los mismos oficios; pero la persuasión de estas miras pacíficas y el empeño que se ha tenido por conservar la unión y consolidarla han servido de aliciente para promover la guerra a los que quieren dominar por ella y el trastorno del orden social.

Las Cámaras se disolvieron sin dejar al Poder Ejecutivo otras facultades que las puramente constitucionales, aún no bien desarrolladas, y el Presidente, cuyos conatos solo se han dirigido a la paz y a la prosperidad de los pueblos, no las pidió ni las creyó necesarias para hacer el bien; mas ahora sí las estima como indispensables para la salvación del Estado y no duda que los señores representantes, en momentos tan apurados, vuelen a prestarle los auxilios que aquella demanda; y espera que no perderán en verificarlo un instante de tiempo; pudiendo asegurar que si por las demoras que siempre padecen las reuniones legislativas, se hubiese de sufrir alguna desgracia, o se ve el Gobierno en la urgencia de dictar medidas que excedan sus ordinarias atribuciones, protesta que en ningún tiempo será de su responsabilidad, que salva ante Dios y los hombres.

De orden del S. G. tengo la honra de dirigirme a U. con la presente, excitándole a la pronta concurrencia para el día que se fija por el decreto adjunto, y suscribiéndome de U. su muy atento y obsecuente servidor. D. U. L.

N. Ramírez.

Jáuregui escribió un artículo que se halla en el número 63 de El Redactor Oficial, y dice:

"Manuscrita y certificada por el Ministerio de Relaciones del Supremo Gobierno de Guatemala, nos ha llegado la anterior circular del Supremo del Salvador, en que convoca a la reunión del Poder Legislativo, con objeto de recabar facultades extraordinarias bajo el especioso velo de salvar al Estado de la supuesta invasión de Guatemala y Honduras.

Bien se guardó la administración del Salvador de que llegase a este Estado este documento pues, aun cuando se ha recibido el decreto a que se refiere, en manera alguna se había traslucido que corriese a la par de la desacreditante circular."

No encontramos los fundamentos en que descansara el Gobierno del Salvador para aseverar que el Gobierno de Honduras tenía celebrado un tratado secreto con el de Guatemala para hostilizarlo. Esta conducta desmiente y contradice a los epítetos con que se caracteriza aquel Gobierno, de franco, liberal y depositario de la mejor buena fe. No se recela asegurar que por este convenio secreto se ha trazado el plan de guerra violando el pacto de Chinandega. ¿Dónde están los documentos en que se apoya tal aseveración? ¿Dónde ese plan de que se habla? Estamos seguros que jamás se podrá presentar un testimonio que justifique su dicho.

No encontramos un porqué el Gobierno del Salvador desconfíe de sus aliados, que no hace mucho tiempo salvaron la nave del Estado, sacándola de la terrible tempestad que amenazara su destrucción; pero no dejamos de alcanzar que los que en aquella época, cual lobos carniceros deseaban devorar a los salvadoreños, son los que ahora, convertidos en aduladores y con el objeto de efectuar sus inicuos atentados, se desvelan por dividir a unos Estados aliados y hermanos, afectando sostener el pacto de Chinandega que confirmó nuestras opiniones y selló para siempre la proscripción de su sistema, esencialmente central, aunque engalanado con los adornos del federalismo. Mas no creemos que la voz de esa maldad tan conocida sea escuchada por los centroamericanos amantes del engrandecimiento y del sosiego.

Es necesario convencerse de que el genio del mal que por tanto tiempo ha afligido a Centroamérica con las imágenes del horror y de la muerte es el que se agita por perpetrar nuevas heridas a nuestros pueblos, que siempre fueron la presa incauta con que sació su sed devoradora: no es imaginable cómo pudiera noticiarse el Gobierno del Salvador que el de Honduras arreglaba fuerzas contra él; ni encontramos qué motivos den pábulo para un parte de esta suerte. Todas estas poblaciones son transitadas por distintas clases de comerciantes, los que regularmente se dirigen a varios puntos de aquel Estado; y ellos no dirán, sin injusticia, que han visto el más pequeño rasgo de prevención en este. Luego, ¿en qué se funda esta prevención? ¿Dónde están los datos para que se pongan en alarma aquellos pueblos? Ya se ha dicho que mandarán comisionados de confianza para que observen la actitud de nuestros pueblos, y pueden mandarse también a que observen los giros de este Gabinete. ¿Y qué otra prueba más satisfactoria quiere exigirse?

Hombres todos, venid a ser testigos de nuestra buena fe. Racionales del mundo, haced justicia a la inocencia, pues ante vosotros protestamos: que sabremos defender nuestros derechos, que moriremos gustosos en el campo de Marte por sostener nuestra soberanía e independencia; y que no somos responsables de los tristes resultados que se ocasionan.

Con dolor repetimos lo que tantas veces ha dicho el Gobierno de Guatemala: "Que las desconfianzas, malas inteligencias y alarmas en el Estado del Salvador datan desde que se ha dado asilo a los restos de Morazán."

LL. EE.

Se pide prueba de la combinación entre los Gobiernos reaccionarios de Guatemala y Honduras.

¿Y qué más prueba que la liga visible y palpable entre Jáuregui y Pavón? ¿Qué más prueba que el decreto de las Cámaras de Honduras que colocaba a ese Estado bajo la tutela de los nobles? ¿Qué más prueba que la identidad de las notas de Guatemala y Honduras que piden a los salvadoreños la expulsión de los coquimbos? ¿Qué más liga que la identidad de la prensa oficial de Honduras y Guatemala contra la conducta de Guzmán?

¿Qué más amenaza que el reclutamiento de gente? ¿Para qué se reclutaba gente en Honduras, hallándose el tesoro nacional en una situación penosísima? ¿Qué podía justificar ese gasto en momentos en que tanto se hablaba de la falta de dinero?

Honduras no tenía entonces cuestiones con ninguno de los Estados, excepto con el Salvador: luego el reclutamiento de gente era para maquinar contra el Gobierno salvadoreño.

Digno de notarse es que ni en las notas ni en los periódicos oficiales de Honduras y Guatemala se ultrajaba a Malespín directamente. Se le combate; pero no se le insulta. Los ultrajes todos se dirigen a la tumba de Morazán y a los liberales. Pavón y Jáuregui no veían a Malespín como un verdadero enemigo, sino como a una oveja descarriada que volvería al redil; como a un hijo pródigo que, desengañado del mundo liberal, regresaría al hogar de los serviles.

8. El Gobierno convocó extraordinariamente la Cámara Legislativa y fue instalada el 22 de agosto (año de 1843) bajo la presidencia del señor Ramón Arriaga. Eran secretarios don Agustín Madrid y don Mariano Garrigó.

El objeto ostensible de esta convocatoria era reformar muchas leyes; pero también entrañaba la mira de que al Gobierno se dieran más facultades de las que ordinariamente tenía.

El Gobierno presentó una lista de los asuntos que motivaban la reunión extraordinaria de la Cámara. Es la siguiente:

Lista de los asuntos que motivan la reunión extraordinaria de la Cámara Legislativa.

1.° Para que revea la exacción impuesta en la ley de 20 de marzo a los dueños de cañas.

2.° Para la revisión del arancel de derechos parroquiales.

3.° Para que se reforme el orden de registrar los efectos introducidos al Estado, por sus puertos y fronteras.

4.° Para el esclarecimiento o detalle de las restricciones que deben tener los extranjeros: se concedan algunos privilegios compatibles con el sistema a los buques de ciudadanos de Honduras, que porten la bandera de Centroamérica; y especialmente a los buques que se fabriquen en las costas del Estado.

5.° Para que en los puertos se establezca un depósito de efectos y facultad de transbordo.

6.° Para que se revea la adición a la tarifa; y la ley que sobrecarga el derecho a la introducción de aguardiente y licores fuertes extranjeros.

7.° Para que tome en consideración el perjuicio que resulta a la hacienda pública de la venta de pólvora a ocho reales de moneda provisional, atendido su demérito en el comercio.

8.° Para la aprobación o reforma del acuerdo del Consejo de Ministros sobre la ley que arregla la venta de maderas.

9.° Sobre la solicitud que se ha hecho de que algunas multas se destinen a los reparos de las cárceles.

10.° Con el objeto de que se esclarezcan las dudas que ocurren sobre la ley de 20 de abril que deroga las leyes dispersas, en las cuales se consideran derogadas muchas necesarias; y para que resuelva otras varias consultas que debe hacer el Gobierno relativas al cumplimiento de otras leyes y disposiciones emitidas por esta última Legislatura.

Comayagua, julio 6 de 1843.

Chávez.

Don Felipe Jáuregui, sabiendo lo que se decía contra su persona y contra el Gobierno de Guatemala, publicó con su firma un artículo que se halla en el alcance número 60 de El Redactor Oficial.

En ese artículo se hallan estas palabras:

"He sabido que en varios puntos del territorio de Honduras, se critican con descontento las leyes emitidas por la última Cámara, y que mis enemigos personales y de opinión trabajan por alterar el orden público, so pretexto de aquellas leyes que se dictaron con la única sana intención de favorecer los pueblos.

Se ha supuesto que yo he promovido dichas leyes en beneficio del Gobierno de Guatemala o del general Carrera, lo que yo no sé cómo puede deducirse. El primero no puede tener más interés en las leyes de Honduras que las que da el contento de ver feliz a un pueblo amigo; y el segundo, no puede tener otro, puesto que se ha declarado amigo de los pueblos. Por eso me une hacia él una amistad sincera, a la que nada podía resultar del éxito de las leyes en este Estado."

He aquí las proposiciones que encierran los párrafos preinsertos:

El Gobierno de Guatemala, esto es, los Aycinenas, Pavón y Batres, no pueden tener más interés en las leyes de Honduras que el placer de ver a ese Estado feliz.

2.° El general Carrera, esto es, el protector de Quezaltenango, el héroe de Atescatempa, se ha declarado amigo de los pueblos y, por consiguiente, del pueblo hondureño.

3.° Don Felipe Jáuregui y el general Carrera están ligados por una amistad sincera.

Luego nada debía temer Honduras.

Algunos pueblos se conmovían; pero sus esfuerzos eran siempre sofocados.

Muchos vecinos de Tegucigalpa y de otras partes dirigieron peticiones al Gobierno y a la Cámara contra los gravámenes que se les habían impuesto.

Se hicieron listas de los nombres de los postulantes, y estas listas sirvieron para imponer contribuciones a los que habían hecho uso del decreto de petición.

9. Un asunto importante para los serviles vino a introducir novedad en la política. El señor Viteri dirigió al Gobierno de Honduras la nota que se ve a continuación:

Señor Ministro de Relaciones del Supremo Gobierno del Estado de Honduras.

Trujillo, 16 de agosto de 1843.

"Tengo el honor de informar a U. que en la Habana he recibido comunicación de mi apoderado en Roma, fecha 30 de mayo último, en que me avisa que el Santo Padre, anuente a los deseos de ese Supremo Gobierno expresados en las preces que le dirigí a S. S. desde París, había aprobado el proceso canónico que le remití, en favor del señor Francisco de Paula Campoy, actual vicario capitular de esa Santa Iglesia, a efecto de que fuese instituido obispo de Comayagua, y que en el consistorio que iba a celebrarse en principio de junio pasado sería su solemne preconización.

Como este acontecimiento llena los votos del Supremo Gobierno y los ardientes deseos del pueblo hondureño de ver al frente de su iglesia un prelado que, con celo apostólico, difunda la paz y la ilustración que la Santa Religión está llamada a derramar en los pueblos, me apresuro a ponerlo en conocimiento de U. para que se sirva elevarlo al del general Presidente de ese grande Estado.

El señor ministro de rentas de Omoa aún no ha situado en poder de don José Ramón Salazar, de la Habana, los setecientos pesos que estaban consignados a la expedición de bulas del obispo de Honduras, y esta falta retardará, muy a mi pesar, la expedición de dichas bulas, sin cuyo esencial requisito no puede consagrarse el nuevo diocesano ni funcionar como tal, lo que creo de mi deber manifestarlo a ese Supremo Gobierno.

Sigo a Guatemala, de donde sin pérdida de tiempo me dirijo a mi iglesia: allí y en todas partes serán siempre mis votos al supremo dispensador de todos los bienes por la felicidad del Estado de Honduras, por el acierto de su Gobierno Supremo y por la perpetuidad de la dulce paz.

Quiera el señor ministro presentar estos votos míos al Supremo Gobierno, aceptando, a la vez, la expresión de mi consideración y profundo respeto.

Jorge, obispo de San Salvador.
Coronado Chávez, ministro de Ferrera, contestó así:

Casa del Gobierno. —Comayagua, septiembre 2 de 1843. Sr. Jorge de Viteri, obispo de San Salvador.

El Gobierno de Honduras ha visto con el mayor agrado la muy apreciable comunicación que con fecha 16 del próximo pasado se ha servido dirigir U. de Trujillo a este ministerio; y por ella queda convencido de los buenos oficios que U. mismo ha prestado en favor de la iglesia de Honduras: por ellos, y a nombre del Estado, tiene hoy la honra de ofrecerle por mi medio su reconocimiento y gratitud.

A fin de que no padezca más retraso la remisión de los setecientos pesos que con mucha anterioridad se han mandado librar a la Habana para la expedición de las bulas del señor obispo electo de esta Diócesis, se dictan en esta fecha las medidas oportunas.

Con lo expuesto, tengo la satisfacción de contestar a U., señor obispo, su citada; quedándome al hacerlo, el honor de ofrecerle mis respetos y altas consideraciones.

Coronado Chávez.

Honduras, según dice el historiador Juarros, tuvo desde el año de 1539 hasta el de 1810 veinte obispos, a saber: don Cristóbal de Pedraza, fray Jerónimo de Corella, fray Alonso de Cerda, fray Gaspar de Andrada, fray Alonso Galdo, fray Luis de Cañizales, don Juan Merlo de la Fuente, fray Alonso de Vargas y Abarca, don Martín de Espinosa Monzón, fray Juan Pérez, fray Fernando de Guadalupe López Portillo, fray Francisco Molina, don Diego Rodríguez de Rivas, don Isidoro Rodríguez, don Antonio de Macarulla, don Francisco José Palencia, fray Antonio de San Miguel, fray Fernando de Cadiñanos, fray Vicente Navas y don Manuel Julián Rodríguez (1810).

Aquí nos deja Juarros.

Si los obispos civilizaran a los pueblos, Honduras con tantos obispos debió haber llegado al cenit de la civilización.

Si los obispos enriquecieran a los pueblos, Honduras con tantos obispos debió haber llegado al apogeo de la riqueza.

El padre Juarros, que a cada paso ve un milagro, presenta como una de tantas maravillas que su imaginación forja el que no se haya destruido el cadáver del obispo Guadalupe.

Los españoles encontraron en América cadáveres embalsamados y sin embalsamar perfectamente conservados. Estos cadáveres eran restos de personas que no adoraban al Dios del Sinaí ni del Evangelio. Por lo mismo, según las doctrinas de Juarros, no podían ser restos de bienaventurados. Sin embargo, estaban como se halla el señor Guadalupe.

El autor de estas líneas ha visto en la catedral de Comayagua ese cadáver casi íntegro, como ha visto íntegros centenares de cadáveres de protestantes y de librepensadores, y aun de reos que han muerto en el patíbulo por crímenes comunes.

Si el señor Juarros hubiera vivido cuando el doctor Gálvez exhumó los muertos que se hallaban en el cementerio del Sagrario para levantar lo que hoy se llama mercado municipal de Guatemala, habría encontrado muchos santos porque había gran cantidad de cadáveres que se conservaban como el señor Guadalupe.

Muchas familias conocieron a sus deudos, los llevaron a sus casas y con nueva pompa funeral los inhumaron segunda vez en el panteón de San Juan de Dios.

Ahí no continuará el milagro, porque la humedad y las condiciones del terreno destruyen los cadáveres.

El señor Guadalupe comienza a deshacerse por las extremidades. Le falta un pedazo de nariz y los dedos de los pies.

Desde 1811 hasta 1819 gobernó la Diócesis de Comayagua el señor Barranco.

En seguida se nos presenta un aristócrata guatemalteco: el doctor don Bernardo Pavón, chantre de la iglesia metropolitana de Guatemala.

Le vinieron las bulas el año de 1821; pero las recibió enfermo y murió sin poderse consagrar.

La casa de Pavón quedó privada del placer de ver a uno de sus individuos, con mitra y capa magna, disponiendo a su antojo de una de las provincias de la Capitanía General de Guatemala, que más cuantiosos diezmos tenía.

En el período a que se refiere este capítulo, se presenta en la escena un nuevo obispo: don Francisco de Paula Campoy.

Tenía entonces 47 años, era natural de Cartagena de Levante, en España.

Vino a América en calidad de familiar del señor García Xerez, obispo de Nicaragua.

El año de 1825 fue preciso hacer salir de Nicaragua, para tranquilizar el país, al obispo Xerez y traerlo a Guatemala.

Xerez y Campoy se alojaron en el convento de los frailes de Santo Domingo.

Muerto el obispo de Nicaragua, Campoy se dirigió a Honduras y sirvió el curato de los Llanos de Gracias.

Era vicario, en sede vacante, el célebre canónigo Irías.

A la muerte de Irías, Campoy apareció como provisor y gobernador del obispado de Honduras.

El título de Campoy era un nombramiento que en él hizo el expresado señor Irías.

No había cabildo en Comayagua, Campoy se dirigió al cabildo metropolitano, el cual aprobó su nombramiento.

El señor Campoy no se creía seguro aún y solicitó la aprobación de fray Ramón Casaus y Torres, obispo de Rosen y arzobispo de Guatemala, quien se hallaba en la Habana.

El cabildo metropolitano y el arzobispo Casaus quedaron muy complacidos de la conducta del señor Campoy, lo que le valió muy favorables recomendaciones para el obispado de Honduras.

Para sostener la nueva mitra se creyó conveniente restablecer los diezmos en toda su plenitud.

Los diezmos de Honduras se elevaron a grandes sumas. Solo los de Olancho fueron proverbiales.

Cuando se pedía una cantidad asombrosa se decía entonces: "Se piden los diezmos de Olancho."

10. En Honduras fue celebrada la independencia el año de 43.

No se haría mérito de este acontecimiento ordinario, si en septiembre de 1843 no hubiera habido circunstancias especialísimas y dignas de eterna memoria.

Más que la independencia, fue celebrada entonces la muerte del general Morazán, acaecida el 15 de septiembre de 1842.

Mientras que en el Salvador se hacían honores fúnebres a Morazán, en Honduras, su país natal, se festejaba su muerte.

Su testamento fue publicado con notas ofensivas y altamente ultrajantes en el número 65 de El Redactor Oficial de Honduras, correspondiente al 15 de septiembre de 1843.

Sensible será para los hijos, para los amigos de Morazán y para los unionistas todos de la América Central, ver hoy esas notas, sepultadas ya en los archivos; pero es preciso exhibirlas para que se comprenda hasta dónde llega la saña de los enemigos de la federación y de la unidad centroamericana, y el placer que tenían en ultrajar a la ilustre víctima el mismo día que cumplía un año su sacrificio.

El testamento, inicua e incorrectamente anotado, se encuentra al fin de este capítulo. (Documento núm. 5.)

Para hacer mayor escarnio de Morazán y de sus últimas disposiciones, ese documento tan solemne como respetable, dictado con ánimo firme y frente serena en presencia del cadalso, está publicado en el periódico de Honduras bajo el rubro: VARIEDADES.

El señor Campoy, obispo electo, predicó en la catedral de Comayagua.

Su texto fueron estas palabras: "Hæc est dies quam fecit Dominus, exsultemus et lætemur in ea."

Campoy estuvo moderado, y el mismo texto que eligió por tema demuestra que, en opinión del orador, aquel día no era solo de júbilo, sino también de llanto.

Ese llanto no lo aplica a la muerte del general Morazán especialmente, sino a las desventuras de la patria; pero en ellas estaba comprendido el sangriento suceso del 15 de septiembre de 1842.

Ferrera, jefe del Estado, leyó un discurso escrito por Jáuregui, en el cual presenta la situación bajo el punto de vista servil.

Jáuregui, al escribir, no siempre calculaba los labios del personaje que debía pronunciar sus palabras.

El discurso de que se trata está lleno de citas, que Ferrera no conocía; es en boca del sacristán de Cantarranas lo que la escarapela tricolor en la cabeza de Luis XVI.

11. Un nuevo elemento de trastorno se presentaba: don Manuel José Arce.

Arce había vuelto a Centroamérica a merced de los indultos, y, a pesar de su avanzada edad, no se extinguía en él la sed de mando ni el vehemente deseo de figurar.

Quería ser Presidente del Salvador, y se presentó como candidato; pero fue rechazado.

Era imposible que su desgraciada historia dejara ciudadanos que aspiraran a mirarlo una vez más en el poder.

Arce abandonó a los salvadoreños, alegando enfermedad en los momentos en que Filísola se preparaba para atacar la plaza de San Salvador, y sin embargo, la salud de Arce le permitió llegar hasta los Estados Unidos.

Arce quiso entregar a Filísola la plaza de San Salvador, bajo la condición de continuar en el mando como Gobernador de la provincia.

El pueblo, excitado por los ciudadanos Juan Manuel Rodríguez, Espinoza y Cerda, se opuso.

Arce, enojado por esta oposición, expulsó a Espinoza y a Cerda.

Arce, protegido en la elección de presidente por muchos liberales, se unió a los serviles, e hizo lo que tantas veces se ha dicho en esta Reseña.

Después de los destierros de 1829, conspiró desde México, invadió el país y fue derrotado en Escuintla de Soconusco.

A su regreso continuó unido a los nobles y no cesaba de maquinar.

Este era el hombre que se presentaba en el Salvador como candidato.

¿A quién podía fascinar?

A ninguno.

Todos lo conocían perfectamente. Desconfiaban de él los serviles porque algunas veces había estado en las filas del partido liberal.

Desconfiaban de él los liberales porque había figurado en el bando servil, aunque solía manifestar ideas sobre reorganización de Centroamérica.

En esos mismos días publicó un folleto en que se propone demostrar la necesidad en que el país se encontraba de volverse a unir.

Oigamos a Pavón hablar de Arce en el periódico eminentemente servil de "La Sociedad Económica de Guatemala" (núm. 51), titulado "La Revista". En él se encuentran estas palabras:

"Vivió desterrado por muchos años hasta que el cambio operado en 840 le abrió de nuevo las puertas de su patria, y habiéndosele expedido pasaporte por el Gobierno de Guatemala, tuvimos el gusto de verle regresar, siempre con el mismo espíritu, y aunque, por desgracia, sin haber modificado en nada las ideas políticas que había aprendido al entrar en la carrera pública. El Sr. Arce era hombre de principios, desinteresado y generoso, tenía valor personal, mucho pundonor y acaso un concepto exagerado de sus propias capacidades. Siempre estaba lleno de proyectos, cuando el tiempo de estos iba expirando, y creía firmemente que con el sistema que había concebido, y no de otra manera, se había de hacer la felicidad de Centro—América".

Las últimas palabras se refieren al proyecto que entonces presentó Arce sobre reorganización centroamericana.

Sin embargo, los serviles en aquellos días tenían a don Manuel José como un elemento que en circunstancias dadas les fuera útil.

El Presidente Guzmán sostenía el periódico titulado "El Amigo del Pueblo", que como ya se ha visto combatía a Chatfield, a Carrera, a los Aycinenas, a Pavón y a Batres, de la manera más clara, terminante e incisiva.

Malespín había sido llevado por Carrera a San Salvador, para colocarlo al lado de Cañas, y presentar allá la farsa de Gobierno que el mismo Carrera presentaba en Guatemala con Rivera Paz.

Sin embargo, Malespín se les extraviaba y no era siempre el dócil instrumento que la aristocracia de Guatemala tenía en Comayagua.

Era preciso subrogar a Malespín con otra persona más obediente.

Con ese fin se insurreccionaba a los volcaneños de Santa Ana, y el ministro don Juan José Aycinena decía en sus notas oficiales, hablando de esa insurrección, que era imposible destruirla como fue imposible destruir la insurrección de Carrera, y que debía darse gusto a los sublevados accediéndose a sus deseos.

Las ideas de los sublevados eran las mismas que hicieron proclamar a Carrera y que, mediante los esfuerzos del clero y la aristocracia, triunfaron en Guatemala el 13 de abril de 1839.

Con estos antecedentes se comprenderá fácilmente un papel que se publicó en Comayagua, en la imprenta del Estado, que estaba a cargo del señor don José María Sánchez. Dice así:

MANUEL JOSÉ ARCE

A los Estados de Centro—América.

Quisiera tener tiempo y sosiego para manifestar a la nación y particularmente al Estado del Salvador, todos los hechos que prueban que la política del actual Presidente señor Juan José Guzmán y el general Francisco Malespín tiene por objeto perpetuarse en el mando; y que los medios que han adoptado para conseguirlo consisten en el asesinato, el robo y la guerra. Mas si no me es posible por ahora, lo haré luego que esté en quietud, limitándome en este papel a publicar la maquinación de muerte que dispusieron contra mí.

Hace mucho tiempo que me están dirigiendo sus tiros: su encono viene de que mi conducta es una acusación muda de la que ellos observan, y de que los pueblos acatan mi opinión, harto diferente de la que siguen estos hombres. En el mes de abril intentó asesinarme Malespín: en julio me hizo decir Guzmán, por medio de este mismo, que no se consideraba seguro estando yo en el Estado, y que saliera de él. Como ni temí las intenciones del uno, ni hice aprecio de la intimación del otro, resolvieron sacrificarme a sus miras luego que pudieran paliar su atentado.

Habiendo el señor Guzmán instigado a algunos parientes del general Morazán para que publicaran el manifiesto que tenían preparado, y había de circular al comenzar sus operaciones sobre los Estados, me vi precisado a contestar varias calumnias e injurias que contiene contra mi persona. No pudiendo imprimir mi escrito en San Salvador, lo mandé a Comayagua: me lo remitió de allá el señor Jáuregui con Guillermo Cruz, y al regresar el conductor dirigí una carta al expresado señor Jáuregui, hablándole como lo hacen Todos y como conviene hacerlo, de las ocurrencias políticas. La principal era entonces que, habiendo celebrado el señor Guzmán una junta de varios individuos para tratar asuntos de distinta especie y de que apenas se indicó muy poco, se contrajo Guzmán a las elecciones que deben hacerse para presidente del Estado. Ya se habían retirado algunos concurrentes cuando dijo: es en vano que estén titubeando: Malespín ha de ser el presidente; y si él no sale electo, fusila a cualquiera otro que lo fuere; está resuelto a ello. Estas palabras, vertidas a presencia de muchos, se divulgaron y las supe en ocasión que escribía mi contestación para Honduras. Yo creí y creo lo que expresó el señor Guzmán, y lo propio han creído todos, porque estos son los modos de obrar tanto suyos como de Malespín. Así fue que en el párrafo tercero de mi carta dije al señor Jáuregui que Malespín trataba descaradamente para hacerse presidente, ofreciendo fusilaciones: que se diera un papel bajo un nombre que no se alcanzará que procedía de mí, haciendo ver que tal elección será nula, porque es contra la ley; y que si este hombre logra ser presidente, será un mal para el Estado, para la República y principalmente para Honduras. No dejé copia de mi carta, y es regular que haya alguna variación en las palabras; pero la sustancia es esta.

Malespín entendió que había un correo de Comayagua: lo acechó y lo hizo aprender en las inmediaciones de esta ciudad. Tomó mi carta, rompió el sello y la leyó, violando osadamente los artículos 77 y 84 de la Constitución. Esta ocurrencia tuvo lugar el 13 del corriente por la tarde: el 14 a las cuatro de la tarde fui informado del suceso. Me ocupaba en meditar lo que debería hacer, cuando se presentó un oficial, y con mucha urbanidad me dio orden de comparecer a la mayoría de plaza. La gravedad del lance, por razón de las personas que gobiernan, no era desconocida para mí. Reflexioné si me prestaría a la orden o la rechazaba por no ser militar; pero considerando que era de día y que en plena luz no eran capaces de tocarme, me determiné y fui al llamamiento. Todo estaba ya combinado; se me recibió muy bien; se me presentó la carta; me negué a reconocerla por no comprenderme la jurisdicción militar, se me leyó el párrafo que habla de las elecciones; tampoco lo reconocí; y era aquella la hora en que, si no se hubiera obrado con una astucia depravada, debió habérseme reducido a prisión, puesto que ya estaba violada la ley y que nada importaba una violación más. Pero entonces no era posible asesinarme de un modo tortuoso: era menester cometer el crimen y confesarlo, para lo cual no tienen valor Guzmán y Malespín. Volví, pues, a mi casa; mas al despedirme del mayor Torres le protesté mi sumisión a la ley y mi decisión para reclamarla; esto se dirigía a prevenir lo que pudiera acontecer por la noche.

Yo me ocupé de indagar las determinaciones de Guzmán y Malespín, y de consultar con algunos amigos lo que convenía hacer: penetré que el ánimo era asesinarme, que por la noche sería atacada mi casa, que fingiendo una resistencia de mi parte se me fusilaría; y que después se haría instruir una información como la que anda impresa acerca del asesinato de Moreno. En esta inteligencia me trasladé a la habitación de un amigo, y otro día supe que a las once de la noche fue cercada toda la manzana de mi casa: que entró a ella una partida de tropa buscándome con un ahínco correspondiente a las órdenes que tenía: que no respetaron aquellos sayones la mansión de una hija que acababa de estar moribunda y que aún permanecía en gran peligro: que no encontrándome apresaron al señor Domingo Fagoaga que estaba hospedado en mi casa; que esta estuvo asediada hasta las cinco de la mañana; y que Malespín pasó la noche en la calle dirigiendo las grandes operaciones. Otra partida de soldados marchó a la quinta del señor Fagoaga por si acaso yo me hubiese retirado a ella; y no habiéndome encontrado, condujo preso al señor Manuel Castillo. La víctima había evitado el golpe y los ministros de los tigres les presentaban otras en que pudieran saciar su furor.

La noche siguiente se me buscó de nuevo en mi casa: en el día salió tropa por el camino de Guatemala, sospechando que pudiera haber marchado para aquella ciudad; y se despacharon órdenes a los pueblos para que me prendieran. ¿Quiénes son los que hacen todo esto? Guzmán y Malespín, enemigos de la independencia, de la libertad, del orden; hombres llenos de crímenes, el uno desde 1822, el otro desde 1826, manchados con la sangre de sus compatriotas y rehenchidos con los bienes de fortuna de sus conciudadanos. ¿Contra quién? Contra mí, que he sacrificado treinta años de trabajos por la independencia y libertad, que jamás he matado a nadie, que ni me he vengado de mis enemigos, que siempre he olvidado los agravios, que me he ocupado constantemente de la prosperidad de la patria, y que jamás he tomado nada ajeno. ¿Pues por qué se me persigue? Porque no quiero la guerra que intentan hacer a Guatemala y a Honduras con el fin de saquear y de perpetuarse en el mando.

Luego que pude, ocurrí a la corte de Justicia, reclamando el fuero común, haciendo ver las violaciones cometidas en la ley fundamental, y descubriendo el plan de asesinato. Antes se le habló a un Magistrado y con desconsuelo expresó que sus determinaciones no podrían darle seguridad, porque ellos estaban también amenazados por las bayonetas.

Estos acontecimientos han sucedido cuando acababa de llegar a esta ciudad el coronel Manuel Quijano, mandado por el Gobierno de Nicaragua en calidad de enviado de aquel Estado cerca del Gobierno del Salvador. Su misión ha traído dos objetos, el uno público y el otro secreto; pero de este no se ha hecho mérito alguno, y todos lo conocen.

Se reduce el primero a acordar una embajada de los dos Estados referidos para las cortes de Europa. El segundo, combinar la expedición militar contra Guatemala y Honduras, a pretexto de nacionalidad, aristocracia, servilismo y todos los antiguos resortes ya gastados, pero en acción todavía y aparentes para unos pueblos crédulos y humillados por el terror; infundiendo al mismo tiempo que el general Carrera está resuelto a invadir al Estado para agregarlo a Guatemala, como proferían que lo hizo en Quezaltenango.

El objeto aparente no se ha discutido siquiera hasta hoy, y toda la atención la ha absorbido el otro. Se ha convenido en que Nicaragua dará dos mil hombres: que mil, a las órdenes de Quijano, marcharán por Tegucigalpa, donde se levantarán los enemigos del general Ferrera, y se dirigirán para Comayagua, a deponer a este funcionario. Los otros mil vendrán en derechura a esta ciudad a reunirse con las fuerzas de Malespín y Guzmán, las cuales se acantonarán en Santa Ana y Ahuachapán, amenazando a Guatemala para que no auxilie a Honduras, y, entre tanto, se hará todo lo posible para revolucionar en Quezaltenango, la Antigua y Chiquimula, mientras que Quijano se redondea y viene a unirse al ejército para ejecutar la agresión sobre Guatemala.

Tal es el plan, falta que salga así; pero sea como fuere, los pueblos van a ser sacrificados, la sangre se va a derramar, las propiedades van a sufrir y a desaparecer, el descrédito del Salvador va a aumentarse, únicamente porque manden y tengan poder Guzmán, Malespín y otros como ellos.

Por estas razones me he opuesto a la guerra, y todavía más a que el señor Guzmán tenga facultades extraordinarias, que con tanto empeño ha solicitado, pues son incalculables los males que hace. Se las confiere a Malespín, y de acuerdo cometen las atrocidades más inauditas.

Prueba de ello es el asesinato del alcalde primero de San Miguel, Bahemonde, hombre honrado que jamás perteneció a ningún partido, y se le supuso que auxiliaba a Morazán. En San Salvador fusiló al diputado Francisco Zaldaña, sin respetar su carácter; en Izalco mandó matar a Pioquinto Hernández, sin que se sepa hasta hoy por qué causa; en Sonsonate dio muerte a un joven de 18 años de edad, del modo más depravado: le ofreció un premio y su libertad porque declarara que era espía del señor Saget; el incauto cayó en el lazo y fue fusilado:

aprisionó allí mismo a los señores Miguel Saizar, Sebastián Sicilia y Januario Rucha, y estuvieron, principalmente el último, con el sepulcro abierto; pasó a Santa Ana, y por convenirle únicamente quitó la vida a Joaquín Portillo, empleado por él en una comisión tres días antes: regresó a San Salvador y desterró a las señoras de Vigil, San Juan, Luz Valdez, Mercedes Montoyo, Ramona López, Liberta Cañas y otras.

Se prendió a Manuel Córdova en las inmediaciones de Chalatenango, y dio orden a sus conductores que lo mataran en el camino, a pretexto de fuga, y se ejecutó en el llano de San Juan Pelado.

De esto han servido las facultades extraordinarias, y sin ellas fue asesinado Bartolo Moreno, y lo iba a ser yo. ¡Pueblos! Si merecéis ser libres, no sufráis más a esos tiranos atroces.

San Salvador, 18 de octubre de 1843.

Manuel José Arce.

Dice horrores Arce contra Malespín, y al mismo tiempo habla en favor de Carrera. Esto es una gran contradicción.

¿Quién colocó a Malespín en San Salvador?

El general Carrera.

¿Cuándo?

En mayo de 1840.

¿Para qué?

Para que dispusiera de la suerte de los salvadoreños abusando de la bondad de Cañas; para que quitara y pusiera jefes y fuera dueño y señor de aquel país digno de mejor suerte.

¿Quién dirigía a Carrera entonces?

Sus mentores.

¿Quiénes eran estos?

Los Aycinenas, Pavón y Batres.

Sobre ellos pesa, pues, la responsabilidad de todos los crímenes que don Manuel José Arce imputa al general Malespín.

La información a que Arce alude en su papel, mandada seguir por Malespín, no es un mito. Contiene grandes verdades. Véase el extracto de ella publicado en San Salvador, que se halla como documento justificativo al fin de este capítulo (Documento núm. 15).

En Comayagua se pensaba celebrar solemnemente el 8 de diciembre, día de la Concepción.

Se preparaba un discurso que debía ser pronunciado en el púlpito de la Catedral, haciéndose en él las alusiones de costumbre por la ventura que había traído al país la muerte de Morazán.

El maestro de cohetería, señor José Eusebio Aguilar, quien habitaba en un barrio al norte de la ciudad, era uno de los más entusiastas y tenía a su cargo varias obras de fuegos artificiales preparadas para solemnizar la fiesta.

Pero la suerte quiso que Aguilar ni oyera el sermón, ni hiciera salvas de cohetes el día de la patrona de Comayagua.

El 7 de diciembre, a las doce, se oyó un estruendo semejante a la detonación de una pieza de artillería de grueso calibre.

Al instante, los repiques, que en aquellos momentos eran estruendosos en todas las iglesias, se cambiaron por el imponente toque a fuego.

La gente corría en grupos y las autoridades estaban en movimiento.

La cohetería del maestro Eusebio Aguilar se había incendiado, y las llamas devoraban su casa y las vecinas.

El piadoso devoto se hallaba completamente abrasado.

Lo estaban también algunas personas de su familia y sus operarios.

Aguilar aún vivía, pero por donde quiera que se le tocaba para moverlo, se le caía la piel y quedaba en carne viva.

Así duró seis horas de agonía tan lastimosa que todos los espectadores deseaban que expirara.

El jefe político Luciano Cantarrero comisionó a varios individuos de la municipalidad para que recogieran una contribución en favor de la viuda e hijos de Aguilar, que se habían salvado de la muerte.

Ochenta individuos se suscribieron. Entre estos se hallaban el obispo electo Campoy, el presbítero Andrés López, el presbítero Pedro Boquín, el presbítero Joaquín Molina, el Presidente Ferrera y el ministro Coronado Chávez.

Sin embargo, del número y de la calidad de los suscriptores, solo pudo recogerse la suma de $119 y 7 reales; lo cual prueba que la piedad de los fieles suele ser más teórica que práctica.

DOCUMENTOS JUSTIFICATIVOS
NÚMERO 1

—Gobierno político e intendencia departamental. —Gracias, marzo 16 de 1840.

Sumamente grata ha sido para mí la noticia que U., de orden del Gobierno, se sirve transmitirme sobre aproximarse el día en que el estrépito de las armas guatemaltecas haga entender a las salvadoreñas el justo motivo con que se hace uso de ellas, a pesar de los medios que se han tomado de parte de ese Gobierno para obviar tan odiosos esfuerzos. Sin embargo de no tener hasta ahora órdenes del Gobierno de este Estado para obrar sobre el del Salvador en consonancia con el de Guatemala, desde luego no omitiré medio alguno de hacer por mi parte lo que pueda, fundado en el principio de que existe entre uno y otro Estado un tratado de amistad y alianza que se extiende en sus artículos aún más allá de lo que yo podría verificar en obsequio de la soberanía e independencia de los Estados.

Quiera U., señor ministro, dar cuenta con lo expuesto al Gobierno Supremo, y admitir los sinceros respetos de su atento servidor. D.U.L.

Ignacio María Molina.

NÚMERO 2.

Al señor secretario general del Supremo Gobierno del Estado de Guatemala.

Habiendo llegado noticia a este Gobierno de que el general Morazán preparaba una expedición militar sobre ese Estado, a tiempo que solicitaba la paz con este, ha prevenido al ministerio de mi cargo contestar la solicitud en los términos que expresa la adjunta copia.

Honduras será siempre consecuente a sus principios, y a sus compromisos: y se vanagloria de haber arrostrado todos los peligros antes que ceder a las miras depravadas del enemigo común de los Estados. Guatemala, pues, esté segura de la firmeza que ha mostrado este Gobierno, y de que fiel a sus empeños, no retrocederá del camino que ha tomado.

Para que ese ilustrado Presidente esté impuesto de lo que hay hasta ahora sobre dichos tratados, este Gobierno me ha ordenado ponerle la presente; y yo, al hacerlo, ofrezco a U. las consideraciones de mi aprecio.

El jefe de sección, Francisco Alvarado.

NÚMERO 3.

Desde que aquí se supo la invasión que Morazán meditaba sobre ese Estado, se puso en las fronteras de este un cuerpo de tropa para que le llamase la atención e impidiese, o demorase con esto su marcha sobre Guatemala. Hasta el día existe aquella tropa; y dentro de dos días saldrá un cuerpo de milicias a reforzarla.

Entre tanto, es muy satisfactorio ver a los salvadoreños que en partidas se dirigen a este Estado pidiendo armas para volver con ellas sobre el tirano de su país. Todo anuncia el día brillante de la reorganización de la República: los pueblos, desengañados ya de la verdad, no se dejan seducir por las sofísticas argumentaciones de los libertinos y falsos liberales. Aquellos han conocido a sus verdaderos amigos, y por un movimiento simultáneo, todos se preparan para libertarse de estos.

Este Gobierno signe resuelto a tomar parte en la destitución de la tiranía; y yo al manifestarlo al de U., tengo el placer de ofrecerle mis respetos. El jefe de sección.

Francisco Alvarado

NUMERO 4

Ministerio de relaciones del supremo Gobierno del Estado de Honduras.

D. U. L. — Tegucigalpa, marzo 28 de 1840.

Al señor Gobierno del Estado de Guatemala.

Llegó al ministerio de mi cargo la apreciable nota de U. de 17 del corriente. Es sensible a este Gobierno la posición de Guatemala, por hallarse de nuevo atacada por el enemigo común de todos los Estados, pero el de Honduras se promete que la prudencia de ese Gobierno, el entusiasmo de esos pueblos y el valor y pericia de esas tropas, darán al fin un golpe destructor al tirano de la República. Consecuente a la insinuación de U., este Gobierno hace marchar mañana una compañía veterana, con la que se completan trescientos hombres en la frontera. Se dictan medidas enérgicas con el fin de tener dentro de quince días una división respetable, que a las órdenes del general Ferrera marchará y obrará en consonancia con las fuerzas de ese Gobierno, con el fin de destruir a nuestros antiguos opresores.

Con un violento se dirige hoy mismo a dicho general el paquete que de ese Gobierno le viene dirigido; y con un expreso se hace saber hoy mismo al Gobierno de Nicaragua la posición de Guatemala, y se le invita para que por su parte, y en cumplimiento de sus compromisos, coopere inmediatamente a la heroica empresa de salvar a Guatemala y destruir a sus invasores.

De orden del Presidente lo hago saber a U., ofreciéndole las consideraciones de mi aprecio. El jefe de sección.

Francisco Alvarado

NUMERO 5

Gobierno político e intendencia departamental. Gracias, abril 2 de 1840. Al señor ministro de relaciones del Supremo Gobierno del Estado de Guatemala.

Con el mayor contento tengo la honra de contestar su muy apreciable del 21 de marzo próximo pasado, la que, trasmitiéndola a todos los pueblos de mi departamento, previne al mismo tiempo su celebración de la manera mejor. La que aquí se ha hecho por todo el vecindario, jefes y oficiales de la división permanente, ha sido de corazones verdaderamente patriotas, y dándole gracias al Eterno por el feliz suceso de las armas del Estado, hacen votos igualmente por el completo exterminio de una horda, que bajo los auspicios de un tirano, aún no cesan a la vez que pueden de repetir sus depredaciones en los pueblos que ansían por un verdadero bienestar.

Suponiendo que los antropófagos que acompañan a Morazán o el mismo, quieran tomar el camino de los cortes de madera hacia la costa del Norte, donde puede encontrar un refugio para evadirse del tremendo cargo que pesa sobre su conciencia de solo crímenes, he dispuesto dividir esta fuerza en dos secciones, la cual sale hoy mismo a su destino con las instrucciones del caso.

Me es muy satisfactorio, señor ministro, ver libres a esos pueblos de las desgracias que les amenazaban. Cartas particulares de San Salvador dicen así: "Morazán ha salido sobre Guatemala con 1500 hombres y va resuelto a no pasar por ningún medio conciliatorio, aun cuando le propongan capitulaciones ventajosas." Pero no cumpliéndose sentencias de solo sangre, robos, incendios y otros sacrificios, porque la mano del Omnipotente lo reprimía, menester es que a todo trance hagamos desaparecer del suelo salvadoreño los males y vejaciones que sufren sus hijos.

Sírvase U., señor ministro, elevar al conocimiento del señor Presidente lo expuesto y admitir las muestras sinceras de mi aprecio y consideración.

D.U.L.
Ignacio María Molina.

NÚMERO 6.

Ministerio de relaciones del Supremo Gobierno del Estado de Honduras.

D.U.L. — Tegucigalpa, abril 13 de 1840.

Señor secretario general del Supremo Gobierno del Estado de Guatemala.

Con esta fecha dirijo al comandante general de las fuerzas del Estado la comunicación siguiente:

Por partes fidedignas datadas ayer en la ciudad de Nacaome, se participa al Supremo Gobierno de ese Estado el embarque del general Morazán con las personas contenidas en la adjunta lista. Estos documentos merecen todo crédito porque son dirigidos por agentes de la confianza del mismo Gobierno que han visto zarpar el buque que ha conducido la emigración referida.

Como entre los individuos que componen la citada lista se hallan los primeros funcionarios del Supremo Gobierno del Estado, el mismo lo juzga acéfalo y expuesto a los embates de la anarquía consiguiente a tan deplorable situación, y por esta causa, y sin perder un solo momento, ha dispuesto se haga a U. y a los demás funcionarios públicos de ese Estado la siguiente protesta.

El Estado de Honduras, consecuente con los principios que se ha propuesto establecer en unión de sus aliados, desiste desde hoy hacer la guerra al Salvador, puesto que el fin a que se ha dirigido cuando lo ha verificado se ha conseguido con la desaparición de las personas que se oponían a la reforma constitucional y a la soberanía e independencia de los Estados, y por el contrario, le ofrece toda su protección para el establecimiento de la administración política que juzga debe conservarse con el llamamiento del consejero designado por la ley al ejercicio del Supremo Poder Ejecutivo, a quien corresponde hacer la reorganización de los poderes, tribunales y funcionarios constitucionales, y que a continuación se convoque a la Asamblea Constituyente, verdadera hechura del pueblo salvadoreño, que dispondrá de la suerte futura del Estado.

Con este único objeto, y de orden del Presidente, me dirijo a U. advirtiendo que con esta misma fecha se pone en conocimiento de los Gobiernos aliados esta protesta, excitándolos al mismo fin.

Y de orden del Supremo Gobierno tengo el honor de trasmitirla a U., para que se sirva ponerla en conocimiento del señor Presidente de ese Estado con el objeto de que se digne aprobar esta medida, y dictar las providencias que estime más oportunas para lograr la reorganización del Salvador.

La lista de que se hace referencia en la nota inserta es la que acompaño a U. en copia con la comunicación dirigida por el jefe del distrito de Nacaome. Es de U., con todo respeto, atento servidor.

El jefe de sección.
Francisco Alvarado.

NÚMERO 7.

Ministerio de relaciones del Supremo Gobierno del Estado de Honduras.

D.U.L. — Tegucigalpa, abril 20 de 1840.

Al señor secretario general del Supremo Gobierno del Estado de Guatemala.

Es en mi poder la apreciable comunicación de U. de 28 del pasado; y habiendo dado cuenta con ella al Presidente, este me previno decirle en contestación: que le ha sido muy grato el triunfo adquirido por las armas de ese Gobierno sobre las hordas del tirano Morazán, porque aquel asegura la paz de la República.

Como el enemigo común ha huido ya del territorio de Centro—América, parece que se está en el caso de no invadir al Estado del Salvador, sino al contrario, de favorecerle para que pueda constituirse bajo el orden que mejor le convenga. Por esta consideración se ha mandado suspender la expedición militar que se preparaba para obrar en combinación con la de ese Estado, y este hoy se ocupa en procurar la reconciliación general de los que componen Centro—América sin entrometerse en el régimen de los demás.

Este Gobierno es agradecido a la prueba de amistad que ese se ha servido darle, remitiéndole las cartas que acompañaron la citada nota de U., y espera la publicación de los documentos que U. indica porque es honor de los Estados hacer ver que solo al crimen persiguieron.

Yo quedo con el placer de ofrecerme a los servicios de U.

El jefe de la sección.
Francisco Alvarado.

NÚMERO 8.

Ministerio de relaciones interiores y exteriores del Supremo Gobierno del Estado de Honduras.

Al señor secretario general del Supremo Gobierno del Estado de Guatemala.

El Presidente de este Estado se ha impuesto del contenido de su apreciable de 18 del próximo anterior. Igualmente que el de Guatemala, siente la más viva satisfacción al contemplar la plena libertad en que los Estados de Centro—América se hallan para establecer el pacto general, tanto más conveniente cuanto son grandes los sacrificios que hasta este día cuesta.

No existen ya enemigos con poder bastante para resistirlo y frustrarlo. No cesa de complacerse con los Gobiernos y pueblos que han hecho frente firme a la mañosidad, perfidia y capricho violento de unos hombres que solo trataban de sostener sus empleos, sus odiosos honores y sus rentas contra el sentir de los centroamericanos mismos.

Las mismas noticias e informes que se comunican por ese ministerio acerca de la verdadera libertad del Salvador, y tendencias sinceras a fin de ver organizada la junta convencional y demás sentidos que han abrazado las miras de los Estados aliados, ha tenido y tiene este Supremo Gobierno.

Únicamente ha pedido al del Salvador desarme y entregue a este Gobierno las partidas de soldados originarios de este Estado, que sirvieron a las órdenes de Morazán y hacen incursiones desde los pueblos de Anamoros y Palovos, adonde en seguida se refugian con la presa de sus pillajes; o permita que sean perseguidos por las tropas de este Gobierno en aquel territorio.

En suma, es ya tiempo de formar la federación sin las angustias de la guerra.

En cuanto a la propuesta que hace ahora ese Gobierno de elegirse por punto de reunión la misma ciudad de San Salvador; sin embargo de haber expuesto en 28 del anterior lo que U. habrá visto, se penetra de las razones que tiene en su apoyo la nueva elección.

Mas estando aprobada la primera por la Cámara de este Estado, que está próxima a reunirse, y estando también admitida por los Estados de Nicaragua y Costa Rica, pondrá en conocimiento de tales sujetos la moción que hace el de Guatemala, para que resuelvan; a cuya resolución será deferente este Gobierno, no juzgando que se cause una demora intempestiva por esto Lo digo a U., de orden del Presidente, para que se sirva elevarlo al conocimiento del de ese Estado; admitiendo la sinceridad de mi aprecio.

D.L.U. Comayagua, mayo 4 de 1840.

Mónico Bueso.

NÚMERO 9.

Mensaje que presentó el Presidente del Estado de Honduras al continuar sus sesiones la Cámara Legislativa, el día 19 de mayo de 1840.

CC. RR.

Cuando el Estado fue invadido por las tropas agresoras de Cabañas, yo existía en mi vida retirada. Una orden del Gobierno y los deseos de ayudar a la salvación de mi patria me hicieron abandonar la vida privada y tomar las armas en el cuerpo militar a que pertenezco.

Se preparaba ya la expedición de la tropa de Olancho sobre la invasora del Estado, cuando el Gobierno, que residía en los ministros, me hizo ocupar el mando Supremo, a que, en el sorteo practicado conforme a la Constitución, era llamado.

Yo conocía me faltaban capacidades para dirigir con acierto la marcha política de las cosas en la época borrascosa de la revolución. Si en los tiempos de paz y tranquilidad pública son necesarias para gobernar con suceso la prudencia, la firmeza, las luces, la calma de las pasiones, la actividad y los deseos de formar la dicha de los pueblos; en los de guerra, en que nada es estable, y en que todo se agita por un movimiento convulsivo, el gobernante debe tener aquellas virtudes en un grado eminente. Yo me encontraba sin la mayor parte de ellas, pues no tenía sino una opinión inmutable y deseos sin límites de hacer felices a mis conciudadanos.

Vi el destino para que había sido nombrado: conocí que no era a propósito para servirlo, mirando también el cuadro triste que entonces presentaban las circunstancias. Casi no me resolví a la admisión del primero. ¿Pero qué había de hacer? No había otro a quien tocara encargarse de las riendas del Gobierno, ni calificase mis excusas; y esta circunstancia me hizo dejar la espada y subir a este.

Asiento, donde se presentan más obstáculos, más compromisos y más peligros, sin duda que en los campos de batalla.

El enemigo que talaba nuestros campos, que perseguía nuestras poblaciones y que causaba todos los males posibles, había adquirido varios triunfos sobre los defensores de la patria. El Gobierno, sin militares, sin armas, sin pertrechos de guerra y casi sin ninguno de los elementos indispensables para la defensa del Estado, no presentaba a los pueblos un punto de apoyo, y ellos, en la fuga, buscaban su seguridad.

Mi débil razón pesó la funestidad de tales circunstancias; pero yo no tenía menos deseos que los demás patriotas de sacrificarme en servicio del Estado; y esta decisión, que formé gustoso, me hizo subir tranquilo a la silla de donde era tan fácil bajar al trueno de las armas.

Me puse, pues, al frente de los negocios; y procuré rodearme de los patriotas conocidos, y consulté cuanto era posible los conocimientos de aquellos que podían guiarme por el sendero de la prudencia y de la política.

Dicté algunas providencias con el objeto de formar un fondo que no lo había en el Estado; y ellas, aunque no produjeron todo el buen resultado que se esperaba, formaron una base con que se pudo trabajar en la recluta de tropas y reunión de armas y pertrechos.

Entre tanto, no descuidé de estimular el patriotismo, de uniformar la opinión, aún más de lo que estaba, y de punzar el orgullo hondureño para obligarle a la defensa de su propio suelo contra la agresión del refinado despotismo. Con aquellos recursos, y con estos medios, logré hacer salir de Olancho una división, y que se engrosara en el departamento de Tegucigalpa.

Ella, al parecer, era capaz de destruir al enemigo; pero el estado vacilante de las cosas, los esfuerzos del partido que con tanto empeño trabajaba por la destrucción del Estado, a veces la escasez del erario público, y otras varias circunstancias que no es fácil explicar, hacían que la deserción de nuestras tropas fuera continua. Con los esfuerzos del Gobierno y de sus subalternos se reponían las bajas; pero el soldado que se reclutaba no tenía la disciplina del que desertaba, y aunque el número permaneciese igual, la división se debilitaba diariamente. Sin duda a esto, y a la fortuna inestable, que abate a los pueblos y a los hombres cuando quiere, fue debido el último triunfo de Cabañas sobre nuestras armas.

Después de él, apuraron aún más las circunstancias. El ministro de guerra fue de parte del Gobierno a los puertos de Omoa y Trujillo a sacar recursos, tanto de armas y pertrechos, como de dinero; llevando la comisión de vender maderas, y vigilar sobre la seguridad de tan importantes puntos. El ministro de hacienda se había retirado a esta ciudad desde antes por enfermo; y el despacho del supremo Gobierno quedó al trabajo del de relaciones.

Pero siempre se desplegó energía. Hice se reuniesen tropas nuevamente; solicité que el Estado de Nicaragua, nuestro aliado, tomase parte en nuestra defensa; y obré de modo que el enemigo no supiese la debilidad en que entonces estaba el Gobierno. Hice marchar partidas de tropa por distintas direcciones; hice que el Gobierno no perdiese su dignidad; que comisionados particulares animasen a los pueblos, haciéndoles conservar la esperanza de su salvación; y dicté, en fin, el decreto de 12 de diciembre, que poniendo un freno a los traidores de la patria, hizo huir desde luego a muchos de ellos, e intimidando a los que quedaron, hizo se contuviesen en sus manejos revolucionarios.

Una tal conducta produjo varios efectos saludables. Abandonando el Estado muchos de los disidentes, se redujo el número de nuestros enemigos. Acobardándose otros, se hizo insignificante su influencia, y sus trabajos menos perniciosos. Los traidores armados conocieron que siempre encontrarían resistencia, que su posición no era muy ventajosa, y que los triunfos que habían adquirido no eran sino efímeros, puesto que no les daban esperanzas de otro triunfo decisivo y completo.

Al mismo tiempo que los enemigos se acobardaban por la firmeza del Gobierno, este hacía renacer en los pueblos la dulce esperanza de su libertad, y sostenía aquella opinión tan decidida, que honraría siempre a los hondureños; pues que resistió constantemente a los ultrajes y a las amenazas, a las promesas y a los halagos de los enemigos mismos.

Así, entre el nublado de tristes circunstancias, se entreveía un rayo de esperanza. En tal estado, se supo con certeza la parte activa que el Gobierno de Nicaragua tomaba en nuestra causa. Se habían agotado ya los medios de la paz; nuestro aliado había sido un mediador por ella; pero la conducta del enemigo en ambos Estados dio a conocer que no quería una reconciliación sincera, que si la invocaba, era para hacernos, a su nombre, una guerra fratricida; y que sus designios eran los de seguir hostilizando a Honduras, para cantar sus triunfos sobre la ruina de los pueblos.

Descubiertas, pues, sus negras intenciones, y conocido ya su plan traidor, era indispensable ocurrir a las armas; pues que la justicia y la razón eran mudas para el enemigo. El Gobierno de Nicaragua nos envió su respetable auxilio, con que, unido a las fuerzas de este, fue escarmentada la horda invasora del tirano de los Estados, en la acción del Potrero.

Esta memorable acción puso en libertad al Estado; y desde entonces el Gobierno se ocupó en restablecer el orden alterado, en volver las cosas al estado mismo que tenían antes de la revolución.

Siguieron nuestras buenas relaciones con los Estados aliados, y aunque el enemigo procuró interrumpirlas, sus esfuerzos fueron vanos. Viéndose destruido en Honduras, premeditó sujetar a Guatemala, para con los recursos de aquel Estado sujetar a los demás; siguiendo su conducta maquiavélica, solicitó la alianza con Honduras y Nicaragua, mientras ejecutaba su agresión en Guatemala.

Pero este Gobierno, fiel a sus compromisos, desoyó el acento engañador del enemigo común, y manifestó que no haría la paz con quien hacía la guerra a uno de sus aliados. Así nos libramos de la nueva red que el tirano nos tendía; y éste, desesperado de su posición, marchó sobre Guatemala, sin más objeto que el de saciar su codicia y ejecutar sus venganzas.

Yo, viendo que el único militar que debía regentear las fuerzas del Estado, para obrar en auxilio de Guatemala y contra el tirano, se hallaba enfermo, me dispuse a marchar en persona con el ejército, dejando el Gobierno en el consejo de ministros. Mas cuando así lo anuncié al público y comenzaba a ejecutarlo, se recibieron las más felices noticias. En la ciudad invadida, el tirano sufrió el último golpe que lo redujo al estado de nulidad, de que nunca hubiera salido, si la fortuna no fuera caprichosa.

Derrotado completamente por el general Carrera, él ya no pensó sino en librar su persona: emprendió, por tanto, de Guatemala, una fuga vergonzosa; llegó al Salvador, reunió los pocos bienes que había allí dejado; y en compañía de sus principales esclavos, huyó para siempre de Centro—América, dejando solo el irritante recuerdo de sus iniquidades.

Desocupado, por esto, el Estado del Salvador de la horda vandálica que lo oprimía, ha podido reorganizarse, recobrando la paz y el orden que habían huido de su suelo. Desde luego tomó las riendas del Gobierno de aquel Estado el consejero más antiguo, y se dirigió a los demás de la Unión, procurando restablecer con ellos la armonía que se había interrumpido.

Felizmente, cuando llegó a Honduras la comunicación de aquel funcionario, ya estaba en el Salvador la protesta que este Gobierno hizo de respetar los derechos de aquel Estado, puesto que la guerra se había hecho, no precisamente al pueblo salvadoreño, sino al tirano que había ya fugado.

Este paso me parece honroso para Honduras, puesto que acreditó la rectitud de los principios que le han guiado.

Ahora, pues, los Estados están ya en paz, y vuestra reunión es una prueba de haberse restablecido el orden.

Yo recibí el Gobierno cuando los pueblos estaban afligidos por el peso de la guerra, y cuando nuestro suelo estaba invadido por una falange de esclavos del tirano. Al presente, me congratulo con vuestra soberanía al presentaros ya el Estado libre de aquellas convulsiones y nuestro territorio de la agresión más injusta. Os devuelvo también las facultades extraordinarias con que me habíais investido, porque ellas, en tiempo de paz, son innecesarias para el sostén del orden social.

SS.RR. El voto de los pueblos os ha colocado en este sitio, y reuniendo vuestras personas, ha querido reunir vuestros sentimientos patrióticos y vuestras luces, para que apliquéis aquellos y estas al logro de la felicidad común y al alivio de las heridas dolorosas que la guerra ha dejado impresas en los pueblos fieles al Gobierno, y en los patriotas que, resignados a sufrir la muerte, han sostenido con ejemplar firmeza la causa del Estado.

En general, la justicia me demanda recomendaros los pueblos del Estado que se han distinguido sosteniendo y defendiendo su causa, por sus padecimientos ya con unas y con otras fuerzas: por haberse portado tan fieles, en medio de los peligros, como entre los halagos y lazos que les tendió el enemigo: por haberse prestado uniforme y decididamente a formarle un círculo impenetrable, para que el Gobierno pudiese ocuparse sin extrema zozobra de sus importantes providencias; y os recomiendo en particular a los valientes vencedores en la acción del Potrero, y a las desgraciadas víctimas que se han sacrificado en defensa del Estado y de su justa causa.

Mis trabajos serán presentados por los Ministros del despacho. Si ellos no son absolutamente los mejores, son al menos los que pude emprender en servicio de mi patria. Si mereciesen vuestra aprobación, os pido en recompensa, admitáis la renuncia que hago del destino, por ser carga muy pesada para mis débiles hombros; y si no mereciesen aquella, admitidme también esta, porque no puedo ser, ni vuestra soberanía sostener, un gobernante que no haga la dicha de los pueblos.

Comayagua, mayo 19 de 1840.

Francisco Zelaya.

TRATADO
Últimamente ajustado entre los Gobiernos de los Estados del Salvador y Honduras.

Deseando el Supremo Gobierno del Salvador restablecer con el de Honduras, de un modo positivo, la buena amistad y armonía que por simpatías unen a ambos Gobiernos y sus habitantes, comisionó el consejero jefe de aquel Estado al Presb. Br. señor Doroteo Alvarenga, cerca de este Gobierno, para formar una alianza expresa entre ambos Estados, y acordar las medidas que demandan su conservación e intereses recíprocos; y siendo admitido el señor comisionado referido por el señor Presidente de este, nombró por su parte a los señores José Santiago Bueso e Ignacio Vega, los que reunidos presentaron sus poderes, y hallándolos legales y bastantes, con arreglo a sus respectivas instrucciones, convinieron en los artículos siguientes:

Art. 1. Se establece una alianza ofensiva y defensiva entre el Gobierno de Honduras y el del Salvador, tan identificados en todas épocas y tan relacionados por el giro de los intereses recíprocos de uno y otro Estado; mas la alianza ofensiva, para que tenga efecto, deberá ser impulsada por la necesidad de la mutua conservación y por la presencia positiva de un peligro próximo, cuando no haya otro medio de salvarlas, sin comprometer la independencia y dignidad de los contrarios.

Art. 2. Cuando en alguno de los Estados de la Unión se levante una facción que, sobreponiéndose a su Gobierno legítimo, amenace la libertad e independencia de alguno de los Estados contratantes o a sus Gobiernos o a otros cualesquiera de los Estados dichos, los del Salvador y Honduras, en el primer caso, se auxiliarán mutuamente al primer aviso que se den, y en el segundo se pondrán de acuerdo con el Gobierno del Estado amenazado, para resistir a la agresión o amenaza que se hiciere.

Art. 3. Los gastos y sacrificios que, en el caso de operaciones ofensivas, se causen, se procurará sean iguales, y de cargo de cada partícipe el soportarlos; mas en el caso de defensa los sufrirá el auxiliado, previa liquidación de ellos, y en consideración a sus circunstancias, se harán las indemnizaciones de presente o de futuro.

Art. 4. Siendo uno de los objetos primordiales de la misión del enviado del Gobierno del Salvador, excitar a este para la pronta marcha de los señores Convencionales por este Estado, en que no es menos el interés del Gobierno de Honduras, ya tiene acordado que aparezcan en la ciudad de San Salvador el 20 del presente.

Art. 5. A fin de que el comercio tenga la franquicia posible en su giro, y que florezca justamente, se obliga el Gobierno del Salvador a derogar los decretos y providencias hostiles que hubiere dado el ex—Jefe Morazán contra este Estado y sus aliados.

Art. 6. Siendo un deber de los Gobiernos que contratan, atender a la seguridad general de la Unión y particular de sus Estados, estipulan que ni el general Morazán, ni alguno de los individuos que emigraron con él, podrán introducirse al uno o al otro Estado sin la conformidad de ambos Gobiernos.

Art. 7. Asimismo se comprometen del modo más positivo a no declararse la guerra por ningún pretexto, causa o motivo que se presente, bajo cualquiera forma que aparezca; y antes bien, han de hacerse precisamente las debidas reclamaciones, mostrando el que se crea ofendido el agravio o perjuicios que haya recibido del otro; y en caso de serle negadas las explicaciones que pida, o de no satisfacerle estas, deberán precisamente remitir la disputa al juicio de la Convención, o nombrar de acuerdo un Estado mediador que esclarezca, transija y allane las diferencias que hubieren ocurrido. Si se faltare a lo pactado en este artículo, el infractor responderá de todos los gastos y perjuicios que ocasione al que los sufra.

Art. 8. Los Gobiernos contratantes cuidarán del restablecimiento de correos ordinarios para mantener en el mejor pie sus relaciones.

Art. 9. Este tratado, ratificado por los Gobiernos respectivos, será obligatorio en todo lo que no se oponga a los celebrados con los otros Estados.

Firmado en la ciudad de Comayagua, a 8 de agosto de 1840.
Doroteo Alvarenga.
José Santiago Bueso.
Ignacio Vega.

El Presidente, en quien reside el Supremo Poder Ejecutivo del Estado, atendiendo a que los presentes tratados llevan por objeto la paz y seguridad entre los Estados del Salvador y Honduras, sobre las bases de independencia y soberanía de cada uno de ellos.

DECRETA

Art. 1. Se aprueban, con calidad de dar cuenta a la Cámara, los tratados celebrados por el comisionado del Salvador, el Sr. Presb. Doroteo Alvarenga, y los de este Estado, Sres. Santiago Bueso e Ignacio Vega en esta ciudad a 8 del presente; y con las aclaraciones siguientes:

En el artículo 5.: Que las disposiciones o decretos hostiles a este Estado y sus aliados que no estuvieren en el resorte del Ejecutivo su derogatoria, se dignará solicitarla y reclamarla de la autoridad o poder correspondiente el mismo Supremo Gobierno del Estado.

En el artículo 6.: Que tampoco garantizará a los disidentes de este Estado que se hallan refugiados o se refugien en aquel; ni menos los empleará en ningún destino de la administración, sino es por acuerdo o consentimiento de este Gobierno; pues antes bien, a la vez, los pondrá a su disposición.

Art. 2. Será obligatorio el presente tratado luego que sea recibida la ratificación por parte del Gobierno del Salvador.

Dado en la ciudad de Comayagua, a 10 de agosto de 1840.

Francisco Zelaya.

Al Ministro de Relaciones, señor Mónico Bueso.

Es copia.

Ministerio de Relaciones.

Comayagua, agosto 12 de 1840.

Mónico Bueso.

NÚMERO 11.

Ayer llegué a esta ciudad de regreso de la expedición que hice sobre la facción que se levantó en Yocón, y hoy tengo la satisfacción de participar al Supremo Gobierno, por el inmediato conducto de U., los resultados de ella y demás consiguientes.

Han sido, pues, los que se deben esperar de un puñado de hombres que, animados de las miras más rastreras, ellos y solo ellos han querido levantar el estandarte de la revolución para perpetrar los más horrendos crímenes. Con cincuenta infelices en cuya incauta condición supo influir la sagacidad de los perversos, éstos estaban alarmados en el paraje del Ocotal del Valle de Yupite, en la misma comprensión de Yocón, a tiempo que yo y la división que llevaba ingresamos a Salamán, pueblo el más inmediato a los enemigos.

Desde allí pude tocar y poner en práctica los resortes de la política, más bien con la idea de evitar la efusión de sangre que con el deseo de hacer desaparecer a la facción, y así los invité a que se presentasen y depusiesen las armas. Y, sin embargo de que no lo hicieron a la primera invitatoria, a la cual contestaron pidiendo una conferencia conmigo y el comandante de la división, poco después han hecho lo que se les exigía: han depuesto las armas, las cuales están en este almacén; se han presentado los cabecillas, los cuales también se aseguraron y existen también en estas cárceles.

Y con esto, y con la instrucción de la causa correspondiente, se ha dado fin a la expedición.

La facción ha quedado completamente deshecha, los incautos que la sostenían han vuelto al orden, y de aquí, el departamento todo descansa en la más firme tranquilidad. Sus pueblos, a la vez, han dado muestras evidentes de obediencia y sumisión: todos ellos han cooperado de todas maneras al restablecimiento del orden; y aunque el de Zapota no ha andado igual en dar los auxilios de tropa que se le pidieron, no es debido a hallarse indispuesto en manera alguna, sino a la inercia e ineptitud de su comandante local.

De Salamán quise haber dado al Gobierno la anterior relación; pero en vista de que si me ocupaba en otra cosa que no fuera la instrucción de la causa de los reos se me pasaba el tiempo, y con esto se gravaba la Hacienda pública con los sueldos de la tropa, determiné dedicarme exclusivamente a aquella operación y diferir esta hasta ahora.

Todo espero lo ponga en conocimiento del propio Gobierno, y también que entre tres o cuatro días mandaré los consabidos reos con su respectiva causa, y entre tanto quedo de U. atento servidor.

D.U.L. — Juticalpa, marzo 20 de 1841.

Francisco S. Valdez.

NÚMERO 12

Art. 1.° Los Jefes Políticos harán que las Municipalidades de su demarcación presenten para el alistamiento de la fuerza permanente: en primer lugar, los forasteros que no tengan oficio de utilidad conocida en el pueblo de su residencia; en segundo, los que viven fuera de las poblaciones sin una propiedad de las que prescriben las leyes, cuyo cuidado les exige su permanencia en el desierto. Y solamente no llenando estos el número necesario de soldados que se pidan, se tocará con los solteros menos útiles de los pueblos, que no sean hijos únicos y que no tengan a su cargo hermanas huérfanas y virtuosas.

Art. 2.° Siendo notablemente perjudicial al servicio del Gobierno y a las Municipalidades de los pueblos el abuso de tomar individuos para la fuerza permanente del poco vecindario de esta Ciudad, dejándolos excluidos al momento de emigrar a los campos y a las demás poblaciones, se observará en lo sucesivo una práctica contraria en obsequio de las leyes, haciendo que queden exentos de este servicio los que residan o en adelante residieren dentro de la Ciudad, y tomando los que, por evadirse de los servicios públicos, se han remontado a los desiertos.

Art. 3.º Los Jefes Políticos de este Departamento y el de Choluteca exigirán provisionalmente de los pueblos de su demarcación el número de cien hombres que compondrán la guarnición de esta Capital; los de Santa Bárbara y Gracias completarán del mismo modo cincuenta para la guarnición del Puerto de Omoa; los de Yoro y Olancho, en la misma forma, reunirán igual número para la del de Trujillo; el de Tegucigalpa, cincuenta para la guarnición de aquella plaza.

Art. 4.º La Comandancia General ordenará a las Departamentales recibir de los Jefes Políticos, en un término perentorio, el número de individuos que a cada uno corresponda, y que hagan remisión de ellos a sus respectivos destinos, a la mayor posible brevedad.

Lo tendrá entendido el Ministro de Relaciones, lo comunicará a quienes corresponda, y dispondrá se imprima, publique y circule para su puntual cumplimiento.

Dado en la Ciudad de Comayagua, en la Casa de Gobierno, a 19 de junio de 1841.

FRANCISCO FERRERA. Al Señor Juan Morales.

NÚMERO 13

"La Cámara de Representantes del Estado de Honduras, movida por un impulso de humanidad y consideración a los padecimientos que han sufrido los desgraciados que siguieron a Morazán en la lucha de la emancipación de los Estados: atendiendo a que por el hecho mismo de haber venido a someterse a las leyes y autoridades de su domicilio, son en cierta manera acreedores a la indulgencia del Cuerpo Soberano; y usando este de las facultades que le son concedidas por la Constitución, ha tenido a bien decretar y

DECRETA:

Art. 1.º Se concede un indulto o perdón a los infidentes que siguieron a Morazán en la lucha que el Estado empeñó en defensa de sus derechos y Soberanía.

Art. 2.º Este indulto solo comprende a aquellos que, exponiéndose al rigor de nuestras leyes, han permanecido en el Estado o volvieron luego que cesó la guerra, queriendo más bien ser castigados que dejar de ser hondureños.

Art. 3.º Es así mismo extensivo a los reos infidentes que están juzgándose o juzgados; pero entendiéndose solamente a los pertenecientes al partido que sucumbió de la federación, y no a otros.

Art. 4.º Los cabecillas juzgados y sentenciados, aunque se hallen cumpliendo sus condenas, quedan indultados de las penas que les hayan impuesto los Tribunales de Justicia, las cuales se les conmutan con la de extrañamiento del lugar donde cometieron el delito, y de aquellos donde puedan ser nocivos, dejando a juicio del Gobierno la designación del lugar donde puedan residir por el tiempo que considere necesario al mantenimiento del orden público que le está encomendado.

Art. 5.º Los que no han sido juzgados se presentarán a los mismos Tribunales de Justicia, para que, clasificados por estos, y resultando seductores, el Gobierno les señale el punto de residencia, o si seducidos, queden en absoluta libertad para vivir donde les convenga, prestando juramento a cualquier autoridad del Estado de ser fieles a él.

Pase al P. E.
Dado en Comayagua, a 13 de julio de 1841.
Mariano Castejón, R. P.
Ramón Arriaga, R. S.
J. Agustín Madrid, R. S.

Por tanto: ejecútese. Lo tendrá entendido el Ministro del Despacho de Relaciones, y dispondrá lo necesario a su cumplimiento.

Dado en la Ciudad de Comayagua en la Casa del Gobierno, a 15 de julio de 1841.
Francisco Ferrera. Al señor Juan Morales.

NUMERO 14
DECRETOS

Número 1. El de 21 de febrero, sobre la instalación de la Cámara.

N. 2. El de 23 del mismo, sobre la elección de Presidente del Estado y suplentes.

N. 3. El de 4 de marzo, haciendo obligatoria la admisión de los destinos.

N. 4. El de 6 del mismo, declarando a los extranjeros sin más derechos que los que un centroamericano tenga en el país a que aquellos pertenezcan.

N. 5. El de 7 del mismo, protegiendo el ramo de minería.

N. 6. El de 8 de idem, uniendo el distrito de Guascorán y pueblos de que habla, al departamento de Choluteca.

N. 7. El de 9 del mismo, autorizando al Gobierno de Guatemala para representar a Honduras en el exterior, y proveer a la defensa general de la República.

N. 8. El de 14 del mismo, devolviendo los diezmos a la iglesia.

N. 9. El de 16 de idem, el reglamento interior de la Cámara.

N. 10. El de 18 de idem, haciendo obligatorio el acto de concurrir a las elecciones.

N. 11. El de 20 del mismo, estableciendo un censo sobre bienes productibles, para la autorización de la deuda interior del Estado.

N. 12. El de 20 del mismo, estableciendo el ceremonial.

N. 13. El de 21 de idem, estableciendo provisionalmente el orden de recibimientos de abogados.

N. 14. El de 23 del mismo, estancando la pólvora.

N. 15. El de 27 de idem, mandando elegir dos representantes más.

N. 16. El de 27 de idem, sobre la manera de liquidar la deuda de la hacienda pública.

N. 17. El de 3 de abril, que arregla la imprenta.

N. 18. El de 7 del mismo, sobre policía.

N. 19. El de 11 del mismo, en que se rebajan los sueldos de algunos empleados, y se reduce a la mitad la fuerza permanente.

N. 20. El de 12 de abril, por el cual se habilita el puerto de San Lorenzo, en el mar del Sur, y se le da el nombre de puerto de la Paz.

N. 21. El de 12 del mismo, en que se les da el título de Ciudad a las Villas de Santa Rosa y Danlí, y el de Villa al pueblo de Ocotepeque.

N. 22. El de 18 del mismo, que señala los códigos que deben regir en la administración de justicia del Estado.

N. 23. El de 18 del mismo, que arregla el Colegio Tridentino que debe establecerse en esta Capital.

N. 24. El de 22 de abril, sobre receso de la Cámara.

ACUERDOS.

Número 1. El de 27 de febrero, sobre que se oiga al que fuese acusado ante la Cámara.

N. 2. El de 27 del mismo, declarando que los empleados de los altos poderes gozan de fuero desde el momento de su elección.

N. 3. El de 2 de marzo, que expresa el caso en que los jefes de sección gozan de dos tercios del sueldo de los Ministros.

N. 4. El de 2 del mismo, sobre repetición de prueba en las causas.

N. 5. El de 3 del mismo, que señala a qué autoridad toca conocer de los inventarios.

N. 6. El de 3 del mismo, en que se aprueban los tratados de este Gobierno con los otros de la Unión.

N. 7. El de 4 del mismo, en que declara que todos los actos de la Cámara son legislativos; mas no todos leyes.

N. 8. El de 6 del mismo, en que señala dónde se deben pagar las deudas reconocidas contra el Estado.

N. 9. El de 6 del mismo, sobre la remoción de los Presidentes de la Corte Superior de Justicia.

N. 10. El de 7 del mismo, que expresa no haber lugar a revocar el artículo 4.º de la ley de 7 de marzo de 1829 sobre españoles.

N. 11. El de 7 del mismo, que declara quedar afectas al pago de sus oficiales las costas devengadas en la Secretaría de la Corte, y se aumenta un escribiente.

N. 12. El de 7 del mismo, que declara que las juntas de prosperidad pueden fungir con las dos terceras partes de sus diputados.

N. 13. El de 9 del mismo, acordando se paguen dobles los derechos parroquiales, a excepción de los bautismos.

N. 14. El de 10 del mismo, en que se faculta al Gobierno para que haga un arreglo con el del Salvador sobre reclamos de deudas de hijos de uno y otro Estado.

N. 15. El de 11 del mismo, para perseguir a los contrabandistas de tabaco.

N. 16. El de 16 del mismo, en que manda se observe la ley que impone el derecho del veinte por ciento por la introducción de efectos de los Estados del Salvador y Nicaragua.

N. 17. El de 16 del mismo, facultando al Gobierno para que arregle la contrata con el señor Victoriano Castellanos sobre el pago de la deuda extranjera.

N. 18. El de 18 del mismo, declarando que los funcionarios de los altos poderes que sean declarados con lugar a causa por delitos comunes, quedan sujetos a los tribunales comunes y suspensos solamente de sus destinos.

N. 19. El de 23 del mismo, en que se manda arreglar la administración del papel sellado.

N. 20. El de 24 del mismo, en que manda se aperciba al fiscal de Hacienda Pública seriamente por el Gobierno para que, con arreglo a las leyes, defienda los intereses del erario.

N. 21. El de 27 del mismo, en que acuerda se agregue a Tegucigalpa la reducción de Mateo, como estaba antiguamente.

N. 22. El de 28 del mismo, declarando desde dónde debe abonárseles el viático a los funcionarios de los altos poderes.

N. 23. El de 29 del mismo, en que se nombra al señor Licenciado Juan Lindo, Delegado por este Estado a la Dieta Nacional, y se faculta al Gobierno para que haga nombramientos iguales.

N. 24. El de 3 de abril, en que se resuelve que los jefes de sección no deben gozar de más sueldo que el que la ley les señala por autorizar las resoluciones gubernativas de los Ministros.

N. 25. El de 5 del mismo, que habla sobre los casos en que el Gobierno se hará cargo de la Comandancia General; y tiene facultad para nombrar un jefe militar que conozca de las causas de los comandantes departamentales.

N. 26. El de 7 del mismo, en que se le regala al Presbítero señor Doroteo Alvarenga dos terrenos a nombre del Estado, por sus relevantes servicios y patriotismo.

N. 27. El de 7 del mismo, en que se declara que los diputados de la Junta de Prosperidad, pasados dos años, no tienen misión legal.

N. 28. El de 11 del mismo, en que se exige a los Ministros el cumplimiento del artículo 54 de la Constitución.

N. 29. El de 11 del mismo, en que se declara que los funcionarios no deben gozar de sueldo, viniendo el suplente a fungir por el propietario en virtud de licencia que se le concedió a aquel.

N. 30. El de 11 del mismo, en que se adiciona la tarifa, aumentando los derechos para proteger la industria del país.

N. 31. El de 12 del mismo, en que se faculta al Gobierno para que arriende las rentas del puerto de San Lorenzo con el señor Carlos Escelmes.

N. 32. El de 12 del mismo, en que se declara qué personas quedan exentas de pagar el censo según la ley de 20 de marzo.

N. 33. El de 12 del mismo, en que se autoriza al Gobierno para que pueda permitir una colonia en el río de Aguán.

N. 34. El de 18 del mismo, en que se declara la inteligencia del artículo 25 de la ley de justicia.

N. 35. El de 19 del mismo, en que se autoriza al Gobierno para auxiliar a los moscos.

N. 36. El de 20 del mismo, en que se devuelve al Gobierno un plan de enseñanza pública para su aprobación o reprobación, por no tener lugar la Cámara de conocer de él.

N. 37. El de 20 del mismo, en que se manda a los jefes intendentes hagan en sus respectivos departamentos la demarcación de las jurisdicciones municipales.

N. 38. El de 20 del mismo, en que se manda por la Cámara que corra el presupuesto eclesiástico que ya tiene aprobado, lo mismo que el presupuesto de gastos de hospital.

Y para conocimiento del público, y en virtud de lo mandado en el reglamento de la Cámara: nosotros los infrascritos secretarios, firmamos la presente en la Secretaría de la misma Cámara.

Comayagua, abril 22 de 1843. Vicente A. Bocanegra.Macedonio Zúniga.

Es conforme.

Ministerio de Relaciones.

Comayagua, abril 23 de 1843.

Chávez.

NÚMERO 15.
TESTAMENTO DEL GENERAL FRANCISCO MORAZÁN[1]

Inicuamente anotado por sus enemigos de Honduras y publicado en Comayagua el 15 de septiembre de 1843, primer aniversario de la muerte del jefe que en la Trinidad salvó los intereses hondureños.

San José, septiembre 15 de 1842

Día del aniversario de la independencia[2] a cuya integridad he procurado mantener.

En el nombre del Autor del Universo en cuya religión muero.

DECLARO que soy casado y dejo a mi mujer por único albacea.

OBSERVACIONES AL QUIJOTESCO TESTAMENTO DEL GENERAL MORAZÁN

Declaro que todos los intereses que poseía míos y de mi esposa, los he gastado en dar un gobierno de leyes a Costa Rica,[3] lo mismo que 18,000 (dieciocho mil) pesos y sus réditos, que adeudo al Sr. general Pedro Bermúdez.

---

[1] Como apoderado de la Señora Albacea, publico este testamento íntegramente, y no solo las cláusulas que el testador ordenó que se imprimiesen; con advertencia que, en los momentos de salir al patíbulo, el general Morazán encargó a su hijo Francisco y al Sr. Mariano Montealegre, que avisara a su albacea trasladase sus cenizas a esta Ciudad, por ser el pueblo que más bien le había correspondido, y cuya cláusula no había consignado en su testamento porque lo dictó en medio del tumulto. San Salvador, julio 31 de 1843.

[2] Día gloriosamente memorable para Centroamérica, no por la inexistencia de un hombre ocurrida en él, sino por haber adquirido la Patria en aquel acto su libertad en la falta de su más encarnizado enemigo y audaz usurpador.

[3] Un Gobierno de leyes a Costa Rica? ¡Chocante proposición; delirio ridículo de una imaginación apurada! Los decretos existentes del Licenciado Carrillo fueron recapitulados, acomodados a los intereses y objetos de su conquista, y colocados en un volumen de 35 fojas en 4°. Este es el Gobierno de Leyes en que invirtió su capital el jefe del vandalismo en menos de seis meses que duró su fuerza política. ¿Y a qué objeto destinó los ciento y tantos mil pesos que tenía en sus arcas el Estado cuando cayó bajo de su dominación, los millares que le produjeron las depredaciones, violentas exacciones, y vergonzosas estafas que le concitaran la indignación de los pueblos, y esa gran deuda de que hace mención el ministerio de aquel Gobierno en su informe a la Asamblea Constituyente, creada en los días aciagos de la tiranía del testador?

Declaro que no he merecido la muerte, porque no he cometido más falta que dar libertad a Costa Rica, y procurar la paz a las Repúblicas. [4]De consiguiente, mi muerte es un asesinato, tanto más agravante, cuanto que no se me ha juzgado ni oído. Yo no he hecho más que cumplir las órdenes de la Asamblea, en consonancia con mis deseos, [5]de reorganizar la República.

Protesto que la reunión de soldados que hoy ocasiona mi muerte, la he hecho únicamente para defender el departamento del Guanacaste, perteneciente al Estado amenazado[6] según las comunicaciones del comandante de dicho departamento, por fuerzas del Estado de Nicaragua. Que si ha cabido en mis deseos el usar después de algunas de estas fuerzas para pacificar a la República, solo era tomando de aquellos que voluntariamente quisieran marchar Que jamás se emprende una obra semejante con hombres forzados.[7]

---

[4] La libertad no se da a los pueblos por el camino del engaño, de la sorpresa y de la mala fe: no se otorga este bien sagrado invadiéndolos de mano armada sin título legal bajo el capcioso pretexto de protección.

[5] De ambición ilimitada, deseos insaciables de dominación y de formar de los Estados un solo cuerpo político y compacto bajo el poder de un dictador. Tal es la doctrina que predican y preconizan sus agentes, que hoy afilan el puñal para clavarlo luego en sus incautos bienhechores, y tal el punto de vista de las miras del tirano con ofensa directa de la soberanía y derecho de los mismos Estados.

[6] Pretexto gratuito y ofensivo al respeto público: subterfugio evasivo con que procuró alejar la atención pública del verdadero motivo de sus miras de dominación general, haciendo escala de progresión en el departamento de Guanacaste para luego lanzarse sobre el Estado de Nicaragua.

[7] Solo en un pueblo, sobre el que se tiene poder legítimo, y que se halla en estado de rebelión, puede tenerse el derecho de pacificarle. ¿Quién dio a Morazán este derecho? ¿Cuál era la investidura pública que se lo deparara sobre un país pacífico que acababa de arrojarlo por su conducta refractaria? ¡Triste es que un hombre se prepare a sí mismo el ridículo aun para después de su muerte! Los aventureros solo encaminan sus empresas con hombres voluntarios; pero el regenerador malaventurado de Centroamérica aprendió demasiado tarde esta máxima, solo para consignarla en el extremo a que lo condujo su ambiciosa temeridad, cuando tenía la lección en la resistencia de los texiguats, engañados por Joaquín Rivera, que marcharon con la voluntad de haber sido necesario embarcarlos a sablazos.

Declaro que al asesinato se ha unido la falta de palabra que me dio el comisionado Espinac de Cartago de salvarme la vida.[8]

Declaro que mi amor a Centroamérica muere conmigo. [9] Excito a la juventud, que es llamada a dar la vida a este país que dejo con sentimiento, por quedar anarquizado, y deseo que imiten mi ejemplo de morir con firmeza antes que dejarlo abandonado al desorden en que, desgraciadamente, hoy se encuentra.

Declaro que no tengo enemigos, [10]ni el menor rencor llevo al sepulcro contra mis asesinos, que los perdono, y les deseo el mayor bien posible.

Muero con el sentimiento de haber causado algunos males a mi país, aunque con el justo deseo de procurarle su bien; y este sentimiento se aumenta porque, cuando había rectificado mis opiniones en política en la carrera de la revolución, y creía hacerle el bien que me había prometido para subsanar de este modo aquellas faltas, se me quita la vida injustamente.[11]

---

8 No se debe salvar la vida al que la prodiga para encadenar la libertad pública. Sin embargo, creemos que el comisionado Espinac tendría la intención de cumplir su palabra, si la dio; mas no siendo fácil contener la indignación de un pueblo alarmado y ofendido en lo más caro de sus derechos, no es asimismo, a veces, posible impedir los efectos necesarios de su acción simultánea para recobrarlos.

9 Muchos males tendría que llorar Centroamérica si el amor de sus buenos hijos fuera semejante al que llevó a la tumba el campeón de los malvados. El hombre que ama a su patria no la invade en medio de la paz: no se ocupa en esparcir en ella el veneno revolucionario y el semillero de la discordia civil. Estos hechos, glosados en el catálogo de los enormes atentados cometidos por el autor del testamento que comentamos, lejos de ser indicios de un amor justificado, son el testimonio irrecusable de la ambición más desenfrenada, del más crudo espíritu de venganza, y del propósito conocido de establecer su fortuna sobre los escombros de la voluntad pública manifiestamente demostrada.

10 ¡Falsísima proposición! Porque los amigos del orden y del bienestar de los pueblos, lo son esencialmente del que nunca respetó tan sagrados objetos. Su lenguaje es la prueba de sumisión a su inevitable destino, por no poder seguir obrando contra los Estados sus enemigos.

[11] Debiera haber dicho de no haberle causado todos los que se proponía en la carrera de su soñada conquista. Aquí descubre el héroe del maquiavelismo todo el fondo de un corazón versado en la práctica del mal. Decir que había rectificado sus ideas en política, que se proponía hacer el bien para subsanar el mal inferido, y presentarse en una aptitud armada e invasora del mismo país a quien protesta el bien, son cosas que se excluyen una de otra, y signos que indican el camino del fraude y de la trapacería por donde siempre se condujo para sorprender; pero pasó

El desorden con que escribo, por no habérseme dado más que tres horas de tiempo para morir, me había hecho olvidar que tengo cuentas con la casa de Mr. M. Bennett, de resultas del corte de maderas en la costa del norte, en las que considero alcanzar una cantidad de diez o doce mil pesos, que pertenecen a mi mujer, en retribución de las pérdidas que ha tenido en sus bienes pertenecientes a la hacienda de Jupuara,[12] y tengo además deudas que no ignora el Sr. Cruz Lozano.

[13]Quiero que este testamento se imprima en la parte que tiene relación con mi muerte y los negocios públicos.

F. MORAZÁN

NUMERO 16

El Coronel Ruperto Trigueros, Comandante general del Estado, certifico: que en la información mandada instruir por la Comandancia general del Estado el 2 de abril próximo pasado al comandante general del departamento del Sonsonate sobre recabar la opinión y sentido en que se hallaba el teniente coronel Sr. Bartolo Moreno, descubrió el lugar donde tenía ocultas las armas, pólvora y plomo que aseguró haber recibido de Guatemala, con todo lo demás que pudiera descubrirse acerca de las miras e intenciones de Moreno y de los que intentan un trastorno en el Estado. Consta por la declaración del mismo Moreno dada ante el Comandante general del departamento de Sonsonate, a fojas 2, lo siguiente: que el martes 19 de abril, no estando el deponente en su casa, llegaron a buscarlo como a las once de la

---

ya el tiempo de considerar palabras a despecho de lo que inducen los hechos. Su prometido bien es aquel que solo aprontan los tiranos; es decir: imponer y hacerse temer para empuñar el cetro de la usurpación y dominación.

12 7,748 pesos es la cantidad que se ha tomado de la hacienda de Jupuara, y por un decreto del Gobierno Morazán debe responder al Estado de las sumas crecidísimas que se invirtieron en el entretenimiento del ejército levantado para repeler su invasión; por manera que las cantidades adecuadas a su testamentaría deben ser justamente aplicadas a este objeto.

13 Su muerte es el resultado que la historia señala al que, saltando sobre lo que hay de más sagrado en la tierra, arrostra con todo lo que no sea dirigido al complemento de sus miras. El orden y sosiego públicos son respetos que no puede sacrificar un aventurero sin correr el peligro de experimentar, al paso, los efectos de la indignación popular. Esta es, propiamente, la relación que tiene la muerte del enemigo eterno de los Estados de Centroamérica con los negocios públicos de un país que le diera el ser, y que después lo abortara por haberlo ensangrentado y gangrenado su existencia política.

noche, dos hombres que venían de correos de Jutiapa que los mandaba el coronel Pedro Velásquez con una carta en que le decía que se fuera lo más pronto posible para Jutiapa o la hacienda del Coco, en donde pensaba reunirse con el coronel Aquilino San Martín.

Preguntado: si se sabe que Velásquez o San Martín se hayan dirigido a otras personas con tal objeto, dijo: que solamente Marcelino Morán, de este vecindario (Santa Ana), se halla en el Estado de Guatemala dispuesto a venir con los dichos señores, si es que efectúan la invasión, y que ignora si hay quienes tengan correspondencia con los antedichos sujetos; pero que su esposa le dijo haber oído decir a los correos que habían mandado a Izalco unas cartas que también trajeron y que ignora a quiénes venían dirigidas.

La declaración del subteniente señor Tomás Sunsín, a fojas 2 y 3, dice: que desde el mes de mayo del año próximo pasado recibió Moreno cartas de los comandantes Velásquez y Navas, preguntándole el número de armas que tenía este Estado y las que había en la ciudad de Santa Ana, y él les dio en contestación el pormenor que le pedían: que esto fue estando Moreno en el servicio cuando Mejía mandaba aquella plaza, del que se precavía mucho: que existen en poder de Moreno unos barriles de pólvora, plomo labrado y piedras de chispa: que armas se extrajeron algunas y las mandó al Volcán cuando estaba sirviendo, y que no ha dejado de estar recogiendo de las que están dispersas.

El testigo Sr. Domingo Romero dice, a fojas 3 vuelto: que un mozo de Jutiapa, adonde vivió largo tiempo, llegó a su tienda de ropa el jueves 20 del corriente a comprarle alguna, y por tener conocimiento de él, le preguntó lo que había en el Estado de Guatemala, y le contestó que nada; pero sí había encontrado por la hacienda de la Magdalena un correo que de Jutiapa despachó el coronel Velásquez, al teniente coronel Bartolo Moreno, quien le aseguró estar formada la revolución, aunque en lo público se ven las cosas tranquilas y serenas.

A fojas 4, el testigo Juan Vicente Zurita declara: que con motivo de que llevaba la pluma al teniente coronel Bartolo Moreno, por no saber aquel escribir, estuvo dos días llegando a buscarle su sacador, sin duda para que le contestara unas cartas que le vinieron de Jutiapa; pero no lo halló en ninguna vez: que antes de esto, había contado el sacador, según había dicho aquel mismo día viniendo de la aldea un viejo, que tenía que ir a Jutiapa a recibir cuatrocientos fusiles: y que también por un sobrino de Moreno que había venido de Ahuachapán sabe que estaba para estallar la revolución en este departamento; pero que habiendo muerto su tío, tal vez vendría de allá solo por vengar su sangre: que puede asegurar que todos los antiguos compañeros de Moreno estaban comprometidos en el plan; pues el mismo día de su prisión estaban esperando la orden del susodicho Moreno, y que después se han reunido con el objeto de ver si podían quitar a su caudillo, exigiéndolo al jefe que le interroga: que todos los partidarios de Moreno tienen, el que menos, dos fusiles, y en prueba de ello, dos que denunció a la Comandancia ya están entregados.

El testigo Sr. Manuel Villasis, a fojas 5, dice: que de pública voz y fama sabe que el expresado Moreno tenía en su poder cincuenta carabinas, cuatro mil tiros de fusil, doscientas piedras de chispa y que estas municiones le han sido remitidas de Guatemala: que también sabe que le llegaron dos correos del mismo Guatemala un día antes que le hicieran preso.

San Salvador, mayo 9 de 1813.

Ruperto Trigueros

CAPÍTULO DECIMO SEGUNDO: CONFEDERACIÓN CENTROAMERICANA

SUMARIO
1.—Origen de la Constitución de 1824. 2. Esfuerzos de los serviles para destruirla. 3.Su destrucción.—4. Pacto de 27 de julio de 1842.—5. Hostilidad de los nobles al nuevo Pacto.—6. Dictamen de una comisión especial—7.Costa Rica.—8. Conclusión

En marzo de 1823 concluyó la desastrosa guerra que los nobles hicieron a las provincias centroamericanas para uncir el país al yugo imperial de Agustín I.

La casa de Aycinena estuvo de júbilo. Su mayorazgo, herido a muerte, como todos los mayorazgos españoles por sabios decretos de las cortes de España, quedaba asegurado y el título de Marqués subsistía sin que nadie pudiera profanarlo.

Don Juan José no solo era Marqués de Aycinena, sino Gran Cruz de Guadalupe y grande del imperio mexicano.

Todo anunciaba a los nobles días de prosperidad y de ventura.

Pero la suerte, que tanto los había favorecido hasta entonces, les dirigió un espantoso golpe.

Cuando ellos sacudían sus empolvados pergaminos, retocaban sus escudos de armas, hacían prolijos estudios genealógicos para comprobar más y más lo alto de su alcurnia y pretendían descubrir vínculos de consanguinidad con la casa de Iturbide, para que en Guatemala tuviéramos la alta honra de mirar, no solo marqueses sino príncipes nacidos en nuestro propio suelo, vino la fatal noticia para ellos del pronunciamiento de Casa Mata, que arrebataba la corona de las sienes del emperador y, haciéndola pedazos ante la soberanía nacional, inauguraba la República.

Toda la sangre derramada, desde el combate del Espinal donde La aristocracia sembró la primera semilla de la guerra civil para sostener sus timbres. Hasta el 7 de febrero de 1823, día en que el general Filísola ocupó el pueblo de Mejicanos en las inmediaciones de San Salvador, había sido inútil para los nobles, quienes estaban vencidos por la República.

Con razón el general Morazán, en su manifiesto de David, consignó estas palabras: "Los últimos cañonazos que quitaron la vida a los mejores hijos del Salvador, fueron contestados por los que se disparaban en México para celebrar la caída del imperio."

"Guatemala, dice el autor de las memorias de Jalapa, no podía ser una República si México era una monarquía; pero México, siendo una República, no podía impedir que Guatemala fuese una nación independiente".

He aquí el juicio que sobre la situación habían formado los más exaltados partidarios del imperio mexicano.

Entonces fue preciso tomar el acta de 15 de septiembre como punto de partida.

Los nobles la habían anulado. En vez de la independencia, establecieron la dependencia. En vez de reunir el Congreso que el acta de independencia convocaba para el 1.º de marzo de 1822, abrieron cabildos, violentaron la opinión pública, como lo prueba la muerte de don Mariano Bedoya y de don Remigio Méyda, y convirtieron al país en provincias de un imperio a cuyo frente se hallaba Iturbide, porque el Gobierno español no ratificó los tratados de Córdoba, que daban la corona imperial a don Carlos María Isidro de Borbón, primer jefe de la facción carlista en España.

Filísola mismo se vio precisado a anular la dependencia que su espada teñida en la sangre de los libres había sostenido; el 24 de junio de 1823 se instaló el Congreso que tomó el título de Asamblea Nacional Constituyente, y el 1.° de julio decretó la absoluta independencia, que tuvieron que firmar arrastrados por la necesidad y agobiados de pesar muchos imperialistas.

En aquel Congreso se marcaron dos partidos. El aristocrático imperialista se llamó servil o moderado; el popular se denominó liberal y, por la energía de algunos de sus individuos, los serviles lo llamaron fiebre.

Los serviles querían un Gobierno unitario.

Los liberales querían un Gobierno federativo.

Los liberales de las provincias, y algunos de Guatemala, consideraban a la antigua capital del reino como el foco de la reacción, porque en ella había residido el capitán general, la real audiencia, el arzobispo metropolitano, los nobles y todos los altos funcionarios que enviaba la corte de Madrid, los cuales habían grabado indeleblemente sus costumbres, sus tendencias y sistemas en el corazón de las personas que los rodeaban.

La antigua capital del reino era la gran mansión de los monjes. No había un teatro, no había una alameda, no había un museo, no había un gabinete de lectura, no había un edificio laico de importancia; pero había una plaza de toros y extensísimos conventos de dominicos y recoletos, franciscanos y mercedarios, agustinos y belenitas con sus correspondientes agregados de monjas y de beatas de diferentes clases.

Dominada Guatemala desde la conquista por ese tren teocrático, era imposible que se colocara al frente de la reforma liberal centroamericana.

Los liberales como Barrundia y el doctor Molina eran en Guatemala excepciones asombrosas, y el mismo doctor Molina, sin embargo de su gran talento y de su instrucción extensa y profunda, más de una vez inclinó la frente bajo el peso enorme de viejas tradiciones.

Gálvez, el célebre doctor Gálvez, perteneció al bando imperial y estuvo ligado con la aristocracia.

Muchos de los hombres más instruidos y que con más brillo llegaron a figurar en el partido liberal, firmaron con el Marqués de Aycinena el acta fatal de incorporación a México.

Tal era la influencia que, en casi todas las personas radicadas en Guatemala, ejerció la atmósfera política que pesaba sobre la ciudad.

Los liberales José Matías Delgado, Isidro Menéndez y otros muchos de sus mismas ideas, en 1823 comprendían que la escuela tradicionalista que dominó en Guatemala más que en ninguna otra capital del reino desde la conquista, dejaba inveteradas costumbres que serían siempre un inmenso obstáculo a toda reforma democrática.

Bajo estos auspicios creían que en lo futuro sería reaccionaria la situación normal de Guatemala, y que solo el empuje de grandes inteligencias podría hacerla salir en algunos períodos históricos de la senda trazada por las viejas tradiciones.

Creyóse, pues, que más garantizada estaba la libertad y la república contra intentonas semejantes a las que sucumbieron en Casa Mata, dando autonomía y organización propia a cada provincia, y ligándose todas por un vínculo federativo que sostuviera la unidad, que estableciendo una república unitaria cuyo centro sería Guatemala, mansión del alto clero, imponente entonces, y de la aristocracia.

He aquí las causas que motivaron el decreto de bases federativas emitido en diciembre de 1823 y la constitución de 1824.

El arzobispo y los nobles comprendieron que ese sistema menguaba su influencia, su autoridad y su poder, y se empeñaron en destruirlo.

He aquí la causa de la revolución de 1826 que los liberales combatieron hasta obtener un triunfo espléndido en 1829; triunfo que los serviles se esforzaron incesantemente en anular hasta que, por medio del cólera y del supuesto envenenamiento de las aguas, obtuvieron una completa victoria reaccionaria el 13 de abril de 1839.

El Marqués de Aycinena huyó del país el año de 1829 y se dirigió a los Estados Unidos, donde hizo detenidos estudios del sistema federativo.

Entonces no se habían hecho en este país profundos estudios del derecho público constitucional.

Dieciocho obispos y ocho arzobispos habían sido en Guatemala los árbitros absolutos de la enseñanza; y en lo que menos pensaron fue en la ciencia de la legislación, que les convenía se ignorara.

En las universidades y colegios se habían enseñado las leyes españolas, por obras didácticas, los cánones y la teología.

Aun estos estudios se resentían del atraso de la época.

Los teólogos y canonistas no conocían las obras magistrales de los disidentes.

Habían visto algunas de sus doctrinas consignadas en los libros escritos por clérigos romanos; y con esas nociones se creían capaces de confundir a todos los que en la tierra no opinaran como ellos.

Aycinena, comprendiendo todo esto, publicó en los Estados Unidos, contra la constitución de 1824, un gran folleto que se hizo circular en toda la América Central.

El folleto tenía una cubierta de papel amarillo, y se le llamó "El Toro amarillo."

Está lleno de citas de obras que abundan en cualquier ciudad de segundo orden de la Unión Americana y que no se conocían en la antigua capital del reino de Guatemala.

Abunda en citas históricas, acerca de las cuales muy pocas personas podían entonces formar un juicio exacto, porque no había cátedras ni disertaciones históricas, y el folleto de Aycinena pareció incontestable a la generalidad de los lectores.

Aycinena presentaba como argumento fundamental la diferente manera con que se hizo la federación en la República del Norte y en la del Centro.

Aseguraba que en el Norte primero existieron los Estados y después se confederaron, y que en el Centro primero se decretó la Constitución federativa y después existieron los Estados.

De esta diferencia deducía terribles consecuencias contra la Constitución centro—americana.

El aserto de Aycinena no era del todo cierto, porque la provincia del Salvador existía como Estado desde antes que comenzara a regir la Constitución de 1824, y porque todas las provincias, bajo el sistema de intendencias y diputaciones provinciales independientes entre sí, podían considerarse como cuerpos autonómicos, aun cuando no tuvieran la denominación de Estados.

Pero, en todo caso, este argumento no es más que una teoría aérea como lo demostró Barrundia en "El Centro Americano."

Aycinena, sabiendo el gran éxito que había tenido "El Toro Amarillo," publicó otros dos folletos combatiendo a Barrundia, que se diseminaron por todas partes.

La prensa de Nicaragua reproducía párrafos enteros de ellos, y los primeros publicistas del Estado juzgaron que debían aceptarse las doctrinas de Aycinena.

Esto no debe extrañarse, porque el señor doctor Molina dijo en el periódico titulado: "El Federalista," que no había en Centro—América quien pudiera contestar al doctor Aycinena.

El Marqués de Aycinena salió en 1837 de los Estados Unidos para regresar a Guatemala.

Era aquel año terrible en que los nobles y el clero pretendían reconquistar la autoridad perdida en 1829, y en que sublevaban a bárbaros montañeses, haciéndoles creer que el Gobierno envenenaba el agua de las fuentes y de los ríos.

Aycinena pasó a La Habana, donde conferenció extensamente con fray Ramón Casaus y Torres, que tantas maquinaciones había hecho contra el sistema federal, y contra todo sistema progresista, suponiendo unas veces que hacía milagros una monja carmelita tía y prima del Marqués de Aycinena, y forjando otros portentos y castigos de diferente género. (Véase el capítulo 4°, libro 1° de esta Reseña.)

Estando Aycinena decidido a destruir la Federación, fue electo diputado al Congreso Federal, donde trabajó sin cesar contra ella.

En Nicaragua se instaló una Asamblea Constituyente, contra cuyas facultades protestaron inútilmente los ciudadanos Lauriano Pineda, Juan Ruiz y José Pérez.

El padre Solís fue el primer Presidente de esa Asamblea.

Solís, Salinas y otros muchos diputados sabían de memoria lo más fuerte contra la Federación de los folletos de Aycinena, y atribuían a ella todos los males de Centroamérica.

En aquellos días la América Central presentaba un cuadro tristísimo. Acababa de pasar en Guatemala la gran lucha entre el partido ministerial y el de la oposición; el Vicepresidente de Centroamérica había sido asesinado por hordas salvajes de Carrera, y el Vicejefe doctor Valenzuela no tenía elementos ni prestigio para conjurar una nueva tempestad que amenazaba.

268

Los Altos se habían separado de Guatemala dando, entre otras razones, la de que no les convenía pertenecer a un Estado anarquizado.

Los momentos no podían ser más oportunos para destruir la Federación, que desde el año de 1823 se combatía.

El 30 de abril de 1838 la Asamblea Constituyente de Nicaragua declaró la soberanía e independencia de aquel Estado, sin más restricciones que las que tuviese a bien imponerse en un nuevo pacto que celebrara con los otros Estados de Centroamérica.

Aunque este decreto se había dictado bajo las influencias serviles, él revela la buena fe de los nicaragüenses.

Ellos veían anarquizada la República, y esta anarquía la atribuían a los defectos de la Constitución federativa.

Ellos palpaban que los Estados son pequeños y que, para tener respetabilidad en el extranjero y no devorarse localmente con cuestiones internacionales, era preciso un nuevo pacto que les diera unidad y valimiento ante el extranjero.

Ellos habían leído en los folletos de Aycinena que era preciso salir de la unión para volver a la unión, con experiencia, tino y sabiduría.

No sabían aquellos patriotas que se les engañaba: que el gran deseo era salir de la unión para no volver jamás a la unión.

Don José Milla y Vidaurre, en la biografía de don Manuel Francisco Pavón, nos dice que la separación absoluta de los Estados era el gran deseo de los serviles desde el año de 1828.

Aycinena hizo un esfuerzo en el Congreso Federal para que se emitiera el célebre decreto de 30 de mayo de 1838, que declara libres a los Estados para poderse constituir de la manera que tuviesen por conveniente, quedando derogado el título 12 de la Constitución Federal, que establece la manera de organizar el poder legislativo, ejecutivo y judicial de cada Estado.

La Asamblea de Nicaragua acogió este decreto y emitió otro que dice así: "El Estado es anuente y aprueba el decreto del Congreso federal de 30 de mayo último, en cuanto no se oponga al pronunciamiento que hizo el mismo Estado por el de 30 de abril."

Pareció poco a Aycinena que se facultara a los Estados para constituirse como lo tuvieran por conveniente, quedando derogado el título 12 de la Constitución federal, y propuso el 29 de junio de 1838, en un documento firmado por él y por los señores Escalante, Zeledón,

Osejo y Lindo, que se declarara que los Estados debían reasumir completa e inmediatamente la plenitud de su soberanía e independencia.

Hubo un luminoso debate.

Tristísimo es no poder presentar nada de él.

Entonces no había taquígrafos, y las asambleas sin taquígrafos nada dejan a la posteridad que pueda hacer comprender las verdaderas causas de resoluciones que aparecen en la historia como cuerpos muertos.

Pero el impulso antinacional estaba dado, y a moción del señor Montoya, se reconsideró el asunto y se dictó el decreto de 7 de julio que se halla en la Recopilación del señor Pineda de Mont.

En Honduras se instaló una Asamblea Constituyente.

Fue felicitada por actas de las municipalidades.

En esas actas se encuentran párrafos enteros de "El Toro Amarillo".

Pobres hombres, que no firmaban por no saber, dicen en esas actas que nuestro mal estuvo en que primero existió la Federación y después se organizaron los Estados.

Se ve aquí claramente la mano activa del partido servil, acaudillado por la aristocracia guatemalteca.

El 5 de noviembre de 1838, la Asamblea Constituyente hondureña declaró libre e independiente al Estado de Honduras del Gobierno Federal de Centroamérica.

El 14 de noviembre de 39, Carrillo no se había declarado, en Costa Rica, jefe vitalicio e irresponsable. Existía una Asamblea que no hacía más que lo que el jefe del Estado mandaba. Esta declaró que los pueblos asumían la plenitud de la soberanía. (Documento núm. 1.)

Carrillo hizo desaparecer el poder legislativo, medida que aprobaron los partidarios de aquel jefe, los cuales más tarde han censurado con acrimonía disposiciones semejantes, pero de menos trascendencia.

Revestido Carrillo de una verdadera omnipotencia, decretó un nuevo escudo de armas para marcar la escisión. (Documento número 2.)

Una Asamblea Constituyente se instaló en San José el 10 de julio de 1842. (Documento núm. 3.).

270

Esta Asamblea dijo que Costa Rica debía pertenecer a la República centroamericana. (Documento núm. 4.)

Las hordas salvajes de Carrera ocuparon la ciudad de Guatemala el 13 de abril de 1839, y bajo sus auspicios Rivera Paz, el 17 del mismo, declaró que estaba disuelto el Pacto federal, y la Asamblea cristianísima inaugurada bajo tan lúgubres auspicios aprobó solemnemente ese decreto el 14 de junio.

Disuelta la federación, los Estados no podían presentarse como naciones soberanas ante las potencias de ambos mundos.

Guatemala, Honduras, Nicaragua y Costa Rica estaban amenazadas por fuerzas extranjeras.

México había arrebatado a los guatemaltecos el partido de Soconusco.

Nueva Granada desmembraba a Costa Rica; la Inglaterra pretendía que Mosquitia, cuyo territorio abraza una gran parte de Honduras y Nicaragua, era una nación cuyo rey se hallaba bajo el amparo de la Gran Bretaña.

Había reclamaciones pecuniarias contra el Salvador y contra todos los Estados, y no existía una autoridad, reconocida en el extranjero, que pudiera defender en las cortes de Europa los derechos centroamericanos.

Las autoridades de los Estados eran consideradas legítimas para sufrir reclamos y experimentar bloqueos, y como ilegítimas para demandar justicia en el Viejo Mundo.

Los liberales deseaban salir de esta situación fatal, por medio de la unidad centroamericana, y hacían esfuerzos para formar a lo menos una confederación de Estados.

Los serviles querían marcar más la desunión convirtiendo a cada Estado en una República soberana.

En el Salvador, Honduras y Nicaragua tenían algún poder los unionistas.

En Guatemala dominaba la opinión separatista.

Un esfuerzo de tres Estados produjo la Convención que se instaló en Chinandega el 17 de marzo, el pacto de 11 de abril que establece un Gobierno nacional provisorio y el nombramiento del señor don Antonio José Cañas para ejercerlo. Véanse los folios 147 y 148 de este libro.

4.— Ese acuerdo jamás llegó a tener efecto y el 27 de julio de 1842 un nuevo esfuerzo del patriotismo produjo el pacto siguiente:

"EN PRESENCIA DE DIOS
Autor y Supremo Legislador del Universo.

"Nosotros, los Delegados de los Estados del Salvador, Honduras y Nicaragua, autorizados competentemente por nuestras respectivas Legislaturas en capacidad de soberanos para acordar un pacto permanente de Confederación, hecho el canje de poderes, y organizada la Dieta hemos convenido en lo siguiente:

CAPÍTULO 1
De la confederación

Artículo 1
Los Estados de El Salvador, Honduras y Nicaragua, se reúnen para formar una liga que se denominará: Confederación Centro— Americana.

ARTÍCULO 2.º
Esta Confederación se compondrá de funcionarios electos por las Legislaturas de los Estados, de la manera que adelante se establece.

ARTÍCULO 3.º
Los Estados reconocidos en Centroamérica, y los que además lo fueren en lo sucesivo, serán admitidos como partes en la Confederación, cuando hayan aceptado el presente convenio, y todos ellos se garantizan la forma de Gobierno popular representativo.

ARTÍCULO 4.º
Los Estados confederados reconocen el principio de la no intervención en los negocios interiores de otros. Se comprometen a no decidir jamás sus cuestiones por las armas; a no admitir agregación de pueblos de ajena jurisdicción sin el expreso consentimiento de su soberanía; y consideran iguales en representación y derechos a los demás de la antigua Unión, cuando se adhieran al presente pacto.

ARTÍCULO 5.º

Así mismo, reconocen recíprocamente sus actos jurídicos y civiles.

ARTÍCULO 6.°

Los habitantes de alguno de los Estados aliados tienen acción en cualquiera de los otros para que se les proteja en el ejercicio de los derechos políticos y civiles que les otorguen las respectivas constituciones.

ARTÍCULO 7.°

Ninguno de los Estados declarará la guerra, hará la paz, ajustará tratado alguno de amistad y comercio, ni consentirá que pasen tropas por su territorio al de otro Estado.

ARTÍCULO 8.°

Los Estados de la Confederación se entregarán, a virtud de reclamos de sus respectivas Cortes, que dirigirán por conducto del Gobierno, los reos de incendio, homicidio alevoso, premeditado o seguro, robo, hurto calificado y demás delitos que tengan pena grave por sus respectivos códigos; pero la entrega de dichos reos solo tendrá lugar acreditándose el delito a juicio de la Corte a quien se reclame, con copias de las deposiciones de dos testigos del proceso y del auto de prisión que se haya dictado, publicándose por la imprenta el exhorto.

ARTÍCULO 9.°

Los mismos Estados se obligan y comprometen recíprocamente a castigar el rapto y hurto cometido en otro Estado, siempre que el reo de ellos se encuentre con la persona o cosa hurtada en su territorio; pero sin perjuicio de lo dispuesto, debe entregarse al reo o reos, si fuesen reclamados con arreglo al artículo anterior.

ARTÍCULO 10.°

Ninguno de los Estados aliados acuñará moneda de otro peso, ley y tipo que la que se establezca por la Confederación, ni usará de otra bandera que la que la misma acordase, y todos ellos observarán las disposiciones relativas al precio de la moneda extranjera.

ARTÍCULO 11.°

La Confederación es la patria de todo extranjero que quiera radicarse en su territorio, sujetándose a lo que por el presente pacto se dispone.

ARTÍCULO 12.

La Confederación ofrece a los extranjeros que vengan a su territorio sostener las garantías que las Constituciones de los Estados les conceden, y responde por todos los actos de los Gobiernos de los Estados y sus agentes que de cualquier manera les infieran agravio.

ARTÍCULO 13.

Los mismos Estados convienen que en las contribuciones extraordinarias y empréstitos forzosos no se comprendan a los extranjeros; sino solamente cuando hayan adquirido fincas rústicas, que estén casados con hijas del país, que tengan tienda en que vendan por menor, que hayan residido cuatro años en el territorio de la Confederación, o que hayan obtenido carta de naturaleza en alguno de los Estados, debiendo guardarse con los extranjeros la justa proporción que las leyes establecen respecto de los hijos del país.

CAPÍTULO 2.°
Del Gobierno.

ARTÍCULO 14.

El Gobierno de la Confederación se ejercerá por medio de Delegados para los objetos generales de utilidad común expresamente detallados en este convenio.

ARTÍCULO 15.

El Poder Ejecutivo se ejercerá por un Supremo Delegado, con un Consejo consultivo, compuesto de un individuo por cada Estado.

ARTÍCULO 16.

El Poder Judicial residirá en un tribunal de individuos electos también por las Legislaturas en la forma que adelante se expresa.

CAPÍTULO 3.
De los Delegados para los Supremos Poderes de la Confederación.

ARTÍCULO 17.

Para ser Delegado se requiere naturaleza en Centro—América, tener treinta años cumplidos, haber sido siete ciudadano, hallarse en ejercicio de sus derechos y ser del Estado seglar.

ARTÍCULO 18.

Los naturalizados solo podrán tener opción a este destino, si además de las calidades expresadas en el artículo anterior, hubiesen residido en Centro—América por espacio de veinte años, y prestado servicios constitucionales a todos o bien a alguno de los Estados.

CAPÍTULO 4.
Del Poder Ejecutivo y del Consejo.

ARTÍCULO 19.

Para la organización del Poder Ejecutivo y del Consejo de que habla el artículo 15, se reunirán los Delegados en la ciudad de San Vicente del Estado del Salvador, y organizarán una junta, que procederá desde luego a nombrar uno de entre sus miembros que la presida.

ARTÍCULO 20.

Acto continuo, la misma junta elegirá por suerte al Supremo Delegado, que también deberá ser uno de sus individuos, y prestará juramento ante el Presidente; y se extenderá un acta para constancia con que se dará cuenta a las Legislaturas de los Estados.

ARTÍCULO 21.

Los demás individuos de la junta compondrán el Consejo consultivo, prestarán juramento ante el Supremo Delegado y elegirán entre ellos un Presidente.

ARTÍCULO 22.

El juramento se exigirá en esta forma: "¿Juráis por Dios, y por los Santos Evangelios cumplir fiel y religiosamente con la Delegación que os confían los Estados Soberanos de Centro—América?"

ARTÍCULO 23.

El ejercicio de este Poder turnará entre los Consejeros cada año, designando por la suerte el orden de sucederse, y en lugar del que a la vez ejerza el Ejecutivo, será llamado al Consejo el respectivo suplente.

ARTÍCULO 24.

El sorteo se hará cada año dentro de ocho días antes de cumplido el período del Supremo Delegado, y se insacularán solamente los Consejeros que no hayan ejercido el Poder Ejecutivo.

ARTÍCULO 25.

En cuanto a los Consejeros suplentes, se excluirá del sorteo aquel que funja en lugar del Supremo Delegado.

ARTÍCULO 26.

Cada tres años se renovarán los electores por otros nombrados un año antes por las Legislaturas de los Estados; pero si concurrieran otros Estados de los hasta ahora no representados, la duración será de tantos años cuantos sean los aliados.

ARTÍCULO 27.

Cuando hayan fungido los primeros Consejeros, no habrá sorteo para la sucesión de los nuevos nombrados, sino que deberá seguirse el mismo orden en que anteriormente se hayan sucedido los Consejeros con relación al Estado que representan.

CAPÍTULO 5.º
De las atribuciones del Supremo Delegado.

ARTÍCULO 28.

El Supremo Delegado circulará en los Estados, por medio de sus jefes respectivos, las leyes, ordenanzas, reglamentos y demás disposiciones generales que acuerde la mayoría de las Legislaturas para su publicación, y cuidará de su observancia.

ARTÍCULO 29.

Para la ejecución de los negocios relativos a su encargo, y sobre lo cual encontrase algunas dificultades y dudas, consultará al Consejo consultivo.

ARTÍCULO 30.

Entablará y mantendrá las relaciones exteriores; cuidará de la integridad, dignidad y seguridad del territorio, exigiendo por cupos de los Estados las fuerzas y recursos necesarios en caso de invasión.

ARTÍCULO 31.

Cuando ocurra de hecho algún choque armado entre los Estados, procurará evitarlo y exhortará al Consejo para que al mismo tiempo haga los oficios de mediador; y cuando esto no baste, usará de la fuerza de los demás Estados en el número que sea necesario, siendo a cargo del que resultase culpable los gastos y perjuicios que por su causa hayan sufrido los demás Estados de la Confederación.

ARTÍCULO 32.

El Supremo Delegado queda investido de la facultad de reclamar a los Estados la inobservancia o infracción del Pacto. A la segunda de sus reclamaciones fijará un término al Estado que diere motivo al requerimiento, para que satisfaga enmendando sus procedimientos. Cumplido el término, caso de no obtener satisfacción, el Supremo Delegado informará a los restantes Estados acompañando las piezas oficiales que comprueben sus procedimientos, y el Estado más inmediato, con vista de los informes, reclamará la inobservancia o infracción; y, por último, el Supremo Delegado intimará que va a usar de la fuerza armada. Evacuados estos trámites, se procederá según sus resultados a reducir por los medios de la fuerza al Estado que hubiese violado o faltase de otra manera a su observancia, siendo de su cargo los daños eventuales y costos de la expedición.

ARTÍCULO 33.

En todo caso tendrá el mando Supremo de la marina y el del Ejército, cuando según este convenio haya de usar de él.

ARTÍCULO 34.

Nombrará cuando sea necesario comandante general del ejército a cualquiera persona de los Estados que merezca su confianza, y almirante de la marina, y demás subalternos que juzgue necesarios.

ARTÍCULO 35.

Celebrará tratados de comercio, amistad y alianza con otras naciones, previo informe del Consejo consultivo; sujetándolos a las Legislaturas para su ratificación.

ARTÍCULO 36.

Intervendrá en los contratos que celebre cualquiera de los Estados sobre canales y grandes caminos de comunicación, y podrá garantizarlos bajo la hipoteca de las utilidades de la misma obra, para responder al capital e intereses, comprometiendo las rentas de los otros Estados.

ARTÍCULO 37.

Nombrará Plenipotenciarios, agentes y Cónsules, para conservar las relaciones exteriores, confiriéndoles las instrucciones del caso, después de haber oído al Consejo, quien al efecto emitirá su voto consultivo.

ARTÍCULO 38.

Nombrará igualmente al Enviado que debe pasar a la Corte de Roma a celebrar el Concordato; y para darle instrucciones pedirá los informes convenientes, y el dictamen del Consejo consultivo.

ARTÍCULO 39.

Para la ratificación del Concordato se procederá como para los tratados de que habla el artículo 35.

ARTÍCULO 40.

Concederá o negará, con dictamen del Consejo, el pase o admisión a los breves y bulas pontificias generales; pero pasará a las Legislaturas respectivas el que fuese relativo a algún Estado en particular para que lo verifiquen según lo haya dispuesto su constitución.

ARTÍCULO 41.

En aquellas cuestiones que sean sometidas a la decisión del Supremo Delegado, procederá haciendo que los Estados discordantes nombren cada uno dos sujetos de su confianza, los que se incorporarán en el Consejo, y por mayoría absoluta se resolverá lo que fuere de justicia, decidiéndose en caso de empate por el Supremo Delegado.

ARTÍCULO 42.

Entre tanto las Legislaturas acuerden el arancel de aduanas y tarifas generales, y las leyes que deben arreglar el comercio de cabotaje e interior entre los Estados, el Supremo Delegado, consultando personas inteligentes, con aprobación del Consejo, establecerá lo que debe observarse uniformemente.

ARTÍCULO 43.

El Supremo Delegado tendrá inspección en los puertos sobre los objetos que le estén encargados, y cada vez que lo exija le darán informes sus empleados; y si fuere por queja de algún comerciante, pasará los antecedentes al Gobierno del respectivo Estado para lo que haya lugar en derecho.

ARTÍCULO 44.

Concederá con conocimiento del Consejo premios honoríficos que sean compatibles con el sistema político de los Estados, y podrá conceder y garantizar patentes de privilegios por determinado tiempo a los que inventasen o introdujesen alguna mejora en cualquiera de los ramos de economía, artes y ciencias, sin perjuicio de los que antes hayan concedido cualquiera de los Estados en su territorio.

ARTÍCULO 45.

En toda disposición de que necesariamente resulte contraerse una deuda nueva sobre el crédito de la Confederación, será precisa la aprobación de las Legislaturas de todos los Estados confederados para su ejecución.

ARTÍCULO 46.

Procurará la amortización de la deuda pública extranjera y doméstica; y separando los créditos que correspondan peculiarmente a algún Estado o Estados, obrará con amplia facultad en cuanto a lo demás, de modo que la Confederación quede solvente; o por lo menos arreglado el pago bajo los principios reconocidos de economía, relativamente al crédito público en cuanto puedan conformarse con la justicia y naturaleza de los acreedores, y con arreglo a las leyes generales vigentes.

ARTÍCULO 47.

Nombrará por sí mismo al Ministro general del despacho y los dependientes de este, y creará con acuerdo del Consejo las plazas que sean necesarias para el mejor desempeño de los negocios de esta oficina y de los demás que se establezcan para la administración general de la Confederación, nombrando con aprobación del Consejo los empleados de esta última.

ARTÍCULO 48.

Podrá separarse libremente, y sin necesidad de expresión de causa, al secretario o secretarios del despacho, suspender y remover a todos los funcionarios del Poder Ejecutivo, exceptuando a aquellos cuyo nombramiento exija la aprobación del Consejo, a quienes solo podrá suspender dando cuenta a este Cuerpo con los documentos correspondientes para que le consulte lo que convenga al caso.

ARTÍCULO 49.

Formará los reglamentos necesarios para la secretaría del despacho y demás oficinas, sujetando estos últimos a la aprobación del Consejo.

CAPÍTULO 6.º
Del Secretario del Despacho.

ARTÍCULO 50.

Para ser Secretario del Despacho se requiere la edad de veinticinco años, y las demás cualidades que se exigen para Supremo Delegado.

ARTÍCULO 51.

El Secretario del Despacho no está obligado a autorizar providencia alguna contra el tenor de este Pacto y leyes generales de la Confederación.

ARTÍCULO 52.

No se tendrá por auténtica, ni es obligatoria ninguna providencia, orden o decreto del Poder Ejecutivo que no vaya autorizado por el Secretario.

CAPÍTULO 7. °
Del Consejo Consultivo.

ARTÍCULO 53.

El Consejo consultivo será permanente; arreglará el orden de sus sesiones; y nombrará un secretario fuera de su seno, amovible por el mismo Consejo, y sus funciones serán determinadas por su reglamento. Son atribuciones del Consejo:

1.° Mudar el punto de su residencia en unión del Supremo Delegado, cuando este le proponga traslación y, a su juicio, le parezca conveniente, dando cuenta a las Legislaturas de las causas que le obliguen a acordarla.

2.° Designar en su caso a las Legislaturas la parte del ejército y marina que cada Estado debe poner a las órdenes inmediatas del Poder Ejecutivo.

3.° Resolver sobre los gastos que ocurran hacerse y no estén incluidos en el presupuesto, y acordar el contingente que a cada Estado corresponda.

4.° Preparar los preliminares para declarar la guerra, o hacer la paz, dando cuenta a las Legislaturas para su resolución.

5.° Velar sobre la inversión de los caudales públicos, destinados a los gastos generales.

6.° Aprobar o reprobar la cuenta que sobre ellos le deben presentar.

7.° Informar al Poder Ejecutivo sobre todos aquellos negocios para cuya resolución sea consultado por el Supremo Delegado.

8.° Iniciar y proponer a las Legislaturas por sí, y cuando sea excitado por el Poder Ejecutivo, las disposiciones generales relativas al comercio extranjero, y al de los Estados entre sí: al valor, ley, peso y tipo de la moneda de la Confederación, y precio de la extranjera: al modo de juzgar las piraterías, sus penas y las de otros atentados cometidos en alta mar contra el derecho de gentes: a la ordenanza del corso, a la general del ejército y armada nacional: a las bancarrotas y reglamentos de justicia: a la formación del censo y estadística general: al arreglo de pesos y medidas comerciales: a la designación de la bandera nacional y de buques mercantes; matrículas y nacionalización de buques: a las armas, escudos y sellos de la Confederación; y a las reglas de concesiones de premios, privilegios exclusivos y patentes.

9.° Llevar un registro de todo cuanto embarace la marcha de la Confederación, no solo en lo administrativo y económico, sino también en cuanto a darle la respetabilidad, esplendor y grandeza a que aspiran las naciones; cuyo registro servirá para proponer la forma de que se hablará después.

CAPÍTULO 8.°
De la Corte Suprema de Justicia.

ARTÍCULO 54.
Habrá un Tribunal Supremo de Justicia compuesto de tres magistrados.

ARTÍCULO 55.
Cada una de las Legislaturas nombrará un magistrado propietario y un suplente para el Tribunal de que habla el artículo anterior.

ARTÍCULO 56.
Para Magistrado de la Suprema Corte se necesitan las mismas calidades que las Legislaturas respectivas de los Estados exijan para los suyos.

ARTÍCULO 57.
Cuando los otros Estados se adhieran al presente Pacto, el Consejo decidirá por la suerte de los tres individuos que deben formar aquel Tribunal.

ARTÍCULO 58.
La duración de los magistrados de la Suprema Corte será la de su buena conducta.

ARTÍCULO 59.
En los casos que el Consejo por sí o a excitación del Supremo Delegado, use de la iniciativa que le concede el artículo 53, los Magistrados concurrirán a la discusión del negocio que sea objeto de la iniciativa; pero su concurrencia no es absolutamente necesaria.

ARTÍCULO 60.

La Corte residirá en donde resida el Supremo Delegado y el Consejo consultivo.

ARTÍCULO 61.

Instalada la Corte Suprema procederá a formar el reglamento de su régimen interior, y nombrará un Secretario y un escribiente.

ARTÍCULO 62.

Conocerá en última instancia conforme lo disponga la ley en los casos de competencia de jurisdicción, o controversias de ciudadanos o habitantes de diferentes Estados, en los que emanen de tratados hechos por la Confederación, en las cuestiones de uno o más Estados entre sí, o con naturales o extranjeros: para estos casos hará que nombren árbitros para primera instancia, y resolverá definitivamente en la segunda.

ARTÍCULO 63.

Igualmente conocerá en las que ocurren sobre el Corso y piratería, y en las causas criminales contra Delegados y demás empleados de la Unión, y en las causas civiles contra los Ministros diplomáticos y Cónsules extranjeros.

ARTÍCULO 64.

La misma Corte propondrá al Consejo el proyecto de ley sobre el modo y forma de proceder, para que con su aprobación se someta a las Legislaturas; pero regirá como provisorio mientras obtiene la sanción de la mayoría de ellas.

CAPÍTULO 9.

De la responsabilidad y modo de proceder en las causas de los Delegados y demás funcionarios de la Confederación.

ARTÍCULO 65.

El Supremo Delegado, el Consejo y la Suprema Corte velarán, y mutuamente reclamarán sobre el cumplimiento de sus deberes, y sobre la conducta de los demás funcionarios y empleados de la Confederación.

ARTÍCULO 66.

Habrá lugar a la formación de causa contra los Delegados, Supremo y del Consejo, contra el Ministro o Ministros del Despacho, y contra los Magistrados de la Suprema Corte de Justicia, por traición, venalidad, falta grave en el desempeño de sus funciones, infracción de ley, usurpación, y delitos comunes que merezcan pena más que correccional.

ARTÍCULO 67.

Puede acusarlos cualquier ciudadano, dirigiendo la acusación a cualquiera de las Legislaturas de los Estados aliados.

ARTÍCULO 68.

La Legislatura que reciba la acusación procederá a sacar por la suerte, con inclusión de ella misma, cuál de las Legislaturas ha de declarar si hay lugar a la formación de causa.

ARTÍCULO 69.

La declaratoria de haber lugar a la formación de causa produce suspensión. Cuando recayese contra los Delegados Supremo o del Consejo, conocerá en la primera instancia la Corte de Justicia del Estado que le haya delegado, y en la segunda la Suprema Corte.

ARTÍCULO 70.

Si recayese la declaratoria contra Magistrados de la Suprema Corte, conocerá en primera instancia la Corte del Estado delegante del acusado, y en segunda la de otro Estado que esté más cercana.

CAPÍTULO 10
Disposiciones generales

ARTÍCULO 71.

Los Estados pondrán oportunamente a disposición del Supremo Delegado el cupo que les corresponde según el presupuesto formado por la Convención, y adiciones que tengan lugar propuestas por el Consejo, y aprobadas por las Legislaturas.

ARTÍCULO 72.

En todos los negocios que se sometan a la aprobación de las Legislaturas de los Estados, votarán por la primera vez sobre cada uno de sus artículos, presentando al Consejo las observaciones, objeciones, y adiciones que les parezcan convenientes. El Consejo, con vista de ellas, propondrá de nuevo el negocio, y pasado segunda vez a las Legislaturas, votarán sobre la totalidad del proyecto; lo que así apruebe la mayoría de dichas Legislaturas, se tendrá por ley de la Confederación.

ARTÍCULO 73.

El Supremo Delegado dará cuenta al fin de cada año a las Legislaturas con una memoria que comprenda todos los negocios de la administración general, indicando las mejoras de que sea susceptible para el progreso de la Confederación.

ARTÍCULO 74.

Para los efectos del artículo anterior, y para dar cumplimiento a lo que por el siguiente se impone, pedirá al Consejo el registro de que habla el artículo 53 en la fracción 9.

ARTÍCULO 75.

En todo caso en que el Supremo Delegado y su Consejo consideren insuficiente este régimen, propondrán el que crean más a propósito, la reforma o adición del presente en términos claros y precisos, y se estará por la aprobación o negativa de las mismas Legislaturas.

ARTÍCULO 76.

Ratificado por las Legislaturas el Pacto de unión, quedan derogadas y refundidas en él todas las leyes y tratados que entre sí, o con otros Estados, hayan celebrado antes los confederados.

ARTÍCULO 77.

Quedan vigentes los reglamentos y leyes federales y coloniales que lo eran al disolverse la Federación, en los casos que comprende este Pacto, y cuanto no se oponga a él.

- Chinandega, julio 17 de 1842
- J. Núñez, Delegado por Nicaragua.
- G. Juárez, Delegado por Nicaragua.
- Francisco Castellón, Delegado por Nicaragua.
- Manuel Barberena, Delegado por el Salvador.
- José María Cornejo, Delegado por el Salvador.
- Manuel Emigdio Vásquez, Delegado por Honduras.
- Mónico Bueso, Delegado por Honduras.
- Jacobo Rosa, Delegado por Honduras.
- Pedro Zeledón, Delegado por Nicaragua.
- Sebastián Salinas, Delegado por Nicaragua.

Ese Pacto hería en lo más vivo el programa de la aristocracia.

Los nobles no querían ni sombra de nacionalidad. Para engañar a los Estados y no hacer frente con claridad a la idea dominante, nombraron comisionados a diferentes Dietas dando instrucciones para hacer convenios, pero sin ninguna intención de realizarlos.

Los artículos 1, 4, 7, 8, 10, 15, 20, 30, 32, 33, 35, 42, 46, 53, 75 y 76 están enteramente conformes a las instrucciones que los nobles habían dado a sus comisionados para la Villa de Santa Rosa, por medio de la Asamblea cristianísima en 28 de septiembre de 1839.

Sin embargo, cuando en Chinandega se formalizó el Pacto, esos mismos nobles combatieron los artículos redactados conforme al texto literal de sus propias instrucciones.

En San Vicente se procedió el 29 de marzo de 1844 a la organización del Poder Ejecutivo y del Consejo de que habla el artículo 19. La suerte designó como Supremo Delegado a don Fruto Chamorro, Delegado por Nicaragua, quien tomó posesión de su alto puesto.

Fue electo Presidente del Consejo don Juan Lindo, Delegado por Honduras, y Secretario don Justo Herrera, ex—Jefe de aquel Estado, a quien, teniendo por vice—Jefe al General Cabañas, hizo Ferrera el año de 38 una revolución.

Inmediatamente se dio cuenta a los Estados de la instalación del nuevo Gobierno.

Coronado Chávez contestó el 27 de abril de 1844 hiriendo al Gobierno que se inauguraba, porque la nota de inauguración había sido dirigida al Presidente de Honduras y no al Secretario; pero al mismo tiempo acepta lo acaecido en San Vicente.

Esto prueba que la oligarquía hondureña estaba de acuerdo con los nobles de Guatemala; y si el Gobierno no rechazaba claramente el Pacto de Chinandega, era para no herir de frente la opinión que parecía dominante en tres Estados.

Coronado Chávez aparece demasiado celoso por la observancia de fórmulas que halagan la vanidad.

El Gobierno de don Fruto Chamorro era un Gobierno nacional, que bien podía enviar notas directas a los jefes de los tres Estados de la Confederación.

El Salvador y Nicaragua contestaron inmediatamente celebrando el fausto suceso que se les había comunicado.

El Gobierno reaccionario de Guatemala guardó silencio.

Don Justo Herrera repitió una nota que, dirigida a Guatemala, no había sido contestada, y obtuvo una respuesta fría y lacónica. He aquí:

"Impuesto mi Gobierno me previene decir a Ud. quedar enterado, y que oportunamente, tendré el honor de ponerlo en conocimiento del Cuerpo Legislativo."

El Cuerpo Legislativo era la cristianísima Asamblea constituyente, que el 17 de junio de 1839 había declarado disuelta la Confederación centroamericana.

Imposible era que aquella Asamblea, instalada bajo los auspicios del terror que inspiró el 13 de abril, aprobara ninguna idea que tendiera a la unidad.

Una comisión especial emitió el siguiente dictamen que fue aprobado:

"La Comisión especial nombrada para redactar las razones que esta Asamblea tuvo para acordar que no se aceptase el Pacto de Chinandega, presenta el siguiente proyecto de exposición de las razones y motivos por los cuales el Estado de Guatemala no se compromete a entrar en el Pacto celebrado en la ciudad de Chinandega, a 27 de julio de 1842, por comisionados de los Estados de Honduras, El Salvador y Nicaragua.

Considerando en su conjunto, el Pacto ofrece, entre otros muchos, tres graves inconvenientes:

1.°

No está expresado claramente el fin con que se forma la liga y confederación de los Estados. Permaneciendo éstos soberanos e independientes, este fin no puede ser otro que el de unir sus fuerzas para hacerse más respetables en el exterior. El Pacto de Chinandega en muchos de sus artículos traspasa este fin, coartando sin necesidad la libertad de los Estados, y por consiguiente debe producir discordias.

2.°

La denominación que se ha dado al funcionario que representa la unión es muy propia, porque en efecto ya hemos experimentado que no puede haber en el país dos soberanos, dos autoridades supremas. Pero la idea de una delegación se establece y se ataca al mismo tiempo en las dos líneas que contiene el artículo 15, y es contraria a la que da el artículo 14 cuando dice: "El Gobierno de la Confederación." Todo el Pacto tiende a incidir en el mismo inconveniente de la Constitución de 1824, esto es: formar una grande organización perfecta con sus tres poderes marcados y divididos, y dentro de ella otras cinco organizaciones en pequeño.

Nunca el Estado de Guatemala podría prestarse a entrar en un Pacto sobre tales bases. Desde que se estableciesen dos autoridades iguales, y no emanada y dependiente la una de la otra, ambas con medios para chocarse entre sí, la guerra y el desorden estallarían como en 1825, y se harían un estado habitual entre nosotros, como lo fue todo el tiempo que duró la Constitución federal.

Por eso es que desde que ésta fue abolida de hecho, no se ha vuelto a pensar en que podría restablecerse, lo que valdría más que adoptar algunos fragmentos de ella. Todos los Estados parecen conformes en la idea de una confederación, y de ser representados en el exterior por una delegación de los mismos Estados, dada para precisos y determinadas objetos, para lo cual no puede considerarse necesaria la organización de los tres poderes legislativo, ejecutivo y judicial, que para su régimen interior tiene ya establecida cada Estado. Los Estados Unidos del Norte, único ejemplo de una organización como la que se adoptó en 1824, y se propone ahora en el Pacto de Chinandega, ni han debido a ella su prosperidad, ni podrán mantenerla largo tiempo, pues que todo anuncia en aquel país la necesidad de variarla. A medida que ha querido desarrollarse, se sienten en él las mismas dificultades y embarazos que la han hecho impracticable en las demás Repúblicas del continente, en que ha sido ensayada y abolida.

3.°

Pero aunque esta forma fuese buena y conveniente para los Estados de Centro—América, en la posición en que ahora se hallan, no podría adoptarse por falta de medios para ponerla en práctica. Faltan hombres aptos, aun para que los Estados organicen sus administraciones interiores y las renueven periódicamente, como lo exige la naturaleza de los gobiernos populares: no sería, pues, posible encontrar, además, personas para ejercer las altas funciones de Delegados y Magistrados que deben estar permanentemente fungiendo. Aun en la Confederación Suiza, que ciertamente tiene otros medios que no tenemos nosotros, no se ve esta duplicación de funcionarios permanentes. La dieta se reúne temporalmente. Este es un inconveniente de hecho, y por lo mismo insuperable, como ya lo hemos palpado nosotros. Nicaragua y Honduras no pudieron concurrir a la Convención, cuando por convenio de todos se señalaron para que se reuniese en los Llanos de Gracias y San Salvador, porque no encontraron hombres que, siendo idóneos, quisiesen atravesar grandes distancias y climas mortíferos, con abandono de sus negocios y sin suficiente indemnización.

Guatemala no pudo concurrir a Chinandega por los mismos motivos, y esto era para una sesión temporal y que debía ser corta: no es, pues, probable que pudiera realizarse la reunión, en un punto, de todas las personas que exige el Pacto de Chinandega; y ya hemos visto que no han podido reunirse ni aun los Delegados de los tres Estados que lo ajustaron. Si consideramos los medios pecuniarios de los Estados, el inconveniente de hecho sube de punto hasta tocar en imposible. Ninguno de los Estados cuenta con medios para mantener sus administraciones particulares, ni menos para cubrir su crédito y ocurrir a otras mil necesidades que tiene todo Gobierno. Menos, pues, podría mantenerse, además, la grande administración general, que aunque ahora parece tan modesta, en el presupuesto acordado en Chinandega, es preciso convenir, obrando de buena fe, en que no podría existir con menos de lo que absorbía el Gobierno federal, a quien, ni con mucho, bastaba anualmente medio millón de pesos, sin contar los recursos extraordinarios de préstamos forzosos, anticipaciones, vales, etc.

¿Cómo, pues, podría esto ser? ¿Podrá suponerse de buena fe que los Estados remitirían puntualmente los cupos que les designase el Supremo Delegado cuando crease la marina o estimase conveniente levantar un ejército? Si nada de esto ha de tener efecto, ¿con qué objeto estipularlo y convenirlo?

Considerado el Pacto en sus detalles o pormenores, ofrece muchos inconvenientes, de los cuales solo se notarán en esta exposición los principales.

1.°

El Pacto no establece reglas precisas para distinguir los objetos sobre que debe ejercerse la soberanía federativa, de los que deben quedar a cada Estado reservados en su respectivo territorio; y la falta de precisión sobre esta materia es un semillero de desavenencias.

Para conseguir el fin propuesto, no es a propósito decir que la soberanía federativa debe ejercerse sobre asuntos de utilidad general. General es la utilidad que resulta a la República de que los delitos sean castigados en todos los Estados, y con todo eso nadie dirá que toda ley sobre materias criminales deba proponerse por el Consejo federativo y aprobarse por la mayoría de las legislaturas.

El artículo 56 da al Consejo Consultivo, entre otras atribuciones, la de proponer las leyes relativas al comercio extranjero y al de los Estados entre sí, y esta sola atribución es susceptible de interpretaciones, capaces de comprender casi toda la legislación. Todos los frutos exportables serían objetos de leyes federativas, así como las contiendas sobre ellos lo han sido del fuero mercantil.

Leyendo todo el Pacto no se encuentran fundamentos para resolver con certeza la siguiente duda: ¿a quién corresponde dar un arreglo sobre libertad de imprenta, a las autoridades de la Confederación, o a cada Legislatura en su respectivo territorio? La misma duda ocurre sobre la designación de cultos, su tolerancia y restricción. Estas materias son demasiado graves para abandonarlas a la suerte, y dejarlas sometidas a lo que sobre ellas decida una mayoría de las Legislaturas, compuestas de individuos, cuyas opiniones o cuyos intereses podrán estar en oposición con los del Estado disidente.

Un Pacto de confederación está reducido a resolver el siguiente problema.

Reunir la fuerza y la representación de los Estados sin deprimir su soberanía. Podría ser que la primera parte estuviese bien desempeñada en el Pacto de Chinandega; pero la segunda seguramente no lo está. No se encuentran en él demarcaciones ciertas para el ejercicio de ambas soberanías: no se encuentran garantías para asegurar a los Estados el uso de los derechos que se reservan; y lo que es más, la soberanía federativa se ingiere conocidamente en la administración interior de los Estados, como se patentiza en el curso de esta exposición.

2.°

Solo en el caso de que habla el artículo 45 se necesita la conformidad de todas las Legislaturas; en todos los demás basta que esté conforme el mayor número de ellas para que la resolución tenga fuerza de ley general. De aquí se sigue que una mayoría de Estados puede ligarse para oprimir a la minoría. No hay en todo el Pacto medida alguna para precaver el abuso que de su autoridad pudiera hacer la mayoría de las Legislaturas, y tampoco hay un remedio para corregir el mal después de hecho; de manera que, si llega el caso de tal abuso, el Estado o Estados perjudicados no tienen más que dos recursos: o sufrir para siempre, o emprender una lucha desventajosa.

3.°

En el Pacto no se expresa el modo de decidir el empate que ocurra entre las Legislaturas.

4.°

El Pacto no tiene estabilidad. Sin poner trabas que refrenen nuestra inclinación voluble, el artículo 75 establece una facultad ilimitada para hacer reformas. Aun cuando para esto se exigiera el voto unánime de todas las Legislaturas, la facilidad de alterar la naturaleza de una confederación política sería siempre un defecto. Pero el mal sube de punto, si, como puede ser, bastase la mayoría. Sobre esto el artículo carece de claridad y precisión. Sin faltar a la inteligencia de las palabras con que está concebido, puede muy bien sostenerse que la mayoría de las Legislaturas es bastante para decretar reformas. Y si esta es la mente del artículo, vendría a resultar, además del defecto indicado, un daño de mucha consideración. Dentro de poco tiempo una mayoría de Legislaturas alteraría todo el Pacto, y los otros Estados, contra su voluntad, se verían compelidos a pasar por un nuevo pacto distinto del que se les presentó cuando se obtuvo su consentimiento.

5.°

No determina el Pacto la proporción con que deban hacerse los cupos: cualquiera que no sea conforme a la base que se ha designado en la representación de los mismos Estados, sería injusta; pero lo es mucho más la absoluta libertad que sobre este punto tan cardinal queda al Supremo Delegado y a su Consejo Consultivo.

6.°

El Supremo Delegado queda investido de la facultad de reclamar la inobservancia del Pacto. Como usa de la palabra facultad, podría sostenerse que no es una obligación, y que queda al arbitrio del Supremo Delegado exigir o no la observancia del Pacto, según le parezca y tenga por conveniente.

7.°

El artículo 36 da al Supremo Delegado una intervención en negocios propios de cada uno de los Estados, facultándolo para disponer de las rentas de unos Estados en beneficio de otros.

8.°

Se habla de Concordato con la Corte Romana, sin haber determinado la religión nacional. Aunque no se expresa, parece atribuirse al Supremo Delegado la propuesta para los obispados, y sobre esto sería de desear una explicación más clara.

9.°

El artículo 40 habla del pase a que se suponen sujetas las disposiciones Pontificias: cuando estas son generales, dispone que el pase se conceda o se niegue por el Supremo Delegado; pero si fuesen relativas a algún Estado en particular, el pase corresponde a la Legislatura respectiva.

Supóngase que la Curia Romana, en vez de expedir una bula para toda la República, expide cinco, una para cada Estado. Se pregunta: ¿quién debería dar el pase? ¿El Supremo Delegado a todas las cinco bulas, o cada Legislatura a la de su Estado respectivo?

La circunstancia de que una bula venga dirigida a cada Estado en particular, ¿quitará al Supremo Delegado el derecho de dar o negar el pase? ¿La de que una misma disposición sea dirigida a todos los Estados, quitará a cada uno el derecho de examinar si le conviene o no recibirla? Poner la diferencia en el número de ejemplares es una cosa vacía de fundamento; es remitir la resolución de la duda al arbitrio del Cardenal Secretario.

Lo cierto es que la distinción indicada por el artículo solo podría tener efecto cuando hubiese territorio federal. El pase de las bulas que debieran observarse en ese territorio, ese debía darse por el Supremo Delegado; pero el pase de las bulas que deben observarse en los Estados siempre debe darse para cada Estado por su Legislatura respectiva.

La razón es porque la concesión o denegación del pase depende de la conformidad u oposición de la bula con la legislación y costumbres de los pueblos donde va a ser observada, y el examen de esa conformidad u oposición es propio de la soberanía particular de cada Estado. Como en una confederación cada Estado puede tener distintas leyes, también puede suceder que una misma bula, dirigida a todos los Estados, merezca el pase en unos y no lo merezca en otros.

10.

El artículo 41 está en oposición con el 62. Ambos hablan del modo como deban terminarse las cuestiones o diferencias entre dos Estados, y en cada uno de dichos artículos se establece distinto método.

11.

La amplia facultad que el artículo 46 da al Supremo Delegado en la amortización de la deuda pública podría ser origen de quejas. Esta amortización es contraria a lo que sobre este particular se dijo en el artículo 47 de las instrucciones dadas a los convencionales del Estado.

12.

La administración de justicia queda poco garantizada. Solo se ponen dos instancias; de manera que la sentencia dada en segunda instancia causa ejecutoria, aun cuando no sea conforme con la primera. Ha sido principio generalmente recibido que para la ejecutoria legal ha de haber dos sentencias conformes.

Se declara corresponder al tribunal de la Confederación, entre otros negocios, aquellos que se versen entre ciudadanos o habitantes de distintos Estados; lo cual sería sumamente gravoso porque asuntos muy comunes, o de muy poca entidad, tendrían que ventilarse en el lugar donde residiese aquel tribunal; infringiéndose así lo que siempre se ha tenido por una garantía, a saber, que en los negocios comunes nadie sea compelido a contestar demandas fuera de su domicilio y a seguirlas fuera de la provincia.

Por esta consideración se quitaron los casos de Corte, y por la misma, el Romano Pontífice, en los negocios eclesiásticos, delega su jurisdicción al Obispo más cercano. Últimamente, la circunstancia de que una cuestión judicial se verse entre personas de distintos Estados no es un motivo para investirla del carácter federativo. Siempre han ocurrido contiendas entre personas de distintas naciones, de distintos fueros, de distintos territorios, y siempre se ha adoptado el principio de que el actor siga el fuero del reo o demandado. Esta máxima, que ha pasado en proverbio, es la que reúne todas las ventajas que pueden apetecerse en el particular. De no adoptarla, en el caso de que tratamos, sería menester que la Confederación tuviese unos códigos distintos y tan amplios como los de cada Estado. También sería menester que los habitantes de esta República estuviesen gravados con saber dos legislaciones, la de su Estado y la general.

En todos los negocios federativos se da la 1.ª instancia a los árbitros que deben nombrar las partes, y como entre esos negocios hay algunos criminales, se sigue que también éstos se deciden por árbitros; opinión contraria al voto general de todas las naciones.

13.

La Corte parece organizada de un modo que muchas veces inspirará desconfianza a una de las partes litigantes. Cada uno de los Estados confederados debe nombrar un magistrado; pero de éstos solo tres entrarán a formar el tribunal. De consiguiente, siendo cinco los Estados, dos de ellos quedarán sin representación, y cuando alguno de estos dos Estados, o sus habitantes, vayan a litigar ante el tribunal supremo, la desventaja es conocida.

Esa desventaja es todavía más notable si se atiende a que la acusación puesta contra un magistrado, sobre tener un curso muy embarazoso, debe sentenciarse en 1.ª instancia por la Corte del mismo Estado que lo nombró, y en 2.ª por la del más vecino; es decir, la de aquel Estado que probablemente es más adicto al que tiene interés en la absolución del acusado.

14.

Se exige que la Corte del Estado en donde se halle el delincuente, verdadero o presunto, califique el mérito de la prisión en vista de las deposiciones de dos testigos que debe acompañar el juez exhortante; y esto tiene tres inconvenientes:

1.º Obligar al juez de la causa a que exponga la reserva del sumario, el cual, por las leyes de los Estados y de muchas naciones, es secreto.

2.º Dando la calificación a la Corte, si ésta abusa de su autoridad por favorecer al delincuente, no hay a quién ocurrir para que remedie el daño.

3.º Exigiéndose la deposición de dos testigos, se exige una prueba mayor de la que generalmente piden las leyes para decretar la prisión, para lo cual basta la deposición de un testigo. Cada Estado tiene derecho para reclamar al delincuente que lo ha ofendido, y la calificación de la prueba, bastante para proceder contra él, debe hacerse por aquellos del Estado que reclama, y no por los del Estado en donde el reo se haya refugiado, ni menos por los del código federativo. Aquí se presenta claramente una injerencia del poder legislativo general en el régimen interior de los Estados. Estos son soberanos para arreglar el castigo de los delitos comunes cometidos en su territorio, y ya el Pacto federativo comienza a dar sobre este punto disposiciones que corrigen las leyes de los Estados.

La mutua entrega de los reos, en vez de facilitarse, está llena de dificultades. Se establece para delitos graves, sin determinar por algún medio el grado de gravedad. Hablando del homicidio, se comprende expresamente el alevoso o seguro; de consiguiente, queda excluido el que no tenga esa calidad, quedando también excluidos todos los demás delitos de igual criminalidad de homicidio culpable y no alevoso.

Para la entrega del reo reclamado, el art. 8.º no tiene por bastante la copia auténtica del auto de prisión, en lo cual se aparta del orden generalmente establecido, embaraza el curso de la justicia, y desconoce el principio que poco antes se había consignado en el art. 5.º En ese artículo se dispone que los actos jurídicos de un Estado deben ser reconocidos en los demás; el auto motivado de prisión es un acto jurídico, debe, pues, ser reconocido por el juez de otro Estado.

15.

En una asociación política los procedimientos judiciales son los que garantizan a los asociados con respecto al ejercicio de la autoridad; por eso debieran tener lugar en el Pacto, y no reservarse para que se arreglen después, y queden sancionados con solo la mayoría de las legislaturas.

16.

Reducidos los individuos del Consejo a uno por cada Estado, es muy fácil que en las importantes deliberaciones de ese alto Cuerpo falte la representación de uno o dos Estados, mayormente cuando no se sabe lo que sobre esto determinará el reglamento interior, el cual queda encomendado a solo el Consejo.

17.

Los procedimientos judiciales contienen la garantía de la propiedad, y deben por esto comprenderse sustancialmente en un pacto de confederación o ley fundamental. En el Pacto de Chinandega se omite este ramo, dejándolo encomendado a la Corte de Justicia; y se hace notar que al omitirse ésta y algunas otras cosas importantes, se ocupe la ley constitutiva de la República de designar un escribiente a la Corte Suprema de Justicia.

18.

La ordenanza debería ser sancionada por todas las legislaturas. Lo mismo debería ser respecto de los reglamentos interiores del Consejo y de la Corte; mayormente cuando es frecuente el abuso de comprender en los reglamentos interiores, reglas que no se quedan en lo interior de la corporación respectiva.

19.

No se dice quién ha de tasar al Supremo Delegado la tropa de continuo servicio, ni se expresan los privilegios que esa tropa deba tener o no tener.

20.

El artículo 44 quita a los Estados el derecho de conceder premios honoríficos y patentes de privilegios a los inventores de alguna mejora en economía, artes y ciencias. Para que exista la confederación no hay necesidad de que los Estados queden privados de ese derecho en su respectivo territorio.

21.

El artículo 13 exceptúa a los extranjeros del pago de contribuciones extraordinarias, y esta excepción es injusta. Los extranjeros están sujetos a las contribuciones extraordinarias como a las ordinarias, siempre que sean generales, y no se alcanza el fin de concederles tan perjudicial privilegio. En el mismo artículo se supone como legal la facultad de exigir préstamos forzosos, y el Estado de Guatemala no puede entrar en este supuesto que no admiten sus leyes.

Se establece también en el mismo artículo una diferencia entre los poseedores de fincas rústicas y urbanas, y no se expresan los fines con que se hace esta distinción, que solo aparece como una injusta arbitrariedad.

Y últimamente, no es pequeño el inconveniente que resulta de la oscuridad y confusión con que está redactado el Pacto, habiendo en él artículos que no se entienden, como el 46, y otros que se contradicen entre sí, como el 1.º y 2.º, en los cuales, primero se dice que son los Estados los que se confederan, y después se establece que la Confederación se compone de funcionarios. En materia de pactos, la claridad, exactitud y precisión de las palabras, es esencial, porque de ella depende en mucha parte su observancia, y porque la oscuridad da lugar a mala inteligencia, y esta produce desavenencias entre los contratantes. Un Pacto de confederación, debiendo considerarse como la ley constitutiva de la República, es preciso, además, que esté concebido en términos que no produzcan nuestro descrédito en el exterior.

Tales son las principales razones y motivos que, a juicio de la comisión, tuvo la Asamblea para acordar que el Estado de Guatemala no se comprometía al Pacto celebrado en Chinandega. La comisión desea que la Asamblea examine párrafo por párrafo el proyecto anterior, y que lo apruebe si lo tuviere a bien."

Cada uno podrá formar el juicio que guste de este dictamen, pero es imposible dejar de indicar siquiera que los sucesos acaecidos desde entonces en los Estados Unidos, prueban las absurdidades que el mismo dictamen contiene acerca de la Unión Americana.

Se proponían disertar acerca de ella, hombres que ni la conocían, ni habían comprendido, desde Guatemala, de cuyas fronteras jamás salieron, las ideas, el progreso y asombroso movimiento de aquel.

Pueblo extraordinario, cuya existencia confunde a todos los oscurantistas del orbe y a todos los déspotas de la tierra.

El espíritu antinacional condujo a la comisión a consignar los más ridículos absurdos, que fueron solemnemente aprobados por la augusta Asamblea aristocrática.

Dice la comisión que Nicaragua y Honduras no pudieron concurrir, por medio de representantes, a los Llanos de Gracias y a San Salvador, porque no encontraron hombres idóneos que quisieran atravesar grandes distancias y climas mortíferos; y que por lo mismo, Guatemala no pudo concurrir a Chinandega.

No se verificó la Convención en los Llanos ni en San Salvador, por causas muy diferentes de las distancias y de los climas.

Había gobiernos que nombraban comisionados con el designio de que no concurrieran y a sabiendas de que habían de presentar todo género de obstáculos, lo cual era tan notorio, que el señor Larreynaga escribió sobre el asunto una composición epigramática.

El párrafo que asegura no poder concurrir Guatemala, por medio de representantes, a Chinandega por la distancia y por los climas mortíferos, está escrito por el doctor Andrés Andreu.

El doctor Andreu solo acostumbraba viajar de esta capital a su hacienda de Parga, y creía que toda la América Central, fuera de Guatemala, es inhabitable.

Suponer una grande distancia entre Guatemala y Chinandega es un miserable error geográfico.

El doctor Andreu, al consignar este párrafo, se parece a otro de nuestros literatos: el licenciado don José Mariano González, quien jamás había salido de la ciudad, y un día que se le condujo al Guarda Viejo exclamó: "¡Qué grande es el mundo!"

Se eligió la ciudad de Chinandega precisamente por ser un punto céntrico. Está inmediata al Realejo (entonces no estaba habilitado el puerto de Corinto), cerca del bello golfo de Fonseca, cuyas aguas bañan tierras fértiles de Nicaragua, Honduras y El Salvador.

Suponer mortífera la ciudad de Chinandega, donde se disfruta de salud y hay tantas longevidades, es no conocer el país sobre el que se diserta.

El que no pueda ir de Guatemala a Chinandega, por miedo a la distancia y horror a los climas, no sirve ni para fraile, porque los frailes salen a misiones, y van a diferentes curatos; no sirve ni aun para monja, porque las monjas, en casos dados, tienen que viajar; de lo cual nos han dado una buena prueba últimamente la madre Adelaida y la madre Paz, llamada antes de profesar, doña Ana Anguiano.

La Asamblea Constituyente de Costa Rica adhirió al Pacto de Chinandega haciéndole modificaciones que jamás llegaron a aprobarse, y Costa Rica quedó como Guatemala fuera de la Confederación.

He aquí las reformas costarricenses:

Reformas al pacto de Chinandega que la Asamblea Constituyente de Costa Rica propone a los Gobiernos confederados.

El Art. 1. ° no determina los objetos de la confederación y la expone a tendencias ilimitadas si no es que se le adicione así: "Para mantener las relaciones exteriores, acordar sobre objetos de interés común de todos los Estados confederados, y arreglar pacíficamente las diferencias que ocurran entre unos y otros, las formas y medios para llenar estas funciones, sujeto todo a la ratificación de las Legislaturas de los mismos."

El art. 2. ° en lugar de decir que la confederación se compondrá de funcionarios, etc., debe decir: "Será representada por Delegados, etc".

El art. 8. ° en lugar de las formas dilatorias y depresivas que exige para entregarse los reos, debe limitarse a la certificación del auto motivado de prisión; debe expresar en lugar de homicidio alevoso, homicidio; y, en obsequio de la humanidad y de la libertad, exceptuar los delitos políticos.

Al artículo 11 le falta la adición "y a las leyes del Estado respectivo", porque de lo contrario brindaría al extranjero una insubordinación absoluta, y minaría así los Gobiernos de los Estados.

Art. 12. Justo es ofrecer al extranjero la responsabilidad y garantías del artículo; pero en orden a los agentes subalternos sería depresivo ofrecerla sin que se hubiesen agotado los recursos legales.

Art. 13. No es justo ofrecer al extranjero la libertad de contribuciones de cualquiera clase cuando tengan fincas, tienda en que vendan por menor, cuatro años de residencia o naturalización en algún Estado de los confederados. Es digno de omitirse mencionar el empréstito forzoso que no está de acuerdo con algunas de sus Constituciones; tampoco distinguir fincas rústicas porque algunas urbanas pueden ser muy productivas; y porque todas radican al extranjero. Por último, no debe equipararse al que solo se casa con hija del país porque esta circunstancia no le radica, y solo serviría esta disposición para retraer de semejantes enlaces.

Art. 14. No es un Gobierno rigurosamente sino un poder, el de la confederación, y así debe llamarse; y en lo demás el artículo es inoficioso, y debiera sustituirse con este: "El poder de la confederación no excederá a los objetos y formas expresamente detalladas en este convenio, y los que se tengan en lo sucesivo aprobados por las Legislaturas de los confederados."

Art. 16. El Poder Judicial residirá en un Tribunal compuesto de individuos electos uno por cada Legislatura de los mismos.

Art. 28. El Supremo Delegado circulará en los Estados por medio de sus Jefes respectivos, las leyes, órdenes, reglamentos y demás disposiciones generales que acuerden las Legislaturas para su publicación, etc.

Art. 32. El Supremo Delegado debe reclamar a los Estados la inobservancia e infracción del Pacto. A la segunda de sus reclamaciones fijará un término al Estado que diere motivo al requerimiento, para que satisfaga enmendando sus procedimientos. Cumplido el término, caso de no obtener satisfacción, consultará a los Gobiernos de los demás Estados y de acuerdo con ellos intimará que va a usar de la fuerza armada. Evacuados estos trámites, según sus resultados, procederá a reducir por medio de la fuerza al Estado que hubiese violado, etc.

Art. 39. Para la ratificación del Concordato o contratos del art. 36 se procederá como para los tratados de que habla el 35.

Art. 41. En aquellas cuestiones que por Estados discordes sean sometidas a la decisión del Supremo Delegado, procederá haciendo que nombren, etc.

Art. 42. Entre tanto las Legislaturas acuerdan el Arancel de Aduanas, tarifa general y leyes que deban arreglar el comercio de cabotaje y de uno a otro Estado que se les propongan, el Supremo Delegado, etc.

Art. 46. Liquidará la deuda pública extranjera y doméstica, separando los créditos que correspondan a algún Estado o Estados, y arreglará con aprobación de las Legislaturas la amortización de ella.

Art. 56. Para ser Magistrado de la Suprema Corte, se requieren las calidades de Letrado, natural del país o naturalizado conforme al artículo 18, tener por lo menos treinta años y ser Ciudadano en ejercicio de sus derechos y propietario en el país.

Art. 57. Que se suprima, y en su lugar se adopte el siguiente: "En las votaciones de la Corte se requiere mayoría absoluta."

Art. 61. Instalada la Suprema Corte procederá a formar el reglamento de su régimen interior, someterlo a la aprobación de las Legislaturas, y nombrar un Secretario y un escribiente.

Art. 62. Conocerá en última instancia conforme lo disponga la Ley en los casos de competencia de jurisdicción entre Autoridades de diferentes Estados, en los que emanen de tratados hechos por la confederación, y en las cuestiones de uno o más Estados entre sí. Para estos casos, etc.

Art. 64. La misma Corte propondrá al Consejo el proyecto de ley sobre el modo y forma de proceder, para que con su aprobación se someta a las Legislaturas; pero regirá como provisorio mientras obtiene la sanción de ellas.

Art. 68. La acusación será sometida a una de las Legislaturas con exclusión de la que ha nombrado el acusado.

Art. 71. Los Gobiernos de los Estados pondrán, etc.

Art. 72. Al fin lo que así aprueben dichas Legislaturas se tendrá por ley de la confederación.

Art. 73. El Supremo Delegado dará cuenta al fin de cada año a las Legislaturas con una memoria que comprenda todos los negocios de la administración general, indicando las mejoras de que sea susceptible para el progreso de la Confederación, la hará imprimir y circular."

Secretaría de la Asamblea Constituyente. —San José, diciembre 6 de 1843. —Sancho—Alvarado.

Los Gobiernos confederados presentaban dificultades para dar cumplimiento a los deberes que les imponía el Pacto.

El Gobierno de Honduras estaba sordamente contra él.

En la guerra de Malespín contra Carrera se infringieron los principales artículos.

En las capitulaciones de Quezada se despreció del todo el Pacto de Chinandega y, al aprobarse esas capitulaciones por el Gobierno de Guatemala, fue herido a muerte.

Malespín hostilizó al Supremo Delegado Chamorro, quien tuvo que ponerse a salvo, después de haber sido desconocido, y Ferrera trató a Chamorro con el mayor desprecio y lo colmó de injurias en la célebre Memoria que dirigió a la Cámara de Honduras en enero de 1846.

Si don Fruto Chamorro hubiera tenido en Centroamérica la opinión de demagogo; si hubiera militado en las filas del General Morazán; si hubiera sido uno de los coquimbos, habrían tenido aparentes disculpas los serviles para atacarlo; pero, siendo el jefe del partido conservador de Nicaragua, los rudos ataques que se le dieron demuestran hasta la evidencia que no se quería ni sombra de nacionalidad, sino la más completa escisión, oprobioso monumento del servilismo que, por desgracia de Centroamérica, todavía se halla en pie y se hallará por muchos años.

Cualquiera observador preguntará cómo pudo el Marqués de Aycinena hacer que con él votaran, para disolver la Unión, diputados de los Altos y de los otros Estados centroamericanos cuando todavía regía la Constitución de 1824.

Ya se ha visto la influencia que en Centroamérica ejercieron sus folletos y toda su propaganda.

Además de que entonces se había estudiado poco la ciencia de la legislación y muy poco el sistema federativo, la Constitución del 24 tenía disgustados a muchos políticos de todos los Estados.

Los serviles de Guatemala la combatieron al principio porque era federativa y no unitaria.

Cuando esos señores se convencieron de que había pasado el tiempo en que podían dominar a Centroamérica, mediante el sistema unitario, siguieron combatiendo la Constitución de 24, para obtener el fraccionamiento, dominar en Guatemala e intervenir en los otros Estados, aprovechando la mayor extensión y la mayor población que Guatemala tiene.

Los Estados no se hallaban satisfechos con la Constitución de 824; pero por motivos muy diferentes.

El Salvador, Honduras y Nicaragua querían verdaderamente la unión; pero reformándose la ley fundamental.

La misma aspiración tuvieron los Altos en el corto período en que aparecieron como Estado.

El artículo 7. ° de la Constitución Federal dice: "La demarcación del territorio de los Estados se hará por una ley constitucional, con presencia de los datos necesarios".

Esta ley jamás llegó a emitirse y El Salvador quedó separado del mar de las Antillas por los Estados de Honduras y Guatemala, y con un pequeño territorio, sin embargo de que su población es mucho mayor que la población de Honduras.

El comercio se hacía entonces por el mar Caribe, y El Salvador quedaba como tributario de Honduras y Guatemala.

Estando de acuerdo el Gobierno de Guatemala con el de Honduras se podía imponer, en el ramo de hacienda, la ley a los salvadoreños.

Pavón comprendía la ventaja para él de esta situación, y hablaba sin cesar con el señor Milla y Vidaurre, y con otras personas de su círculo, de que los salvadoreños no tenían puertos al mar Atlántico; y para emplear el mismo lenguaje de Pavón, de que no tenían puertos al Norte.

Acontecimientos que no son centroamericanos libraron a El Salvador de esta tutela.

Inaugurado el ferrocarril de Panamá, casi todo el comercio de la América Central se hizo por el mar Pacífico, en cuyas costas los salvadoreños tienen magníficos puertos.

No solo la división territorial disgustaba a los Estados, sino la desigualdad en el Congreso Federal, porque ahí el Estado más grande daba la ley.

Los Estados decían: que con veintiún diputados había Congreso; y que diez y siete eran del Estado de Guatemala: que con cuatro diputados que concurrieran de los otros Estados, había sesión y que entonces era indudable que Guatemala dictaba la ley.

Se hacían estas observaciones al Marqués de Aycinena, y él contestaba: "Todos esos vicios y otros muchos de la Federación, es preciso corregirlos; y para corregirlos es indispensable que los Estados reasuman su soberanía, a fin de que con las luces y la experiencia de lo pasado se forme un nuevo Pacto, que llene las aspiraciones de todos."

Estas palabras, que se creían hijas de la sinceridad y de la buena fe, dieron al señor Marqués muchos votos para llegar al fraccionamiento lamentable en que nos hallamos.

De todo podrá tacharse al señor Aycinena, menos de ignorancia en el sistema federativo, que durante nueve años había estudiado en los Estados Unidos.

Entonces, ¿cómo podía esconderse a tan notable publicista que la grande objeción a la preponderancia del Estado de Guatemala desaparecía derogándose un solo artículo de la Constitución: el artículo 81?

Es imposible que todos los Estados de una confederación sean iguales en territorio y en población, y por lo mismo la historia del universo no nos presenta una sola confederación en que haya dominado esa igualdad; aunque no puede negarse que tal igualdad sería el colmo de la perfección federativa, ni que mientras más desiguales sean los Estados, más imperfecta será la federación; y más próxima estará a sucumbir.

La ciencia ha creado un sistema para establecer la igualdad en medio de grandes desigualdades.

Este sistema es la formación de las dos Cámaras.

La Cámara de diputados representa la totalidad del pueblo.

Los diputados son electos a razón de uno por tantos miles de habitantes.

La Cámara de senadores representa a los Estados, como cuerpos autonómicos, y la forman igual número de senadores por cada Estado.

Si en la Cámara de diputados hay desigualdad, teniendo unos Estados más representantes que otros, en la Cámara de senadores no puede haber desigualdad, porque ningún Estado, por pequeño que sea, puede tener menos senadores que otro.

Por tanto, una resolución de la Cámara de diputados, dictada en provecho del Estado que en ella tenga más representantes, y en perjuicio de los demás, se estrellaría ante la Cámara de senadores, donde reina la igualdad más perfecta.

Pero el artículo 81 de la Constitución de 1824 anulaba esta igualdad, y establecía sólidamente la desigualdad de que se quejaban los Estados.

Ese artículo disponía que cuando el Senado negara la sanción a una ley, podía el Congreso volverla a tomar en consideración, y si la ratificaba con dos tercios de votos, el Presidente de la República debía mandarla cumplir, sin necesidad de la sanción del Senado.

Este artículo echaba por tierra el gran principio de igualdad federativa, bella creación de eminentes publicistas, y daba a los Estados pequeños en población, justos y fundadísimos motivos de queja.

Si veintiún diputados bastaban para formar Congreso, y si diez y siete diputados tenía Guatemala, el grande Estado, como lo llamaba Barrundia, podía dar la ley en el Congreso, y ratificarla con dos tercios de votos, burlándose completamente del Senado y, por consiguiente, de la igualdad federativa.

El señor Aycinena no debió haber dicho, pues, a los patriotas de los Estados, que se quejaban de la desigualdad: "Reasuma cada

Estado su soberanía, y en seguida se pensará en una Constitución que haga la felicidad de todos."

Él, procediendo de buena fe, debió haber dicho: "Deroguemos el artículo 81 de la Constitución, y los que sean una emanación de él, y se tendrá la igualdad compatible con la imperfección humana."

DOCUMENTOS JUSTIFICATIVOS
NUMERO 1

"La Asamblea Constituyente declara que Costa Rica asume la plenitud de su soberanía y forma un Estado libre e independiente; pero perteneciente siempre a la familia Centroamericana.

El Jefe Supremo del Estado libre de Costa Rica. — Por cuanto el Congreso Constituyente ha decretado lo siguiente:

El Congreso Constituyente del Estado soberano de Costa Rica, considerando:

1.° Que rotos los lazos que sujetaban a Costa Rica al Gobierno Español en la época de su independencia, recobró sus naturales derechos de absoluta soberanía y libertad; y por consiguiente concurrió al Pacto de 1824 en calidad de cuerpo político, soberano e independiente:

2.° Que la Asamblea Nacional Constituyente no tuvo facultad para anular estos sagrados derechos con un sistema contrario a los fines que se había propuesto, y contradictorio en sus mismos principios:

3.° Que habiéndose considerado nulo dicho Pacto, por ser terminantemente opuesto a la voluntad de los Estados y a su felicidad:

4.° Que habiendo hecho enérgicas reclamaciones, no solo en virtud de la nulidad del Pacto, sino porque cesara la causa de los males que sufría:

5.° Que agotados los recursos posibles, porque la representación nacional resistiera la destrucción de aquel sistema de vinculación, no quedaba a Costa Rica otro medio para salvarse que usar del derecho que incontestablemente tiene para proveer a su bienestar y mejoras:

6.° Deseando poner término a la existencia de ese sistema que está causando la ruina, no solo de Costa Rica, sino de toda la República:

7.° Que antes de emitirse el Decreto de 30 de Mayo que restituye a los Estados la libertad de constituirse, ya Costa Rica se había pronunciado reclamando fuertemente sus derechos; y que con tan noble fin reunió su Asamblea Constitucional, para que convocase a un Congreso Constituyente. Este cumpliendo con el primero de sus deberes, y de conformidad con la voluntad del pueblo que representa, ha venido en decretar y decreta:

Art. 1.º Los pueblos de Costa Rica reunidos por medio de sus Representantes, asumen la plenitud de su soberanía, forman un Estado libre e independiente, y en la capacidad de cuerpo político concurrirán por medio de sus delegados a cotejar el Pacto federal, liga o unión con los otros Estados que en la misma capacidad quieran concurrir.

Art. 2. Protestan que pertenecerán a la gran familia Centroamericana, y que sus votos son porque subsistan perpetuamente los vínculos de asociación con ella.

Art. 3. Que concurrirán a cubrir proporcionalmente la deuda nacional, a cuyo efecto hipotecan sus rentas.

Art. 4. Que nombrarán por medio de su Asamblea Constituyente, y en decreto separado, los individuos que deben representar a Costa Rica en la convención de Estados.

Art. 5. Se faculta al Ejecutivo para que por todos los medios que estén a su alcance, exhorte a las Constituyentes de los demás Estados a que concurran al señalamiento del lugar y tiempo en que deba verificarse la reunión de los delegados de los pueblos.

Art. 6. Quedan vigentes las leyes federales en la parte que no se opongan al presente decreto. — Comuníquese al Poder Ejecutivo para su cumplimiento y que al efecto lo hagan imprimir, publicar y circular. — Dado en la ciudad de San José a los catorce días del mes de noviembre de mil ochocientos treinta y ocho.

Nazario Toledo, D. Presidente.
Rafael Ramírez, D. Secretario.
Gordiano Paniagua, D. Prosecretario.

—— Por tanto: EJECÚTESE. Casa de Gobierno: San José; noviembre quince de mil ochocientos treinta y ocho.

Braulio Carrillo.
Al Ministro General del Despacho."

NUMERO 2

Designa el escudo de Armas y el Pabellón del Estado.

El Jefe Supremo del Estado Soberano de Costa Rica.

Considerando que, disueltos los lazos federativos que unieron este Estado a los demás de Centroamérica, y recobrada su soberanía, es ya impropio el uso del pabellón y armas nacionales: y de conformidad con el dictamen del Consejo Representativo, decreta:

Art. 1.° El escudo de armas del Estado será una estrella radiante, colocada en el centro de un círculo de fondo celeste y con la inscripción en la circunferencia de "ESTADO DE COSTA RICA".

Art. 2.° El pabellón del Estado constará de tres fajas horizontales, blancas la superior e inferior, y azul celeste la del centro, en la cual irá dibujado el escudo: los gallardetes tendrán blanca también la extremidad interior de la faja azul. Las banderas y gallardetes de buques mercantes no llevarán escudo, sino que tendrán escrita con letras de plata en la faja del centro la inscripción "ESTADO DE COSTA RICA". Las banderas y estandartes de los Cuerpos Militares tendrán, además del escudo en la forma prevenido, la clase y número de cada Cuerpo, escrita en la faja inferior con letras de oro los de Infantería, y de plata en los de Caballería.

Art. 3.° El gran sello del Estado, el del Gobierno, el de sus agentes, y la moneda de cualquiera tamaño y metal llevarán el mismo escudo; y se colocará también en todas las oficinas públicas. Los destinados a sellar el papel contendrán la estrella al centro, y expresarán en la circunferencia la clase y valor del pliego.

Dado en la ciudad de San José, a los veintiún días del mes de abril de mil ochocientos cuarenta.

Braulio Carrillo.

Al Secretario General del Despacho.

NÚMERO 3

La Asamblea Constituyente se declara solemnemente instalada.

El General Jefe Supremo Provisorio del Estado de Costa Rica.

Por cuanto la Asamblea Constituyente ha decretado lo siguiente:

Nosotros, los Representantes del pueblo de Costa Rica, electos y reunidos en virtud del decreto del General Jefe Supremo Provisorio de 11 del próximo pasado, autorizados con amplios poderes y prestado el juramento de estilo, decretamos:

Se declara solemnemente instalada la Asamblea Constituyente del Estado de Costa Rica.

Comuníquese al Poder Ejecutivo para su ejecución y publicación.

Dado en San José, a los diez días del mes de julio de mil ochocientos cuarenta y dos.

José F. Peralta, Diputado por Cartago, Presidente.

Isidro Menéndez, Vicepresidente, Diputado por San José.

Juan José Bonilla, Diputado por Cartago.

Pío Murillo, Diputado por Heredia.

Juan Mora, Diputado por San José.

Joaquín Rivas, Diputado por San José.

José L. Fernández, Diputado por Alajuela.

Jesús Vargas, Diputado por Escazú.

Rafael Moya, Diputado por Heredia.

Joaquín Flores, Diputado por Heredia.

Joaquín B. Calvo, Diputado por San José, Secretario.

Félix Sancho, Diputado por Cartago, Secretario.

Ramón Gómez, Diputado por El Paraíso, Prosecretario.

Casa de Gobierno. San José, Julio 10 de 1842.

Por tanto: Ejecútese, imprímase, publíquese y circúlese.

Francisco Morazán.

Al Ministro General del Despacho, Señor General José Miguel Saravia.

NÚMERO 4

La Asamblea Constituyente declara que es y será parte integrante de la República Federal de Centroamérica.

El General Jefe Supremo Provisorio del Estado de Costa Rica.

Por cuanto la Asamblea Constituyente se ha servido decretar lo siguiente:

La Asamblea Constituyente del Estado de Costa Rica, considerando:

1.° Que la posición topográfica de Costa Rica, sus intereses, relaciones y simpatías lo llaman a ser parte integrante de

Centroamérica, como lo ha sido desde antes del glorioso pronunciamiento de independencia absoluta de la dominación española.

2.° Que por tan justas consideraciones concurrió con los demás Estados a acordar el Pacto de 1824, por el cual se proclamaron y constituyeron en nación soberana, libre e independiente, acordando las bases para un Gobierno que los representara en el exterior y conservase la unidad nacional, y para darse instituciones análogas a sus necesidades e intereses, en la capacidad de Estados independientes entre sí y ligados por la Constitución general.

3.° Que si los vínculos de asociación política de los mismos Estados aparecen rotos por las vías de hecho, el Pueblo de Costa Rica no ha desconocido la conveniencia de restablecer el imperio de las leyes, darle vida a la República y consolidar la paz que tanto interesa al honor, respeto y bienestar de la misma.

4.° Que una triste experiencia adquirida con inmensos sacrificios convence que la dislocación de los Estados los ha comprometido en sus relaciones exteriores y puesto a merced de las disensiones intestinas.

5.° Que Costa Rica no habría sufrido la calamidad con que lo afligiera el tirano, si a la sombra de un gobierno de leyes en la República, sus votos no hubiesen sido sofocados por las facciones que verían consintientes a la completa desorganización de aquellos; y

6.° Que para evitar nuevas y dolorosas consecuencias en la marcha política del Estado, es no solo conveniente y necesario sino de la más urgente importancia, promover por cuantos medios sean al alcance, la reorganización general de la República, y el establecimiento en ella de un gobierno liberal, sólido y fuerte, con unanimidad de votos decreta:

Art. 1.° El Estado de Costa Rica que, por una mano atrevida y criminal, fue sustraído de las leyes y autoridades nacionales creadas a virtud del Pacto general, pertenece a la República de Centroamérica, y es y será parte integrante de ella, según lo expresa la ley fundamental de 21 de enero de 1825.

Art. 2.° El Estado de Costa Rica quiere decididamente la reorganización de la República a que pertenece y excita, para tan grandioso objeto, e interesa el patriotismo de todos los centroamericanos.

Art. 3.° El Estado de Costa Rica concurrirá con los demás Estados por medio de sus representantes electos directamente por el pueblo con amplios poderes, a un gran Congreso o Asamblea Constituyente, que se ocupará de la formación de un nuevo Pacto bajo bases sólidas que hagan la prosperidad pública y den una verdadera seguridad interior y exterior.

Art. 4.° El Poder Ejecutivo del Estado queda autorizado para obrar como convenga a fin de que tenga efecto la reorganización de la República y el establecimiento de la unidad nacional, que reclaman altamente los deseos e intereses de los centroamericanos.

Comuníquese al Poder Ejecutivo para su cumplimiento y publicación.

Dado en la ciudad de San José, a los veinte días del mes de julio de mil ochocientos cuarenta y dos.

José Francisco Peralta, Diputado Presidente.

Joaquín B. Calvo, Diputado Secretario.

Félix Sancho, Diputado Secretario.

Por tanto: Ejecútese, circúlese y publíquese.

Casa de Gobierno; San José, julio veintiuno de mil ochocientos cuarenta y dos.

Francisco Morazán.

Al Secretario General del Despacho, Sr. General José Miguel Saravia.

CAPÍTULO DECIMO TERCERO: ESTADO DEL SALVADOR

(DESDE LA INSTALACIÓN DE LAS CÁMARAS EN FEBRERO DE 1843 HASTA QUE COMENZARON NUEVAS CUESTIONES CON GUATEMALA).

SUMARIO

1. Instalación de las Cámaras. 2. Discurso del Vicepresidente. 3. Observaciones. 4. Contestación del senador Cayetano Molina. 5. Nacionalidad. 6. Observaciones. 7— Agricultura. 8. Cuestión entre Costa Rica y Nicaragua. 9. Un episodio. 10. Una condecoración. 11. Diezmos. 12. Observaciones.

Don Pedro Arce era Vicepresidente del Estado, se hallaba en ejercicio del Poder Ejecutivo y bajo su administración se instalaron las Cámaras en San Salvador el 16 de febrero de 1843. (Documento n.° 1.°)

El Vicepresidente pronunció un discurso en que, sin embargo de hablarse contra Morazán y su partido, se deplora la acefalía en que la nación se hallaba. (Documento n.° 2.°)

El Pacto de Chinandega estaba celebrado desde el mes de julio de 1842; pero el Gobierno que él establece no se organizó sino hasta marzo de 1844; de manera que cuando se pronunció este discurso la nación se hallaba verdaderamente acéfala, y aun después de esa 4. El senador Cayetano Molina contestó al Vicepresidente del Estado con las formas de costumbre; nada dijo sobre nacionalidad, y esperaba mucho de la mitra del Señor Viteri.

Las Cámaras del Salvador aprobaron el Pacto de Confederación celebrado en Chinandega por representantes de Nicaragua, Honduras y el mismo Salvador.

Un editorial del "Correo Semanario" del Salvador contiene un artículo sobre nacionalidad que revela las ideas dominantes en aquel Estado. (Documento n.° 3.°)

¡Qué sentimientos tan diversos los que abrigaban los nobles de Guatemala respecto de nacionalidad! Ellos no querían que en la liga entrara Guatemala; no querían que entrara Costa Rica y aspiraban a destruir la unión de los otros tres Estados.

Honduras, Nicaragua y el Salvador unidos habrían sido un poder capaz de oponerse con éxito feliz a la aristocracia guatemalteca, y ella no lo podía permitir.

Flores dijo a Chatfield y a Pavón: "Mi humilde opinión es, que para dejar bien puesto el honor del Gobierno británico, para alcanzar justicia a sus reclamaciones, para vindicar los insultos recibidos, destruir la liga de los tres Estados, y arreglar con ellos definitivamente las relaciones diplomáticas, forzoso es obrar de firme bloqueando los puertos, lo cual cuesta poco y aprovecha mucho."

Esta carta se halla íntegra al fin del capítulo sexto de este volumen, páginas 85, 86 y 87.

De manera que para destruir la liga de los tres Estados, no solo se ultrajaba la memoria del General Morazán; no solo se acudía a cuantos medios lícitos e ilícitos podía presentar la política interior, sino a las armas extranjeras y a los bloqueos contra la patria.

¿Quién, a vista de hechos tan punibles, no mirará como una gangrena a esa aristocracia, que por tantos años dispuso a su antojo de la América Central?

Las Cámaras del Salvador, deseando favorecer la agricultura, dieron un decreto mucho más inhumano que el dictado en Costa Rica en tiempo de don Rafael Gallegos y del cual se habla en el número 3.°, capítulo 8.°, libro 3.° de la Reseña.

El decreto de las Cámaras del Salvador tiene por fin el cumplimiento estricto de las obligaciones y puede verse al fin de este capítulo. (Documento n.° 4.°)

Guzmán (Juan José), en los diversos tiempos en que ejerció la presidencia, no podía ser más flexible con los serviles. Su administración fue complaciente. Malespín y Carrera estaban unidos. La Constitución y las leyes se invocaban a cada instante; pero imperaban solo las armas.

Sin embargo, Guzmán no era noble de Guatemala y temía la intervención extranjera.

Él hizo dirigir al Gobierno costarricense una nota en la cual presenta el peligro en que se hallaba Centroamérica, a vista de lo acaecido en Nicaragua.

Dice que el Pacto de Chinandega dispone que toda diferencia entre los Estados se termine por arbitramentos y jamás por la fuerza, e invita a Costa Rica para adherirse al expresado Pacto.

Por más que trabajaba Pavón, por más que trabajaban los Aycinenas, les era absolutamente imposible hacer marchar a todos los centroamericanos por la senda trazada en los consejos aristocráticos.

Malespín y Carrera eran dos hombres sin educación y sin principios.

Raoul dijo un día que toda su diplomacia cabía en la vaina de su espada. Carrera y Malespín pudieron decir que toda su economía política, que todo su derecho público constitucional, que todo su derecho de gentes, que todo su derecho administrativo, se hallaban en el filo de sus machetes.

Sin embargo, esos hombres incultos estaban sujetos a las impresiones de diferentes vientos.

Malespín oía día y noche en El Salvador que la intervención extranjera ponía en peligro la integridad de Centroamérica.

Oía también que en la unión está la fuerza, y de cuando en cuando decía horrores contra el partido separatista.

La nota de que ahora se habla fue completamente aprobada por Malespín.

Carrera oía a Pavón, oía a los Aycinenas, oía a todos los nobles que se le acercaban decir que Guatemala no debe sujetarse a ningún pacto que limite su soberanía y su importancia: que es grande y rica y no necesita de socios: que proponerle la unión con los otros Estados es lo mismo que proponer a un gran capitalista que haga sociedad con los mendigos: que convenía a las buenas relaciones con las altas potencias, las cuales en una emergencia servirían al Gobierno de 13 de abril para conservar su honra, su dignidad y su decoro.

Carrera no había leído una palabra de historia, ni podía leer porque no sabía; no conocía el mundo prácticamente porque no había viajado, ni tenía más educación que la que puede recibirse en las montañas de Mataquescuintla.

La incesante predicación de los nobles hacía un grande efecto en su ánimo inculto, y muchas veces salía de su casa lanzando amenazas contra los que combatían a Chatfield y contra los amigos del Pacto de Chinandega.

La Cámara de Senadores había suspendido al Presidente del Estado de El Salvador, Juan J. Guzmán, por decreto de 28 de marzo de 1849.

Fundábase en que la Constitución prevenía presentar, por medio de los secretarios del despacho, a cada una de las Cámaras, dentro de cinco días de abiertas sus sesiones en cada año, un detalle circunstanciado del estado de todos los ramos de la administración pública, y una cuenta exacta del año económico vencido, bajo pena de suspensión hasta que lo verificase.

El Ejecutivo presentó las cuentas; pero se decía que los estados en que esas cuentas descansaban eran inexactos.

El asunto pasó a la Cámara de Diputados y ésta, después de haber oído el dictamen de una comisión que dijo que no debía imputarse al Presidente faltas de los agentes inferiores sino subsanarse estas, declaró sin lugar ni efecto el decreto de 28 de marzo que suspendía las funciones ejecutivas del Presidente del Estado.

El Senado, que tan liberal se presentaba ante el Presidente, decretó una medalla de honor al General Malespín. El Presidente del Senado colocó esta medalla en el pecho del agraciado pronunciando estas palabras:

"Valiente General:

El Senado ha querido dar una prueba del reconocimiento que le merecen los ciudadanos que saben sacrificarse por el pueblo de El Salvador. Ha querido premiar el valor con que habéis sostenido la causa de los Estados en la última época en que se ha tenido que luchar contra el tirano que se creía con derechos exclusivos e imprescriptibles para mandar en Centro América.—El Senado ha querido premiar el mérito que habéis contraído y de que habéis dado pruebas inequívocas, y en prueba de ello os ha acordado la medalla que se os presenta, que llevareis en el pecho para memoria de este premio."

El General Malespín estaba preparado para esta escena. Él llevaba en el bolsillo un discurso que leyó en contestación. Dice así:

"Sr. Presidente:

Para un soldado republicano no puede darse un instante de mayor placer que el que las bondades de la honorable Cámara de Senadores acaba de proporcionarme. En el campo de batalla se recogen laureles que dan gloria y honor, pero la pérdida de un amigo, de un buen compañero, de un ciudadano honrado, alejan el contento y muchas veces le sustituyen el llanto y el dolor. En este día, por el contrario, recojo aquellos sin mezcla alguna de amargura y los recojo en el santuario mismo de las leyes. Los elegidos del pueblo aprueban mi conducta, y no solo la aprueban, sino que la premian: jamás mi corazón ha podido regocijarse con más justicia, porque este triunfo no lo he adquirido con las armas, sino con el convencimiento de mi patriotismo.

Señores Senadores: admito gustoso la medalla que me habéis acordado y he recibido de manos de vuestro digno Presidente. La llevaré con orgullo, y ella me recordará constantemente que la obtuve por defender a mi patria, a quien, ante vosotros, juro que no permitiré se mancille bajo ningún pretexto, bien los amagos tengan su origen en el interior o bien vengan del exterior. El Salvador será libre, independiente y soberano, y sus habitantes tendrán paz y seguridad en sus personas y propiedades; tales son mis más fervientes votos, tal es mi única profesión de fe. Los conatos del aspirantismo, de antiguas odiosidades, de un egoísmo funesto a la mayoría de los Estados, se estrellarán sobre mi cadáver y los de mis compañeros de armas.

Recibid, pues, dignos representantes del pueblo salvadoreño, mi sincera gratitud y mi invariable y más profundo respeto, por el honor con que os habéis dignado distinguirme."

El Salvador era empujado hacia la reacción. Algunos de los hombres que lo dirigían habían puesto proa a la Edad Media. Las Cámaras decretaron los diezmos. (Documento núm. 5.)

Este decreto no puede menos de producir honda sensación a todos los hombres de buena voluntad que conozcan la América Central.

La patria de aquellos ciudadanos que en 1811 levantaron la voz contra los Borbones; la patria de aquellos guerreros que en 1822 murieron combatiendo contra la monarquía; la patria de los valientes que hicieron huir a los nobles en Milingo y que los obligaron a rendirse en Mejicanos, bajo la influencia de esos mismos nobles decretaban los diezmos en pleno siglo XIX.

Pero ese decreto revela que se emite en un país que ha sido libre y que no está todavía completamente sojuzgado por una miserable aristocracia que pretende tenerlo en tutoría.

El art. 1. ° del decreto sobre diezmos dice que su cobro no es coactivo ni se exigirá por otros medios que no sean los de influir piadosamente en su pago.

Compárese este decreto con el que dio la Asamblea de Honduras bajo la influencia de Jáuregui y la espada de Ferrera.

Compárese este decreto con los que dio la Asamblea constituyente de Guatemala dominada por Aycinena, Pavón y Batres, y a los pies de Carrera, y se verá que en el Estado de El Salvador, aun bajo el peso enorme del servilismo, hay una vitalidad progresista que los nobles no han podido aniquilar.

Pruébalo un periódico, pequeño en su forma, titulado: "El amigo del pueblo", que entonces se publicaba en San Salvador.

Ese periódico es una luz en medio de las tinieblas.

Él invoca los derechos de Centroamérica para sostener la integridad del territorio de la patria.

Él declama contra el proyecto que en Guatemala se tenía ya, de hacer venir a los jesuitas y de poner en sus manos la enseñanza de la juventud.

Él pide la reorganización de Centroamérica, y haciendo lúgubres pinturas del fraccionamiento de la patria, apoya con energía el Pacto de Chinandega.

"El amigo del pueblo" hería en el corazón la política del partido servil de Guatemala.

Chatfield, los Aycinenas, Luis Batres y Pavón no quisieron entrar en lucha abierta, franca y leal con ese periódico y le hicieron la guerra sordamente.

Ellos se dirigieron al Presidente Guzmán y a Malespín para que suprimieran el periódico y lanzaran del país a sus redactores.

Guzmán, por medio de su Ministro Agustín Morales, contestó a Chatfield que la libertad de imprenta brillaba en la Gran Bretaña, y era por lo mismo incomprensible que el cónsul de una nación libre pretendiera ahogar en El Salvador esa libertad preciosa.

Chatfield amenazaba con dar cuenta a su Gobierno, y el Gabinete salvadoreño le contestó que diera cuenta, enviando también a Londres las respuestas que se le daban. (Documento núm. 6.)

En los mismos términos contestaba Guzmán las cartas privadas que incesantemente le dirigía Pavón sobre el mismo asunto.

Malespín estaba incómodo con motivo del protectorado de Mosquitia, de la ocupación de la isla de Roatán y del puerto de San Juan; leía con gusto "El amigo del pueblo," y por entonces no quiso combatirlo.

En esos días la aristocracia de Guatemala discurrió un medio para salvarse; prohibió la circulación del periódico, asegurando que era un papelucho subversivo, que se oponía a todo orden y a todo concierto.

Esta medida dio una grande importancia a la publicación así combatida.

"El amigo del pueblo" se introducía clandestinamente por todas partes.

Lo recibían los artesanos, los estudiantes, los empleados; todos querían leerlo, y Chatfield, sin saber cómo, lo encontraba frecuentemente sobre su mesa.

Pavón decía: "Ya volvemos a las andadas: es preciso reprimir este desorden y sacar el cáncer de raíz."

Esto quería decir que nuevas hostilidades iban a emprenderse contra los salvadoreños.

DOCUMENTOS JUSTIFICATIVOS
NUMERO 1

"Nos los representantes del pueblo salvadoreño, reunidos en competente número, y con presencia de los artículos 13 y 15 cap. 4. ° de la Constitución del Estado, hemos venido en decretar y

DECRETAMOS

Artículo único. —Se da por instalado el Poder Legislativo del Estado del Salvador, y sus dos Cámaras abrirán sus sesiones el día de mañana.

Comuníquese al Supremo Poder Ejecutivo para que lo haga imprimir, publicar y circular.

Dado en San Salvador, a 16 de febrero de 1843.

Manuel Mencía, diputado presidente — Cayetano Antonio Molina, vicepresidente — Policarpo Guevara, D. — Francisco Quiñones, D. — Cipriano Magaña, D. — Cayetano Bosque, D. — Juan Antonio Fuentes, D. — Cipriano Samayoa, D. — Ildefonso Nolasco, D. — Fernando Figueroa, D. — Hipólito Quintanilla, D. — Leoncio García, D. — Mariano Payés, D. — Gregorio Mejía, senador — Tomás Medina, S. — Juan Magdaleno Díaz, S. — J. María Cañas, D. — José María Telles, S. — Fermín Palacios, S. — Felipe Figueroa, D., srio. — Francisco Cañas, senador secretario".

Por tanto: Ejecútese. Lo tendrá entendido el Ministro General del despacho, y dispondrá se imprima, publique y circule.

Casa de Gobierno; San Salvador, febrero 16 de 1843. — Pedro Arce".

NÚMERO 2
SS. RR. DEL ESTADO.

Siempre es provechoso para los pueblos que se reúnan las personas encargadas de remediar los males y de promover los bienes públicos. Por esto se ha acostumbrado felicitar a la representación popular al tiempo de su reunión, y también porque es muy debido tributar a las autoridades el respeto que corresponde guardarles. En el día hay una razón más para llenar este cumplimiento, cual es la de que los pueblos tienen grandes necesidades, y hay por fortuna en los Representantes tan buenas disposiciones que es menester formar las esperanzas más fundadas en los trabajos de la presente Legislatura. Sed pues, señores, muy bienvenidos al puesto que os ha designado la confianza pública, y el Ser Supremo os dispense el acierto de que sois dignos.

Vuestra posición es sumamente difícil, pero no carecéis de medios para salir de ella con la gloria que pertenece a los bienhechores de los hombres. El Ejecutivo tiene el sentimiento de presentaros una patria casi del todo arruinada, en consecuencia de las continuas revoluciones que ha sufrido. Por ellas han desaparecido las fortunas, se ha perdido la moral pública, se han multiplicado los vicios, y se ha apoderado de los habitantes del Salvador una desconfianza inexplicable que ha acabado con la agricultura, con el comercio y con las artes. A esto debe agregarse que el Estado se encuentra gravado con una enorme deuda pública, creada también en las revoluciones y el desorden en que el sagrado derecho de propiedad ha sido desatendido.

Para sacar al Estado del conflicto en que se encuentra por estos motivos, podéis contar con las fuentes de prosperidad que encierra en su territorio, y que solo necesitan una mano bienhechora que les dé corriente. Podéis contar con el buen sentido y con las inclinaciones de los pueblos, que en la generalidad se han precavido del torbellino de las malas lecciones que se les han dado, y todavía son buenos, y quieren que se corte la raíz del mal y que brote de nuevo el árbol del orden y de la paz, creciendo tanto que a su sombra puedan descansar los centroamericanos. Está, por otra parte, a vuestro favor el suceso que tuvo lugar el 15 de septiembre del año pasado en la ciudad de San José, en donde los costarricenses probaron evidentemente que los pueblos están determinados a no consentir en ser gobernados sino por la ley y la moral.

Hoy toda la República está tranquila a virtud del acontecimiento referido, y podéis con calma meditar en las providencias convenientes, y en las reformas que la experiencia aconseja. Hasta ahora puede asegurarse que lo que se ha hecho en las Legislaturas precedentes ha sido la obra de las circunstancias; de aquí para adelante es menester que sea lo que demanden nuestras necesidades y nuestros elementos. El Gobierno, cumpliendo con el deber que le impone la Constitución, someterá a vuestro conocimiento y resolución los proyectos que, a su juicio, debe presentaros. Pero de una vez os anuncio que hay dos grandes cosas que reclaman toda vuestra atención, porque ellas son tan vitales que Centroamérica va a ser o dejar de ser, según el resultado que tengan. Estas cuestiones, que deben llamarse solemnes, son el proyecto de reorganización nacional y el de abrir el canal de Nicaragua. Acerca de este, el Gobierno ha dictado ya una medida con que se os dará cuenta, y sobre él os informará si así lo estimáis conveniente.

Otro asunto de importancia ha ocurrido en estos últimos días. El Sr. Dr. Jorge Viteri ha escrito al Gobierno oficialmente que la Silla Apostólica separó el Estado del Salvador del Arzobispado de Guatemala, y que lo ha erigido en Diócesis, eligiendo al mismo Sr. Viteri para primer Obispo. Remitió copia de las letras pontificias, y el Gobierno ha dado su decreto de aceptación. Este nuevo rango en que ha entrado el Estado demanda gastos que la Legislatura se servirá proveer. Los salvadoreños, esencialmente piadosos, contribuirán con gusto para las erogaciones del Obispado, y el Gobierno se congratula con las Cámaras por este acontecimiento.

El Salvador tiene paz interior y exteriormente: conserva la mejor armonía con los otros Estados, y el Gobierno no omitirá arbitrio para que el orden y esta amistad fraternal se mantengan y se aumenten, porque, además de los desastres que vendrían sobre el Estado si se alterara la quietud o estallara la guerra, aunque venciera, el Gobierno tiene la idea fija de que no puede haber prosperidad sin orden y sin paz.

Nicaragua, Honduras, Guatemala y El Salvador han celebrado por medio de sus comisionados un tratado en el cual se estipuló, entre otros arreglos, el principio de no reconocer administraciones de hecho. Este ha sido un paso útil y exigido por las corrientes del tiempo para afirmar la tranquilidad, y se os dará cuenta con todo el convenio.

Sin embargo, no puede reputarse la República del todo exenta de inquietudes, porque si es verdad que no hay guerra, no faltan temores de ella. Han asomado pretensiones injustas para desmembrar el territorio de la República, sin que haya bastado para contenerlas la fe de los tratados, ni los derechos adquiridos y reconocidos sin disputa desde tiempo inmemorial. En la acefalía que tiene la nación, no se han podido hacer las reclamaciones de estilo para que se reintegre a Centroamérica lo que es suyo; ni podrán hacerse con buen resultado mientras continúe acéfala. Está en la naturaleza de los negocios que si estos no se arreglan pacíficamente por medio de relaciones de nación a nación, sea menester ocurrir a las armas para defender la integridad del territorio; y este peligro es más inminente mientras más tiempo corra sin hacer valer nuestros derechos en la categoría de potencia organizada. Sobre estos incidentes y sobre los ramos de la Administración interior, el Ministro general os presentará una memoria con los detalles necesarios. Entre tanto, os devuelvo las facultades extraordinarias de que ha estado investido el Gobierno, asegurándoos, al menos por lo que hace a mí, que ningún uso he hecho de ellas. Son peligrosas, y deseo que no llegue el caso de que volváis a emitirlas. He dicho."

NÚMERO 3.

Confederación Centroamericana de los Estados de Honduras, Nicaragua y El Salvador.

Pueblos confederados: vuestros deseos están ya cumplidos, y desde ahora comienza el nuevo ser político que tantos sacrificios ha costado a los centroamericanos en un largo período de desastres. Lo pasado es bastante triste para un corazón que anhela el bien de su patria; pero felizmente en el día presenta una perspectiva halagüeña la situación de los Estados confederados, si unidos todos sus buenos ciudadanos se empeñan en conservar la paz que actualmente disfrutan: ella es la base de las sociedades, riqueza, moral, ilustración y, en una palabra, del engrandecimiento de todo pueblo que, como el nuestro, cuente con numerosas fuentes que puedan hacerlo feliz; porque cuando llega a desaparecer de su seno aquel don precioso, todo viene abajo, y en su lugar vemos nacer las odiosidades, de donde toma origen la desunión, pobreza, desmoralización y todo lo que puede contribuir a hacer odioso un país anarquizado, que aún es peor que el de verdaderos salvajes.

Los pueblos hermanos de Honduras, Nicaragua y El Salvador se han unido por medio del Pacto que sus respectivos convencionales celebraron el 17 de julio último en la ciudad de Chinandega: él establece una autoridad nacional poco dispendiosa, adecuada a los Intereses de los Estados confederados, y que llenará los deseos de sus comitentes. Las Asambleas respectivas han aprobado ya dicho Pacto; y solo falta que los Gobiernos se empeñen en efectuar la reunión de la Dieta que debe representarlos en el exterior, y dar aquellas leyes puramente nacionales. Si Guatemala ni Costa Rica no han entrado todavía en esta nueva organización política, no hay la menor duda de que, convencidos de su utilidad, se adhieran muy pronto al Pacto regenerador; puesto que, desde que se declararon soberanos los Estados de Centroamérica, aquel ha sido uno de los más empeñados en el restablecimiento de las autoridades nacionales, y Costa Rica se encuentra ya libre para unirse. Nos lisonjeamos, por tanto, desde ahora, que nuestros pronósticos se realicen; y que en breve veamos tributar a la nación, el respeto y consideraciones que, con motivo de los disturbios interiores, se han mirado con gran desprecio, hollando en su propio suelo sus derechos más sagrados.

NÚMERO 4

Artículo 1.° — Toda persona que reciba dinero o empeñe su palabra por su trabajo personal, está estrechamente obligada a cumplir su contrato en el tiempo en que se haya comprometido, sin que pueda valerle otra excusa que la de impedimento físico, comprobado a satisfacción del interesado.

Art. 2.° — El jornalero que no pague religiosamente el empeño que contrae por su trabajo personal, sufrirá la pena de quince a veinticinco palos que le mandará aplicar la autoridad del lugar donde se encuentre, y esta lo remitirá con toda seguridad a la finca o labor donde debe trabajar.

Art. 3.º — Los jornaleros que reincidiesen y los que, desertando del trabajo, causaren perjuicios al hacendado o labrador, sufrirán la pena de veinticinco a cincuenta palos, y además serán remitidos de la manera que explica el artículo anterior.

Art. 4.º — Las costas que se originen en la remisión de jornaleros empeñados o desertados del trabajo, serán satisfechas por sus patrones; y estos las cargarán a la cuenta de dichos jornaleros.

Art. 5.º — Los hacendados o labradores son obligados a satisfacer los días sábados sus respectivos pagos a los jornaleros. Si no lo verificaren o fueren requeridos ante la autoridad, esta les mandará satisfacer, previa justificación, lo que deban, y las costas a que dieren lugar.

Art. 6.º — Los jueces del crimen, los auxiliares o comisionados de los valles y aldeas, y los alcaldes constitucionales de las demás poblaciones son obligados a perseguir y capturar a los jornaleros que no ocurran en tiempo a satisfacer los adeudos que hayan contraído por su trabajo personal, como también los que deserten del trabajo; y el juicio que se siga contra ellos será verbal, sin otro trámite que la queja comprobada de su patrón. El fallo que recaiga será la aplicación de las penas señaladas en los artículos 2 y 3.

Art. 7.º — Si los alcaldes auxiliares se desentendiesen del cumplimiento de esta ley cuando sean requeridos por los interesados o sus agentes, serán acusados ante los alcaldes constitucionales y sufrirán por su omisión la pena de satisfacer en moneda lo que debiera pagar el deudor. Si la falta la cometiesen los alcaldes constitucionales o jueces del crimen, la queja será puesta ante el juez de 1.ª instancia, quien conocerá de estos reclamos, declarando responsables a las autoridades omisas al pago de la deuda y las costas causadas por el reclamante.

Art. 8.º — El jornalero que no alcance a satisfacer su deuda en el trabajo para el que se empeñó, lo hará en cualquiera otro que tenga el habilitador, siempre que no sea en algún arte u oficio a cuya profesión no pertenezca el deudor.

Art. 9.º — Los militares y también los sirvientes domésticos que contraigan iguales créditos que los jornaleros para satisfacerlos con su trabajo personal, serán comprendidos y castigados con las mismas penas y por las mismas autoridades que establece este decreto, siempre que los primeros no estén en servicio activo. Los que, estando en él, desertaren y contrajeren algún empeño, siendo aprehendidos o reclamados por sus jefes, serán entregados y puestos a su disposición; y en este caso, la autoridad militar impondrá las penas correspondientes y hará que se pague al acreedor de la manera más eficaz y efectiva.

Art. 10.º — Los oficiales de cualquier arte u oficio que no cumplan sus contratos con los maestros de tienda o dueños de obrador quedan igualmente comprendidos en la pena establecida en los artículos 1.º y 2.º de esta ley.

Pase al Senado. Dado en el salón de sesiones de la Cámara de Diputados, a 3 de abril de 1843.

Cipriano Samayoa, diputado presidente.

Mariano Payés, diputado secretario.

Faustino Quiñónez, diputado vice—secretario.

NÚMERO 5
La Cámara de diputados del Estado del Salvador,

CONSIDERANDO:

1.º Que para establecer y conservar la Silla Episcopal del Estado, es necesario proporcionar la cóngrua suficiente para el padre Obispo y Cabildo eclesiástico;

2.º Que esta no puede ser otra que los diezmos, ya porque la Asamblea Constituyente los ofreció en decreto de 24 de julio de 1840, ya porque en tal virtud la Silla pontificia erigió la mitra y los distribuyó en la bula de erección;

3.º Que si antes no se pagaban los diezmos era porque no había Obispo ni Cabildo eclesiástico;

4.º Que es más fácil restablecerlos que crear una nueva renta, sea cual fuere; y

5.º Que de la cóngrua de los curatos pueden y deben los párrocos contribuir con las cuartas episcopales, quedándoles lo suficiente para su decente y cómoda subsistencia, ha tenido a bien decretar y

DECRETA

Artículo 1.º — Se pagarán los diezmos en lo sucesivo, quedando en su vigor y fuerza el precepto eclesiástico que dispone su satisfacción por los católicos; mas su cobro no será coactivo ni se exigirá por otros medios que no sean los de influir piadosamente en su pago, moviendo a los cristianos a que cumplan con él, sin dejar de considerar como tales a los que no lo hagan, y menos concitar contra ellos el odio público, puesto que la conducta de la Iglesia es, y debe ser siempre, caritativa, humilde y sufrida, según lo han sido los varones que ella venera.

Art. 2.º — Los derechos parroquiales continuarán pagándose según las leyes que rigen en el Estado, y de ellos darán los curas las cuartas episcopales, previo señalamiento del Diocesano.

Art. 3.º — Los diezmos se colectarán por las personas que nombre el Obispo o el Cabildo eclesiástico, con el sueldo o tanto por ciento que se les señale al efecto; y su arrendamiento se prohíbe absolutamente.

Art. 4.º — El importe líquido de los diezmos se dividirá según la bula de erección en diez porciones iguales, destinándose tres al Cabildo eclesiástico, tres al Colegio seminario e instrucción pública, y la décima restante a la fábrica y Sagrario de la Catedral.

Art. 5.º — El Presidente del Estado, como patrono de la Universidad, Colegio seminario y demás establecimientos de educación que hay en el Estado, velará que las tres décimas destinadas al Colegio seminario se inviertan en este objeto; y si estas fuesen tan suficientes que diesen lugar a formar nuevos establecimientos de instrucción pública, hará que los sobrantes se dediquen al fomento de ellos.

Art. 6.º — El nombramiento de los canónigos será hecho por el Gobierno a propuesta en terna del padre Obispo, e igualmente el de los empleados de la Catedral, pudiendo hacer por sí el Obispo el de los sirvientes, a propuesta del Cabildo eclesiástico.

Art. 7.º — Se establece una tesorería de diezmos provista por el Gobierno asociado del padre Obispo, a la cual deben ingresar los productos de este ramo, como también las cuartas episcopales.

Art. 8.º — Se nombrará un tesorero que administre los ramos anteriores con el tres por ciento de honorario sobre todas las cantidades que ingresen a la tesorería; y este rendirá sus cuentas anualmente a la Contaduría mayor del Estado, sin perjuicio de dar al Gobierno, padre Obispo y Cabildo eclesiástico los estados, noticias e informes que se le pidan.

Art. 9.º — El valor de los granos y demás productos de que deba satisfacerse el diezmo, se valuará por peritos para pagarlo en dinero si lo quisiesen así, dándoles el precio de cosecha que comúnmente tengan en el partido de que sean vecinos.

Art. 10.º — El Gobierno excitará a los pueblos del Estado por medio de un manifiesto, a que contribuyan voluntaria y piadosamente a los gastos que de pronto son necesarios para poner la casa episcopal en el estado de decencia y comodidad que es del caso, haciendo su recaudación por medio de los padres curas asociados de dos vecinos honrados de sus respectivos pueblos, quienes remitirán a la tesorería específica de instrucción pública su producido, en donde se conservará el de todo el Estado para que se emplee en el objeto referido, según lo disponga la persona que para este fin comisione el Supremo Gobierno.

Art. 11.º — Una junta compuesta del Provisor, tesorero de diezmos que se nombre y el Contador mayor de cuentas, hará un nuevo arreglo para cobrar los diezmos, entrando no solo los labradores sino todas las demás clases de la sociedad, procurando que sea sobre las utilidades y no sobre los capitales, cuyo arreglo se presentará a las Cámaras para su aprobación.

Pase al Senado

Dado en San Salvador a 10 de marzo de 1843.

Cayetano Bosque, diputado presidente.

Felipe Figueroa, diputado secretario.

M. Mencía, diputado secretario.

Al Poder Ejecutivo

Sala del Senado: San Salvador, marzo 22 de 1843.

Cayetano A. Molina, senador presidente.

José María Telles, secretario.

Francisco Cañas, secretario.

Por tanto: Ejecútese. Lo tendrá entendido el Jefe de Sección encargado del despacho de hacienda y guerra, y dispondrá se imprima, publique y circule.

San Salvador, marzo 30 de 1843.

Juan José Guzmán.

Al Sr. Vicente Guerra.

NÚMERO 6
Casa de Gobierno, San Salvador, junio 1.º de 1843.
Señor Cónsul General de S. M. B. en Centroamérica:

Es en mi poder el estimable oficio de U. datado el 26 del próximo pasado, y al dar cuenta con él al Supremo Gobierno, me previno le conteste: que en el Estado del Salvador, lo mismo que en la Gran Bretaña, hay libertad de imprenta, sin que por eso se diga que los Gobiernos son conniventes con los individuos que escriben lo que sienten y piensan. Que por lo mismo, mi Gobierno extraña, de un súbdito y agente de una nación libre, la delicadeza que ostenta al ver ejercer en otros países el elemento de la civilización y de la libertad de las naciones. Que en hora buena remita a su soberano cuantos papeles quiera, con los informes que estime convenientes contra la libertad de imprenta, en la confianza de que ellos serán vistos con el desagrado que los Gobiernos ilustrados muestran contra todo aquello que se opone a la cultura del siglo y que envuelva ideas oscuras y retrógradas.

Y que el del Salvador lo que desearía es que igualmente remitiese las contestaciones que le da en defensa de los derechos del Estado contra sus avances e injerencia en cosas y negocios que no le corresponden, y haciendo el elogio de los principios que profesa el Gabinete Británico y que el señor Cónsul contraría y deshonra ante el Gobierno y pueblos que padecen y hacen esfuerzos para elevarse al rango de las primeras naciones del globo en cultura e instituciones. También me ordenó ocuparme de sacar copias íntegras de las comunicaciones oficiales, protestas y actos de U. para dar cuenta a su Gobierno por la vía reservada que le instruirá.

De esta manera queda satisfecha su apreciable citada, suscribiéndome, entre tanto, su atento servidor.

Agustín Morales.

CAPÍTULO DECIMOCUARTO: GUATEMALA

SUMARIO

1.—Ocupaciones de los nobles—2. Los jesuitas—3. Viteri.

Los nobles se ocupaban en hacer venir a los jesuitas, en combatir el Pacto de Chinandega, unas veces clara y abiertamente y otras veces por medios maquiavélicos.

Se ocupaban entonces los nobles con ahínco en levantar los cimientos de la teocracia que ya tenían fundados.

Ellos hablaban de la mitra del Arzobispo coadjutor, de la mitra del Canónigo Larrazábal y de la mitra de Viteri, a quien presentaban con más facultades sobre el cielo y la tierra que las que se dice recibió San Pedro en Cesarea de Filipo y a las márgenes del mar de Tiberíades.

Aycinena se empeñaba en hacer venir a los jesuitas.

En su biografía, corregida y arreglada por el señor Milla y Vidaurre, se encuentran estas palabras:

"En junio de 1843 el Sr. Larrazábal, otros eclesiásticos respetables y varias personas particulares de esta Capital presentaron al Gobierno una exposición, solicitando permiso para que los padres de la Compañía de Jesús viniesen a Guatemala a establecer misiones y un colegio para la educación e instrucción de la juventud. El Sr. Aycinena, que había conocido a los jesuitas en los Estados Unidos, había tenido ocasión de ver por sus propios ojos las ventajas que este instituto proporciona; así que, tanto él como el Sr. Rivera Paz, acogieron la solicitud con la consideración debida a su objeto y a la respetabilidad de los peticionarios. Elevada a la Asamblea Constituyente, con un informe del Sr. Aycinena, en que se hacían notar las ventajas del establecimiento de los padres de la Compañía de Jesús, después de una larga discusión, se despachó favorablemente la solicitud, por 49 votos de 50 diputados que estaban presentes. El Gobierno trató de llevar a cabo la idea y se estableció una comisión presidida por el mismo Sr. Aycinena, para que tomase las providencias convenientes al efecto."

Habían venido a Santo Tomás los padres de la Compañía Pedro Walle y Juan Genon, encargados de la administración espiritual de la colonia; y con ellos se arregló la venida de los que debían establecer la misión en Guatemala. Pero cuando estos llegaron a nuestras costas, la administración había cambiado y no se les permitió entrar. Con este motivo, el Sr. Aycinena escribió una Exposición sobre la intervención que había tenido en el asunto, y la publicó en 1845.

No necesitamos la biografía de Aycinena para ver al señor Marqués apoyando a los jesuitas, como apoyó el trono imperial de México y la candidatura de don Carlos María Isidro de Borbón. Tenemos otros muchos documentos que lo comprueban.

Aycinena, siendo Ministro de Rivera Paz, dirigió a la Asamblea una exposición que da triste idea de la influencia que en Guatemala ejercían y habían ejercido las vetustas tradiciones, y que pone de manifiesto la buena disposición de los ánimos para aceptar todo lo que es reaccionario.

El pedimento al que Aycinena se refiere tenía muchas firmas.

Muchos de los postulantes eran hombres que no sabían más que comprar barato y vender caro, o dar buenos o malos informes acerca del estado de los nopales de la Antigua y Amatitlán.

Sin más ciencia que esta, se creían capaces de juzgar acerca del origen de la Compañía de Jesús, de sus tendencias y de los efectos que había producido en las naciones de ambos mundos.

Aycinena nos da a conocer los propósitos de su familia desde antes de la independencia de España.

Esa familia se proponía desde el año de 1819 traer a los jesuitas. El señor Marqués de Aycinena se lamenta del grito glorioso de Riego el año de 1820 en las Cabezas de San Juan, porque ese esfuerzo heroico del patriotismo español impidió al padre Marqués inundar desde entonces a su patria de jesuitas.

¡Cómo es que hay todavía en Guatemala personas que creen que era liberal el Marqués de Aycinena!

Aycinena dice que, si no hubiera sido por la independencia, los jesuitas habrían venido mediante sus esfuerzos, los esfuerzos del Canónigo doctor Mariano García Reyes y de otras personas de la misma escuela. (Documento núm. 1.)

Una minoría exigua se oponía entonces al torrente de las ideas reaccionarias.

En esa minoría había jóvenes a quienes el partido monacal acongojaba con el desdén, con el ridículo y con todo género de ultrajes.

Un día les tocó el destierro, y si no para todos, para algunos de ellos, aquel acontecimiento fue un verdadero bien, porque pudieron respirar en otros horizontes el aire puro de la libertad.

La biografía de don Luis Batres se halla en la Gaceta de Guatemala, correspondiente al 17 de agosto de 1862. En ese importante documento se encuentran estas palabras:

"Cooperó eficazmente al restablecimiento de los institutos religiosos y a que se derogasen las disposiciones hostiles a la iglesia, tan injustas como impolíticas, dictadas en una época de exaltación. Deseando para la juventud una instrucción sólida, fundada en los principios religiosos y morales, tomó particular empeño en el establecimiento de la Compañía de Jesús y de las Hermanas de Nuestra Señora; y animado del celo más activo en favor de las clases menesterosas, tuvo una parte no pequeña en los pasos que se dieron hasta lograr la venida de las Hermanas de la Caridad, cuya influencia bienhechora ha comenzado ya a hacerse sentir en el Hospital General de esta ciudad. Para esos y otros objetos de grande y verdadera utilidad pública, el Sr. Batres, lo mismo que otras personas benéficas y desprendidas, proporcionó recursos de alguna consideración."

La pluma de Pavón no podía permanecer indiferente en un asunto de tanta importancia para los serviles. Pavón escribía en la Gaceta del Gobierno elogiando a los jesuitas. Él era diputado a la Asamblea Constituyente, y sostuvo con energía el informe de su tío y amigo don Juan José Aycinena.

Pidiendo Aycinena, Pavón y Batres que vinieran los jesuitas, era preciso que la Asamblea decretara su venida, porque aquellos tres personajes manejaban entonces al Cuerpo Legislativo como a un rebaño de corderos, y disponían a su antojo de la suerte de los guatemaltecos.

Solo don Manuel Arrivillaga, diputado por Totonicapán, votó en contra.

El decreto que pedía Aycinena, que pedía Pavón, que pedía Batres, no se hizo esperar. La Asamblea decretó lo siguiente:

"La Asamblea Constituyente del Estado de Guatemala, habiendo tomado en consideración la solicitud que han dirigido al Gobierno el señor Provisor e individuos del Venerable Cabildo Eclesiástico y Clero de esta Capital, su Corregidor, individuos de la Municipalidad y otras personas notables, sobre el establecimiento de la Compañía de

Jesús en el Estado: con vista del informe del mismo Gobierno, en apoyo de dicha solicitud; y en atención a las ventajas que pueden resultar en favor de la instrucción pública, y de la educación moral y religiosa de la juventud. Con lo que expuso la comisión de negocios eclesiásticos, y de conformidad con su dictamen, ha tenido a bien decretar y decreta."

1.º — Se declara que los padres de la Compañía de Jesús pueden venir al Estado de Guatemala y ejercer en él su instituto religioso.

2.º — El Gobierno queda autorizado para promover el establecimiento de la mencionada Compañía de Jesús.

3.º — Y si para el efecto indicado fuese necesario hacer algún gasto de los fondos públicos, el Gobierno lo consultará previamente a la Asamblea.

Pase al Gobierno para su publicación y cumplimiento.

Dado en el salón de sesiones, Guatemala, a tres de julio de mil ochocientos cuarenta y tres.

J. Mariano Rodríguez, Diputado Presidente.
Buenaventura Mejía Paz, Diputado Secretario.
Manuel Santa Cruz, Diputado Secretario.

Guatemala, julio 4 de 1843.
Por tanto: ejecútese.
Mariano Rivera Paz.
Al Sr. Secretario de relaciones, Presbítero Dr. J. José de Aycinena.
Y por disposición del Sr. Presidente del Estado, se imprime, publica y circula.
Guatemala, julio 4 de 1843.

Aycinena.

Estaba dado el golpe mortal a la inteligencia y al progreso.

En aquella Asamblea no hubo quien presentara las doctrinas de los jesuitas e hiciera ver que es imposible progresar donde esas doctrinas imperan.

¿Cómo ha de poder dirigirse un país hacia el progreso imperando en él la doctrina del padre jesuita Salmerón, según la cual, al dar Jesucristo facultad a San Pedro para apacentar sus ovejas, lo autorizó para matar a los lobos?

¿Y quiénes son los lobos?

Los lobos, según Salmerón, son los que no piensan como los jesuitas.

De manera que es menester pensar como ellos para que no demos derecho a que se nos mate como lobos.

Así querían Pavón, Aycinena y Batres que se matara entonces a los redactores del periódico titulado: El Amigo del Pueblo.

¿Cómo ha de poder un país dirigirse hacia el progreso dominando en él las doctrinas del jesuita Belarmino, según las cuales el clero puede deponer a los gobernantes que no le convienen?

¿Cómo ha de poder dirigirse un país hacia el progreso donde se observa la máxima siguiente del jesuita Molina?

"TIRANUM OCCIDERE LICET."

¿Quién es un tirano para los jesuitas?

Es tirano para ellos el que no piensa como ellos.

No calumnio a la Compañía de Jesús. El padre jesuita Molina se expresa así:

"Jacobo Clemente recibía con gozo las heridas mortales que le hicieron en cuanto hirió al Rey, porque a precio de su sangre libertaba a su patria. El asesinato fue expiado con el asesinato, y los manes del Duque de Guisa, injustamente asesinado, fueron vengados por la efusión de sangre real.

Jacobo Clemente hizo una acción grande, admirable y memorable, con la cual enseñó a los Príncipes de la tierra, que sus empresas impías no quedan nunca impunes.

El mismo poder tiene todo particular que sea bastante valeroso para socorrer a la República, despreciando su propia vida.

Gran ventaja sería para los hombres que se encontraran muchos que, despreciando su vida, fuesen capaces por la libertad de su patria, de acción tan valerosa; pero la mayor parte son detenidos por un amor desordenado de su propia conservación, que los incapacita para las grandes empresas, resultando que de tantos tiranos como se han visto, haya tan pocos que muriesen a manos de sus vasallos.

Sin embargo, bueno es que sepan los Príncipes, que si oprimen a sus pueblos haciéndoseles insoportables por sus vicios y suciedades, solo viven por la falta de valor de los que tienen derecho de matarlos, no solo con justicia, sino haciendo una acción gloriosa y digna de alabanza."

No es dudable que se pueda matar a un tirano a puerta abierta, acometiéndolo en su Palacio... o engañándolo o sorprendiéndolo en una emboscada.

"Verdad es que es más grande y generoso atacar abiertamente al enemigo de la República; pero no es prudencia menos recomendable aprovechar alguna favorable ocasión para engañarle y sorprenderle, a fin de que la cosa produzca menos emoción y peligro para el público y los particulares."

Los más liberales en la Asamblea apenas citaron contra los jesuitas la pragmática de Carlos III, y el Breve de Clemente XIV.

Pavón opuso al Breve de Clemente XIV la derogatoria de Pío VII, y a la pragmática las disposiciones del año de 1815 dictadas por Fernando VII.

Con la cita de estos textos, todos los diputados, excepto el señor Arrivillaga, quedaron satisfechos.

Nadie analizó las causas de la expulsión de los jesuitas de Sicilia, de Malta, de Venecia, de Praga, de los Países Bajos, de Portugal, de España, de Inglaterra, de Francia y de otras naciones de ambos mundos.

Los Estados Unidos tienen hoy 50,000,000 de habitantes.

La gran mayoría de esos habitantes no son papistas, y por lo mismo no se confiesan.

Los jesuitas son impotentes para manejar una sociedad que no cree en la confesión auricular.

El arma de ellos es el confesionario.

Sobre los papistas de la Unión Americana esgrimen esta arma agudísima; pero no de la misma manera que en las repúblicas hispanoamericanas, porque temen allá al pueblo ilustrado en que se hallan.

Los pueblos de origen español no tienen la ilustración del gran pueblo de los Estados Unidos.

Inglaterra ilustró a sus colonias.

España no ilustró a las suyas.

En las colonias americanas existía la libertad de cultos.

En las colonias españolas existía la inquisición protegida por las leyes.

En todos los códigos españoles se hallan las doctrinas más severas contra los que profesaran otras creencias.

Los que no eran católicos en España no podían testar ni ser instituidos herederos; no podían ser testigos y se veían como parias en la patria de Pelayo.

La revolución de Francia introdujo a España doctrinas políticas; pero no alcanzó para introducir allí, no se diga la libertad, pero ni aun la tolerancia religiosa.

Las Cortes de Cádiz se consideran como un cuerpo liberal, libérrimo; y sin embargo esas cortes consignaron principios de la más absoluta e inicua intolerancia. El artículo 12 de la Constitución de Cádiz emitida en 1812 dice:

"La religión de la Nación española es y será perpetuamente la católica, apostólica, romana, única verdadera.

La Nación la protege por leyes sabias y justas, y prohíbe el ejercicio de cualquiera otra."

Las Cortes de España, como si fueran un concilio ecuménico, declaran dogmas que no pueden demostrar.

Predicen, conociendo muy bien la índole y educación de los pueblos, que la religión que declaran verdadera será siempre la religión de la Nación española.

No han bastado grandes sucesos posteriores ni aun la revolución de septiembre para destruir estas ideas.

"La unidad religiosa, dice Posada Herrera en su obra de derecho administrativo, es lo que da grandeza a España."

En 1869 se dio una Constitución que consigna la libertad religiosa, y por más que sostuvieron esta libertad monárquicos de la escuela de Sagasta, y republicanos de la escuela de Castelar, la libertad de cultos vino abajo.

Hoy existe una Constitución que apenas establece una simple tolerancia en términos tan vagos que cualquier interpretación dictada en una real orden la destruye.

Sin embargo, contra esa miserable y raquítica tolerancia, tronaron en las Cortes de 1877 Moyano, Pidal y Mont y otros oradores.

El edificio de las Cortes se repletaba cuando Pidal iba a llenar turno contra la tolerancia religiosa, y a cada momento era interrumpido por frenéticos aplausos, no de una concurrencia inculta, sino de las señoras de la aristocracia y de la primera sociedad de Madrid.

Si esta es la nación que nos educó, ¿cómo nos hemos de parecer a los Estados Unidos?

La intolerancia española se trasladó a la América conquistada por España, sin que de ella pudiera salvarla la Independencia.

El artículo 1.° del plan de Iguala dice, estableciendo un principio que se creía salvador: "La religión católica, apostólica, romana, sin tolerancia de otra alguna."

En el Perú y en Chile se adoptó la misma intolerancia.

Cuando se ha pretendido en Lima variar ese fatal sistema, las limeñas furiosas han ultrajado desde las galerías a los diputados progresistas.

Muy ilustres eran los diputados a la Asamblea Constituyente centroamericana que emitió la Constitución de 1824, y ante sus ojos estaba la Constitución firmada por Washington.

Sin embargo, en vez de seguir las huellas de aquella luminosa ley, siguieron las tradiciones de sus mayores. El artículo 11 dice:

"La religión es la católica, apostólica romana, con exclusión del ejercicio público de cualquiera otra."

Lo mismo exactamente dice, sin diferencia alguna, el artículo 45 de la Constitución del Estado de Guatemala decretada y sancionada el 11 de octubre de 1825.

Estos antecedentes prueban que los centroamericanos, como educados por España y regidos durante más de 300 años por las leyes y las costumbres españolas, nos hemos hallado bajo el marasmo de una religión dominante e intransigente.

"El 2 de mayo de 1832, el Congreso federal decretó que todos los habitantes de la República son libres para adorar a Dios según su creencia, y que el Gobierno nacional los protege en el ejercicio de esta libertad. Este decreto fue bien acogido en todos los Estados y se mandó publicar como ley fundamental de la República el 23 de marzo de 1833. La reforma fue celebrada en el exterior. De lo que se dijo en su favor en otros países, hace particular mención el periódico que se titula El Centro—Americano, correspondiente al 21 de junio de 1833."

Estas disposiciones, debidas en gran parte a la palabra y a la pluma de Barrundia, fueron calificadas por el clero como aborto execrable de la impiedad e interpretadas siniestramente. En el púlpito y en el confesionario comenzaron a preparar los combustibles que debían hacer la grande explosión de 1837.

Después de esa explosión, los nobles creían que su arma predilecta, el fanatismo, se debilitaba, e hicieron esfuerzos para darle vida, valimiento y brillo.

No creyendo bastante las mitras de Viteri, de García Peláez y otras muchas mitras que tenían en perspectiva, hicieron venir a los jesuitas para que afianzaran sólidamente el lúgubre edificio de la reacción.

El Estado de Guatemala tenía entonces, según la Gaceta del Gobierno, un millón de habitantes, de los cuales 700,000 eran indios bárbaros, a quienes los curas manejaban a su antojo, logrando lanzarlos como fieras sobre el Gobierno y sus instituciones.

Los curas que ejecutaron esta execrable maniobra comenzaban a caer en descrédito a los ojos de los mismos bárbaros a quienes ellos habían alucinado, y era preciso que los padres de la Compañía de Jesús vinieran a sustituirlos con ventaja.

Nada importa que en San Francisco de California y en otras ciudades de los Estados Unidos, los jesuitas, explotando a los irlandeses, eleven templos suntuosos a San Ignacio de Loyola, porque al frente de esos templos hay también suntuosas sinagogas, iglesias griegas y protestantes de todos los credos.

Nada importa que un Obispo o Arzobispo predique en Nueva York bajo las bóvedas de una Catedral católica, porque en torno de ella existen multitud de iglesias presbiterianas, en cuyas puertas se encuentran estas palabras:

"Un hombre honrado es la más bella obra de Dios."

Nada importa que en los Estados Unidos los jesuitas tengan colegios donde pretendan hacer prosélitos, porque en torno de esos colegios hay millares de establecimientos de enseñanza en que se combaten sus doctrinas, y hay imprentas que arrojan más periódicos que la Europa entera.

Pero en Guatemala, donde el párroco era la única luz de los pueblos, donde el confesor era infalible, donde no había más periódicos que La Gaceta del Gobierno y la Revista de la Sociedad Económica, donde la ley premiaba a los jóvenes inteligentes haciéndolos acólitos y monaguillos, y donde no se encontraban más libros que los aprobados por la curia metropolitana, un convento o casa de jesuitas debía tener una influencia decisiva sobre todas las clases de la sociedad.

Esto era lo que pretendían los nobles de Guatemala.

Ellos festejaban el decreto de la Asamblea. En el número 114 de La Gaceta se encuentra un artículo que dice así:

"Función de San Ignacio"

"El 31 del pasado, día de San Ignacio, a los 76 años de la expulsión de los jesuitas de la monarquía española, y por consiguiente de Guatemala, se celebró en esta Santa Iglesia Catedral con la mayor solemnidad, la función que se hace todos los años a este Patriarca, habiendo predicado el Sr. Dr. Juan José de Aycinena. Concurrieron a ella las autoridades y una diputación de la Asamblea Constituyente, en acción de gracias por el restablecimiento de la Compañía de Jesús, de quien espera el pueblo católico de este Estado los beneficios inmensos que en otro tiempo hicieron florecer la paz y las buenas costumbres, que son el fundamento de la felicidad social. Un concurso numeroso ocupaba el templo. La víspera por la mañana pasó en procesión la imagen del Santo del oratorio de San Felipe Neri a la Catedral, con asistencia de los colegios, clero y gran número de particulares."

El día 1.º se celebró la misma función en la Escuela de Cristo con particular devoción y solemnidad, desempeñando el púlpito de una manera muy análoga a las circunstancias, el Sr. P. Nicolás Arellano, preboste de la Congregación. En su discurso felicitó al pueblo porque sus autoridades eran un fiel eco de sus sentimientos piadosos, por lo cual era de esperarse que progresase cada día más la armonía que reinaba entre gobernantes y gobernados.

3.— Los nobles, que ya tenían jesuitas en perspectiva, que ya tenían ratificado el Pacto Pavón, Pavón y Pavón, que ya habían rechazado el Pacto de Chinandega por ser unionista, y por consiguiente execrable para ellos, sufrían una molestia: el periódico titulado El Amigo del Pueblo, que se publicaba en San Salvador, que penetraba en Guatemala contra las órdenes ministeriales y contra las protestas de Chatfield; y se disponían a hostilizar a los salvadoreños de la manera increíble que se verá en el capítulo siguiente.

Sin embargo, los nobles no confiaban del todo en sus maquinaciones. Todas ellas se descubrían. Todos los movimientos de

Carrera eran perfectamente conocidos en San Salvador y se publicaban en El Amigo del Pueblo.

El gran pretexto de los serviles, que era Morazán, había acabado.

Ellos decían que existían partidarios de Morazán y que era preciso destruirlos para sostener el orden, la regularidad y el decoro.

Parece increíble que un hombre como Aycinena, que había viajado y permanecido 9 años en los Estados Unidos, parece increíble que un hombre como Pavón, que también había viajado y a quien su partido atribuye altas dotes, se equivocaran tan miserablemente.

Los partidos personales mueren con la persona. Los partidos de ideas viven aunque las personas que los sostienen hoy desaparezcan mañana, porque las ideas se transmiten de generación en generación.

Morazán había muerto; pero sus ideas vivían y se consignaban en El Amigo del Pueblo.

Si los serviles hubieran logrado entonces matar a los redactores de este periódico, nada habrían conseguido, porque las mismas ideas habrían sido sostenidas por otros y otros mientras hubiese hombres en la América Central.

Para anonadar a los liberales se contaba con el Obispo Viteri, y este señor no llegaba. Los nobles querían traerlo con la velocidad del relámpago y no tenían noticia de él.

Por último, el correo de Izabal trajo a los nobles una gran noticia: la venida de Viteri. El número 119 de La Gaceta publica ese acontecimiento.

Carrera firmó una proclama que redactaron sus mentores. Dice así literalmente:

"Rafael Carrera, Teniente General y General en Jefe del ejército del Estado de Guatemala.

A los habitantes que lo componen.

Compatriotas: tengo la indecible satisfacción de anunciaros que está cumplido uno de vuestros más ardientes deseos, y que las necesidades espirituales que habéis sentido por el largo tiempo de catorce años, van ya a ser del todo remediadas.

No habiéndose podido lograr que regresase de La Habana nuestro venerable Pastor, por su avanzada edad, yo representé a la Asamblea para que se sirviera proveer de remedio a esta necesidad. Aquel respetable cuerpo, penetrado de la importancia de la solicitud, mandó que fuese un comisionado a Roma a pedirlo al Padre común de los fieles. El ilustrísimo Sr. Dr. Viteri, hoy digno Obispo de San Salvador, fue encargado de esta delicada comisión, cuyo éxito se debe en gran parte a su ardiente celo por el bien de este Estado, pues marchó a desempeñarla con sus propios recursos, y venciendo todas las dificultades.

Bien acogido por Su Santidad, regresa ya conduciendo las bulas para el ilustrísimo Sr. Dr. García Peláez, nombrado Arzobispo auxiliar de esta Diócesis. El ilustrísimo Sr. Viteri está ya en el Puerto de Izabal, y se encamina para esta capital a completar su obra, consagrando al ilustrísimo Sr. García Peláez, que todos sabemos es un venerable y virtuoso eclesiástico. Bien pronto vais a ver entre nosotros al Pastor de que habéis estado privados.

Demos, pues, gracias a la Divina Providencia, porque nos ha dejado ver cumplidos nuestros votos, que le dirigimos cuando nos empeñamos a recobrar nuestros derechos. Felicitemos al Supremo Gobierno, que ha satisfecho en todo lo que podía a estos mismos votos, que con su rectitud y esfuerzo nos ha proporcionado este bien en tan corto tiempo y reciba por todas partes las muestras de nuestra gratitud.

Guatemala, agosto 29 de 1843.

Rafael Carrera."

Los serviles estaban poco afortunados. Las cuestiones entre Guatemala y El Salvador hicieron a Viteri creer que sería recibido con frialdad en su Diócesis si entraba a Guatemala antes de llegar a El Salvador, y el nuevo Obispo varió su camino.

Muchos grandes trabajos del señor Larrazábal, adornando el palacio Episcopal a pesar de su avanzada edad, y los esfuerzos, que elogia *La Gaceta de Guatemala*, para que ningún mueble faltara en las habitaciones que a Viteri se preparaban, quedaron burlados. Había órdenes para que los curas salieran al encuentro del nuevo Obispo, para que los corregidores le hicieran espléndidamente los honores, para que no quedara campana sin ponerse a vuelo, ni cañón sin tronar, ni cohete sin hacer explosión.

Todo este suntuoso preparativo fue inútil. Viteri cambió su rumbo el 2 de septiembre de 1843 en Zacapa, dejando chasqueados a los nobles.

Pero desde allá envió a Guatemala una monja que traía de La Habana: la célebre madre Adelaida, destinada para sustituir en el convento de Santa Teresa a la madre María Teresa Aycinena, declarada ilusa por el Papa Pío VII en su Breve dado en Roma, en Santa María la Mayor, a 19 de junio de 1819; pero canonizada solemnemente por las señoras de la nobleza de Guatemala en sus tertulias aristocráticas infalibles.

DOCUMENTOS JUSTIFICATIVOS
NUMERO PRIMERO Y UNICO

"Señores Diputados Secretarios de la Asamblea Constituyente.

Habiéndose hecho al Gobierno una exposición por muchos sujetos respetables de esta capital, pidiendo el restablecimiento del instituto eclesiástico, conocido generalmente con el nombre de Compañía de Jesús, tengo el honor de acompañarla original, para que Uds. se sirvan dar cuenta con ella a la Asamblea Constituyente, a la cual corresponde tomarla en consideración, y determinar lo que estime más justo y conveniente; mas al mismo tiempo el Gobierno cree hallarse en el caso de apoyar con su informe la expresada solicitud, manifestando los motivos que para ello le asisten.

Aunque han transcurrido muchos años desde que, por una disposición real, fueron expulsos de la monarquía española los padres jesuitas, de una generación a otra se ha transmitido entre nosotros una grata memoria de la importancia de sus servicios, especialmente con respecto a la educación de la juventud; así es que cuando en el año de 1819 se creó, en virtud de real cédula, una junta para la restauración de la Compañía de Jesús en esta ciudad, esta determinación fue recibida por el vecindario con mucha complacencia, y varios sujetos que ya hoy no existen hicieron considerables ofertas, siendo uno de ellos nuestro historiador el señor don Domingo Juarros, que personalmente se presentó a la junta, manifestando que él franquearía su casa a los padres, mientras se disponía o edificaba un local aparente a los fines de su instituto. Esto lo asegura el infrascrito ministro del Gobierno, por haber sido nombrado juntamente con el señor

Canónigo doctor Mariano García Reyes en concepto de eclesiásticos para componer dicha junta. Cuando ésta en 1820 dio cuenta a España de haber llenado el objeto de su creación, se propuso al Rey que, suprimiéndose el convento de San Agustín de esta ciudad, por no haber en él competente número de religiosos, se destinara el edificio para el restablecimiento de la Compañía de Jesús. En este estado de cosas sobrevino en la península la revolución que comenzó en la Isla de León; poco después tuvo lugar la independencia, y no más se había vuelto a mencionar el asunto, hasta ahora que con la vista de un solo padre jesuita venido de la Bélgica, se han renovado los deseos que se expresan en la exposición hecha al Gobierno.

Que en nuestro Estado carecemos de medios suficientes para generalizar la buena educación, es un hecho que, estando al alcance de todo hombre reflexivo, no necesita de demostrarse; y que ningún bien puede hacerse más importante al público que proporcionar medios para extender la enseñanza, no dejará de conocerlo todo el que sea capaz de apreciar en su justo valor las ventajas que tiene un hombre culto sobre el que permanece sumido en la ignorancia. Ahora bien, de ningunos institutos puede el público reportar mayores beneficios que de aquellos que tienen por objeto ennoblecer al hombre por el cultivo de sus facultades mentales; y como de esta naturaleza ha sido en todos tiempos, y es en la actualidad, la Compañía de Jesús, por esta poderosa razón el Gobierno no ha dudado apoyar la solicitud de que se trata, recomendándola encarecidamente a la Asamblea.

Sírvanse Uds., señores secretarios, dar cuenta con lo expuesto a ese alto cuerpo."

Juan J. de Aycinena

ÍNDICE

ÍNDICE

www.ingramcontent.com/pod-product-compliance
Lightning Source LLC
Chambersburg PA
CBHW061554120626
46550CB00004B/1484